READING PERSIA

# 波斯笔记

上

李 零

生活·讀書·新知 三联书店

庄子与惠子游于濠梁之上。

庄子曰:"鲦鱼出游从容,是鱼之乐也。"

惠子曰:"子非鱼,安知鱼之乐?"

庄子曰:"子非我,安知我不知鱼之乐?"

惠子曰:"我非子,固不知子矣。子固非鱼也,子之不知鱼之乐,全矣。"

庄子曰:"请循其本。子曰'女(汝)安知鱼乐'云者,既已知吾知之而问我。我知之濠上也。"

——《庄子·秋水》

# 目　次

自　序 ——————————————————— 13
前　言 ——————————————————— 23
上篇参考书 —————————————————— 37
下篇参考书 —————————————————— 47

## 上篇：历史—地理 ———————————————— 57

第一章　波斯十三王 ———————————————— 59
第二章　波斯五都 ————————————————— 75
第三章　波斯行省 ————————————————— 115
第四章　波斯驿道 ————————————————— 151
　　　　附：亚历山大东征的路线 ———————————— 160
第五章　波斯疆域 ————————————————— 165
第六章　统一文字 ————————————————— 185
第七章　统一法律 ————————————————— 209
第八章　统一度量衡 ———————————————— 221
第九章　统一货币与税收 —————————————— 239
第十章　统一宗教 ————————————————— 257

讨论一　《历史》中的历史 —————————————— 287
讨论二　大波斯为什么败于小希腊 —————————— 295

## 下篇：考古—艺术 —— 311

| | | |
|---|---|---|
| 第十一章 | 波斯王宫 | 313 |
| 第十二章 | 波斯王陵 | 351 |
| 第十三章 | 波斯石刻 | 387 |
| | 附：阿契美尼德时期的宝座 | 409 |
| 第十四章 | 波斯釉砖画和金银器 | 411 |
| 第十五章 | 波斯艺术中的动物 | 437 |
| 第十六章 | 德国日记 | 463 |
| 第十七章 | 美国日记 | 485 |
| 第十八章 | 法国日记 | 505 |
| 第十九章 | 伊朗访古记（上） | 525 |
| 第二十章 | 伊朗访古记（下） | 569 |
| 附录一 | 说比较研究 | 609 |
| 附录二 | 几本与现代伊朗史有关的书 | 615 |

## 地图目录

波斯五都 / 77

阿契美尼德帝国行省 / 118

阿契美尼德帝国驿道 / 152

盖尔拉铭文出土地点图 / 172

博斯普鲁斯王国 / 173

法老运河 / 174

大流士一世雕像铭文出土地点图 / 176

薛西斯一世凡城铭文所在地 / 180

薛西斯一世雪花石膏瓶出土地点图 / 182

巴比伦遗址分布图 / 315

苏萨遗址分布图 / 319

帕萨尔加德遗址分布图 / 323

波斯波利斯遗址分布图 / 329

波斯波利斯大平台平面图 / 331

台南遗址分布图 / 342

伊斯塔克尔古城 / 557

## 表格目录

六种政体表 / 17

波斯波利斯：阿帕丹浮雕《藩臣职贡图》/ 122

大流士雕像基座进贡者简表 / 142

伊朗等 18 国面积表 / 150

20 省区贡金表 / 248

《授命图》与《庆功图》简表 / 349

纳克什·鲁斯塔姆萨珊石刻表 / 379

# 自 序

没有镜子，人看不见自己的脸。

他人的眼睛，可以看见你的脸。

伊朗，旧称波斯。希罗多德讲"历史"，讲的是波斯故事，但听众是希腊人，闻希腊胜则喜，闻波斯胜则泣。从古典时代起，波斯一直被欧洲人当作某种符号，象征与欧洲不同的文化和文化价值观。

18世纪，孟德斯鸠著《波斯人信札》，伪托两个来自伊斯法罕的波斯人，背井离乡，漫游法国，与国内通信，讲他们的所见所闻，借他们的口，批判路易十四时期的法国。[1]

19世纪，尼采著《查拉图斯特拉如是说》，假借波斯先知琐罗亚斯德之口，宣布基督教上帝的死亡。[2]

这是借他人酒杯，浇胸中块垒。

我们也常常如此。

上世纪80年代，是个至今被人怀念的时代，当时叫"思想解放"。当时的"启蒙书"有很多种，顾准的希腊笔记是其中之一。笔记写于1974年2月12日—5月2日，"文革"后由其弟陈敏之整理，题名《希腊城邦制度》，交中国社会科学出版社出版，出版时间是1982年3月，距今已35年。

没错，那是一个反思"文革"的时代。当时，大家都以为，民主在西

[1] [法] 孟德斯鸠《波斯人信札》，罗大冈译，北京：人民文学出版社，2012年。

[2] [德] 尼采《查拉图斯特拉如是说》，钱春绮译，北京：生活·读书·新知 三联书店，2007年。案：旧译多种，最早当推鲁迅译《察罗堵斯德罗绪言》（写于1916年，收入《鲁迅全集》，北京：人民出版社，2005年，第八卷，第574—577页）和《察拉图斯忒拉的序言》（写于1920年，收入《鲁迅全集》，第三卷，第361—374页）。其后还有郭沫若译《查拉图斯屈拉钞》（1923）和徐梵澄译《苏鲁支语录》（1935）。

方,根子在希腊。

顾先生是老革命、老干部,为中国革命和中国建设,殚精竭虑,做出过很多贡献。他像很多为革命牺牲的殉道者一样,一生坎坷,蒙冤受屈,两次被自己人打成"右派"。读他的日记,你会发现,即使劳动改造,吃尽苦头,他依旧埋头苦读,心忧天下,希望中国能摆脱贫困,实现民主。

后来,《河殇》上演,对比强烈。欧洲人航海,是"蓝色的文明"。我们在黄土地上种庄稼,是"黄色的文明"。黄不如蓝,当时的好坏是这么分。它把中国人的悲情推向高潮。

最近,我把顾先生的书找出来,重读了一遍。

什么是"城邦制度"?顾先生怎么说,不妨归纳一下。

第一,希腊史,从头到尾多中心。希腊人从海上向四外殖民,无论走到哪儿,都是自立门户、分裂繁殖。

第二,希腊城邦都是蕞尔小邦。[3] 其公民即住在这类小国里的人,军队是临时招聚的公民军,官员由公民直接选举,主权在民。

第三,希腊城邦都是高度自治的国家,主权独立,互不统属,谁也管不着谁,即或受强敌威胁,临时抱团,也是松散联合。

第四,城邦国家不是从氏族民主制直接发展而来。王政时期的国家是王权神授,王权神授的国家不算城邦国家。

第五,希腊城邦的中心是雅典和斯巴达。雅典是标准的城邦国家,斯巴达还保留王权神授,也不算城邦国家。

第六,城邦国家与领土国家相反。领土国家都是东方专制主义的大国,比如波斯和中国就是这样的国家。

希腊城邦是顾先生的"理想国",以当时的环境和情绪看,很容易理解。

我们中国,三千年大一统,把什么都管得死死的,有什么怨气,只能朝我们自己的传统撒;有什么希望,只能朝另一个传统想。

现在,四十多年过去,中国变化太大。过去的一黑一白,经过对比,越来越复杂,我们的环境,我们的心情,我们的想法,正在一步步发生变化。我们对西方的历史,对我们的历史,认识也很不一样。

希腊人怎么看城邦制度,我们不妨听听他们自己怎么说。

(一)苏格拉底与西米讨论地球,提到希腊城邦。苏格拉底说:

<3> 城邦的城是卫城,即acropolis,简称polis。

> 第二，我相信这地球很大。我们住在大力神岬角和斐西河（river Phasis）之间的人，只是住在海边一个很小的地方，只好比池塘边上的蚂蚁和青蛙；还有很多很多人住在很多同样的地方呢。[4]

注意，希腊并不是一个政治实体，而是希腊裔殖民城邦的统称。希腊城邦分布在地中海沿岸，好像"池塘边上的蚂蚁和青蛙"，这个比喻很形象。"大力神岬角"，或译"赫拉克勒斯之柱"，即今西班牙的直布罗陀海峡。这是讲希腊城邦分布区的西界。"斐西河"，或译"斐西斯河"，即今格鲁吉亚的里奥尼河（Rioni River）。此河位于大高加索山以南，小高加索山以北，自东向西，流入黑海。这是讲希腊城邦分布区的东界。大体上说，乌克兰的敖德萨是它的北界，利比亚的班加西是它的南界。

（二）在柏拉图的对话集中，苏格拉底与格劳孔对话，提到希腊的四种政制。苏格拉底说：

> 我所指的四种政制正是下列有通用名称的四种。第一种被叫作斯巴达和克里特政制，受到广泛赞扬的。第二种被叫作寡头政制，少数人的统治，在荣誉上居第二位，有很多害处的。第三种被叫作民主政制，是接着寡头政制之后产生的，又是与之相反对的。最后，第四种，乃是与前述所有这三种都不同的高贵的僭主政制，是城邦的最后的祸害。[5]

苏格拉底好古，保守，类似孔子。这四种政制，斯巴达和克里特政制属于王制，克里特王制是前古典时代的古制，斯巴达王制是古风犹存的今制，苏格拉底排第一，评价最高。其他三种是斯巴达以北各邦的政制，等而下之。寡头制由少数人统治，排第二。民主制由多数人统治，排第三。僭主制由一人统治，排第四。民主制只比他最不喜欢的僭主制高一点。

（三）亚里士多德的说法。[6]

> "政体"（πολιτεία，波里德亚）这个名词的意义相同于"公务团体"（πολίτευμα，波里德俄马），而公务团体就是每一城邦"最高治权的执行者"，最高治权的执行者则可以是一人，也可以是少数人，又可以是多数人。（第132—133页）

---

[4] 柏拉图对话集《斐多》，杨绛译注，北京：生活·读书·新知三联书店，2012年，第84页。

[5] [古希腊] 柏拉图《理想国》，郭斌和、张竹明译，北京：商务印书馆，2002年，第313页。

[6] [古希腊] 亚里士多德《政治学》，吴寿彭译，北京：商务印书馆，1965年，第132—135页。

这一人或少数人或多数人的统治要是旨在照顾全邦共同的利益，则由他或他们所执掌的公务团体就是正宗政体。反之，如果他或他们所执掌的公务团体只照顾自己一人或少数人或平民群众的私利，那就必然是变态政体。（第133页）

政体（政府）的以一人为统治者，凡能照顾全邦人民利益的，通常称为"王制（君主政体）"。凡政体的以少数人，虽不止一人而又不是多数人，为统治者，则称"贵族（贤能）政体"——这种政体加上这样的名称，或由于这种政体对于城邦及其人民怀抱着"最好的宗旨"。末了一种，以群众为统治者而能照顾到全邦人民公益的，人们称它为"共和政体"——这个名称实际上是一般政体的统称，这里却把一个科属名称作了品种名称。（第133页）

一人或少数人而为统治者，这些人可能具有特殊才德；等到人数逐渐增加时，当然难于找到这么多各方面的品德都是完善的人，唯有军事性质的品德可以期望于多数的人们，武德特别显著于群众。所以在共和政体中，最高治权操于卫国的战士手中，这里必须是家有武备而又力能持盾的人才能称为公民而享有政治权利。（第133—134页）

相应于上述各类型的变态政体，僭主政体是王制的变态；寡头政体为贵族政体的变态；平民政体为共和政体的变态。僭主政体以一人为治，凡所设施也以他个人的利益为依归；寡头（少数）政体以富户的利益为依归；平民政体则以穷人的利益为依归。三者都不照顾城邦全体公民的利益。（第134页）

僭主政体是一人（君主）统治，依据专制的原则［以主人对待奴隶的方式］处理其城邦的公务；如果有产者们执掌这个政治体制的最高治权，就成为寡头（少数）政体；反之，由无产的贫民（群众）执掌最高治权，则为平民（多数）政体。（第134页）

亚里士多德也奉古制为正宗。他把希腊政体分为两大类。正宗是古制，特点是执政者有德，以全邦利益为念，无论由国王执政，还是由贵族执政，都是由道德高尚之人执政。所谓有德，与出身、名望有关，而出身、名望又往往与军功有关。贵族制度，基础是武士，武士有武德。变态政体是今制，僭主有权无德，寡头有钱无德，贫民一无所有，什么都谈不上。

以上内容可以列成表格：

六种政体表

| 正宗政体 | 变态政体 |
| --- | --- |
| 君主制（一人）：国王执政 | 僭主制（一人）：僭主执政 |
| 贵族制（少数）：贵族执政 | 寡头制（少数）：财阀执政 |
| 共和制（多数）：武士政治 | 民主制（多数）：贫民政治 |

（四）希罗多德讲大流士与"七人帮"发动政变，政变后第五天，他们对选择何种政制有一番讨论。有趣的是，"独裁"竟是通过"民主讨论"做出的"最佳选择"。

1. 民主制

奥塔涅斯主张，应该使全体波斯人都参与国家事务的管理。他说："我认为，我们不能再实行一个人的统治了。——这既不是一件好事，也不是一件让人喜欢的事。你们不应该忘记，冈比西斯粗暴施政已经傲慢无礼到何等程度，你们也经历过穆护的那种目中无人的统治。事实上，当一个人可以不负责任地为所欲为的时候，君主政治何以能够把国家治理得秩序井然呢？任何被授予这种权力的人，即使是世界上最优秀的人，也会促使他的心态偏离正轨的。一个人得到这种权力，以及随即得到的多方面的好处，使他的傲慢油然而生，而人们对他心生嫉妒又是一件很自然的事情。傲慢和嫉妒加在一起就是一切恶事的根源，这两者都会引发野蛮暴行的产生。的确，那些君主既然可以为所欲为，他们原本是不应该嫉妒别人的；但是他们对待公民的态度却恰恰相反。他们嫉妒其臣民当中最有道德的人，希望他们快点死；同时他们却喜欢那些最卑鄙下贱的人，并且更愿意听信他们的谗言。此外，作为国王，他比其他任何人都更加反复无常。如果你对他不卑不亢，他就会迁怒于你——因为你对他不够毕恭毕敬；如果你真的对他毕恭毕敬，他又要归罪于你，因为（他说你）是献媚拍马。然而，君主政治的最大坏处就在于，他任意废止国家的法律，不经审判而任意处死他人，强奸妇女。另一方面，民主政治，首先在于它享有最美好的名声，它意味着在法律面前人人平等；其次，它可以避免一个国王所惯常犯下的种种暴行。各种职位都由抽签选定，公职人员要对他们的所作所为负责，而对于他们的评价则取决于人民大众。因此，我的意见是，我们要废除君主政治，扩大人民的权利。因为人民是最重要的。"

2. 寡头制

麦加毕佐斯第二个发言，他主张建立寡头政治。他说："奥塔涅斯劝说你们放弃君主政治，我全都同意。但是，他主张要你们把权力给予民众，在我看来，这不是最好的见解。这是很容易理解的，因为没有什么比难以驾驭的乌合之众更加充满了变数的。我们设法从一个反复无常的君主的统治之下挣脱出来，却又使自己陷于桀骜不驯的粗野乡民统治之下，那真是愚不可及的事情。不管君主做什么事情，他至少大概知道做的是什么事，但是那些乌合之众连这一点知识都缺乏；这些无知的乌合之众既然缺乏这方面知识，他们又如何能够知道什么是正确的，什么是适当的呢？他们随心所欲地处理国家事务，就如同一条在冬季泛滥的河流，把一切都搞得一团糟了。让波斯人的敌人们去选择民主政治吧；让我们从我们的公民中精选一批最优秀的人物，把政治交给他们吧。因此，我们自己也都在这些管理者的队伍之中，国家政权既然托付给这些最优秀的人物，那么最高明的决议就会通行于全国了。"

3. 君主制

之后，大流士走上前来，他是这样说的："我认为，麦加毕佐斯对于民主政治的所有的批评都是很有道理的，但是他关于寡头政治的那些评论，并不是深思熟虑的意见。摆在我们面前的有三种选择，即民主政治、寡头政治和君主政治这三种政体，每一种政体都被认为是它们之中最好的一种。我的意见是，君主政治要远远强过其他两种。什么样的政体能够比一个由全国最优秀的人进行统治更好呢？这样的人的决策，也同样是全国最高明的，因此他统治民众，民众是心服口服的；同时，与其他国家相比，他所制订的对付作恶者的方案的保密工作可以做到最好。相反，如果实行寡头政治，虽然人们都争先恐后地为国效力，但是这种愿望常常在他们中间产生强烈的敌意，因为每一个人都渴望成为首领，都想实施自己的措施；从而引起激烈的倾轧，相互倾轧引发公开的冲突，最终导致流血事件——随后的结果必然还是君主政治。由此也可以看出，君主制的统治方式比其他的统治方式要好。另外，假如实行民主政治，那就必定导致出现玩忽职守，但是玩忽职守并不会造成他们相互敌对，反而促使他们更紧密地结成友谊；他们当中那些玩忽职守的人，必然是相互勾结，狼狈为奸，继续作恶。这种局面继续发展下去，直到有个人为了民众的利益挺身而出，制止这些作恶者。于是，建立如此丰功伟绩的人立即受到人民崇拜，而既然受到人民的崇拜，也就很快成为他们的国王。在这样的情况下，也清楚地证明君主政治是最佳统治方法。最后，一言以蔽之，请告诉我，我们所享有的自由是从哪里得来的？是谁给予我们的——是民众，是寡头，还是一个君主呢？既然单单一个人就使我们恢复了自由，那么我的主张就是要保留这种君主统治的形式。况且，我们也不应当更改我们父祖们的优良法制，因为那样做是不好的。"[7]

这三种意见，层层递进，有如正反合。古代统治者，其基本逻辑是，最好的统治是聪明人的统治。按这一标准评价，第一种意见当然被否定，因为统治者说，人民是群氓，全是傻子，不能他们怎么说就怎么办。第二种意见，少数聪明人领导，也不行，因为你聪明，我比你更聪明，一比就招，苟遇军国大事，不便拿主意。第三种意见，谁最聪明谁领导，最最聪明的人只有一个，结论当然是君主制。这个逻辑，不光是波斯人的逻辑，聪明的希腊人也这么想。"哲学王"领导的"理想国"正是按这一标准设计。我国的很多精英也这么想。这是几千年的逻辑，何足怪。大流士是篡位者，他主张的"君主制"，按希腊标准讲，当然属于僭主制，但并不违背精英统治的逻辑。希罗多德说，"对于在这次会议上的发言，很多希腊人是不相信的"，但他深信，"他们确实是发表了这些意见的"。

读希腊史，我的印象是：
1. 希腊只是地中海沿岸的一批蕞尔小邦，不是统一的政治实体。希腊人以巴尔干半岛和爱琴海诸岛为中心，向东南西北殖民，东到小亚细亚半

---

[7] ［古希腊］希罗多德《历史》，徐松岩译注，北京：中信出版社，2013年，III: 80-82。

岛沿岸，南到北非沿岸，西到亚平宁半岛和伊比利亚半岛沿岸，北到黑海沿岸，数量上千。

2. 希腊临海多山，地形碎片化，穷山恶水，不适合发展农业。希腊人用葡萄酒、橄榄油、彩绘陶器，换内陆种植的粮食，最适合的营生是海上贸易和海上殖民。航海只能环绕大陆，必然处于边缘，而不是中心。

3. 希腊的原住民是皮拉斯基人，操印欧语的亚加亚人、爱奥尼亚人（雅典人属于这一种）、伊奥利亚人、多利安人（斯巴达人属于这一种）和马其顿人，一拨接一拨，从北方南下，征服这一地区。希腊人只是先后占据希腊和由此向外殖民者的统称。[8]

4. 希腊城邦，小国寡民。雅典、斯巴达最大，也不过几万人。希罗多德说雅典有30000人，[9]斯巴达有8000个成年男人。[10]薛西斯征希腊，希腊出兵，一国只能派几百人。[11]学者估计，雅典公民，大约只有20000人，最多40000人。

5. 希腊没有统一的政制。僭主制、寡头制、民主制是古典时期的三大选项。僭主并不等于暴君，而是古代君主制向新型政制过渡的重要环节，有些是由大国扶植，有些是被内忧外患推出。希腊统治者用民主制反对僭主制，求助于下层民众，是出于不得已。[12]

6. 希腊城邦都是小国，小国难免受控于大国。僭主制、寡头制、民主制的差别，远不如它们对波斯的关系更重要。伯罗奔尼撒同盟和提洛同盟都是因战争需要临时拼凑的松散联盟，若无外患，必起内讧。

7. 希腊城邦与波斯为邻，脸是朝向波斯。亚平宁半岛和伊比利亚半岛在其后，小亚细亚半岛在其前。波斯境内的希腊城邦，早先最发达。希波战争，雅典入侵在前，波斯报复在后。波斯用武力征服，遭受挫折，但用金钱收买，效果显著。

8. 国家形态的演进，总是由小到大，走向世界化。一部欧洲史，真正可以称为世界化的帝国只有马其顿帝国和罗马帝国。罗马帝国是欧洲历史的巅峰。罗马学马其顿，马其顿学波斯。希腊城邦并非国家进化的高端，而是国家进化的低端。

希波战争是个古典对立：希腊代表欧洲，代表西方，象征自由；波斯代表亚洲，代表东方，象征专制。

传统欧洲史学，一直是从希腊史料和希腊视角解读波斯帝国史。这个单向视角一直影响着现代欧洲，影响着他们的文化立场和文化心理，也影

[8] 我国历史，西北征服东南是大趋势。马其顿兼并波斯，罗马兼并希腊，北欧兼并南欧，也是类似过程。
[9] 希罗多德《历史》，V:97。
[10] 希罗多德《历史》，VII:234。
[11] 希罗多德《历史》，VII:202。
[12] Antony Andrewes, *The Greek Tyrants*, London: Hutchison University Library, 1956. 此书有中文译本：[英] A. 安德鲁斯《希腊僭主》，钟嵩译，马香雪校，北京：商务印书馆，1997年。案：僭主制是古代君主制的变形（强权代替出身），寡头制是古代贵族制的变形（大富代替大贵），民主制是古代武士政治的变形（平民代替武士）。柏拉图怀念古代君主制，亚里士多德关心世界化，都不赞同民主制。

响着这一强势话语支配下的世界。[13]

在所有早期帝国中,伊朗的三大帝国,阿契美尼德时期的波斯帝国和后来的帕提亚、萨珊波斯,与秦汉隋唐时期的中国最相似,在丝绸之路东西交往的历史上,中国与伊朗关系最密切,让我非常好奇。

于是我想,我应找点书读,写点笔记,换个角度看波斯,也换个角度看希腊。

下面是我的笔记。

[13] 参看 [美] 爱德华·W·萨义德《东方学》,王宇根译,北京:生活·读书·新知三联书店,2007年;[荷] 伊恩·布鲁玛、[以] 阿维赛·玛格里特《西方主义——敌人眼中的西方》,张鹏译,北京:金城出版社,2010年;[美] 马丁·加德纳·贝尔纳《黑色雅典娜:古典文明的亚非之根》,郝田虎、程英译,长春:吉林出版集团有限责任公司,2011年。案:马丁·加德纳·贝尔纳是著名左翼科学家约翰·德斯蒙德·贝尔纳(John Desmond Bernal, 1901—1971)之子,他以"黑色雅典娜"挑战希腊文明北方起源说,把希腊的源头追到埃及,与东方主义的文化批评有关,一度引起激烈争论,关键不在历史考证,而在文化立场。

# 前 言

> 天将破晓，世界黑白分明。
> 东方既白，世界五彩缤纷。

这是篇读书笔记。我想用中国眼光读一点世界史，拿伊朗跟中国比一比，看看两边有什么相同，有什么不同，彼此有什么来往。[1]

研究伊朗是门大学问，不光要学多种古代语言，还要掌握多种现代语言（波斯语、阿拉伯语、英语、法语、德语、俄语），不然没法读一手材料。我这把年纪，恶补外语是来不及了，只能找点英文书和中国翻译的书，试着读一读。

伊朗史，太专门。我于此道是外行，但兴趣盎然，像很多普通读者一样，找到什么算什么，知道一点算一点，非常业余。我是因无知而好奇，因好奇而读书。

孔子说，"古之学者为己，今之学者为人"（《论语·宪问》）。业余读书的最大特点就是为自己读书，为满足自己的求知欲读书——不是为了混学历，不是为了评职称，不是为了博学界喝彩，不是为了讨大众欢心，更不是为了跟同行较劲，显摆自己学问大。

饥饿是最好的厨师。我觉得，一切从零开始，工作之余，消愁解闷寻开心，这才叫正常读书。业余读书才是最大享受。

读伊朗史，有三个问题要预习一下。

（左页图）
波斯波利斯的黄昏
任超 摄

[1] 中国学者对中伊关系很重视，但研究多侧重于晚段。参看赵俪生《丝绸之路上两大国——伊朗和中国历史的比较》，收入氏著《学海暮骋》，北京：新华出版社，1992年，第279–290页。

## 一 伊朗地理

伊朗位于伊朗高原。

伊朗高原是因阿拉伯板块与欧亚板块相互碰撞而隆起,多褶皱山系,地震频发,[2]从地图看,形状略如元宝,四面环山,两面临海。

山:北有厄尔布尔士山脉、科佩特山脉和兴都库什山脉,西北—东南有扎格罗斯山脉(内侧还有库赫鲁德山脉),南有莫克兰山脉,东有苏莱曼山脉。厄尔布尔士山脉是一横,扎格罗斯山脉是一捺,最重要。伊朗的三大古国,埃兰、米底、波斯即分布在这一撇一捺。今天的伊朗,人口最集中,还是在这一撇一捺。前者的主峰,达马万德峰(或译德马峰)是座休眠的火山,在德黑兰东北70公里,高5671米,为中东最高峰,也是亚洲最高的火山(比日本的富士山高1895米)。

海:北有里海,南有波斯湾和阿曼湾。里海两侧是北方游牧人南下的大通道,自古多障塞,特别是走中亚的通道,更重要。雅利安人南下,是从阿富汗、土库曼斯坦进伊朗。蒙古西征,突厥南下,也是从这一带进伊朗。大流士一世的爸爸是帕提亚和希尔卡尼亚总督,曾经管过这一带。大流士三世被亚历山大追击,也是逃到这一带,被他的帕提亚总督杀死,死在巴克特里亚。伊朗历史上的帕提亚帝国(中国古代称安息)就是从土库曼斯坦崛起。波斯湾和阿曼湾,伊朗对岸是阿拉伯半岛。

河:伊朗缺少真正的大河,特别是外流河。境内最大可以通航的河是卡伦河。卡伦河是阿拉伯河的支流,阿拉伯河是幼发拉底河和底格里斯河汇合后,流入波斯湾的一段。卡伦河的最大支流是迪兹河,其他多是季节性的内陆河。因为干旱缺水,聪明的伊朗人发明了坎儿井(kārēz 或 qanāt)。伊朗到处都是坎儿井,尤其是山坡和山脚。网上有一条消息,说伊朗打算开凿里海—波斯湾大运河。里海到波斯湾,直线距离最短也有800公里,与京杭大运河(1442公里)可有一比。

这座高原,分东西两半,西半是伊朗(占三分之二),东半是阿富汗和巴基斯坦(占三分之一)。[3]

伊朗,国土面积1648195平方公里,跟中国新疆差不多大,除横跨欧亚二洲的俄国,比任何欧洲国家都大。

伊朗西部,以扎格罗斯山脉为隔,与两河流域的伊拉克相望。伊拉克,两河流域上游为亚述,下游为巴比伦尼亚,南为苏美尔,北为阿卡德。近

[2] 中国大陆,西北高,东南低。《淮南子·墜形》说,这是共工怒触不周山的结果,其实按大陆漂移说,南亚次大陆是印度板块与欧亚板块相撞的结果,喜马拉雅山和青藏高原也是这一撞击的结果。中国的西北地区和西南地区亦多地震。

[3] 阿富汗,历史上曾属波斯。巴基斯坦,历史上曾属印度。阿富汗从波斯独立是1747年,巴基斯坦从印度独立是1947年。

东文明好比一个大旋涡，过去多以埃及为这个旋涡的中心，不对，伊拉克才是这个旋涡的中心。周边国家是以它定阴阳向背。伊朗脸朝西，背朝东，跟中国相反。它是以两河流域和两河流域以西包括地中海沿岸为前，中亚的乌兹别克斯坦、土库曼斯坦和阿富汗、巴基斯坦为后。伊拉克以西有叙利亚，以北有土耳其，即安纳托利亚半岛，赫梯、吕底亚、乌拉尔图等古国曾先后出现在这个半岛上，后来的奥斯曼帝国也崛起于此。叙利亚和地中海东岸的黎巴嫩、以色列、巴勒斯坦和约旦，古称黎凡特。黎巴嫩一带是古腓尼基。以色列以西为埃及、利比亚，也都是文明古国。

伊朗中部和东部，北有卡维尔盐漠，南有卢特荒漠，人烟稀少，比较荒凉。其东面以加恩山脉和萨哈德高原为隔，与阿富汗和巴基斯坦隔山相望。阿富汗是古代的大夏，巴基斯坦是古代的印度。

伊朗北部，东起呼罗珊省北境，西抵东阿塞拜疆省和西阿塞拜疆省，沿厄尔布尔士山脉和里海南岸，有一条狭长通道，即著名的呼罗珊大道。东边的枢纽是戈尔甘，西边的枢纽是大不里士，中间的枢纽是德黑兰。戈尔甘有如中国的山海关，德黑兰有如中国的北京，大不里士有如中国的嘉峪关。此道是连接中亚和安纳托利亚的游牧走廊。为防嚈哒（白匈奴）入侵，萨珊波斯曾在戈尔甘一带修筑长城（戈尔甘长城），号称"红蛇"（Red Snake）。突厥入侵和蒙古入侵皆由此道。[4]

伊朗南部，隔海相望是阿拉伯半岛，沿岸有沙特、卡塔尔、阿联酋和阿曼，是伊斯兰教和阿拉伯帝国崛起的地方。

所有这些地方加一块儿，即旧之所谓近东，今之所谓中东。

中东是三洲（欧洲、亚洲、非洲）五海（里海、黑海、地中海、红海、阿拉伯海）交汇之地。伊朗历史上的许多王朝曾先后拥有它。

研究世界史，不能不研究伊朗史。

## 二　伊朗人民

伊朗是个多民族国家。历史上的大帝国都是多民族国家。现代大国也不例外。

古代近东，种族、语言、宗教十分复杂。[5]《圣经·旧约》说，诺亚三子为闪、含、雅弗。[6] 传说，闪的后裔是闪米特人，含的后裔是含米特人，雅弗的后裔是雅利安人。闪米特人包括古亚述人、阿卡德人、巴比伦人、迦南人和今犹太人、阿拉伯人。[7] 含米特人包括古埃及人和今科普特

[4] E. W. Sauer, H. Omrani Rekavandi, T. J. Wikinson, and J. Nokandeh, *Persia's Imperial Power in Late Antiquity: Great Wall of Gorgan and Frountier Landscapes of Sasanian Irann*, Oxford: Oxbow Books, 2013.

[5] 世界四大人种，白色人种主要在欧洲，黄色人种主要在亚洲（美洲原住民也属这一种），黑色人种主要在非洲，棕色人种主要在大洋洲。世界九大语系，乌拉尔语系、高加索语系、印欧语系主要在欧洲，阿尔泰语系、汉藏语系、南岛语系、南亚语系、达罗比荼语系主要在亚洲，闪-含语系主要在西亚、北非。

[6] 见《创世记》（5: 32; 6: 10; 7: 13; 9: 18; 10:1-2），《历代志上》（1: 4-5）。

[7] 世界三大一神教，犹太教、基督教和伊斯兰教，都出自闪米特人。

人、库希特人。雅利安人指说印欧语的伊朗人和印度人。伊朗的主体民族是波斯人，波斯人是从北方南下的一支雅利安人。[8]

伊朗，过去叫波斯。不仅西方人这么叫，我国史书也这么叫。"伊朗"是什么概念，"波斯"是什么概念，两者到底是什么关系，恐怕要说明一下。

第一，"伊朗"一词不仅见于琐罗亚斯德教的经典《阿维斯塔》，也见于阿契美尼德王朝的波斯铭刻，可谓持之有故，并非近现代才发明，就像中国有很多朝代，每个朝代有每个朝代的名称，但我们用"中国"统称之，"中国"也是西周就有的概念。"伊朗"一词，本指"雅利安人的土地"。雅利安人是操印欧语的游牧人，[9] 他们从南俄草原南下，逐水草而居，一度定居于河间地区（阿姆河流域和锡尔河流域），[10] 后来分道扬镳，一支沿呼罗珊大道，入伊朗高原，一支翻兴都库什山，去印度河流域。前者是伊朗人，后者是印度人。自古游牧民族南下，河间地区是个集散地。[11] 雅利安人不光是伊朗雅利安人，也包括印度雅利安人，甚至包括说伊朗方言的其他各族。[12]

第二，伊朗古国，埃兰最早。埃兰在今胡齐斯坦省，现代居民有不少阿拉伯人，但古代原住民肤色偏黑，可能与达罗比荼人有关。[13] 米底在伊朗西北。米底人是现代哪一族，不太清楚，或与伊朗西北山区的库尔德人[14]、卢尔人有关。库尔德人主要分布在库尔德斯坦省和呼罗珊省。波斯人，祖庭是法尔斯省，现在遍布全国。居鲁士二世时，波斯与米底联姻，为甥舅关系，[15] 一度臣服米底，为米底附庸。希罗多德说的"米底六部"和"波斯十部"是伊朗雅利安人的两支。[16] 历史上的"波斯人"有广狭二义，狭义的波斯人指初居法尔斯省的波斯人，有别于西北山区的米底人。但广义的波斯人则包括米底人，希腊人往往混言无别。

第三，历史上的"波斯"，无论阿契美尼德王朝、帕提亚王朝、萨珊波斯王朝，还是阿拉伯人、突厥人和蒙古人建立的大帝国，都比现代伊朗大。"伊朗"和"中国"一样，都是历史形成的概念。现代伊朗，领土范围只限伊朗高原西部，比历史上的"波斯"小很多。另外，现代伊朗是多民族国家，波斯人只是伊朗人中的一族。1935年，礼萨·汗（Reza Shah Pahlavi, 1878–1944）把"波斯"改成"伊朗"，主要是为了强调伊朗是个多民族的统一国家，即现代民族国家。[17] 国际上已通用这一国名。1979年成立的伊斯兰共和国（Islamic Republic of Iran）也仍把"伊朗"当正式国名。过去说的波斯学，现在已改称伊朗学。在我看来，西方所谓的"汉学"也应改称"中国学"，不仅包括研究汉族的学问，也应包括研究中国少数民族的学问。[18]

"伊朗人"，概念比"波斯人"大，就像"中国人"，概念比"汉族人"

[8] 现代中东五大族：阿拉伯人，约23000万人；伊朗人，约7992万人；土耳其人，约7866万人；库尔德人，约3000万人；以色列人，约850万人。

[9] 19世纪以来，雅利安人的概念一度被泛化，泛指操印欧语的游牧人，这里用其狭义，指《吠陀》《阿维斯塔》代表的印、伊二族。

[10] 估计在今乌兹别克斯坦和土库曼斯坦。《阿维斯塔》描写的游牧天堂，可能在这一带。

[11] 雅利安人分东西两支。米底人和波斯人属于西部雅利安人。伊朗东部、阿富汗、巴基斯坦和印度操伊朗方言的人属于东部雅利安人。雅利安人如何进入伊朗，一向有两种说法，旧说是从里海西侧，翻大高加索山脉，从阿塞拜疆入，现在多认为是从里海东侧，沿呼罗珊大道入。参看 M. Waters, *Ancient Persia*, p. 19.

[12] 如古代操西徐亚语、巴克特里亚语、粟特语、吐火罗语的部族，现代塔吉克语、普什图语、俾路支语的各族。古代活跃于中亚的主要是这类部族，而不是操突厥语的部族。

[13] 王兴运《古代伊朗文明探源》，第92—95页。案：古代黑奴贸易，一直有从非洲东海岸到埃及、阿拉伯半岛、波斯湾和印度的路线。伊朗非洲裔居民（Afro-Iranian）主要分布在胡齐斯坦、霍尔木兹甘和锡斯坦-俾路支斯坦三省，即与这一路线有关。亚历山大东征，从印度河流域南下，从波斯湾返回，见到很多肤色偏黑的居民，他曾以为是在尼罗河和红海。

[14] 库尔德人，现在分属土耳其、叙利亚、伊拉克、伊朗，语言属伊朗语族，是中东第四大族，人口仅次于阿拉伯人、突厥人和波斯人。

大。[19] 美国汉学家给"中国人"下定义，说只有说汉语的人才是"中国人"，其他人不算"中国人"，十分荒谬。同样，我们也不能用这类定义讲伊朗人。

伊朗民族，按语言分，主要为三大语族：

1. 伊朗语族：波斯人（分布全境）、吉兰人（主要在吉兰省）、马赞达兰人（主要在马赞达兰省）、库尔德人（主要在库尔德斯坦省、克尔曼沙阿省和呼罗珊省）、卢尔人（主要在洛雷斯坦省）、巴赫蒂亚里人（主要在胡齐斯坦省和恰哈尔马哈勒－巴赫蒂亚里省）、俾路支人（主要在锡斯坦－俾路支斯坦省）。[20]

2. 突厥语族：阿塞拜疆人（主要在东阿塞拜疆省和西阿塞拜疆省）、土库曼人（主要在戈莱斯坦省和阿尔达彼勒省）、卡什凯人（主要在法尔斯省和伊斯法罕省）。

3. 闪语族：阿拉伯人（主要在胡齐斯坦省和霍尔木兹甘省）。

2017年3月统计，伊朗人口为7992万，波斯人占大多数，其次是阿塞拜疆人，再次是库尔德人。[21]

伊朗以伊斯兰教为国教，90%—95%的居民信伊斯兰教，除4%—8%为逊尼派，绝大多数属什叶派。信其他宗教（基督教、犹太教、祆教等）的人只占2%。伊朗各族，除库尔德人的多数、俾路支人、土库曼人和阿拉伯人属逊尼派，多为什叶派。

## 三　伊朗历史

伊朗，历史悠久，遍地是古迹。它的历史分两大段，一段是前伊斯兰时代，一段是伊斯兰时代。伊朗人的历史记忆主要是伊斯兰时期。前伊斯兰时期，几乎完全被遗忘，只是到了20世纪，靠考古发掘和铭文释读，才一步步恢复起来。

### （甲）前伊斯兰时代

研究早期伊朗史，除了《阿维斯塔》中的古史传说，文献史料只有两种，一种是古典作家对伊朗的描述，一种是希伯来《圣经》的有关记载，伊朗本身，史料反而阙如。古代铭刻和考古资料，倒是现身说法，但这种号称"东方学"的学问却完全是由西方人一手打造。

[15] 希罗多德说，居鲁士的父亲冈比西斯一世娶米底王阿斯泰亚基斯的女儿曼丹尼为妻，生下居鲁士。居鲁士是米底王的外孙。见希罗多德《历史》，I. 107-130。

[16] 希罗多德《历史》，I. 101, 125。

[17] 作为历史文化概念，波斯可以等于伊朗，但作为国家概念，只称伊朗。

[18] 1814年，雷慕沙（Jean Pierre Abel Rémusat, 1788—1832）在法兰西学院创办的汉学讲座，从一开始就是汉、满、蒙三语讲座。

[19] 埃尔顿·丹尼尔《伊朗史》，第1—4页。

[20] 呼罗珊省的库尔德人是萨法维王朝时期迁过去的。洛雷斯坦（Luristan），或译卢里斯坦。

[21] 美国中情局的统计是：操伊朗语的民族占79%，其中波斯人（包括马赞达兰人和吉兰人）占61%，库尔德人占10%，卢尔人占6%，俾路支人占2%，非伊朗语的民族占21%，其中阿塞拜疆人占16%，土库曼人和其他突厥人占2%，阿拉伯人占2%，其他民族（如亚美尼亚人、塔里什人、格鲁吉亚人、希尔卡尼亚人和亚述人）占1%。美国国会图书馆的统计是：波斯人占65%（包括马赞达兰人、吉兰人、塔里什人），阿塞拜疆人占16%，库尔德人占7%，卢尔人占6%，俾路支人占2%，突厥部落民（如卡什凯人）占1%，土库曼人占1%，非伊朗语和突厥语的民族（如亚美尼亚人、格鲁吉亚人、希尔卡尼亚人、亚述人和阿拉伯人）加起来不足3%。

## 1. 史前时代（约前 80 万年–前 4000 年）

旧石器时代多山洞遗址（距今 80 万年–前 10000 年），[22] 新石器时代多丘墟遗址（前 10000–前 4000 年）。[23]

## 2. 埃兰王国（Elam，前 3200–前 540 年）

伊朗有三大古国：埃兰、米底、波斯。三国之中，埃兰最古老。[24] 埃兰是美索不达米亚平原嵌入伊朗高原的部分，与巴比伦关系最密切。它不仅包括幼发拉底河和底格里斯河入海处的苏西安那平原，也包括其西北和东南的山区，大体相当今胡齐斯坦省，以及该省周边的地区。[25] 埃兰历史分早埃兰时期（约前 3200–前 2700 年）、古埃兰时期（约前 2700–前 1600 年）、中埃兰时期（约前 1500–前 1100 年）和新埃兰时期（约前 1100–前 540 年）。[26] 最初，埃兰是个多中心的城邦联盟，后来逐渐以苏萨为中心。埃兰王国相当中国的龙山时期（新石器时代晚期或铜石并用时代）和通常说的"三代"（夏、商、西周）。

## 3. 米底王国（Media，前 727–前 550 年）

米底与亚述只是一山之隔，关系最密切。米底史，[27] 一向比较模糊，不但缺乏文献记载，考古材料也不成系统。据希罗多德《历史》，离居鲁士最近，有四个米底王，一个斯基泰王。他们是戴奥凯斯（Deioces，前 727–前 675 年）、弗劳尔特斯（Phraortes，前 675–前 653 年）、马迪乌斯（Madyas，前 653–前 625 年）、库亚克萨列斯（Cyaxares，前 625–前 585 年）、阿斯泰亚基斯（Astyages，前 585–前 550 年）。[28] 马迪乌斯是斯基泰王，其他四王是米底王。米底曾臣服于亚述，戴奥凯斯始统一米底各部，定都埃克巴坦纳。弗劳尔特斯兼并波斯，伐亚述，死于军中。斯基泰王马迪乌斯占领米底，达 28 年。库亚克萨列斯联合新巴比伦，灭亚述，是米底的鼎盛时期。阿斯泰亚基斯时，居鲁士娶阿斯泰亚基斯的女儿为妻，乘势崛起，终于取米底而代之。这段历史，大体相当中国的春秋早、中期。

## 4. 波斯帝国（Persian Empire，前 550–前 330 年）[29]

波斯在埃兰东，米底东南，与两国都有密切关系。波斯与米底同族，居鲁士娶米底王阿斯泰亚基斯的女儿为妻，为米底附庸，但居鲁士号称安善王，安善是埃兰东部的城邦，与埃兰为邻，长期来往，关系更密切。波斯后来居上，兼并埃兰、米底、吕底亚、巴比伦，建波斯帝国。波斯初都

---

[22] 如克尔曼沙阿省的 Bisotun Cave 和马赞达兰省的 Hotu Csve、Kamarband Cave (Belt Cave)。

[23] 如西阿塞拜疆省的 Haji Firuz Tepe、Dalm Tepe、Pisdeli Tepe、Hasanlu Tepe、Geoy Tepe，东阿塞拜疆省的 Yanik Tepe，克尔曼沙阿省的 Asiab Tepe、Ganj Dareh Tepe、Sarab Tepe、Godin Tepe，洛雷斯坦省的 Guran Tepe，胡齐斯坦省的 Ali Kosh site、Chogha Mish site、Susa site，塞姆南省的 Hisar Tepe，伊斯法罕省的 Sialk Tepe，法尔斯省的 Tal-e Bakun site、Tal-e Gap site、Tal-e Nukhudi site，克尔曼省的 Yahya Tepe、Tal-e Eblis。

[24] 埃兰，《旧约》叫以拦（Elam），见《创世记》(10: 22; 14: 1, 9)，《历代志上》(1: 17; 8: 24; 26: 3)，《以斯拉记》(2: 7, 31; 4: 9; 8: 7; 10: 2, 26)，《尼希米记》(7: 12, 34; 10: 14; 12: 42)，《以赛亚书》(11: 11; 21: 2; 22: 6)，《耶利米书》(25: 25; 49: 34-39)，《以西结书》(32: 24-25)，《但以理书》(8: 2)，共 30 处。该书把以拦和亚述列为闪的儿子。

[25] 埃兰初指阿达姆东（Adamdun），后指两河流域以东，位于苏西安那平原及其周边山区（主要在北、东两侧）的城邦，如苏萨（Susa）、阿万（Awan）、西马什（Simash）、瓦拉赫什（Warahse）、胡呼努里（Huhunuri）和安善（Anshan）。阿达姆东可能在舒什塔尔，苏萨在舒什，阿万可能在迪兹富勒，主要分布在苏西安那平原，卡尔黑河和卡伦河流经的地方。西马什可能在北部山区（或说在霍拉马巴德，属卢里斯坦省），瓦拉赫什可能在西北山区，胡呼努里可能在东部山区（或说在伊泽，属胡齐斯坦省），安善位于设拉子西北，属法尔斯省，是东南方向更远的山区。它们，有些位于平原（阿达姆东、阿万、苏萨），有些位于山区（西马什、瓦拉赫

帕萨尔加德，后建四都：波斯波利斯、埃克巴坦纳、巴比伦、苏萨。波斯帝国即阿契美尼德王朝，大体相当中国的春秋晚期和战国早中期。通常说的丝绸之路，中国—印度段，阿富汗是枢纽；中国—罗马段，伊朗是枢纽。中国和伊朗，战国时期，可能已互有所闻，两汉以来，关系更密切，史不绝书。《史记》《汉书》提到伊朗，是叫安息（帕提亚），《梁书》至《新唐书》提到伊朗，是叫波斯（指萨珊波斯）。《旧五代史》至《清史稿》仍沿用波斯这个名称。我国也把伊朗叫波斯。

### 5．马其顿帝国（Macedonian Empire，前330—前323年）

都巴比伦。公元前330年，亚历山大灭波斯帝国，建马其顿帝国，前后只有七年，相当中国的战国中期。

### 6．塞琉古（或译塞琉西）王国（Seleucid Kingdom，前312—前63年）

亚历山大死后，马其顿帝国分裂为三：马其顿王国、托勒密王国和塞琉古王国。塞琉古王国，最初占有地中海东岸到印度河流域，包括今伊朗、阿富汗。公元前3世纪中叶，帕提亚和大夏崛起，其势衰落，退守叙利亚一带。中国史书叫"条支"。这249年，相当中国的战国晚期和秦代、西汉。

### 7．帕提亚帝国（Parthian Empire，前247—公元224年）

帕提亚本来是波斯帝国的东北行省，即今伊朗呼罗珊省和土库曼斯坦的南部。它的第一个国王是阿萨希斯一世，故这个王朝也叫阿萨希斯王朝，中国史书叫安息。安息就是翻译阿萨希斯。我国和伊朗交往，明确见于记载，是始于这一王朝。帕提亚初都尼萨（在土库曼斯坦阿什哈巴德），先迁埃克巴坦纳（在伊朗哈马丹），后迁泰西封（在伊拉克迈达因）。这471年，相当中国的战国晚期和秦汉时期（秦庄襄王三年—魏黄初五年）。

### 8．萨珊帝国（Sassanid Empire，224—651年）

萨珊波斯是从波斯故地的地方政权发展而来，中国史书亦称波斯。其创始人是阿尔达希尔一世。其祖父萨珊，传说是伊斯塔克尔城阿纳希塔庙的祭司。这座古城就在波斯故都波斯波利斯和波斯王陵纳克什·鲁斯塔姆之间。公元224年，萨珊波斯占领两河流域后，定都泰西封，后迁菲鲁扎巴德和比沙普尔。菲鲁扎巴德在设拉子南，比沙普尔在设拉子西，都在今法尔斯省。这427年是波斯复兴，臻于极盛的时期，大体相当中国的汉唐之间，

什、胡呼努里、安善），苟遇洪水兵祸，便于进退。中埃兰时期，埃兰王自称苏萨之王和安善之王，苏萨指苏西安那平原及其周边，安善是埃兰向东南方向扩张的另一地区。

<26> 早埃兰时期是埃兰城邦形成的时期。古埃兰时期包括阿万王朝、西马什王朝和埃帕提王朝。中埃兰时期是埃兰的鼎盛期，以苏萨和安善为中心。新埃兰时期，安善被波斯占领，只剩苏萨一带。

<27> 米底，《旧约》叫玛代（Madai)，见《创世记》(10: 2)、《列王纪下》(17: 6; 18: 11)、《历代志上》(1: 5)、《以斯拉记》(6: 2)、《以斯帖记》(1: 3, 13, 18-19; 10: 2)、《以赛亚书》(13: 17; 21: 2)、《耶利米书》(25: 25; 51: 11, 28)、《但以理书》(5: 28, 31; 6: 8, 12, 15; 8: 20; 9: 1; 11: 1)，共24处。该书把玛代列为雅弗之子。

<28> 希罗多德《历史》，I.16, 46, 73-75, 91, 96-99, 101-103, 106-112, 114-130, 162; III.62; VII.8; IX.122。

<29> 波斯，《旧约》叫波斯（Persia)，见《创世记》(36: 33)、《约书亚记》(15: 39)、《列王纪下》(22: 1)、《历代志上》(1: 44; 36: 20, 22-23)、《以斯拉记》(1: 1-2, 8; 3: 7; 4: 3, 5, 7, 24; 5: 3, 6; 6: 6, 13-14; 7: 1; 9: 9)、《尼希米记》(12: 22)、《以斯帖记》(1: 3, 13, 18-19; 10: 2)、《以赛亚书》(34: 6; 63: 1)、《耶利米书》(48: 24; 49: 13, 22)、《以西结书》(27: 10; 38: 5)、《但以理书》(5: 28; 6: 8, 12, 15, 28; 8: 20; 10: 1, 13, 20; 11: 2)、《阿摩司书》(1: 12)、《弥迦书》(2: 12)，共47处。

即三国魏晋南北朝时期和隋代到唐初（魏黄初五年—唐永徽二年）。

（乙）伊斯兰时代

1. 阿拉伯入侵（651—1258年）

阿拉伯帝国，中国史书叫"大食"。最初由四大哈里发统治（632—661年）。

651年，萨珊波斯灭于阿拉伯帝国的第三任哈里发，即伍麦叶哈里发（Umayyad Caliphate，或译倭马亚阿里发），伊朗历史进入伊斯兰时代。

这一时期有两个阿拉伯王朝统治过伊朗：

(1) 伍麦叶王朝（Umayyad Caliphate，661—750年）

以叙利亚为中心，都大马士革，中国史书叫"白衣大食"。这89年，相当中国的唐代早中期（唐龙朔元年—天宝九年）。

(2) 阿拔斯王朝（Abbasid Dynasty，750—1258年）

以两河流域为中心，都巴格达，中国史书叫"黑衣大食"。这508年，相当中国的唐代中晚期和两宋时期（唐天宝九年—宋宝祐六年）。

1258年，阿拔斯王朝灭于第三次蒙古西征。

2. 突厥入侵（962—1231年）

这一时期有三个突厥王朝统治过伊朗全境或部分地区：

(1) 加兹尼王朝（Ghaznavid Dynasty，962—1186年）

都加兹尼（在阿富汗）。这224年，大体相当中国的两宋时期（宋建隆三年—淳熙十三年）。

(2) 塞尔柱帝国（Seljuq Empire，1037—1194年）

初都内沙布尔（在伊朗呼罗珊省），后迁雷伊、伊斯法罕。这157年，大体相当中国的两宋时期（宋景祐四年—绍熙五年）。

(3) 花剌子模王朝（Khwārazm，1138—1231年）

都戈尔甘（在伊朗格莱斯坦省）。这93年，大体相当中国的南宋早中期（宋绍兴八年—绍定四年）。1231年，花剌子模王朝灭于第二次蒙古西征。[30]

3. 蒙古入侵（1258—1502年）

蒙古西征分三次：第一次是1219—1224年，第二次是1231—1245年，第三次是1252—1258年。三次西征后，蒙古帝国分裂为四大汗国，其中之

---

[30] 这一时期，伊朗境内的小王朝很多，这里只选阿拉伯人的两个王朝和突厥人的三个王朝，小王朝从略。

一为元宪宗之弟旭烈兀所建的伊尔汗国。其后的帖木儿帝国也是蒙古入侵的遗产。

(1) 伊尔汗国（Ilkhanate, 1256—1357年）

初都马拉盖（在东阿塞拜疆省），后迁大不里士（在东阿塞拜疆省）、苏丹尼耶（在赞詹省）。这101年，大体相当中国的南宋晚期和元代（宋宝祐四年—元至正十七年）。

(2) 帖木儿帝国（Timurid Empire, 1370—1507年）

帖木儿出生于乌兹别克，即蒙古帝国的西察合台汗国，本人是突厥人，但与蒙古王族通婚，其所建帝国横跨中亚、西亚和南亚，初都撒马尔罕（在乌兹别克斯坦），后迁赫拉特（在阿富汗）。这137年，大体相当中国的明代早中期（洪武三年—正德二年）。

## 4. 近五百年的伊朗王朝（1501—1979年）

(1) 萨法维王朝（Safavid Dynasty, 1501—1736年）

波斯人建立的王朝，初都大不里士（在东阿塞拜疆省），后迁加兹温（在加兹温省）和伊斯法罕（在伊斯法罕省）。这235年，大体相当中国的明中期至清早期（明弘治十四年—清乾隆元年）。

(2) 阿夫沙尔王朝（Afsharid Dynasty, 1736—1796年）

大呼罗珊阿夫沙尔部（土库曼人的一支）建立的王朝，都马什哈德（在呼罗珊省）。这60年，大体相当中国的清中期（乾隆元年—嘉庆元年）。

(3) 赞德王朝（Zand Dynasty, 1750—1779年）

拉克人（Lak，卢尔人的一支）建立的王朝，都设拉子。这29年，大体相当中国的清中期（乾隆十五年—四十四年）。

(4) 恺加王朝（Qajar Dynasty, 1779—1921年）

突厥恺加部建立的王朝，都德黑兰。这142年，大体相当中国的清中期到民国初年（清乾隆四十四年—民国十年）。

(5) 巴列维王朝（Pahlavi Dynasty, 1925—1979年）

礼萨·沙·巴列维（Reza Shah Pahlavi, 1878—1944年）建立的王朝，都德黑兰。

## 5. 伊朗伊斯兰共和国（Islamic Republic of Iran 1979— ）

今伊朗，都德黑兰。

这两段历史都是世界史。

第一段是伊朗文明融入中东文明的阶段。波斯帝国时期，伊朗是整个中东文明的集大成者，它的历史，不仅涉及两河流域、安纳托利亚、埃及，涉及希腊、罗马、拜占庭，甚至跟中亚、阿富汗和巴基斯坦也有关。亚历山大东征，只是现成接收这个帝国。希腊化的影响比较短，并未在伊朗站住脚。所谓希腊化，主要是通过舟船，借助海上贸易和殖民浪潮，往西传、往南传，影响主要在地中海沿岸。伊朗和伊朗以东，主要是骑马人的天下。世界历史的东西对抗，一直在这两极之间。

第二段是伊朗文明融入伊斯兰文明的阶段。这一阶段，伊朗先后被阿拉伯人、突厥人和蒙古人征服。现在的伊斯兰世界是由这三次入侵共同创造，但蒙古人来如流水去如风，真正留下的伊斯兰文化是阿拉伯文化、突厥文化和波斯文化。波斯文化在这个文化大融合的时代仍扮演着重要角色。这一段又分前后两段，蒙古入侵以前是一段，蒙古入侵以后是一段。蒙古入侵后的近五百年是伊朗历史融入世界历史的新阶段。

读伊朗史，你会发现，你是在读世界史。伊朗史，西边牵着近东史和欧洲史，东南牵着南亚史，东北牵着中亚史和东亚史。

伊朗是打开世界历史之门的钥匙。

现代伊朗是伊斯兰国家。伊斯兰时代以前的历史，主要靠16世纪以来，特别是19世纪以来，西方探险家的探险，西方考古学家的考古，才恢复起来，和很多东方国家一样。

伊朗历史，近五百年很重要，特别是20世纪，更重要。这是传统社会向现代社会转型的关键时期。可惜，转型是被动转型，被西方列强推着转。伊朗和中国一样，也是被西方列强瓜分。英、法、德、俄四国都插手伊朗的内外事务，英、俄势力最大。伊朗北部是俄国的势力范围，南部是英国的势力范围。[31]伊朗为了摆脱英、俄的控制，也曾寻求法、德两国的支持，[32]并不成功。美国控制伊朗，主要在"二战"后，1979年，也宣告结束。[33]

世界历史，从传统到现代，有三座大山要推翻，一是教权专制，二是封建割据，三是君权专制。[34]

西方自己，与伊朗类似，历史也分两大段，中世纪以前是所谓"异教文化"，中世纪以来是基督教一统天下，前后断为两截，连不到一块儿。他们要推翻这三座大山，前有文艺复兴、宗教改革，后有启蒙运动、欧洲革命，最后要落实到革命。英国革命（1640式），自上而下搞立宪，法国革命

[31] 从晚清到民国，中国北方受日俄控制，南方受英美控制，与伊朗类似。
[32] 1927—1938年，蒋介石与德国也有过很好的合作。
[33] "二战"后，中国也受美国控制。
[34] 中国和西方不同，没有宗教大一统，没有封建贵族，只有皇权专制这一座大山。中国有造反传统，就连推翻皇权也比其他国家容易。

(1789式），自下而上搞共和，方式不同，目标一致，都是为了解放市民阶层（后来的资产阶级）。

他们的革命，分三步走：

第一步是反对宗教大一统：一是认祖归宗，重续香火，拿希腊、罗马的"异教文化"当自己的文化源头；二是提倡人文主义和理性主义（导致社会世俗化、宗教多元化和科学知识推广）。

第二步是打击封建贵族，削平封建割据（导致统一民族国家的建立）。

第三步是推翻君主专制（导致立宪民主或共和政体）。

这三步，前两步是以尊王为前提，一是申君权，反教权；二是借专制，反封建。这种专制是一种开明专制，西人叫绝对主义。绝对主义是革命的必要铺垫。一切水到渠成，才有最后这一步，即推翻君主制或改良君主制。

上述三座大山曾经是欧洲革命的对象，但同时也是欧洲的传统文化，即使暴风骤雨，摧枯拉朽，历史的尾巴仍割不断。今欧洲44国，还有12国是君主国，传统天主教仍归梵蒂冈领导，广义的基督教文化随西方势力的全球扩张，铺天盖地。[35]

伊朗革命也不容易，比西方革命更不容易。

第一，19世纪和20世纪，在很长时间里，伊朗被西方列强瓜分和奴役。它的一切举措都受控于人。这种国家的革命，和欧洲革命不一样，没有民族独立，没有国家统一，什么都谈不上。它有一个最大矛盾，即任何政治势力都借助外国势力，但任何政治势力也寻求摆脱外国势力，民族革命是第一位。这和欧洲革命不一样。

第二，历史上，王权和教权，中央集权和地方割据，关系很微妙。[36]西方列强在落后国家物色代理人，反共是首选，其次是世俗强权和宗教势力。为了自身的利益，他们不惜支持任何保守势力和分裂势力，哪怕最不喜欢的势力。因此革命的逻辑和顺序经常被颠倒。革命的老师最怕学生革命，特别是害怕他们摆脱自己的控制。

20世纪，伊朗经两次大战，历四场革命。

两次大战，伊朗都宣布中立，但两次都无法中立，反而以同情德国被问罪，成为列强干涉的借口。大国间的较量，始终决定着伊朗变革的走向。

1905—1911年，伊朗有立宪革命，好像我们的戊戌变法，结果被俄军和王党扼杀。

1917年，俄国爆发十月革命。新成立的苏维埃政权宣布废弃英俄瓜分

[35] 天主教和基督教在今日的欧洲也日趋衰落，很多教堂都办不下去。

[36] 历史上的宗教运动多起于追求平等，并以解救劳苦大众为号召。王权可以利用宗教统治民众，民众也可借助宗教推翻王权。

伊朗的不平等条约和从伊朗撤军，但英军趁机占领伊朗。

1920—1921年，在十月革命影响下，库切克·汗（Mirza Kuchik Khan，1880—1921）领导的丛林运动（Jungle Movement）与刚刚成立的伊朗共产党合作，在吉兰省成立波斯社会主义苏维埃共和国。这是伊朗的"红色革命"。结果被礼萨·汗镇压。1930年，共产党被取缔。1941年，伊朗共产党人拉蒂马什等人在苏联的支持下重建党组织，改名人民党（Tudeh Party of Iran）。1979年，此党参加过推翻巴列维王朝的革命。革命胜利后，再度被镇压，被迫流亡欧洲，主要在德国和英国。

1926—1979年的巴列维王朝，既反对"红色革命"（共产主义），也反对宗教势力。1963年，小巴列维父子推行的"白色革命"是西方化下的世俗化和民族化。

1979年以前，巴列维王朝的现代化以尊君权、黜教权为特点。这种世俗化是以西方化为背景。1979年的伊斯兰革命，与之正好相反。它要反对的恰好是世俗化和西方化。新的革命口号是：既不要东方（"红色革命"），也不要西方（"白色革命"）。

西方扶植的亲西方政权，在反共优先的前提下，一般只有两种选择，不是君权（或者叫军权），就是教权。无论哪种选择，都不能让西方满意，达到他们认可的标准，因而随时随地、无所不在的干预，从媒体批评、经济制裁到军事政变、武装干涉，都有十足理由，或者说根本就不需要什么理由。

1971年10月，伊朗国王巴列维曾在波斯波利斯和帕萨尔加德举行盛大仪式，庆祝伊朗建国2500年，当时有20个国家的国王、14个国家的总统前来捧场。他们住在豪华的帐篷旅馆，饭菜订自法国的马克西姆餐厅，烧钱两亿美元。⟨37⟩从照片上，我们可以看到，身着古装，扮作古波斯军队的步兵、骑兵、海军，浩浩荡荡，列队行进，从大平台下经过，接受检阅，简直像薛西斯的大军再现于世。当时的宣传讲得很清楚，巴列维庆祝的是君主制，长达2500年的伊朗君主制。

然而不到八年，事情却急转直下，走向反面。谁也想不到，正是在伊朗最富的时候，伊朗最强的时候，革命却突然爆发，来自左中右的所有势力，拧成一股力，把国王打倒。巴列维王朝被推翻，支持它的美国被赶走，小巴列维和他爸爸一样，客死他乡，2500年的伊朗君主制宣告结束。

从此，伊朗走向共和，和中国一样。和中国不同，这个共和国是叫伊朗伊斯兰共和国。它要回归的传统，是伊斯兰教对国家行为的绝对指导。

⟨37⟩ 当年的帐篷支架仍留在大平台下，当年观看演出的看台和灯光设备仍留在大平台上，成为现代"古迹"。

中国有句老话,"一部十七史从何说起"。[38] 读伊朗史,也有同样的问题在心头。

伊朗史太长,我想从中间选一段,以阿契美尼德王朝为阅读对象,先从这一段读起。

2017 年 7 月 2 日写于北京蓝旗营寓所

[38] 语出文天祥,见《文山先生全集》卷一七《宋少保右丞相兼枢密使信国公文山先生纪年录》。

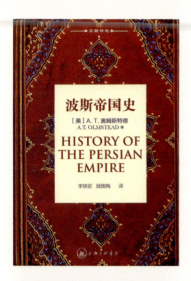
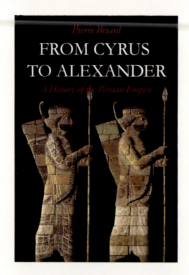
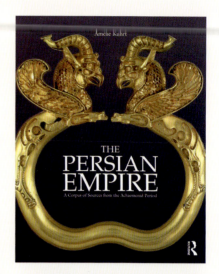
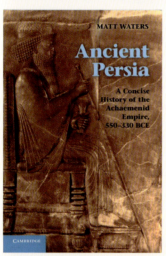
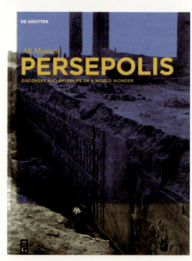
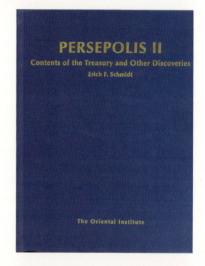
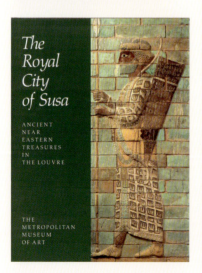
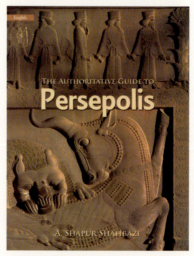
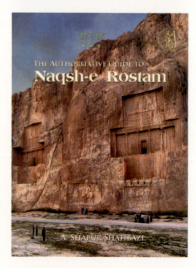

# 上篇参考书

1. 《希罗多德历史——希腊波斯战争史》（上下册），
   王以铸译，北京：商务印书馆，1959年（2001年第8次印刷）。

此书是记阿契美尼德王朝最初四王的历史，时间跨度仅71年（前550–前479年），主体是波斯史，而非希腊史。全书九卷，第一卷讲居鲁士二世，第二卷讲冈比西斯二世，第三至第六卷讲大流士一世，第七至第九卷讲薛西斯一世。通常说的"希波战争"（前500–前479年），[1] 其实只是大流士一世和薛西斯一世时的历史事件，希罗多德叫"波斯战争"。过去，研究阿契美尼德王朝早期，文献史料主要靠此书，伊朗本身反倒没什么记载。

作者希罗多德（前484–前430/420年）是薛西斯一世（前486–前465年在位）和阿尔塔薛西斯一世（前465–前424年在位）时人。他生于哈利卡纳苏斯（Halicanassus），即今土耳其的博德鲁姆（Bordrum），最初是希腊裔的波斯公民，早年游历波斯帝国的西部行省，晚年到雅典，最后移居雅典在意大利的殖民城邦图里伊（Thurii），但他从未翻越扎格罗斯山，到达波斯帝国的腹地。其书正好写于希波战争之后不久，记述非常及时，内容非常详尽。西塞罗称他为"史学之祖"，相当我国的"太史公"。

译者王以铸是老一代翻译家。王本初版于1959年，此为1978年修订版。书题中的"希罗多德"是作者，"历史"是书名，"希腊波斯战争史"是译者补加的副题。读者看了这个副题，可能会把大流士一世和薛西斯一世时的希波战争当该书主题，而把居鲁士二世和冈比西斯二世时的史事当这一战争的序幕。其实并非如此。[2]

据译者说明，此书是以修德（C. Hude）本为底本，参考施泰因（H. Stein）编订本、豪乌（W. W. How）、威尔斯（J. Wells）注释本和若干选本的注释，以及塞威林·汉梅尔（Seweryn Hammer）的波兰文译本，青木岩的日文译本，乔治·劳林逊（George Rawlinson）、亨利·凯里（Henry Cary）和顾德雷（A. D. Godley）的英文译本。

译者说，"我介绍此书的目的是给对历史、文学有兴趣的广大读者提供一部值得一读的世界古典名著，不是供专家研究之用，故在注释方面力避烦琐，而以简要为原则，凡牵涉考证、研究性质的注释均不收"，故注释极为简略。

〔左页图〕
书影

[1] 国内多以公元前449年波斯、希腊签订《卡利阿斯和约》为这场战争的结束时间，故以为希罗多德只是记述了这场战争的第一阶段，但徐松岩指出，西方学术著作多把这场战争的结束时间定在雅典攻陷塞斯托斯的公元前479年，希罗多德对这场战争的记述是完整的。参看〔古希腊〕希罗多德《历史》（上下册），徐松岩译注，北京：中信出版社，2013年，中译本序，XXIX-XXXI。

[2] 徐松岩以为，这个副题是"画蛇添足"，见徐松岩译注本，中译本序，XXVI-XXIX。

## 2. [古希腊] 希罗多德《历史》(上下册),

徐松岩译注,北京:中信出版社,2013年。

这是新世纪的又一种译本,先有上海三联书店2008年版,后有此版。旧版译后记说译者除参考《劳易卜古典丛书》希腊文版以外,还参考了两种英译本(乔治·罗林森本和A.D.哥德利本)、两种注释本(W.W.豪和J.威尔斯本及罗译本注)和两种辞书(《牛津古典辞书》《古典神话辞典》)。《劳易卜古典丛书》希腊文版即哥译本的希腊文底本。豪,王本作"豪乌"。新版中译本序增加第五节"关于《历史》的抄本、校勘本、注释本和译本"(郭涛博士撰),列有希腊文校勘本三种(修德校勘的OCT本、勒格朗校勘的比代本、罗森校勘的托依布纳本)、常见注释本两种(W.W.豪和J.威尔斯本、奥斯文·穆瑞本)和常见英译本四种(乔治·罗林森本、A.D.哥德利本、罗宾·沃特菲尔德本和安德烈·帕维斯本);新版译后记说,"译者在翻译过程中主要参考了两种希腊文本,以及'罗译本''哥译本'和新近出版的《地标希罗多德》英译本"(802页)。"两种希腊文本",疑指修德本和《劳易卜古典丛书》所收哥译本的希腊文。罗林森,王本作劳林逊。哥德利,王本作顾德雷。《地标希罗多德》英译本即帕维斯本。这个新译本附有大量考据性注释,[3] 极便参考。

译者徐松岩,西南大学历史文化学院教授和古典文明研究所所长。

## 3. [古希腊] 修昔底德《伯罗奔尼撒战争史》(上下册),

谢德风译,北京:商务印书馆,1960年(2016年第13次印刷)。

波斯打希腊并不成功,反而促进了希腊各国的联合。波斯放弃武力征服,希腊各国反而陷入内讧。阿尔塔薛西斯一世,用金钱收买和武力威胁两手,拉一派,打一派,反而比较成功。伯罗奔尼撒战争是雅典、斯巴达窝里斗,真正占便宜,反而是波斯。

此书记伯罗奔尼撒战争,叙事始于公元前445年,止于公元前411年,与通常所说该战争的起止时间(前431—前404年)不尽相同。这段时间约相当阿尔塔薛西斯一世(前465—前424年在位)、薛西斯二世(前424年在位)、塞西迪亚努斯(前424—前423年在位)和大流士二世(前423—前405年在位)时。书中不仅提到薛西斯一世、阿尔塔薛西斯一世和大流士二世,也提到早于这一战争的居鲁士二世、冈比西斯二世、大流士一世。

作者修昔底德(前460—前400年),名气仅次于希罗多德。希罗多德的《历史》不仅是波斯史,也是当时的世界史,修昔底德的《伯罗奔尼撒战争史》只是希腊史,两者的关系有点像我国的"班马异同"。

[3] 旧版译后记:"本书的注释,主要有三个主要来源:一是'罗译本'的注释,由于数量最多,因而没有特别加以说明;二是译自'哥译本'的一些注释,注明为'哥译本注';三是译者根据有关参考资料、工具书和自己所接触国内外的研究成果编撰或者编译而成的,其中也多少包括译者的一点点读书心得,还有一些不同译本的不同译法,以及英译者、汉译者的一些明显的误译,等等,皆以'译者注'标出。"(第623页)新版译后记作"本书的注释,主要有两个主要来源:一是译自A.D.哥德利英译本的一些注释,注明为'哥译本注';二是译者根据有关参考资料、工具书和自己所接触国内外的研究成果编撰或者编译而成的,其中当然也包括译者的一点点读书心得"(第802页)。

译者谢德风是老一代翻译家。这一译本是据《企鹅古典丛书》的 Rex Warner 英译本（伦敦：企鹅出版公司，1956年），并参考了 Richard Crawley、Charles Forster Smith 和 Benjamin Jowett 的英译本。

---

4. [古希腊] 修昔底德《伯罗奔尼撒战争史》（上下册），

徐松岩译注，上海：上海人民出版社，2012年。

译本所据原书：Thucydides, *History of the Peloponnesian War*, trans. by Richard Crawley, Longmsns, Green, & CO., 1874。此书章节划分与前书不尽相同，注释比较详细。

---

5. [古希腊] 色诺芬《长征记》，

崔金戎译，北京：商务印书馆，1985年（2015年第5次印刷）。

伯罗奔尼撒战争后，很多希腊军人失业，类似日本浪人，受雇于波斯。大流士二世去世后，阿尔塔薛西斯二世继位，小居鲁士招募希腊雇佣军，起兵谋反。小居鲁士战死，希腊雇佣军在波斯大军围追堵截下，备尝艰辛，返回希腊。其进军路线和突围路线，对研究亚历山大东征有一定参考价值。

作者色诺芬（约前430—前354年）曾受教于苏格拉底，他亲历亲记的上述"长征"发生于公元前401—前400年。

译者崔金戎是老一代翻译家。译本是据《洛布古典丛书》布朗森英译本：Xenophon, *Anabasis* with an English Trans. by Carleton L. Brownson, William Heinemann Ltd., 1968。

书前有"汉译本序言"和"英译本序言"各一。"英译本序言"主要是夸，夸希腊人酷爱自由，"一面战斗，一面表决"，是"行进的民主""游动的共和"。[4]"汉译本序言"出自刘家和之手（写于1983年），则批评此书抱西方优于东方的民族偏见，指出色诺芬笔下的希腊雇佣军是为钱打仗的乌合之众，一路烧杀抢掠。[5]

奥姆斯特德曾说，"希腊人只颂扬小居鲁士的品质。而对于雅典人色诺芬来说，小居鲁士最伟大之处是他帮助毁灭了其祖先的帝国。从波斯的立场来看，小居鲁士就是一个最无耻的卖国贼。他和宿敌希腊人一起进攻帝国，而且是在帝国极端困难之时发动了进攻"。[6]

<4> 色诺芬笔下的希腊雇佣军，将领跟部下经常开会，征求部下的意见，碰到部下遇事得哄着其部下，亚历山大东征，也有这个特点。

<5> 《孙子·军争》有所谓"归师勿遏"（《军争》）。色诺芬笔下的希腊雇佣军，求生心切，回家心切，其勇源于此。

<6> 奥姆斯特德《波斯帝国史》，第451页。

6. [古希腊] 阿里安《亚历山大远征记》，

   李活译，北京：商务印书馆，1979年（2012年重印）。

   古典著作讲亚历山大东征，此书是代表作。它分七卷，第一卷讲亚历山大统一巴尔干半岛，东渡赫勒斯滂海峡（今达达尼尔海峡），大败波斯于格拉尼卡斯河畔，征服小亚细亚半岛。第二卷讲亚历山大大败大流士于伊苏斯（原书作伊萨斯），南下叙利亚和巴勒斯坦。第三卷讲亚历山大征服埃及，顺原路返回叙利亚，东渡幼发拉底河和底格里斯河，大败大流士于高加美拉（原书作高伽美拉），占领巴比伦、苏萨、波斯波利斯、埃克巴坦纳，乘胜追击波斯余部，杀大流士，杀贝苏斯（原书作贝萨斯），征服巴克特里亚和巴克特里亚以南，进抵索格底亚那。第四卷讲亚历山大征服索格底亚那，进抵印度河流域。第五卷讲亚历山大征服印度河流域。第六卷讲亚历山大顺印度河南下，到海边，兵分两路，亚历山大率陆军，在岸上走，尼阿卡斯率海军，在海上走，还师波斯。亚历山大在帕萨尔加德谒居鲁士墓，在波斯波利斯看他烧毁的宫殿。第七卷讲亚历山大经苏萨、埃克巴坦纳，回到巴比伦，最后死在巴比伦。第八卷是附卷，专讲尼阿卡斯率波斯舰队从印度返回波斯的见闻。

   译本所据原书：[英] E. 伊利夫·罗布逊英译本：Arrian, *Anabasis Alexandri*, London: Willianm Heinemann Ltd, 1929。

   译者李活不详。

   以上六种皆希腊古典著作的中文译本。

7. 李铁匠选译《古代伊朗史料选辑》，

   收入《世界史资料丛刊》（上古史部分），

   董为奋校，周怡天审定，北京：商务印书馆，1992年。

   此书是林志纯主编《世界史资料丛刊》上古史部分的一种。全书分九部分，第一部分讲埃兰（书中作"依兰"），第二部分讲米底，第三、第四部分讲阿契美尼德帝国（书中作"阿黑门帝国"），第五部分讲亚历山大远征和阿契美尼德帝国灭亡，第六部分讲塞琉古帝国，第七部分讲帕提亚帝国（书中作"安息帝国"），第八部分讲古代伊朗的宗教，第九部分讲我国史籍有关古代伊朗的记载。因为丛刊只收上古史料，不包括萨珊时期。

   作者李铁匠，常熟理工学院教授，波斯史专家。[7]

<7> 作者著有《大漠风流——波斯文明探秘》（昆明：云南人民出版社，2001年），是对波斯文明的通俗介绍。

8. [美] A. T. 奥姆斯特德《波斯帝国史》，

李铁匠、顾国梅译，上海：上海三联书店，2010 年。

译本所据原书：Albert Ten Eyck Olmstead, *History of the Persian Empire*, Chicago: University of Chicago Press, 1948。

作者奥姆斯特德（1880–1945）是美国研究阿契美尼德时期的权威学者，早年从事近东地区的考古发掘，后任教于多所大学，1929 年后服务于芝加哥大学东方研究所。卡梅伦（G. G. Cameron）出其门下。

9. [美] 埃尔顿·丹尼尔《伊朗史》，

李铁匠译，上海：东方出版中心，2010 年。

此书讲整个伊朗史，从公元前 4000 年一直讲到公元 2000 年，上下 6000 年。全书除第一章讲土地和人民，其他十章，一半讲古代史和中古史（从史前时期到蒙古入侵），一半讲现代史（从赞德王朝到公元 2000 年）。书后有个供进一步阅读的书目。

译本所据原书：Elton L. Daniel, *The History of Iran*, Santa Barbara: Greenwood Press, 2000。

作者埃尔顿·丹尼尔是美国夏威夷大学教授，伊朗学家。

10. [美] 米夏埃尔·比尔冈《古代波斯诸帝国》，

李铁匠译，北京：商务印书馆，2015 年。

此书是部通俗著作。题目所说"古代波斯诸帝国"，包括伊朗三大帝国：阿契美尼德王朝、帕提亚王朝和萨珊王朝。

译本所据原书：Michael Burgan, *Great Empires of the Past: Empires of Ancient Persia*, New York: Chelsea House, 2010。

作者是自由撰稿人。

以上四种是中国波斯史专家李铁匠的翻译作品。

最近，李铁匠还翻译出版了 [古希腊] 斯特拉博（即斯特拉波）《地理学》（上海：上海三联书店，2014 年）。此书虽非专讲波斯帝国史的史书，但对研究波斯帝国史地理环境仍然是非常重要的参考书。

11. *The Cambridge History of Iran*, Vol. 1: *The Land of Iran*, ed. by W. B. Fisher；Vol.2: *The Median and Achaemenian Periods*, ed. by Ilya Gershevitch；Vol. 3: *The Seleucid, Parthian and Sasanian Periods*, ed. by Ehsan Yarshater, Cambridge University Press, 1968, 1985, and 1983,respectively.

全书共七卷，部头很大。第一卷讲伊朗的地理、气候和动植物分布，第二卷讲米底和阿契美尼德时期，第三卷讲塞琉古、帕提亚和萨珊时期，第四至第七卷讲伊斯兰时期以来。

主编伊利亚·戈尔谢维奇（1914—2001），英国伊朗学家，英国国家学术院院士（Fellow of the British Acadamy）。本为俄裔，"二战"爆发，随父母从德国逃到瑞士，曾在意大利求学，移居英国后，任教于剑桥大学。

12. Pierre Briant, *From Cyrus to Alexander: A History of the Persian Empire*, trans. by Peter T. Daniels, Winona Lake, Indiana: Eisenbrauns, 2002.

此书译自法文本：Pierre Briant, *Histoire de l'Empire Perse, De Cyrus à Alexandre*, Librairie Arthème Fayard (Paris), 1996。

作者皮埃尔·布里昂（1940— ），法兰西学院（Collège de France）教授，芝加哥大学名誉博士，研究阿契美尼德时期的权威学者。

13. Amélie Kuhrt, *The Persian Empire*, London: Routledge, 2007.

此书是研究波斯帝国史的资料长编，长达1020页。除去导论，全书分四部分，每部分的前面有小序，下分若干章节，每个章节下又细分子目，逐条详列史料，并加笺注。

导论分两部分，先讲波斯帝国的地理环境和它出现之前的政治格局，然后讲五种有关史料：古典著作、《圣经·旧约》、王室铭刻、管理文书和考古资料。

第一部分，以米底时期（前750—前550年）为序幕，引出波斯帝国早期的历史（前550—前520年）。内容涉及居鲁士二世、冈比西斯二世，止于大流士一世篡位。这一段叫帝国前史和帝国形成史，不叫阿契美尼德史。

第二部分，讲大流士一世以来的波斯帝国史（前520—前330年），作者把这一段叫阿契美尼德史。内容涉及大流士一世、薛西斯一世、阿尔塔薛西斯一世、大流士二世、阿尔塔薛西斯二世、阿尔塔薛西斯三世、阿尔塔薛西斯四世和大流士三世。

第三部分，讲波斯帝国的王权政治。内容涉及国王的疆域、都邑，王子的教育培养，国王的饮食起居、穿着打扮、言谈举止、宗教礼仪，宫廷中的太监、后妃和皇亲国戚，以及王权的权力机制。

第四部分，讲波斯帝国的社会管理。内容涉及国家对贡赋、税收、驿传的控制，官僚机构对农产品、奢侈品、手工业、劳动力、村镇和地产的管理，以及中央大一统和地方多元化的矛盾。

作者艾米莉·库尔特（1944— ），英国伦敦大学学院（University College London）教授，英国著名的近东古代史专家。她对亚述、巴比伦、波斯和塞琉古均有精深研究。其代表作是《古代妇女形象》（Amelie Kuhrt and Averil cameron, *Images of Women in Antiquity*, London: Routledge, 1993），《古代近东：约公元前3000—前300年》（*The Ancient Near East: c.3000-330 BC*, London: Routledge, 1995），以及此书。

1977年，《古代近东：约公元前3000—前300年》一书曾获美国历史学会布赖斯特最佳英语古代史著作奖（Annual American History Association's James Henry Breasted Prize on Any Field of History Prior to the Year 1000 AD.）。2001年，作者当选为英国国家学术院院士。

---

## 14．Matt Waters, *Ancient Persia: A Concise History of the Achaemenid Empire, 550-330 BCE*, New York: Cambridge, University Press, 2014.

此书是阿契美尼德时期（前550—前330年）波斯帝国的简史。全书包括12章。

第一章是导论，讲波斯帝国的地理环境，阿契美尼德时期的概念，以及所用史料（范围和种类类似 *The Persian Empire*）。其他11章分述波斯十三王由盛转衰的历史。此书的主要参考书就是上面三种。它的最大特点是辨析史料、解构成说、提出疑问。作者总是说，什么什么不清楚，什么什么不知道，什么是阿契美尼德意识形态的虚构。

作者马特·沃特斯，美国威斯康星州欧克莱尔（Eau Claire）分校古典学和古代史的教授，除这本书，2000年，他还出版过《新埃兰时期探研》（*A Survey of Neo-Elamite History*）。

2006年，作者获美国东方协会格林菲尔德40岁以下近东最佳论文奖（Jonas C. Greenfield Prize from the American Oriental society in 2006 for the best published article in ancient Near Eastern studies in a three period by a scholar under the age of forty）。

阅读此书，你能强烈感受到西方学不强调的建构–解构说：历史是个建构过程，所以研究历史必须解构。怀疑成说，寻找差异，追踪作伪痕迹，是作者的基本思路。比如作者讲波斯宗教，非常强调大流士一世另起炉灶，托古改制，因此把阿胡拉·马兹达崇拜解释为大流士一世的国家意识形态，一种不曾存在的宗教，相反，阿契美尼德时期泥版文书中的多神崇拜才是当时宗教的真相。这和中国式的疑古属于同一思路。可是，为什么我们就不能把一元和多元当作同时并存的真相呢？

疑古本来是为了破除迷信，但疑古本身也可以是一种迷信。考古不光可以推翻成说，也可以推翻很多没有根据的怀疑。

以上四种是西方学者研究波斯帝国史的代表作。

---

15. [英] 汤姆·霍兰《波斯战火——第一个世界帝国及其西征》，
  于润生译，北京：新星出版社，2006年。

此书是写给西方读者的大众读物，写作背景是"911事件"。作者在前言中说："'911事件'之后的几个星期中，很多人都和布什总统一样绞尽脑汁想要回答一个同样的问题：'他们为什么恨我们？'"他是围绕这个话题，展开其故事。最后结论是："因此毫无疑问，波希战争的故事成为欧洲文明的神话之基石；是自由战胜奴役和纯朴的市民道德战胜衰弱的专制制度的完美典范。"美国电影《亚历山大大帝》(2004)和《斯巴达300勇士》(2007)再现了这一神话。

译本所据原书：Tom Holland, *Persian Fire: The First World Empire and The Battle for the West*, London: Conville & Walsh Limited, 2006。

作者汤姆·霍兰是英国畅销历史作家。

译者于润生，中央美术学院副教授。

---

16. [伊朗] 阿卜杜·侯赛因·扎林库伯《波斯帝国史》(写于2002年)，
  张鸿年译（原为伊朗语），上海：复旦大学出版社，2011年。

此书是张氏据作者所赠波斯文本译出。《东方早报·上海书评》2011年10月16日有张治《伊朗古史的"去希腊化"》评介此书。该文指出，译本所用人名、地名、书名与通行译法差异较大，读时必须一一还原。

作者阿卜杜·侯赛因·扎林库伯（1922–1999）是德黑兰大学教授。这是一部由伊朗人自己讲述的波斯帝国史，可与前书对照参看。

译者张鸿年是北京大学东方语言文学系专攻伊朗语的教授。

我读此书，确实比较费劲。如薛西斯（英语作Xerxes）译哈沙亚尔沙（伊朗语作Khshayarsha）；阿尔塔薛西斯（英语作Artaxerxes）译阿尔达希尔（伊朗语作Artaxšaça）。原因是，此书专名多从伊朗语翻译，不太管史学界的通行译法。史学界的通行译法很多都是采用希腊语源的英语译法。

以上两种，一本代表欧美国家的"政治正确性"，一本是伊朗学者"去希腊化"视角下的另一种读法。二书可以对比着读。

---

17. [美] 劳费尔《中国伊朗编》，
    北京：商务印书馆，2015年。

    此书是研究丝绸之路的名作。历史上，中国和伊朗来往最多，很多物产，互通有无，成为作者考证的对象。全书主要讲植物，兼及纺织品、矿石、金属和宝石。

    译本所据原书：Berthold Laufer, *Sino-Iranica: Chinese Contribution to the History of Civilization in Ancient Iran, with Special Reference to the History of Cultivated Plants and Products*, Field Museum of Natural History Publication 201, Chicago, 1919。

    作者劳费尔（1874–1934），人类学家和东方学家，犹太人，出生德国，移民美国。

---

18. [美] 薛爱华《撒马尔罕的金桃——唐代舶来品研究》，
    吴玉贵译，北京：社会科学文献出版社，2016年。

    此书也是研究丝绸之路的名作，主要讲唐代中国与波斯的交流。涉及范围比前书更广，包括人、动物、植物、矿物及各种土特产。

    译本所据原书：Edward H. Schafer, *The Golden Peaches of Samarkand: A Study of T'ang Exotics*, Berkeley and Los Angeles: University of California Press, 1963。

    吴玉贵译本有新旧两版：旧版是中国社会科学出版社1995年版，书名改为《唐代的外来文明》，作者名是音译，作谢弗。

    作者薛爱华（1913–1991）是加州大学伯克利分校的教授。

---

19. [法] 阿里·玛札海里《丝绸之路——中国波斯文化交流史》，
    耿昇译，北京：中国藏学出版社，2014年。

    此书也是研究丝绸之路的专著。全书包括四编：第一编为"波斯史料"（包括相当我国明清时期的三种波斯文史料），第二编为"汉文史料"，第三编为希腊—罗马史料,第四编为"丝绸之路和中国物质文明的西传"。中译本删去第二编,以第三编为第二编,第四编为第三编。

译本所据原书:Aly Mazahéri, *La Route de la soie*, Papyrus (Paris), 1983。

作者阿里·玛札海里(1914—1991),出生伊朗,移民法国,曾任教于法国高等实践学院(École pratique des hautes études)。马克(Marc Kalinowski)推荐此书于我,很有意思。

以上三种,与丝绸之路中伊两端的交流有关。

---

20. Vesta Sarkhosh Curtis, *Persian Myths*,

London: British Museum Press, 1993.

此书讲波斯神话,书中插图,多摄自不列颠博物馆的藏品。

作者柯蒂斯是不列颠博物馆钱币徽章部主任。

参看[伊朗]贾利尔·杜斯特哈赫选编《阿维斯塔》,元文祺译,北京:商务印书馆,2010年。此书后面有两个表。表一是《阿维斯塔》神话中的主要善神和恶魔,表二是琐罗亚斯德教传说中的先知圣徒和帝王英雄。又菲尔多西《列王纪选》,张鸿年译,北京:人民文学出版社,1991年。[8]《列王纪》,或译《王书》,内容包括神话传说、勇士故事和历史故事。鲁斯塔姆是勇士故事的中心人物。

最后这种与伊朗的神话传说有关。

---

[8] 张鸿年先生还著有《列王纪研究》,北京:北京大学出版社,2009年。最近,张鸿年先生翻译的《列王纪全集》也在商务印书馆出版(2018年1月)。

# 下篇参考书

1. 王兴运《古代伊朗文明探源》,
   北京：商务印书馆，2008 年。

   此书讲前阿契美尼德王朝的伊朗史，重点介绍埃兰考古。
   作者王兴运，西南大学教授，该校伊朗研究中心顾问，治世界古代史。

2. Ali Mousavi, *Persepolis: Discovery and Afterlife of a World Wonder*, Boston and Berlin: Walter de Gruyter, 2012.

   这是一本搜集档案、逸闻，综述波斯波利斯考古史的专著。
   作者阿里·穆萨维，伊朗考古学家马哈茂德·穆萨维（Mahmoud Mousavi）之子。他从小熟悉这一遗址和从事这一遗址发掘的伊朗考古学家。及长，负笈海外，先后就读于法国里昂大学和美国加州大学伯克利分校。此书即他的博士论文。
   全书包括导论和九个章节。
   导论，讲写作缘起，自己为什么以学术史的形式讲波斯波利斯遗址。
   第一章，介绍遗址概况，包括波斯波利斯这个名称的来历，遗址布局，大平台上和大平台下的建筑，遗址编年和建筑断代，以及遗址的性质与功能。
   第二章，讲亚历山大火烧波斯波利斯及它的后续破坏，如搬走石料，移作他用，以及"到此一游"的题刻。
   第三章，讲后阿契美尼德时期的"黑暗时期"，波斯波利斯怎么从辉煌的"帕萨"（Parsa）变成俗称"百柱"（Sad-Sotun）的废墟。塞琉古时期，波斯波利斯叫 Persis，当地统治者逐渐脱离塞琉古王朝，自称 frataraka（意思是"守燎者"），仍然认同和延续阿契美尼德时期的传统，在大平台下加盖了一批建筑。帕提亚时期，当地使用帕提亚钱币，但统治者是半独立的地方政权。萨珊时期，波斯人再度崛起，以伊斯塔克尔为都邑，大平台上的建筑留有当时的涂鸦和题刻。
   第四章，讲阿拉伯入侵后，波斯波利斯被称为"贾姆希德宝座"（Takht-e Jamshid），从历史遗迹变成神秘符号。
   第五章，讲 17、18 世纪，启蒙时代的西方旅行者到波斯波利斯寻幽访胜。

第六章，讲18世纪法国旅行家让·夏尔丹（Jean Chardin）把波斯波利斯的铭文介绍给英国皇家学会，德国人卡斯滕·尼布尔（Carsten Niebuhr）复制波斯波利斯的铭文，以及19世纪初格洛特芬德（Georg Friedrich Grotefend）对波斯波利斯铭文的破译。

第七章，讲19世纪英国外交官到波斯波利斯寻幽访胜、搜求雕刻，苏格兰画家罗伯特·科尔波特（Robert Ker Porter）图绘波斯波利斯，恺加王朝时其他旅行者的探险、写生和拍摄活动，乔治·寇松（Geoge Nathaniel Curzon）对遗址的描述，以及赫伯特·布伦戴尔（Herbert Weld-Blundell）的探险。

第八章，讲20世纪美国芝加哥大学东方研究所考古队在波斯波利斯的发掘。1931—1934年，主持人是赫茨菲尔德（Ernst Emil Herzfeld, 1879—1948），1935—1939年，主持人是施密特（Erich Friedrich Schmidt, 1897—1964）。这是法国人迪约拉富瓦（Marcel-Auguste Dieulafoy, 1844—1920）发掘苏萨之后的又一重大事件。另外，作者还详细介绍了克莱福特（Friedrich Krefter）对阿帕丹四角的发掘。

第九章，讲1939—1979年波斯波利斯的考古研究和遗址复原。施密特离开后，遗址的发掘和保护由伊朗考古学家接手。代表人物有三：一是萨米（Ali Sami），主持过1939—1961年的发掘；二是塔基维迪（Ali-Akbar Tadjvidi），主持过1969—1972年的发掘；三是沙赫尔巴茨（Ali-Reza Shaprur Shahrbazi），主持过1975年的发掘。1964—1979年，意大利的蒂利亚夫妇（Giuseppe Tilia, 1931—2001; Ann Brit Peterson Tilia, 1926—1988）参与指导过遗址复原。

书前有作者导师斯特罗纳克（David Stronach）的前言，对全书内容有所评述。

书后有作者后记，对1979年后波斯波利斯的发掘、保护和研究有所评述。

---

3. Erich F. Schmidt: *Persepolis* I: *Structure · Reliefs · Inscriptions,* Chicago: University of Chicago Press, 1953; *Persepolis* II: *Contents of the Treasures and Other Discoveries,* Chicago: University of Chicago Press, 1957; *Persepolis* III: *Contents of the Royal Tombs and Other Monuments,* Chicago: University of Chicago Press, 1970.

1935—1939年，芝加哥大学东方研究所派施密特接替赫茨菲尔德，负责主持波斯波利斯遗址的发掘。此书即波斯波利斯遗址的考古报告。报告分三卷：第一卷描述建筑、浮雕和铭文，第二卷描述出土物，第三卷描述王陵和其他宏伟遗迹。

4. Ali Sami, *Persepolis (Takht-i-Jamshid)*, tran., the Reverend R. Sharp, Shiraz: Musavi Printing Office, 1975.

此书初版于1954年，这是该书第八版。

作者阿里·萨米（1910—1989）是伊朗最重要的考古学家。1941—1961年，在戈达德（André Godard）领导下，任波斯波利斯科学局局长。施密特离开后，波斯波利斯的发掘和保护主要由他负责。

5. Alireza Shapur Shahrbazi, *The Authoritative Guide to Persepolis*, Tehran: Safiran Publishing Co., 2011.

作者沙赫尔巴茨（1942—2006）是伊朗国际知名度最高的考古学家。此书是波斯波利斯遗址的权威导读。初印本原名 *Persepolis Illustrated*, Shiraz, 1976，有英、法、德多种文字的译本。这是该书第四版（修订扩充版）。

6. Alireza Shapur Shahrbazi, *The Authoritative Guide to Naqsh-e Rostam*, Tehran: Safiran Publishing Co., 2015.

此书是纳克什·鲁斯塔姆遗址的权威导读。原书写成于1978年，2015年第一次印刷。

7. David Stronach, *Pasargadae: A Report on the Excavations Conducted by the British Institute of Persian Studies from 1961-1963*.

此书是1961—1963年英国波斯学研究所发掘帕萨尔加德遗址的发掘报告。

作者大卫·斯特罗纳克（1931—  ），著名的伊朗学家，20世纪六七十年代任英国波斯学研究所所长，1979年移居美国，任教于加州大学伯克利分校。

8. Heidemarie Koch, *Persepolis and Its Surroundings,* Photo. by Nader Daii, Tehran: Yassavoli Publications, 2005.

此书译自 Heidemarie, Koch *Persepolis: Glänzende Hauptstadt des Perserreichs*, Verlag Phillip von Zabern in Wissenschaftliche Buchgesellschaft, 2001.

作者海德玛丽·柯赫（1943—  ），德国伊朗学家，马堡大学教授，著有研究古代波斯的著作多种。

9．Heidemarie Koch, *Persepolis: Hauptstadt des Achämenidischen Großreichs,* Tehran: Yassavoli Publications, 2016.

此书是海德玛丽·柯赫的另一本书。

10．Sylvia Anne Matheson , *Persia: An Archaeological Guide,* Tehran: Yassavoli Publications, 2015.

此书是伊朗考古的导读书（1972年在伦敦第一次出版），在伊朗非常时髦，屡被盗印。

作者西尔维亚·安妮·马西森（1916–2006）是英国著名记者和作家，经历非常传奇。"二战"期间，她曾服务于英国情报部门。1949年，她在伦敦学过考古。1955年，她在阿富汗做过发掘。1965–1979年，伊斯兰革命前，她和她的第二任丈夫在伊朗住过14年，到处访古。此书即写于那段时间。

11．Roman Mikhailovich Ghirshman, *Iran: from the Earliest Times to Islamic Conquest,* New York: Penguin Books Ltd. ,1954.

此书译自 *l'iran des origines à l'islam,* Paris:Payot, 1951，是一本讲伊朗考古、艺术的通俗读物。英文第一版出版于1954年，后有1961年和1978年本。

作者罗曼·米哈伊洛维奇·吉尔什曼（Роман Михайлович Гиршман，1895–1979），法国著名考古学家，1895年出生于乌克兰哈尔科夫，1917年移居巴黎，学习考古学和铭刻学，发掘过很多伊朗遗址，如西雅克、苏萨、乔加·赞比尔、马斯吉德·苏莱曼等。

12．Roman Mikhailovich Ghirshman, *The Art of Ancient Iran: from Its Origins to the Time of Alexander the Great,* trans. by Stuart Gilbert and James Emmons, New York: Golden Press, 1964.

此书是讲亚历山大征波斯之前的伊朗艺术。

13．Roman Mikhailovich Ghirshman, *Persian Art, Parthian and Sassanian Dynasty, 249 B. C. — A. D. 651*, trans. by Stuart Gilbert and James Emmons, New York: Golden Press, 1964.

此书是讲亚历山大征波斯之后的伊朗艺术，包括帕提亚时期和萨珊时期。

14．André Godard, tran., *The Art of Iran*, London: George Allen & Unwin Ltd., 2015. (English edition translated from the French by Michael Heron and edited by Michael Rogers.)

作者戈达德是法国考古学家（1881—1965），"二战"中参加过抵抗运动。1928—1953年和1956—1960年，伊朗政府曾两次委任他为伊朗文物考古的总负责人（director of Iranian Archeological Services）。此书译自法文本，从序言看，似出版于1962年。该书还有1965年在纽约和华盛顿出版的英文本。

15．Alireza Shapur Shahbazi, "The Persepolis 'Treasury Reliefs' Once More," in *Archaeologische Mitteilungen aus Iran*, N. F., IX (1976), pp. 151-156.

波斯波利斯的内府遗址出土过两件浮雕，一件留在原地，一件入藏伊朗国家博物馆。作者考证，浮雕图像是表现朝觐薛西斯一世，而非大流士一世，与以往的认识完全不同。反对意见见 H. M. Koch, "Enige Uberlegungen zur Bauplanung in Persepolis," in *Archaeologische Mitteilungen aus Iran*, N. F., XX (1987), pp. 147-160。

16．Prudence O. Harper, Joan Aruz, and Françoise Tallon eds., *The Royal City of Susa: Ancient Near Eastern Treasure in the Louvre*, New York: Metropolitan Museum of Art, 1992.

此书是大都会博物馆苏萨文物展的图录。

17．John Curtis, *Ancient Persia: A New Beginning for the Middle East*, London: British Museum Press, 1998.

此书是对波斯艺术的通俗介绍。

18. Jone E. Curtis and Nigel Tallis eds., *Forgotten Empire, The World of Ancient Persia*, Berkeley and Los Angeles: University of California Press, 2005.

    此书是不列颠博物馆在美国举办波斯艺术展的图录。

19. 王瑞珠编著《世界建筑史》西亚古代卷，
    北京：中国建筑工业出版社，2005年，下册，第567—714页。

    此书是作者主编多卷本《世界建筑史》(共16卷) 第一卷的下册。其中第十章讲古代波斯建筑，包括阿契美尼德、塞琉古、帕提亚和萨珊时期。

20. *Gooya's Persepolis: Achaemenian Souvenir*, Photo: Homayoun Amir Yeganeh, Text: Nadereh Nafish, Translation: Pooneh Saidi, Tehran: Gooya House of Culture & Art, 2003.

21. *Persepolis: The Ancient Heritage*, Photo: Davood Vakilzadeh, Text: S. A. Qorayshizadeh, Translation: Hadi Mehrabi, Tehran: Mirdashti, 2006.

22. *Persepolis: A Ghostly Grandeur*, Photo: Ali Matin, Text: Alireza Azadavar, Translation: Sara Shams, Shiraz: Fars Encyclopedia-Kaj Club of Fars Province, 2006.

23. *Parse: Majesty of History,* Photo: Homayoon Amir Yeganeh, Text: Jamshid Khojandi, Translation: Farah Niazkar, Tehran: Rokhshid-parseh, 2007.

24. *Fars, the Venerable Lerrain of Perdurability*, Photo: Farzad Zare, Text: Faride Karandish, Translation: Mohammad Ali Jafari, Hadi: Rokhshid, 2007.

25. *Persepolis : Pearl of Persia,* Photo: Homayoun Amir Yeganeh, Text: Nadereh Nafisi, Translation: Pooneh Saeedi, Tehran: Arena of Persian Art & Thought, 2012.

26. *The Glory of Metal: A Selection of the Metal-work Collection of Reza Abbasi Museum,* Photo: Mohsen Mohammad khani, Text: Shahram Heydarabadian, Translation: Sarem Amini-Arash Moradi, Tehram: Sobhan Noor Inc. 2013.

27. *Persépolis: Monuments Historiques du Fârs / Pasargades, Naqch-é Rostam et Naqch-é Radjab,* Text: Ali Reza Nazmjoo, Translation: H. Fouladvind, Tehran: Yassavoli Publications, 2014.

波斯波利斯
任超 摄

# 波斯笔记

## 上 篇

历史 — 地理

第一章

# 波斯十三王

这里的"波斯"是指伊朗历史上的第一个大帝国,即阿契美尼德王朝(Achaemenid Dynasty),[1]下同。

波斯帝国史,无论在伊朗史上,还是在世界史上,都只是一小段,但它却是第一个疆域覆盖整个近东的大帝国。它有五个王都,三十个行省,城邑星罗棋布,驿道四通八达,好像一个蜘蛛网,它的君主就端坐在这个网络的中心,好像一个大蜘蛛。

我们的讨论就从这个"大蜘蛛"说起。

〔左页图〕
居鲁士二世像
任超 摄

## 一 阿契美尼德王朝的年代

阿契美尼德王朝即阿契美尼斯(Achaemenes)家族的王朝,属于我国历史常见的"家天下"。这个王朝,起止时间是公元前550—前330年。

公元前550年是居鲁士灭米底之年,波斯始大。[2]这一年是孔子出生的第二年,中国进入春秋晚期。

公元前330年是亚历山大灭波斯之年。大流士三世是这个王朝的末代君主,三战败北而东逃,最后死在他的巴克特里亚总督贝苏斯之手。他死了,阿契美尼德王朝也就结束了。这一年是秦惠文王八年,魏献河西之地于秦,时当战国中期偏晚,接近战国晚期。这以后,秦出崤函之塞,势不可当,终于席卷天下。

伊朗人把中国叫秦(Chin),直到今天仍如此。但波斯帝国与秦帝国有时间差。秦始皇生于公元前259年,上距波斯灭亡已经71年。他在位的时间(前246—前210年)约与帕提亚王朝的第一个国王相同。帕提亚的第一个国王是阿萨息斯一世(Arsaces I,前247—前217年在位)。帕提亚即我国史书中的安息。帕提亚是国名、族名和王朝名,安息则是阿萨息斯的汉译。阿契美尼德王朝和帕提亚王朝之间隔着83年。这83年,包括亚历山大统治伊朗的7年(前330—前323年)和塞琉古王朝(前323—前247年,或译塞琉西王朝)统治伊朗的最初76年。

中国的秦汉大体相当安息,三国到唐初大体相当萨珊。这是大概的时间比较。我国史书中的波斯是萨珊波斯以来的波斯,前面一段叫安息。

阿契美尼德王朝,前后积220年,比它后来的两个波斯王朝要短。帕提亚王朝(前247—224年),471年。萨珊王朝(226—651年),425年。咱们中国,每隔一二百年,就要改朝换代。比起中国,220年不算太短。中国朝代,只有汉、唐和明、清比它长。[3]我说的汉是两汉,西汉、东汉都比它短。

[1] 阿契美尼德王朝,本指奉阿契美尼斯为祖的王朝,即居鲁士到大流士三世的波斯帝国。但帕萨尔加德的居鲁士铭文(CMa-c)后来证明是大流士一世以居鲁士二世的名义加刻。沃特斯说,居鲁士二世从不自称阿契美尼人,而且绝大多数现代学者也不认为大流士一世出自阿契美尼斯,参看 M. Waters, *Ancient Persia*, p. 8。

[2] 或以公元前559年为阿契美尼德王朝的开始。居鲁士登基在公元前559年,当时的波斯还是个小国。公元前550年,波斯灭米底。公元前547年,波斯灭吕底亚。公元前539年,波斯灭迦勒底。这里是以公元前550年波斯灭米底为波斯帝国的开始。

[3] 中国有明确纪年的王朝,秦代、西晋、隋代、元代不足百年。百年以上,西汉214年,东汉195年,东晋103年,唐代289年,北宋166年,南宋152年,明代276年,清代267年,平均数约为208年。

## 一 阿契美尼德王朝的世系

历史上的大帝国，一般都是君主制，即使现代国家，很多也是君主国。君主制都是世袭制，[4] 世系很重要。[5]

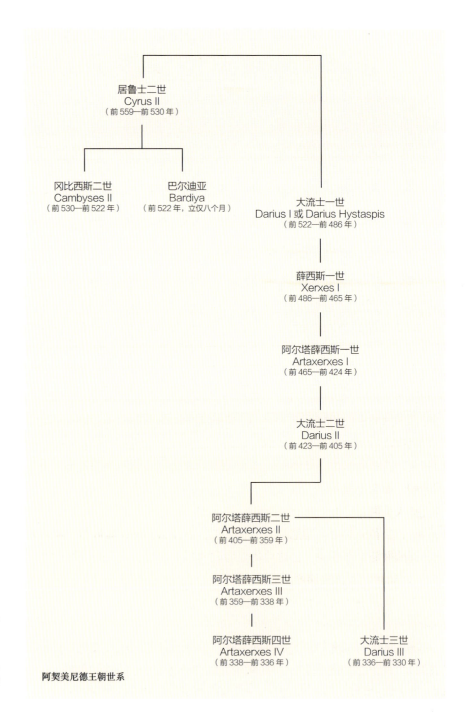

阿契美尼德王朝世系

[4] 世袭制与社会分工和专业化有关，不仅君主制是世袭制，很多手艺的传承也是世袭制。

[5]《史记》以本纪统世家，世家统列传，就是以谱牒世系为纲纪。

[图 1-1]
居鲁士二世像，
帕萨尔加德阙门 R

## 1. 居鲁士二世（Cyrus II，前 559—前 530 年在位）<6>

居鲁士二世，也叫居鲁士大帝（Cyrus the Great）。Cyrus 是希腊、罗马的叫法，古波斯语作 Kūruš，意思是"太阳"，在他之前，还有居鲁士一世（Cyrus I，前 600—前 580 年在位）。

此人是阿契美尼德王朝的开国之君。他先灭米底、吕底亚、迦勒底（新巴比伦），后征叙利亚、腓尼基、巴勒斯坦，靠什么？不光靠武力。他取天下，恩威并施，与亚述、巴比伦的血腥残暴形成对比。尤其是"释巴比伦之囚"，让犹太人感激涕零，称他为受膏者，视之为解放者和救世主。<7> 居鲁士之死，古人有四种说法，<8> 希罗多德说，他是死于东征马萨革泰人（Massagetae，或译马萨盖特人）之役。<9>

帕萨尔加德是阿契美尼德人的旧都，很多建筑都出自大流士一世。其宫殿区入口处有个阙门（Gate R），阙门东侧有居鲁士大帝的浮雕像〔图1〕，此像没有波斯式的大胡子，浑身上下都是异国情调，俨然是个世界性的帝王。

<6> 居鲁士的生卒年约在公元前 600—前 530 年之间，其在位时间约在公元前 559—前 530 年。

<7> 居鲁士二世，犹太人称古列（Koresh），见《旧约》（《新旧约全书》，中华圣经会 1950 年版，下同）的《历代志下》（36:22-23）、《以斯拉记》（1:1-2, 7-8; 3:7; 4:3, 5; 5:13-14, 17; 6:3, 14）、《以赛亚书》（44:28; 45:1, 13）和《但以理书》（1:21; 6:28; 10:1）。案：居鲁士二世征服巴比伦后，实行宗教宽容政策，曾把各国祭器发还各国，送犹太人回国，帮他们重建神庙，犹太人感恩戴德，称他为"我耶和华所膏的古列"（《以赛亚书》45:1）。犹太教把受膏的帝王和高僧叫弥赛亚，基督教叫基督，意思是救世主或解放者。

<8> 希罗多德《历史》，上册，第 105 页注 1。

<9> 希罗多德《历史》，I:201-216。案：马萨革泰人是中亚塞种，即斯基泰人的一支。

第一章 波斯十三王

[图1-2]
居鲁士二世像
(线图)

0  50 cm

64  波斯笔记

第一，它的形象作四翼羽人，这是模仿亚述的保护神（Winged Genie）〔图2〕<10>。亚述保护神，头有人首、鹰首之分，翼有四翼、双翼之分，乃人鸟合一、人神同体之象。其作人首者常与国王像混，难以区分。此像就是国王像。

第二，羽人头上的冠，上有歧出的公羊角，角的两端各有一条头戴日轮的眼镜蛇，两条眼镜蛇之间有三个柱状物，是用芦苇丛加鸵鸟毛制成，状如保龄球瓶。这种冠是模仿埃及的吼冠（Hemhem Crown）或三羽冠（Triple Atef-crown），在埃及艺术中十分常见〔图3〕。居鲁士大帝时，埃及尚未纳入波斯帝国的版图。<11>

第三，羽人身上的袍，衣襟上有玫瑰花边，对比苏萨釉砖画上的禁军服饰，可知属于埃兰式。

〔图2〕
亚述保护神

〔图3〕
埃及三羽冠

<10> 这种羽人起源于阿卡德人的阿普卡鲁（Apkallu）。

<11> D. Stronach, *Pasargadae*, p. 52. 案：斯托罗纳克认为，居鲁士大帝尚未征服埃及，此像可能是受叙利亚-腓尼基影响，属于间接模仿埃及。

第一章 波斯十三王

## 2. 冈比西斯二世（Cambyses II，前 530—前 522 年在位）

冈比西斯二世是居鲁士二世之子。在他之前，还有冈比西斯一世（Cambyses I，前580—前559年在位）。他远征埃及和努比亚，把波斯帝国的疆域扩大到北非，但劳师远征，被留守监国的巴尔迪亚取而代之，有家不得归，死于叙利亚的阿格巴塔纳（与波斯境内的阿格巴塔纳即埃克巴坦纳同名），[12]学者推测，可能是被从征的将士杀死。

## 3. 巴尔迪亚（Bardiya，前 522 年，立仅八个月）

巴尔迪亚是冈比西斯二世之弟，希罗多德称他为斯美尔迪斯（Smerdis）。他说，他听波斯人讲，有个穆护（Magus，琐罗亚斯德教的祭司）长相酷似斯美尔迪斯，名字也相同，弑君而立，一度号令天下，最后被大流士一世取而代之。[13]

大流士一世即位后，在贝希斯敦铭文（Behistun Inscription）中大告天下，宣传其取得政权的合法性。他说，巴尔迪亚有真有假，真巴尔迪亚早就被冈比西斯二世杀死，假巴尔迪亚是由一个名叫高墨达（Gaumata）的穆护冒充，他是平"高墨达之乱"才得到王位。此说颇受怀疑，学者认为，所谓"高墨达之乱"，其实是巴尔迪亚之乱。[14]

## 4. 大流士一世（Darius I 或 Darius Hystaspis，前 522—前 486 年在位）[15]

大流士一世是波斯贵族。他的王号，意思是"守善"。大流士一世在贝希斯敦铭文中自陈世系，说他是希斯塔斯普之子，阿萨美斯之孙。希罗多德说，冈比西斯二世征埃及，他曾随侍左右，[16] "高墨达之乱"，他与六个波斯贵族结为死党，[17]趁乱而起，自立为王。

此人以篡弑取天下，合法性不免遭人怀疑。但波斯帝国，初得天下，很不安定，居鲁士二世和冈比西斯二世，东征西讨，都死于军旅之中，真正安定天下、一统天下的其实是大流士一世。无论制度创设，还是遗迹、遗物，多与他的名字有关。他东征西讨，武功赫赫，但远征希腊，并未得手。

大流士一世像有三种。

一种见贝希斯敦铭文的浮雕画面〔图4-1〕，其中有大流士一世脚踩高墨达像。大流士一世像，高172厘米。

一种是苏萨大流士宫阙门出土的大流士像（圆雕），石像被斩首，但在遗址附近发现过它的头部残石〔图4-2、3〕，估计原来的高度大约有3米。

一种见纳克什·鲁斯塔姆大流士一世陵墓门上方的浮雕画面〔图4-4〕。这种像是标准的波斯帝王像。大流士一世以后的六个王陵皆仿此而做。

[12] 希罗多德《历史》，II:62, 64。

[13] 希罗多德《历史》，III:61-89。

[14] 参看李铁匠《贝希斯敦铭文介绍》，《江西大学学报》（哲学社会科学版）1987年3期，第43—48页。

[15] 大流士一世，犹太人称大利乌（Dārayaveš），见《旧约·以斯拉记》（4:5, 24; 5:5-7; 6:1, 12-15）、《尼希米记》（12:22）、《但以理书》（5:31; 6:1, 9, 25, 28; 9:1; 11:1）、《哈该书》（1:1, 15; 2:10）和《撒迦利亚书》（1:1, 7; 7:1）。案：《但以理书》9:1 "玛代族亚哈随鲁的儿子大利乌立为迦勒底国的王元年"，此话有误。波斯征服迦勒底，自称巴比伦王的是居鲁士二世，不是大流士一世。大流士一世也不是薛西斯一世的儿子，而是他的父亲。

[16] 奥姆斯特德《波斯帝国史》，第136页："公元前522年，在埃及的大流士还是国王的长矛兵。在这一年结束之前，他就成了国王。"参考文献是希罗多德《历史》III :139。《历史》III :139 说大流士是"冈比西斯的一名贴身侍卫"，所谓"贴身侍卫"，希腊文原文即长矛兵（doruphoros）。

[17] 希罗多德《历史》，III:70-87，徐松岩译为"七人帮"。

| 4-1 | 4-2 |
|---|---|
| 4-4 | 4-3 |

〔图 4-1〕
大流士一世像
贝希斯敦

〔图 4-2〕
苏萨出土残石
推测可能为大流士一世头像
卢浮宫

〔图 4-3〕
大流士一世无头像
苏萨阙门
伊朗国家博物馆
任超 摄

〔图 4-4〕
大流士一世像
纳克什·鲁斯塔姆
梁鉴 摄

第一章 波斯十三王　　67

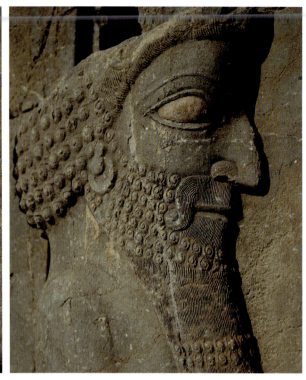

| 5 | 6 |

〔图5〕
薛西斯一世像
波斯波利斯内府

〔图6〕
大流士三世像
波斯波利斯未完成墓

### 5. 薛西斯一世（Xerxes I，前486—前465年在位）<18>

薛西斯一世是大流士一世之子，死于宫廷谋杀。他的王号，意思是"称霸群雄"。Xerxes 是希腊语的叫法，伊朗语叫 Khshayarsha。他兴师动众，水陆并进，远征希腊，有如赤壁之战，被吴蜀联军打败，转而大兴土木，营造宫室。波斯波利斯的大部分建筑是他下令修建。

波斯波利斯内府出土过两件浮雕，画面上中有个国王，端坐在狮腿宝座上，接见前来朝谒的大臣〔图5〕。旧说是大流士一世，沙赫尔巴茨认为是薛西斯一世，说详本书第十三章。

### 6. 阿尔塔薛西斯一世（Artaxerxes I，前465—前424年在位）<19>

阿尔塔薛西斯一世是在薛西斯一世被杀的宫廷内乱中登基。他的王号，意思是"求真而霸"。希腊人称他为"长臂王"。他在位时间相当长（41年），仅次于后来的阿尔塔薛西斯二世。在位期间，一改薛西斯一世的策略，改用金钱外交代替武力征伐，缓和了西部边境的压力。他死后，三子争立，先立者为薛西斯二世。

### 7. 薛西斯二世（Xerxes II，前424年，立仅45日）

薛西斯二世是阿尔塔薛西斯一世的长子，死于宫廷谋杀。

<18> 薛西斯一世，犹太人称亚哈随鲁（Ahasruerus），见《旧约·以斯拉记》(4: 6)、《以斯帖记》(1:1-2, 9, 17; 2:1, 12, 16, 21; 3:1, 6-8, 12; 6:2; 7:5; 8:1, 7, 8, 10; 9:2, 20, 30; 10:1, 3)、《但以理书》(9: 1)。案：《但以理书》9:1 称大利乌为"玛代族亚哈随鲁的儿子"有误。

<19> 阿尔塔薛西斯一世，犹太人称亚达薛西（Artaḥšásta），见《旧约》的《以斯拉记》(4:7-8, 11, 23; 6:14; 7:1, 7, 11-12, 21; 8:1)、《尼希米记》(1:1; 2:1; 5:14; 13:6)。

8. 索格迪亚努斯（Sogdianus，前424—前423年在位，立仅六个半月）

索格迪亚努斯是阿尔塔薛西斯一世的庶子。薛西斯二世被杀后，曾短期在位，后被篡位的大流士二世处死。

9. 大流士二世（Darius II，前423—前405年在位）

大流士二世是阿尔塔薛西斯一世的另一个庶子，本名奥克斯（Ochus），在位期间，正好赶上伯罗奔尼撒战争。这场战争是雅典与斯巴达内斗，让波斯坐收渔利。他用武力对付内乱，用金钱疏解外患，离间雅典、斯巴达，比较成功。

10. 阿尔塔薛西斯二世（Artaxerxes II，前405—前359年在位）

阿尔塔薛西斯二世是大流士二世的长子，本名阿萨息斯（Arsaces）。传说，他有360个王妃，日御一女，正好是一年，前后共生115子。[20] 帕提亚诸王以阿萨息斯为号，自称是他的后代。其希腊诨号为Memnon，意思是"博闻强记"。他在位时间最长（46年），即位后曾平定小居鲁士之乱，[21] 用武装干涉和金钱外交，迫使希腊就范。阿尔塔薛西斯二世有嫡子三，长曰大流士，被杀；次曰阿里亚拉特斯（Ariarathes）或阿里亚斯佩斯（Ariaspes），自杀；三曰奥克斯（Ochus），即阿尔塔薛西斯三世。

11. 阿尔塔薛西斯三世（Artaxerxes III，前359—前338年在位）

阿尔塔薛西斯三世是阿尔塔薛西斯二世的第三子。他是阿契美尼德王朝有名的暴君，最后死于宫廷谋杀。

12. 阿尔塔薛西斯四世（Artaxerxes IV，前338—前336年在位）

阿尔塔薛西斯四世是阿尔塔薛西斯三世最小的儿子，本名阿尔塞斯（Arses），亦死于宫廷谋杀。

13. 大流士三世（Darius III，前336—前330年在位）

大流士三世是阿契美尼德王朝的最后一个王，本名Artashata，希腊人称之为Codomannus。他是阿尔塔薛西斯二世的兄弟奥斯塔内斯（Ostanes）之子阿萨美斯（Arsames）的儿子。亚历山大东征，他率师迎战，三战皆北，东逃，被贝苏斯（波斯帝国的巴克特里亚总督）杀死。

波斯波利斯，大平台以南有个修了半截的烂尾墓，学者推测是大流士三世陵。墓门部分尚未凿刻，墓门上方有大流士三世像，与他的前辈大同小异〔图6〕。[22]

[20] 奥姆斯特德《波斯帝国史》，第511页。案：《礼记·昏义》有"古者天子后立六宫、三夫人、九嫔、二十七世妇、八十一御妻"之说，与此similar。

[21] 小居鲁士是他弟弟，恃母之宠，招募希腊雇佣军，发动叛乱，被他平定，情节有点类似《左传》隐公元年的"郑伯克段于鄢"。

[22] 波斯列王，有些只有私名，没有王号。王号凡五种，一种是居鲁士（两人，包括居鲁士一世），一种是冈比西斯（两人，包括冈比西斯一世），一种是大流士（三人），一种是薛西斯（两人），一种是阿尔塔薛西斯（四人）。沃特斯认为，居鲁士和冈比西斯的王号可能是埃兰式王号，大流士一世以来的王号才是伊朗式王号，这种王号是否为立储或登基时所加，不能肯定。参看M. Waters, Ancient Persia, p.171。案：我国的王号，最初是懿美之词，商代和西周早期可能是生称，后来才变成死谥，波斯的王号可能也是一种懿美之词。

## 三 波斯王系分两支

居鲁士二世兼并米底，波斯始大，史称阿契美尼德王朝。阿契美尼德王朝是奉阿契美尼斯为祖的王朝。阿契美尼斯之子为泰斯佩斯（Teispes），[23] 传统说法，泰斯佩斯以下的波斯王分为两支：

一支是泰斯佩斯——居鲁士一世（Cyrus I）——冈比西斯一世（Cambyses I）——居鲁士二世（Cyrus II）——冈比西斯二世（Cambyses II）。[24]

另一支是泰斯佩斯——阿里亚拉姆尼斯（Ariaramnes）——阿萨美斯（Arsames）——希斯塔斯普（Hystaspes）——大流士一世——薛西斯一世……[25]

上述第一支，其世系见于居鲁士二世圆柱铭文（CB）：

> 我是居鲁士，世界之王，伟大的王，强有力的王，巴比伦王、苏美尔和阿卡德王，溥有四方之王；我是伟大的王，安善王冈比西斯之子；我是伟大的王，安善王居鲁士之孙；我是伟大的王，安善王泰斯佩斯之玄孙，万世一系君主之苗裔。

居鲁士的其他铭文，所见世系与此一致。

上述第二支，其世系见于贝希斯敦铭文（DB）：

> 我是大流士，伟大的王，王中王，波斯王，万邦之王；我是希斯塔斯普之子；我是阿萨美斯之孙，阿契美尼德人。
>
> 大流士王说：我父是希斯塔斯普，希斯塔斯普之父是阿萨美斯，阿萨美斯之父是阿里亚拉姆尼斯，阿里亚拉姆尼斯之父是泰斯佩斯，泰斯佩斯之父是阿契美尼斯。
>
> 大流士王说：因此，我们被称为阿契美尼德人，自古以来我们就是贵族，自古以来本族就是王族。
>
> 大流士王说：在我之前，我族已有八人为王，我是第九个。我们九个人相继为王。[26]

大流士一世的其他铭文，以及薛西斯一世的铭文，所见世系与此一致。

希罗多德提到过薛西斯的一段话：

> 那我也就枉为阿赫明尼斯（即阿契美尼斯——零案）的儿子泰斯

---

[23] 阿契美尼斯，见希罗多德《历史》，III:75；VII:11，徐本作阿赫明尼斯。泰斯佩斯，见希罗多德《历史》，VII:11，徐本作泰斯皮斯。

[24] 居鲁士一世，见希罗多德《历史》，I: 111。冈比西斯一世，见希罗多德《历史》，I: 46, 73, 107-108, 111, 122, 124, 207; III: 69; VII: 11, 51。居鲁士二世，见希罗多德《历史》，I: 46, 54, 71-73, 75-77, 79-80, 84, 86-91, 95, 108, 113-116, 120-130, 141, 152-157, 160, 162, 169, 177-178, 183, 188-191, 201-202, 204-214; II: 1; III: 1-3, 32, 34, 36, 69, 75, 88-89, 120, 152, 159-160; V: 52; VII: 2, 8, 11, 18, 51; IX: 122。冈比西斯二世，见希罗多德《历史》，I: 208; II: 1, 181; III: 1-4, 7, 9-10, 13-17, 19-21, 25, 27, 29-34, 36, 38-39, 44, 61-68, 73-75, 80-89, 97, 120, 122, 126, 139-140; IV: 165-166; V: 25; VII: 1, 8, 18, 51。

[25] 阿里亚拉姆尼斯，见希罗多德《历史》，VII: 11，徐本作阿里亚兰美涅斯。阿萨美斯，见希罗多德《历史》，I: 209; VII: 11, 224，徐本作阿尔萨美斯。希斯塔斯普，见希罗多德《历史》，I: 209-211; III: 70; VII: 11，徐本作海斯塔斯皮斯。

[26] 贝希斯敦铭文（DB），I:1-11。

皮斯（即泰斯佩斯——零案）、泰斯皮斯的儿子冈比西斯、冈比西斯的儿子居鲁士、居鲁士的儿子泰斯皮斯、泰斯皮斯的儿子阿里亚兰涅斯（即阿里亚拉姆尼斯）、阿里亚兰涅斯的儿子阿尔萨美斯（即阿萨美斯）、阿尔萨美斯的儿子海斯塔斯皮斯（即希斯塔斯普）、海斯塔斯皮斯的儿子大流士的儿子了。[27]

这段话是把上述两支合为一支，并把两个冈比西斯、两个居鲁士简化为冈比西斯、居鲁士。[28]

贝希斯敦铭文提到的八王是哪八个王？恐怕应指阿契美尼斯和泰斯佩斯，加第一支的阿里亚拉姆尼斯和阿萨美斯，再加第二支的冈比西斯一世、居鲁士一世、居鲁士二世和冈比西斯二世，不包括大流士的父亲希斯塔斯普。[29]

上述铭文，有一点值得注意，即凡属居鲁士二世的铭文，都把自己的祖考，从阿契美尼斯、泰斯佩斯到居鲁士一世、冈比西斯一世，一律称为"安善城之王"，而大流士一世的铭文，则自称"波斯王"。

过去，学者或引哈马丹出土的两件金版铭文（AmH和AsH），用这两篇铭文印证贝希斯敦铭文和《历史》的说法：

> 阿里亚拉姆尼斯，伟大的王，王中王，波斯王，泰斯佩斯之子，阿契美尼斯之孙。（金版一）
>
> 阿萨美斯，伟大的王，王中王，波斯王，阿里亚拉姆尼斯之子，阿契美尼德人。（金版二）

这两篇铭文和贝希斯敦铭文一样，器主也自称"波斯王"。

哈马丹金版年代偏晚，可能是大流士一支为了宣传大流士一支的高贵出身而做，不一定可靠，[30] 但它仍属阿契美尼德王朝的文物。

## 四 大流士自述的世系是否可靠

大流士一世是篡位者，学者怀疑，他的说法是凭空捏造。他们认为，居鲁士圆柱铭文的世系可信，贝希斯敦铭文的世系不可信，哈马丹金版铭文（AmH和AsH）晚出，乃公元前4世纪的伪造，更不可信。希罗多德生当薛西斯一世和阿尔塔薛西斯一世时，同样晚于大流士一世，他从波斯人听来的消息同样不可靠。总之，大流士以来的说法都不可靠。[31]

奥姆斯特德引用过哈马丹金版铭文。[32] 他认为，波斯王系分两支，阿里亚拉姆尼斯一支是长支，曾经占据优先地位，米底征服波斯，把这两支

[27] 希罗多德《历史》，引文见VII:11。

[28] 希罗多德《历史》，第465页注1。

[29] 李铁匠的推测是："1.阿黑门尼斯；2.铁伊司佩斯和他的两个儿子；3.阿里亚拉姆涅斯；4.居鲁士一世；5.阿里亚拉姆涅斯之子阿尔沙米斯（后被居鲁士二世推翻）；6.居鲁士之子冈比西斯一世；7.冈比西斯一世之子居鲁士二世；8.居鲁士二世之子冈比西斯二世。"见《古代伊朗史料选辑》，第35页注1。案：阿黑门尼斯即阿契美尼斯，铁伊司佩斯即泰斯佩斯，阿里亚拉姆涅斯即阿里亚拉姆尼斯，阿尔沙米斯即阿萨美斯。

[30] P. Briant, *From Cyrus to Alexander: A History of the Persian Empire*, pp.16-17.

[31] I. Gershevitch ed., *The Cambridge History of Iran*, Vol. 2, pp. 209-230; P. Briant, *From Cyrus to Alexander*, pp.16-17.

[32] 奥姆斯特德《波斯帝国史》，第37页。

纳为藩属，居鲁士一支是波斯征服米底后才崛起。[33]

关于大流士一世的出身，我们知之甚少。我们的所有消息都来自希罗多德和大流士一世以来的御题铭文，我们只知道：

第一，大流士一世的祖父阿萨美斯可能是帕萨尔加德的小王，前520年仍然在世。[34]

第二，公元前530年，居鲁士二世远征马萨格泰人，大流士一世的父亲希斯塔斯普曾随军出征，之后返回波斯故地。[35]

第三，公元前525年，大流士一世本人曾随冈比西斯远征埃及。

第四，公元前522年，冈比西斯二世死，波斯陷于内乱。当时，大流士一世的父亲希斯塔斯普是波斯故地的总督。[36] 大流士一世从波斯前往苏萨，趁乱夺取王位。

第五，公元前520年，帕提亚和瓦尔卡纳（希尔卡尼亚）发生叛乱，大流士的父亲希斯塔斯普在帕提亚平叛。据贝希斯敦铭文，[37] 学者推测，他是帕提亚和希尔拉卡尼亚的总督。

李铁匠，前后看法有变化。

1992年，他编《古代伊朗史料选辑》时，是把哈马丹铭文当可靠史料收入，称之为"迄今所发现的最早的以波斯语楔形文字写成的铭文"。与奥姆斯特德看法相似。[38]

2001年，他在《大漠风流——波斯文明探秘》一书中说，"安尚（零案：即安善）和波斯实为一地"，阿里亚拉姆尼斯和阿萨美斯"有可能是某个地区的小王公"，但"不可能是波斯王"，更不可能自称"伟大的王、众王之王、波斯的王"。他相信，这种称号是居鲁士灭米底后他这一支专用，阿里亚拉姆尼斯和阿萨美斯金版铭文是"古波斯后期仿造的铭文"。[39]

2010年，李铁匠翻译奥姆斯特德《波斯帝国史》，有一条案语："奥姆斯特德引用的阿里亚拉姆尼斯铭文，现在被学术界认定是公元前5世纪波斯官方伪造的文书。因此，他的这一段论述落后于现在的研究成果。"[40]

波斯王系，居鲁士一支和大流士一支到底是什么关系，这个问题还值得进一步研究。

## 五　从安善王到波斯王

阿契美尼德王朝的十三王，居鲁士一支称安善王，大流士一支称波斯王。从安善王到波斯王，这个称谓转变很重要。

上文，李铁匠说"安尚和波斯实为一地"，这话如指两者相距不远，都在今法尔斯省境内，可以成立，但安善（Anshan）和波斯（Parsa）并非同一地点。

[33] 奥姆斯特德《波斯帝国史》，第136页："反抗米底王阿斯提亚格斯起义的成功，使以居鲁士、冈比西斯和巴尔迪亚为代表的旁支掌握了政权。当时，大流士的祖父阿萨美斯顶多不过是一个小王，希斯塔斯普幸运地成了帕提亚、希尔拉卡尼亚总督。他就是以这种身份，陪伴居鲁士进行了最后一次毁灭性的远征。"案：奥姆斯特德说大流士的祖父可能是波斯故地的小王，时间在大流士登基之前；大流士的父亲是帕提亚、希尔拉卡尼亚总督，也是从他平帕提亚、希尔拉卡尼亚之乱推断，时间在大流士登基之后。两者不是同一时间。

[34] 据薛西斯一世波斯波利斯后宫铭文（HPf）。

[35] 希罗多德《历史》，I:209-210。希罗多德说，居鲁士做梦，梦见大流士将奄有欧亚，命希斯塔斯普带其子来见，希斯塔斯普"匆匆赶回波斯，把他的儿子监视起来"。

[36] 希罗多德《历史》，III:70提到"海斯塔斯皮斯的儿子大流士又从波斯来到了苏撒，因为他的父亲是那个地方的总督。在大流士到来的时候，这六个人决定让大流士入伙"。案：奥姆斯特德《波斯帝国史》，第137页："由于我们最后一次听到他的消息，是他在埃及给冈比西斯当长弁兵。因此，大流士显然是在巴勒斯坦的时候离开了军队。当先前的君主死讯一传来，他必定立刻兼程前往米底，强烈要求获得空缺的王位。"注引参考文献是希罗多德《历史》，III:73，但III:73没有提到他从巴勒斯坦去米底。

[37] 贝希斯敦铭文，II: 92-98行，III: 1-10。

[38] 《古代伊朗史料选辑》，第26—27页。

[39] 《大漠风流——波斯文明探秘》，第51—53页。

[40] 奥姆斯特德《波斯帝国史》，第37页。

安善是埃兰古城，位于埃兰东境，铭文多有记载，年代可以早到公元前4千纪。公元前7世纪，埃兰在亚述、迦勒底和埃兰的三角争斗中衰落，米底、波斯趁势而起，安善成为米底藩邦，用以分封阿契美尼德家族。这座古城，过去只知其名，不知在哪里。1970年，戈尔谢维奇（Ilya Gershevitch）推测，Tal-e Malyan（在Beyza村北）附近有个伊斯兰早期的小镇叫Āsh，令人联想，安善就在这一带。[41] 1971年，苏姆纳尔（William M. Sumner）率领的美国宾夕法尼亚大学考古队终于在Tal-e Malyan找到安善古城。[42] Tal-e Malyan在设拉子西北。

居鲁士二世灭米底前，只有小波斯，没有大波斯。当时，波斯、安善都是小国。安善在苏萨和帕萨尔加德之间。安善离帕萨尔加德近，直线距离约75公里，车程约163公里。安善离苏萨远，直线距离约465公里，车程约695公里。

我国历史，最重宗法，王位继承，严于嫡庶长幼之分，有所谓大小宗。大宗是继统的嫡长子，为直系，小宗是分宗别氏的幼子和庶子，为旁支。周人灭商，封建亲戚，遣子就封分两种情况。如果是内臣，通常以长子就封，而把幼子留在身边，从此分为二族，长子世世为侯，幼子世世为公，比如周、召二公，就是长子一支世世为鲁侯、燕侯，次子一支世世为周公、召公。如果是外臣，或以次子入仕，把长子留在身边，承续香火。比如嬴姓西迁，蜚廉之后分两支，一支居霍太山下（山西赵城），为后来的赵；一支居西犬丘（甘肃礼县），为大骆氏。大骆为外臣，他把嫡子留在身边，遣幼子入仕于周，周孝王封他于汧、渭之会（今宝鸡市），是为秦。东周，如有战事，通常以长子留守，幼子出征，但也有变例。

西方也有类似制度：斯巴达有双王制，一王出征，一王留守；冈比西斯征埃及，巴尔迪亚留守。现代总统制设正副总统，仍然留有这类设计的影子。

安善初为埃兰附庸，公元前1千纪，脱离埃兰，沦为米底、波斯人的领土。这里有没有可能，当初，波斯为米底附庸，曾遣居鲁士一支入事米底，与米底联姻，为安善王；而以希斯塔斯普一支留守帕萨尔加德，为波斯当地的首脑。这个首脑，无论叫波斯王，还是叫波斯总督，也不管他们是否出自阿里亚拉姆尼斯和阿萨美斯，反正波斯人的老巢总得由波斯人来守。

波斯，即使阿契美尼德王朝灭亡后，也是由当地人统治，萨珊波斯就崛起于当地。

[41] I. Gershevitch ed., *The Cambridge History of Iran*, Vol. 2, pp. 25-34.

[42] *Malyan Excavation Reports*, Vol. 1: *The Proto-Elamite Settlement at TUV*, 1991 (by: Ilene M. Nicholas); Vol. 2: *Excavations at Anshan (Tal-e Malyan): The Middle Elamite Period*, 1996 (by: Elizabeth Carter and Ken Deaver); Vol. 3: *Early Urban Life in the Land of Anshan, Excavations at Tal-e Malyan in the Highlands of Iran*, 2003 (by: William M. Sumner), University of Pennsylvania Museum of Archaeology and Anthropology.

## 六　信以传信，疑以传疑

现代学术讲究无征不信。历史上的成说，没有证据，当然不能信。但怀疑成说，同样需要证据。疑罪从无，同样适用于学术。我们不能认为，疑就是科学，信就是迷信。怀疑和相信都要经过论证，既不能证实，也不能推翻，只能搁置。

希罗多德讲"七人帮"作乱，参与谋划者皆波斯人。希罗多德说，"在他们的人数变成六个之后，海斯塔斯皮斯的儿子大流士又从波斯来到了苏萨，因为他的父亲是那个地方的总督"，徐松岩指出"这里的'波斯'无疑是指波斯人的故土，不是指整个帝国"。[43] 既然大流士的父亲是波斯总督，这种总督类似藩王，他本人也来自波斯故土，即便我们不能肯定，大流士一支是泰斯佩斯的后代，也无法排除，他是阿契美尼德家族留守波斯故土的贵族。

冈比西斯远征，死于外，巴尔迪亚称王，死于内，这一支绝嗣，给其他波斯贵族瓜分权力制造了机会，任何继起者，都要有血统的理由。

大流士一世篡位，要宣传其合法性，他的自述是不是可信，当然可以怀疑，但他要凭空编一套瞎话，说泰斯佩斯以下还有另外一支，瞒天过海，让当时的贵族承认和接受，这事并不容易。[44]

大流士是篡位者，没错，对居鲁士一支来说，他的确是篡位者。

他的继承不合程序，也对，他绕过自己仍然健在的爸爸登大位，的确不合程序。

但这是乱世，未必可以常理求之。

说实话，大流士是否出自阿里亚拉姆尼斯一支，并且与居鲁士一支同宗，这个问题并不重要。因为贝希斯敦铭文也好，哈马丹金版铭文也好，希罗多德也好，所有说话人都晚于居鲁士和冈比西斯，我们知道的就这么多，更早的材料一点儿没有。怀疑只是怀疑，无论证实或推翻，都没有直接证据。其实，对我们来说，古人有什么说法，信以传信，疑以传疑，这就够了。

虽然，我们并不知道，历史的真相到底如何，但波斯王系分两支，居鲁士二世只传一代就断了，后面的波斯王都出自大流士一支，这件事还是清清楚楚。

[43] 希罗多德《历史》，上册，第226页注2。
[44] 扎林库伯《波斯帝国史》，第108—111页。

第二章

# 波斯五都

阿契美尼德王朝有五个首都：帕萨尔加德、波斯波利斯、埃克巴坦纳、苏萨、巴比伦〔图1〕。这五个首都，四个在伊朗，一个在伊拉克。

波斯五都，帕萨尔加德、波斯波利斯和埃克巴坦纳在扎格罗斯山内侧，巴比伦和苏萨在扎格罗斯山外侧。希腊人从西往东看，巴比伦最重要，苏萨其次，埃克巴坦纳又其次。希罗多德只提到帕萨尔加德人（详下引文），一个字也没有提到帕萨尔加德和波斯波利斯。亚历山大前，希腊人很少能深入波斯腹地。他们对这两个都城最不了解。

这五个都城，气候不同。巴比伦和苏萨，夏天炎热，是波斯的冬都。埃克巴坦纳，位置偏北，地势高，夏天凉爽，可以避暑，是波斯的夏都。帕萨尔加德和波斯波利斯是波斯列王祭祖祀神、庆贺新年的地方，每年春天都去。五个都城轮着住，有如辽代的四时捺钵。[1]

〔左页图〕
波斯波利斯万国门
林梅村 摄

〔图1〕
波斯五都

[1] 卡什凯人的夏牧场在帕萨尔加德、伊斯塔克尔，春天转场；冬牧场在比沙普尔和菲鲁扎巴德，秋天转场。

第二章 波斯五都

## 帕萨尔加德（Pasargadae）

帕萨尔加德〔图2-图13〕在今伊朗法尔斯省设拉子东北，位于里海南岸到波斯湾的南北干道上。德黑兰、伊斯法罕在其北，设拉子、菲鲁扎巴德在其南，比沙普尔、塔里·马彦在其西南，舒什、哈马丹在其西北。

这个都城是波斯人的龙兴之地，阿契美尼德王朝从这里崛起，居鲁士大帝葬于此，历代波斯君王都是在这里举行登基典礼，对波斯人有特殊意义。

Pasargadae 是希腊人的叫法，其含义有各种猜测，如波斯宝座（Throne of Parsa）、波斯要塞（Fortress of Parsa），后来发现，埃兰文的读法，其实是 Batrakata。新的推测，古波斯文，对应读法当作 Pasragada 或 Pazragada，意思是操大棒的部落。<2>

<2> D. Stronach, *Pasargadae*, pp. 280-281.

〔图2〕
帕萨尔加德

波斯人选建都城，看中的是山间谷地。这一带，有三条河流切割扎格罗斯山脉，穿行于谷地之间，一条是普尔瓦河（Pulva River），也叫米底河（Median River），一条是科尔河（Kor River），也叫居鲁士河（Cyrus River），一条是曼德河（Mand River）。

这座古城位于穆尔加布平原（Dasht-e Morghab），[3] 三面环山（西山比东山高），二水分流，谷地平缓，地势开阔。遗址在普尔瓦河和科尔河之间，分布范围作长条形，东北—西南向。整个都城，不设城墙，只有孤零零的几座建筑散落其中，使人怀疑，这座古城可能是个帐篷城，很多人都住在帐篷里。

<3> Dasht-e Morghab, 意思是水鸟平原，见 D. Stronach, *Pasargadae*, p. 8。穆尔加布镇在帕萨尔加德北。

希罗多德说，居鲁士时代，波斯有十大部落：

> 居鲁士所召集来的并说服他们叛离米底人的那些波斯人，是一些主要部落，其他所有波斯人要依附于他们。这些主要部落是帕萨加第人（即帕萨尔加德人——零案）、玛拉菲伊人、玛斯皮伊人。在他们当中帕萨加第人地位最为尊贵。阿赫明尼斯家族（即阿契美尼德家族——零案），就是该部落的一个家族，波斯的国王都是出自阿赫明尼斯家族。其他的波斯部落有：潘泰亚莱伊人、德鲁希埃伊人、戈尔曼尼伊人，他们都是务农的；达伊人、玛尔德伊人、德罗皮基人和萨迦提伊人则是游牧部落。<4>

这十个部落，六个务农，四个放牧，帕萨尔加德人最尊贵。帕萨尔加德人就住在帕萨尔加德，阿契美尼德家族就出自帕萨尔加德人。

奥姆斯特德说：

> 纵观伊朗早期的全部历史，伊朗人主要是牧人，但农业也不曾忽视。几乎同时的琐罗亚斯德教文献把人民分成了四个地域组织：家庭（demana）、氏族（vis）、地区（shoithra）和国家（dahya）。从社会学的角度来说，人民被分成三个等级：*khvaetu*、*verezenah* 和 *airyaman*（本书作者对三个等级没有具体解释，最后一个等级可能是指雅利安人——译注）。只有最后一个等级是统治阶级，其内部分为祭司（athravan）、乘战车的贵族（rathaeshtar）、牧人（vastrya fshuyant）和工匠（huiti）。很显然，较低等级被认为是不同的种族，因为等级制度本身就被称为"肤色"（pishtra）。<5>

帕萨尔加德在伊朗南部，远离文明冲突的中心（巴比伦、苏萨、埃克巴坦纳），比较偏僻。偏僻有偏僻的好处，相对安全。它让我想起秦国的崛起。司马迁说，"（秦）孝公元年，河山以东强国六……秦僻在雍州，不与中国诸侯之会盟，夷翟遇之"（《史记·秦本纪》）。但最后兼并六国是谁？恰恰是秦。

斯特拉波说：

> 居鲁士使帕萨尔加迪（即帕萨尔加德——零案）备受尊重，因为他在这里的最后一次拼杀之中战胜了米底人阿斯提亚格斯，获得了亚细亚帝国的统治权，他在这里建立了一座城市和宫廷，以纪念这场胜利。<6>

如此说可靠，帕萨尔加德还是居鲁士战胜米底的古战场，决战就在家门口。

---

<4> 希罗多德《历史》，I:125。案：帕萨加第人即 Pasargadae；玛拉菲伊人即 Maraphians，源自 Maraphii；玛斯皮伊人即 Maspians, Maspii；潘泰亚莱伊人即 Panthialaeans, Panthialaei；德鲁希埃伊人即 Derusians，源自 Derusiaei；戈尔曼尼伊人即 Germanians，源自 Germanii；达伊人即 Daans，源自 Dai；玛尔德伊人即 Mardians，源自 Mardi；德罗皮基人即 Dropicans，源自 Dropici；萨迦提伊人即 Sagartians，源自 Sagartii。

<5> 奥姆斯特德《波斯帝国史》，第31页。案：其说出自《阿维斯塔·亚斯纳》。

<6> 斯特拉波《地理学》，XV,iii,8。案：斯特拉博，通常译为斯特拉波。

帕萨尔加德主要遗址

〔图3〕
居鲁士二世陵
任超 摄

〔图4〕
穆札法尔驿站
任超 摄

〔图5〕
阙门R
梁鉴 摄

〔图6〕
宫殿S
任超 摄

(图7) 石桥

〔图 8〕
宫殿 P：凉亭
任超 摄

〔图 9〕
宫殿 P：花园水渠
任超 摄

〔图10〕
宫殿 P
任超 摄

〔图 11〕
大平台
任超 摄

〔图 12〕
坛场
任超 摄

〔图13〕
石塔
任超 摄

# 一　波斯波利斯（Persepolis）

阿契美尼德王朝，前两王是一段，大流士以下是另一段。

大流士一世登基，另立新都，地址选在波斯波利斯〔图14-图33〕。

此都在设拉子东北，帕萨尔加德西南，恰好在设拉子去帕萨尔加德的半路上。普尔瓦河和科尔河流经此地，也有一片谷地，即设拉子北面的马乌达什特平原（Marvdasht Plain）。‹7› 从设拉子出发，一条大道朝东北走，前面横着一道大山，中间有个山口，山口上的关隘是南来北往所必经。伊斯塔克尔城在右侧，就守着这个山口。‹8› 侯赛因山（Husain Kūh）在它的西北，善心山（Kūh-e Rahmat）在它的东南。纳克什·鲁斯塔姆王陵在侯赛因山的西南角，波斯波利斯在善心山西麓，三个地点是一个整体。

Persepolis 是希腊人的叫法，意思是波斯人的卫城。‹9› 波斯人自己的叫法是 Pārsa。这座古城，伊斯兰时期叫 Takht-e Jamshid，意思是"贾姆希德宝座"。贾姆希德是伊朗传说中的圣王，见《阿维斯塔》。

此城是座台城，所有建筑修在一个高出地面12米，形状近似长方形的

‹7› Marvdasht Plain, Marv 是一种草，英文叫 marram，学名 *Ammophila*（美洲沙茅草），dasht 的意思是平原。

‹8› 伊斯塔克尔城一带，据说公元前2000年就有人居住。现在的遗址，年代约为公元前265年—公元200年，大体相当帕提亚和萨珊波斯时期。

‹9› 有一种误读，是把这个词读成 Perseptolis，意思是"城市的毁灭者"（destroyer of the cities）。波斯波利斯是毁于亚历山大。

〔图14〕
波斯波利斯全景
任超 摄

大平台（Terrace）上。它是利用善心山西麓一块较为平缓的山岩，先开凿地基，然后在地基上开凿暗渠，最后起盖宫室。其西壁长455米，东壁长430米，北壁长300米，南壁长290米。台城西北角有台阶可上，东依善心山，山上有城墙环绕，西南有雉堞遮护。

波斯五都，波斯波利斯最大，宫殿最宏伟，雕刻最精美。伊朗人过年，他们的春节是每年3月21至24日，叫诺鲁孜节（Nowruz）。或说此城是每年举行春祭大典的地方，只是礼仪性质的古城，不是真正住人的地方，住人是在大平台下。

萨珊波斯是从伊斯塔克尔城崛起。大流士一世的首都是从北往南迁，从帕萨尔加德迁到波斯波利斯。萨珊波斯的首都也是从北往南迁，从伊斯塔克尔迁到菲鲁扎巴德。越往南，离波斯湾越近。

波斯有两个旧都。两个旧都代表两个时代。帕萨尔加德代表前两个王，波斯波利斯代表大流士以来的王。

# 波斯波利斯主要遗址

〔图 15〕
大平台西阶
李零 摄

〔图 16〕
万国门正面
梁鉴 摄

〔图17〕
万国门内侧
任超 摄

[图18]
万国门南侧
任超 摄

〔图 19〕
阿帕丹
任超 摄

〔图20〕
大流士宫西
任超 摄

〔图21〕
大流士宫南
任超 摄

〔图 22〕
大流士宫东南的台阶
任超 摄

〔图 23〕
大流士宫东南的台阶
任超 摄

〔图24〕
宫殿 H
樊鉴 摄

〔图25〕
宫殿 G
李零 摄

〔图 26〕
薛西斯宫
梁鉴 摄

〔图 27〕
薛西斯宫和宫殿 H 南
任超 摄

〔图 28〕
大平台南被堵死的通道
任超 摄

〔图 29〕
未完成的阙门
任超 摄

〔图30〕
百柱宫
任超 摄

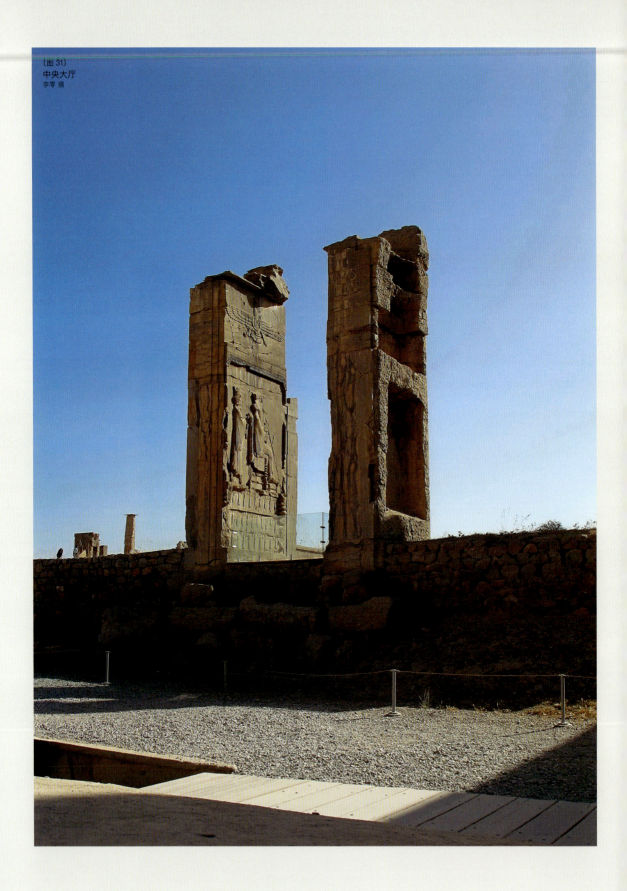

〔图 31〕
中央大厅
李零 摄

〔图 32〕
中央大厅
李零 摄

〔图 33〕
薛西斯后宫和内府
任超 摄

## 三　埃克巴坦纳（Ecbatana）

埃克巴坦纳是米底旧都，在伊朗哈马丹省的哈马丹市。米底人与波斯人同宗同祖，同语言，同宗教，希腊人往往混而不分，或者统称米底人，或者统称波斯人。

Ecbatana 是希腊人的叫法，希罗多德作阿格巴坦纳（Agbatana），[10] 米底、波斯人的旧称是哈格马塔纳（Hagmatana），意思是"聚会地点"。此地是个四通八达的地方，原来可能是米底各部碰头的地点，现在叫哈马丹（Hamadan）。

希罗多德曾提到米底六部：

> 这样，代奥凯斯就把米底人统一为一个民族，并且成为统治他们的君主。现在，米底人包括以下一些部落：布塞人、帕列塔凯尼人、斯特鲁卡特斯人、阿里赞提人、布迪伊人和玛古人。[11]

希罗多德提到的"玛古人"（Magus），通常译为麻葛。麻葛是琐罗亚斯德教的僧侣，精通宗教和方术。注意，这种人是米底六部之一。

希罗多德曾这样描写这座城市：

> 代奥凯斯首先要求他们给他修建一座与他的国王身份相符的宫殿，并要求建立一支保护他个人的卫队。米底人答应了他的要求，他们在代奥凯斯亲自指定的地方给他建造了宏伟坚固的宫殿，并且听凭他从全国人民当中给自己挑选一支卫队。代奥凯斯坐稳了王位以后，便进而要求米底人给他修建一座单独的大城，要求他们不要去管他们以前居住的小城镇，而主要来注意经营这个新的首都。米底人再次满足了他的要求，建造了一座今日称为阿格巴塔纳的城市，这座城的城墙既强固又高大，是一圈套着一圈建造起来的。这个地方城墙结构是这样的：每一道城墙都比外面的一圈高出一个城垛的高度。该城市坐落在一座小山之上，自然的地势在一定程度上有利于这样规划，但主要还是人们劳动的成果。城墙总共有七圈，王宫和宝库是在最核心的一圈城墙里面。最外面的一圈城墙和雅典城的城墙长度大致相当。最外面一圈城垛的颜色是白色的，第二圈的城垛是黑色的，第三圈是红色的，第四圈是蓝色的，第五圈是橙色的；外部这5道城墙的城垛都是涂着颜色的，最里面的两圈城墙的城垛则是包着的，第六圈的城垛是用银包着的，第七圈的城垛则是用金包着的。[12]

---

[10]　Agbatana，《旧约》叫亚马他城（Achmetha），见《以斯拉记》（6:2）。

[11]　希罗多德《历史》，I:101。案：布塞人即 busae，帕列塔凯尼人即 Pareteceni，斯特鲁卡特斯人即 Struchates，阿里赞提人即 Arizanti，布迪伊人即 Budii，玛古人即 Magians，源自 Magus。

[12]　希罗多德《历史》，I:98。

〔图34-1〕
哈格马塔纳文化遗产和旅游基地大门
李零 摄

〔图34-2〕
哈格马塔纳遗址
梁鉴 摄

今哈马丹是一座以霍梅尼广场为圆心，六道辐射，环路相套的圆城。城区四分，西南为第一区，东南为第二区，东北为第三区，西北为第四区。历代古城压在现代城市下，只有东北角被圈起，作为遗址保护区，现在叫哈格马塔纳文化遗产和旅游基地〔图34〕。

米底至今仍是历史之谜。伊朗考古学家在这个保护区内做过一些发掘，至今没有找到米底或阿契美尼德时期的城址和宫殿。但米底和亚述是邻居，亚述王室的铭文倒是对米底有不少记载，主要集中在公元前8—前7世纪。米底产马，豪尔萨巴德出土的亚述石刻有米底向亚述贡马的画面。[13]

<13> John Curtis, *The Cyrus Cylinder and Ancient Persia: A New Beginning for the Middle East*, London: British Museum, 2013, pp. 70-71; Matt Waters, *Ancient Persia: A Concise History of the Achaemenid Empire*, pp. 31-34.

## 四　苏萨（Susa）

苏萨是埃兰旧都，在胡齐斯坦省的舒什（Shush，图35）。胡齐斯坦省夹在米底、波斯之间，位于幼发拉底河和底格里斯河的冲积扇附近，是美索不达米亚平原的延伸。伊朗地形图，用绿色标记的平原，这是最大一块。扎格罗斯山脉从西北向东南延伸，正好穿过它的北面和东面。

Susa是希腊人的叫法，古代波斯文叫Susan，[14] 来源是Inshushinak神。现代波斯语叫Shush。

埃兰文明是伊朗高原最古老的文明。埃兰与巴比伦为邻，地理分不开，历史割不断，跟上述三都不一样。奥姆斯特德认为，苏萨对波斯最重要，对它有详细描述。[15]

这里的上古居民既不是米底人，也不是波斯人，而是当地土著。埃兰土著是高加索人种南部型，肤色为深褐色。这一人种曾广泛分布于从安纳托利亚到两河流域、卡尔黑河和印度河流域，甚至可能与古埃及人和达罗毗荼人有关。他们是从非洲北上，沿欧亚大陆南缘，不断向东迁徙的一支。[16]

埃兰人是世界最古老文明的创造者，后被闪米特人代替。阿拉伯人是闪米特人。他们在伊拉克是主体民族，占人口总数的73%，但在伊朗只有100多万人，是个少数民族。伊朗境内的阿拉伯人，主要聚居于此省。两伊冲突，这里是敏感地区。

埃兰最初只是一堆小国，松散联合。所谓埃兰人，有些住在平原，有些住在山区。低地利于农耕，高地适合放牧。两河流域强盛时，他们会向东退守，或向高地逃散，躲避敌人的进攻。两河流域衰落时，他们会向低地聚拢，从低地西进，进攻两河流域。

苏萨在胡齐斯坦平原的北部，位于卡伦河和迪兹河之间，属于低地埃兰。希腊人把低地埃兰叫苏西亚那（Susiana）。苏西亚那只是埃兰前沿，其他小国多在它的背后。阿万（Awan）在北部，靠近米底；安善（Anshan）在东南，靠近波斯，西马什基（Shimashki）和瓦拉赫什（Warahse）更远在今克尔曼省，范围几乎包括整个扎格罗斯山脉的南段，波斯原本只是埃兰的一部分。

苏萨古城遗址就在舒什城内，从阿瓦士前往舒什的路上会路过两个埃兰遗址，一个是哈夫特土丘（Haft Tepe），一个是乔加·赞比尔塔庙（Ziggurat of Chogha Zanbil）。

从苏萨去巴比伦，走平地，可沿卡尔黑河（Karkheh，古称Choaspes）和卡伦河（Karun River）南下，顺幼发拉底河，西北行。今伊朗37号公路舒什—阿

[14] Susan，《旧约》叫书珊（Šušan），见《以斯拉记》(4: 9)、《尼希米记》(1: 1)、《以斯帖记》(1: 2, 5; 2: 3, 5, 8; 3: 15; 4: 8, 16; 8: 14-15; 9: 6, 11-15, 18)、《但以理书》(8: 2)。

[15] 奥姆斯特德《波斯帝国史》，第202—210页。

[16] 公元前5世纪苏萨王宫琉璃壁画上的埃兰禁卫军，肤色偏黑，见王兴运《古代伊朗文明探源》第95页引贾可诺夫说。

〔图35〕
舒什
任超 摄

瓦士—霍拉姆沙赫尔段和伊拉克8号公路（与一条铁路伴行）巴士拉—纳西里耶—塞马沃—迪瓦尼耶—希拉段大体就是沿这条道走。走山路，翻扎格罗斯山，往西走，也可以去巴比伦。

从苏萨去埃克巴坦纳，要走山路，沿迪兹河北上，穿越洛雷斯坦省。如今是走37号公路，经安迪梅什克、霍拉马巴德、博鲁杰尔德、马拉耶尔。

从苏萨去波斯波利斯，也要走山路，从胡齐斯坦平原，穿越科吉卢耶博耶尔·艾哈迈迪省往东走。亚历山大从苏萨进军波斯波利斯，有波斯关之役（Battle of Persian Gates）。波斯关（Persian Gates）在该省省会亚苏季附近。他是穿越一个叫Tang-e Meyran的峡谷，去波斯波利斯。

## 苏萨主要遗址

〔图36〕
大流士宫
任超 摄

〔图37〕
阿帕丹
任超 摄

〔图38〕
阙门
任超 摄

〔图39〕
皇城遗址：薛西斯宫
任超 摄

〔图 40〕
皇城遗址：吉尔什曼大探沟 1–15 层
任超 摄

〔图 41〕
卫城遗址：摩根关键柱
任超 摄

〔图42〕
摩根堡:法国考古工作站旧址
任超 摄

〔图43〕
阿尔塔薛西斯二世宫
梁鉴 摄

## 五　巴比伦（Babylon）〔图44〕

Babylon也是希腊人的叫法。阿卡德语叫Bābilim，本义是"神之门"。如《圣经·创世记》所谓的巴别塔（Tower of Babel），就是指巴比伦塔。[17]

巴比伦在幼发拉底河和底格里斯河之间，古称美索不达米亚。"美索不达米亚"一词的意思正是"两河之间"。

近东世界，两河流域为天下之中。两河流域，亚述在北，巴比伦尼亚居中，阿卡德和苏美尔在南。巴比伦古城是巴比伦尼亚的中心，地理位置十分重要。

巴比伦古城在今巴格达以南85公里，伊拉克希拉市（巴比伦省的省会）北郊。遗址分内城外郭。

幼发拉底河自穆赛伊卜（Al-Musayyib）以下分流，东河叫希拉河（Al-Hillah），西河叫欣迪耶河（Al-Hindiyah）。欣迪耶河是今干流河道，但以前的干流河道是希拉河。希拉河的故道纵贯巴比伦古城。

大流士一世控制扎格罗斯山以西、小亚细亚和埃及，巴比伦是中心。

奥姆斯特德说：

> 大流士在巴比伦的宫廷，最初是在城市最北端尼布甲尼撒的宫殿之中。如果根据从那里发现的、刻有阿卡德文的大流士自传精美闪长岩石碑，我们可以断定它就在那里。但在此之前的很长时间里，大流士把自己的宫廷建立在城南的要塞之中。它在那波帕拉萨宫廷的西面，正好在因古尔贝勒雄伟的、有壕沟的围墙的前面。[18]

希罗多德说，居鲁士二世征巴比伦，曾抵金德斯河（Gyndes），水流湍急，把他心爱的白马淹死，因此暂缓进攻，先开360条泄水渠道，于次年再次发动新的攻击。他说，"这条河发源于玛提恩尼山，穿过达尔达尼亚人的境域，汇入底格里斯河。底格里斯河在与金德斯河汇合之后，流经奥皮斯城，注入红海"。[19] 他说的金德斯河即今迪亚拉河。[20] 此河从伊朗高原，穿扎格罗斯山，奔流而下，流向美索不达米亚平原，在巴格达东南汇入底格里斯河，然后流经奥皮斯城（Opis），最后注入红海即今波斯湾，沿途的山间孔道是连接两伊的古道。

奥皮斯城是巴比伦城的北部屏障，为了防备米底入侵，巴比伦在这里修了米底长城，挖了米底壕。[21] 据希罗多德描述，此城在迪亚拉河与底格里斯河汇合处以南，估计应在今迈达因市附近，塞琉西亚古城（Seleucia）和泰西封古城（Ctesiphon）就在这一带。[22]

---

[17] Babylon，希伯来语作babel，《旧约》频见，高达282处。或把Babel读为英语的babble，解释为"上帝变乱语言，使人类迷惑"的"迷惑"。

[18] 奥姆斯特德《波斯帝国史》，第201页。案：有关细节，参看John Curtis, *The Cyrus Cylinder and Ancient Persia*, pp. 71-73。

[19] 希罗多德《历史》，I: 189-190, 202-203; V: 52。

[20] 金德斯河，即今迪亚拉河（Diyala River），迪亚拉河是阿拉伯人的叫法，意思是"咆哮的河"，库尔德人叫席尔万河（Sirvan River），也是同样的意思。此河西流，在巴格达附近汇入底格里斯河。米底到巴比伦的通道与此河有关。

[21] 米底长城和米底壕，见色诺芬《长征记》，I: VII。

[22] 斯特拉波《地理学》XVI, i, 9说，他生活时代的奥皮斯是个村子，这个村子是塞琉西亚"周边地区的商业中心"。塞琉西亚是塞琉古王国的首都，在底格里斯河西岸。河对岸是泰西封。今迈达因市（Madain），阿拉伯语作Al-Maday'in，意思是"城市"，就是建在泰西封的旧址上。有人认为，奥皮斯城可能即考古发现的Tall al-Mujailāt，位置在巴格达东南32公里，巴比伦遗址东北76公里。

〔图44〕
巴比伦北宫遗址
刘拓 摄

  居鲁士二世征巴比伦，大概是从埃克巴坦纳出发，经比索通的贝希斯敦山（Mt. Behistun）、克尔曼沙阿，前往巴比伦，大体沿今48号公路走。48号公路，一直往西走，是席林堡（Qasr-e Shirin）。[23] 席林堡西南有个 Khosravi 村，[24] 过了这个村就是两伊边境。从贝希斯敦山到席林堡，进出两个口，东口是亚细亚门（Gate of Asia），[25] 西口是扎格罗斯门（Zagros Gates）。[26] 我估计，他是穿越这两个关口，翻越扎格罗斯山，沿迪亚拉河往下走，到奥皮斯城。居鲁士攻巴比伦，先要拿下奥皮斯城，因此有奥皮斯之役（Battle of Opis）。他是在奥皮斯城大败那波尼德（Nabonidus，最后一位巴比伦王），然后才攻陷巴比伦城。

[23] 1639年奥斯曼帝国和萨法维王朝签订《席林堡条约》（Treaty of Qasr-e Shirin，也叫 Treaty of Zuhab），把伊拉克地区划归奥斯曼帝国，奥斯曼帝国解体后，伊拉克由英国托管。

[24] 此村离席林堡只有20公里，其名应与库斯老二世（Khosrow II）有关。

[25] 奥姆斯特德《波斯帝国史》，第50、147页。

[26] 奥姆斯特德《波斯帝国史》，第141、143、146页。

第二章 波斯五都  113

## 六  与中国比较

中国古代，很多王朝都不止一个首都。如周起岐渭，先后有岐周、宗周、成周；秦起汧陇，先后有汧渭之会、雍城、咸阳、栎阳。周秦古都是自西向东，一字排开。

其后，两汉有长安、洛阳，北魏有盛乐、平城、洛阳，唐有长安、洛阳，宋有汴梁、临安，辽有上京、中京、东京、南京、西京，金有上京、中都、汴京，元代有上都、中都、大都，清代有盛京、热河、北京。

大帝国幅员广阔，都城随领土扩张而分早晚，一般规律，故土在内，年代早，征服地在外，年代晚，构成纵深关系。中国与波斯有相似性。

中国古书讲帝王世系，往往会讲居葬，[27]"居"是都邑，"葬"是葬地。一般情况，王住哪里，死葬哪里，陵随邑转，都城和葬地相伴相随。但波斯帝国不一样，它的十三王都是魂归故土，葬在祖先埋葬的地方。

[27] 《世本》佚文有《居篇》。《史记》的《秦本纪》《秦始皇本纪》记秦公居葬。

# 第三章

# 波斯行省

薛西斯一世陵：
30 行省贡使共举宝座
任超 摄

〔图1〕
阿契美尼德帝国行省

波斯行省〔图1〕是波斯帝国的基础。这套制度，明确见于记载，是大流士一世以来，但起源早得多，不仅可以早到居鲁士二世和冈比西斯二世时，而且可以追溯到米底时期，甚至亚述时期。[1]

行省是灭国所设。灭国太多，疆域太广，直接管，管不过来，怎么办？自然而然，就会想出这么一套办法来，谁都会这么想。居鲁士二世灭米底、吕底亚、迦勒底，冈比西斯二世灭埃及，领土数倍于前，不可能没有这类制度。

这是一种什么样的制度？我们不妨讨论一下。

<1> 奥姆斯特德《波斯帝国史》，第77页；M. Waters, *Ancient Persia*, pp. 100-103。

## 一  行省和行省长官

  波斯行省有点类似中国的郡县，代表帝国疆土的基础划分。国王是以行省代替原来独立存在的国族，通过行省来控制和管理整个帝国，征收财税，调动军队。

  行省制度是波斯帝国的重要遗产，不仅被马其顿帝国和希腊化国家所采用，也被帕提亚帝国和萨珊帝国所继承，甚至影响到后来的阿拉伯帝国。

  其实，没有这类制度作支撑，任何大帝国都无法建立。

古波斯语,行省叫萨特拉皮(Satrapy),[2]行省长官叫萨特拉普(Satrap),或译总督,或译太守。[3]

奥姆斯特德说:

> 统治着各个行省的总督〔相当秦汉的郡守——零案〕,其称号本意为"王国的保护者"。他作为前国王〔指被征服国族从前的君主——零案〕的继任者,统治着辽阔的国土,本人实际上就是一位君主,周围有一个小朝廷〔指其衙署——零案〕。它不仅担负着行省民政管理职责,而且是行省军队的指挥官。当总督的职务变成世袭之后,它对中央权力的威胁就不可忽视。为了应付这种威胁,设立了某些牵制性的人物:总督秘书〔相当秦汉郡置的长史——零案〕、总督首席财政官〔相当秦汉郡置的上计吏——零案〕,还有率领每个行省省会要塞驻军的将军〔相当秦汉的郡尉——零案〕。他们都直接听命于伟大的王本人,直接向伟大的王本人报告。更加有效地控制是派遣"王的眼睛"(或"王的耳朵""王的使者")〔相当秦代的监御史,汉初省——零案〕,他们每年要对每个行省进行一次认真的视察。[4]

波斯帝国有哪些行省,有三种不同记载,希罗多德说,大流士一世时有20个。[5]他的根据是什么,不清楚。[6]我理解,他说的20个行省,其实是并若干族为一区,设立的20个纳税区。这些纳税区,跟任何出土铭刻的行省名单都不尽一致,数量要少于这些名单。

其实,研究中国官制史和行政史的学者都知道,制度从来都是立体多维,而且处于不断变化之中,很难压缩成一个平面,所有平面叙述都是相对而言。

大流士一世的行省,不仅当时有裁合省并,后来也经常调整,肯定不是一成不变。变是变,可是在习惯上,有两组数字相对稳定,主要是在23行省和30行省之间变。情况和中国历史上的秦三十六郡和四十八郡相似。

希罗多德,生卒年代在公元前484—前425年之间,不仅晚于大流士一世(前522—前486年在位),也晚于薛西斯一世(前486—前465年在位),主要生活于阿尔塔薛西斯一世时(前466—前424年在位)。奥姆斯特德认为,这20行省是阿尔塔薛西斯一世时的制度,[7]主要是以说话人的年代定说话内容的年代,不一定合适。古书辨伪和古史辨伪,时间范围有上下限,大家宁取其晚,不取其早,这种研究方法,其实值得重新考虑。

下面把情况梳理一下。[8]

[2] 中文"行省"是蒙元帝国的叫法,现在叫省,相当英语的province。
[3] 中文"总督"是明清对封疆大吏的叫法,相当英语的governor。
[4] 奥姆斯特德《波斯帝国史》,第77页。
[5] 希罗多德《历史》,III: 89-97。
[6] 有人猜测,此说或据希腊旅行家赫克特斯(Hecataeus,前550—前476年)说,见Herodotus, The Histories (New York: Penguin, 1972), Book three, note 31。
[7] 奥姆斯特德《波斯帝国史》,第354—363页。
[8] 波斯铭刻的行省名单,往往兼用族、地,有时用地名(称行省名),有时用族名(称某族人),这里统一以族名表示。

## 二　23行省

### 1. 大流士贝希斯敦石刻铭文（DB）

波斯人、埃兰人、巴比伦人、亚述人、阿拉伯人、埃及人、海岛人（疑指爱琴海诸岛和海那边的希腊人——零案）、萨第斯人（吕底亚人）、爱奥尼亚人（疑指小亚细亚半岛西部的希腊人——零案）、米底人、亚美尼亚人、卡帕多西亚人、帕提亚人、德兰吉亚那人、阿里亚人、花剌子模人、巴克特里亚人、索格底亚那人、犍陀罗人、萨卡人（斯基泰人）、萨塔吉迪亚人、阿拉霍西亚人和马卡人。[9]

【案】贝希斯敦铭文是大流士一世平"高墨达之乱"，大告天下的铭文，年代约在公元前520—前519年，比以下几种早。铭文所见行省（以国族名，下同）共23种。萨第斯，或译萨迪斯。

### 2. 大流士苏萨石版铭文（DSaa）

波斯人、埃兰人、米底人、巴比伦人、亚述人、阿拉伯人、埃及人、海岛人（疑指爱琴海诸岛上的希腊人——零案）、萨第斯人（吕底亚人）、爱奥尼亚人（疑指小亚细亚半岛西部的希腊人——零案）、亚美尼亚人、卡帕多西亚人、帕提亚人、德兰吉亚那人、阿里亚人、花剌子模人、巴克特里亚人、索格底亚那人、犍陀罗人、萨卡人（斯基泰人）、萨塔吉迪亚人、阿拉霍西亚人、库阿迪亚人（马卡人）。[10]

【案】这种铭文，年代可能与前者接近。铭文所见行省共23种，与前者略同。

### 3. 大流士苏萨釉砖铭文（DSm）

波斯人、埃兰人、巴比伦人、亚述人、阿拉伯人、埃及人、吕底亚人、爱奥尼亚人、米底人、亚美尼亚人、卡帕多西亚人、帕提亚人、德兰吉亚那人、阿里亚人、花剌子模人、巴克特里亚人、索格底亚那人、犍陀罗人、萨塔吉迪亚人、阿拉霍西亚人、印度人、色雷斯人、马其顿人。[11]

【案】与前两种铭文相比，此铭有印度人、色雷斯人、马其顿人，无海岛人、萨卡人、马卡人。

### 4. 波斯波利斯阿帕丹台阶浮雕《蕃臣职贡图》：

波斯波利斯阿帕丹的两个台阶，北阶和东阶，都有外族藩臣携方物以进的精美浮雕，我叫《蕃臣职贡图》（图2、3）。[12] 此图所见23族，经学者讨论，大致如下表。[13]

---

[9] P. Briant, *From Cyrus to Alexander*, p. 173; A. Kuhrt, *The Persian Empire*, p. 141.

[10] P. Briant, *From Cyrus to Alexander*, p. 173; A. Kuhrt, *The Persian Empire*, p. 497.

[11] http://www.Livius Org/aaac/achaemenid/inscriptions.html: DSm.

[12] 阿帕丹东阶，照相效果不好，这里的插图是用北阶的图像。

[13] 参看 A. S. Shahbazi, *The Authoritative Guide to Persepolis*, pp.67-71, 119-132。

波斯波利斯：阿帕丹浮雕《藩臣职贡图》

| 北阶 | 东阶 |
| --- | --- |
| 米底人：6人，贡公马1。图像残缺不全 | 米底人：9人，贡执壶1、深碗2、短剑1、臂钏4、长衣1、短衣1、裤子1 |
| 埃兰人：6人，贡母狮1、幼狮2。图像残缺不全 | 埃兰人：6人，贡鸭头弓2、短剑2、母狮1、幼狮2 |
| 亚美尼亚人：5人，贡长衣1、短衣1、裤子1、深碗2 | 亚美尼亚人：3人，贡公马1、双耳壶1(耳饰格里芬)[14] |
| 阿里亚人：5人，贡双峰骆驼、兽皮1。图像残缺不全 | 阿里亚人：4人，贡深碗2、双峰骆驼1、兽皮1 |
| 巴比伦人：6人，贡浅碗4、长衣1、瘤牛1 | 巴比伦人：6人，贡浅碗4、长衣1、瘤牛1 |
| 吕底亚人：6人，贡深碗2、浅碗2、臂钏2、马车1(服双马) | 吕底亚人：6人，贡双耳壶2(耳饰翼牛)、浅碗2、臂钏2(饰格里芬)、[15]马车1(服双马) |
| 阿拉霍西亚人：5人，贡双峰骆驼1、兽皮1。图像残缺不全 | 阿拉霍西亚人：4人，贡深碗2、双峰骆驼1、兽皮1 |
| 亚述人：7人，贡浅碗4、羊皮2、长衣1、绵羊2 | 亚述人：7人，贡浅碗4、羊皮2、长衣1、绵羊2 |
| 卡帕多西亚人：5人，贡公马1、长衣1、短衣1、裤子1 | 卡帕多西亚人：5人，贡公马1、长衣1、短衣1、裤子1 |
| 埃及人：6人，贡衣物和公牛1。图像残缺不全 | 埃及人：6人，贡衣物和公牛1。图像残缺不全 |
| 戴尖顶盔的斯基泰人：6人，贡公马1、臂钏2、长衣1、短衣1、裤子1 | 戴尖顶盔的斯基泰人：6人，贡公马1、臂钏2、长衣1、短衣1、裤子1 |
| 爱奥尼亚人：8人，贡深碗4、浅碗2、布匹四摞、羊毛球4 | 爱奥尼亚人：8人，贡深碗2、浅碗4、布匹四摞、羊毛球4 |
| 巴克特里亚人：5人，贡双峰骆驼1、兽皮1。图像残缺不全 | 巴克特里亚人：4人，贡双峰骆驼1、深碗2、浅碗2 |
| 犍陀罗人：6人，贡瘤牛1、长矛5、圆盾1 | 犍陀罗人：6人，贡瘤牛1、长矛5、圆盾1 |
| 帕提亚人：5人，贡深碗4、浅碗2、双峰骆驼1 | 帕提亚人：4人，贡深碗2、浅碗2、双峰骆驼1 |
| 萨塔吉迪亚人：6人，贡公马1。图像残缺不全 | 萨塔吉迪亚人：5人，贡长衣1、短衣1、裤子1、公马1 |
| 饮豪麻汁的斯基泰人：6人，贡短剑（带剑鞘)1、臂钏2、战斧2、公马1 | 饮豪麻汁的斯基泰人：5人，贡短剑（带剑鞘)1、臂钏2、战斧2、公马1 |
| 印度人：6人，贡金沙罐8、驴1、战斧2 | 印度人：5人，贡金沙罐4、驴1、战斧2 |
| 欧洲斯基泰人：4人，贡长矛2、圆盾2、公马1 | 欧洲斯基泰人：4人，贡长矛2、圆盾2、公马1 |
| 阿拉伯人：4人，贡长衣2、单峰骆驼1。图像残缺不全 | 阿拉伯人：3人，贡长衣1、单峰骆驼1 |
| 德兰吉亚那人：4人，贡长矛4、圆盾1。图像残缺不全（公牛1残缺） | 德兰吉亚那人：4人，贡长矛1、圆盾1、公牛1 |
| 利比亚人：3人，贡长矛1、山羊1、马车1(服双马) | 利比亚人：3人，贡长矛1、山羊1和马车1(服双马) |
| 埃塞俄比亚人：3人。图像残缺不全 | 埃塞俄比亚人：3人，贡罐1、象牙1、小长颈鹿1 |

[14] 其双耳壶即阿契美尼德王朝流行的amphora。

[15] 其臂钏类似奥克苏斯宝藏（Oxus Treasure）中的金臂钏。

【案】波斯波利斯的阿帕丹是大流士一世所建，台阶是薛西斯一世续修，年代约在公元前486年后。表中23族，与上略同，但把斯基泰人分为三种，两种爱奥尼亚人并为一种，省马卡人，增利比亚人、埃塞俄比亚人，总数不变。

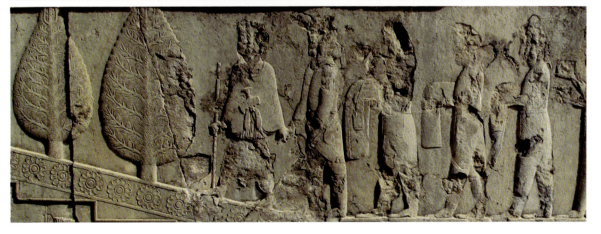

中国古代有表现万邦来朝的《职贡图》﹝图4、5﹞和《万国来朝图》﹝图6﹞，帝王陵墓也有蕃臣像﹝图7、8﹞，可以对比。

2-1
2-2
2-3

〔图2-1〕
阿帕丹北阶第一图：米底人
李零 摄

〔图2-2〕
阿帕丹北阶第二图：埃兰人
李零 摄

〔图2-3〕
阿帕丹北阶第三图：亚美尼亚人
李零 摄

〔图 2-4〕
阿帕丹北阶第四图：阿里亚人
李零 摄

〔图 2-5〕
阿帕丹北阶第五图：巴比伦人
李零 摄

〔图 2-6〕
阿帕丹北阶第六图：吕底亚人
李零 摄

〔图 2-7〕
阿帕丹北阶第七图：阿拉霍西亚人
李零 摄

〔图 2-8〕
阿帕丹北阶第八图：亚述人
李零 摄

〔图 2-9〕
阿帕丹北阶第九图：卡帕多西亚人
李零 摄

| 2-10 |
|---|
| 2-11 |
| 2-12 |

〔图 2-10〕
阿帕丹北阶第十图：埃及人
李零 摄

〔图 2-11〕
阿帕丹北阶第十一图：戴尖顶盔的斯基泰人
李零 摄

〔图 2-12〕
阿帕丹北阶第十二图，爱奥尼亚人
李零 摄

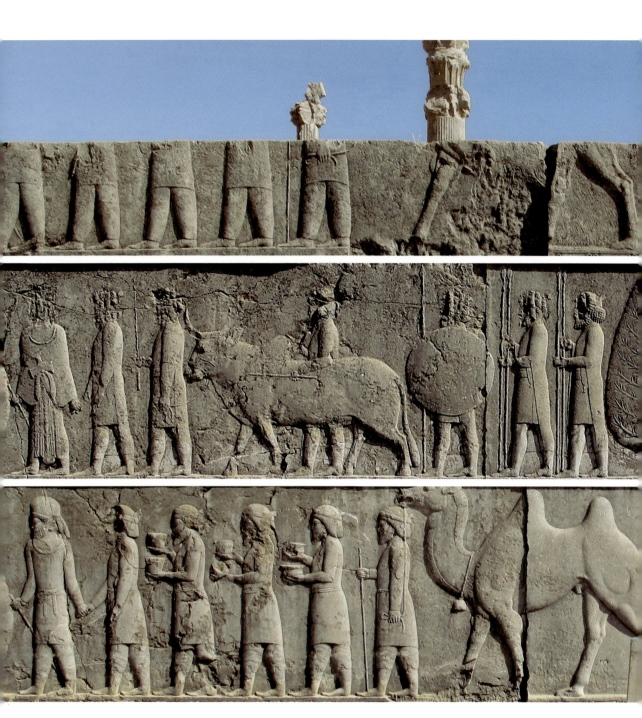

〔图2-13〕
阿帕丹北阶第十三图：巴克特里亚人
李零 摄

〔图2-14〕
阿帕丹北阶第十四图：犍陀罗人
李零 摄

〔图2-15〕
阿帕丹北阶第十五图：帕提亚人
李零 摄

〔图 2-16〕
阿帕丹北阶第十六图：萨塔吉迪亚人
李零 摄

〔图 2-17〕
阿帕丹北阶第十七图：饮豪麻汁的斯基泰人
李零 摄

〔图 2-18〕
阿帕丹北阶第十八图：印度人
李零 摄

[图 2-19]
阿帕丹北阶第十九图:欧洲斯基泰人
李零 摄

[图 2-20]
阿帕丹北阶第二十图:阿拉伯人
李零 摄

2-21
2-22
2-23

〔图 2-21〕
阿帕丹北阶第二十一图：德兰吉亚那人
李零 摄

〔图 2-22〕
阿帕丹北阶第二十二图：利比亚人
李零 摄

〔图 2-23〕
阿帕丹北阶第二十三图：埃塞俄比亚人
李零 摄

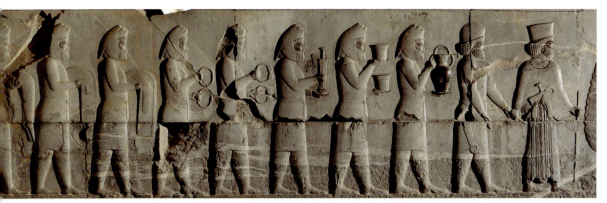

[图 3-1]
阿帕丹东阶第一图：米底人
任超 摄

[图 3-2]
阿帕丹东阶第二图：埃兰人
任超 摄

[图 3-3]
阿帕丹东阶第三图：亚美尼亚人
任超 摄

〔图 3-4〕
阿帕丹东阶第四图：阿里亚人
任超 摄

〔图 3-5〕
阿帕丹东阶第五图：巴比伦人
任超 摄

〔图 3-6〕
阿帕丹东阶第六图：吕底亚人
任超 摄

﹝图 3-7﹞
阿帕丹东阶第七图：阿拉霍西亚人
任超 摄

﹝图 3-8﹞
阿帕丹东阶第八图：亚述人
任超 摄

﹝图 3-9﹞
阿帕丹东阶第九图：卡帕多西亚人
任超 摄

3-10
3-11
3-12

〔图 10〕
阿帕丹东阶第十图：埃及人
任超 摄

〔图 11〕
阿帕丹东阶第十一图：戴尖顶盔的斯基泰人
任超 摄

〔图 12〕
阿帕丹东阶第十二图：爱奥尼亚人
任超 摄

3-13
3-14
3-15

〔图 13〕
阿帕丹东阶第十三图：巴克特里亚人
任超 摄

〔图 14〕
阿帕丹东阶第十四图：犍陀罗人
任超 摄

〔图 15〕
阿帕丹东阶第十五图：帕提亚人
任超 摄

| 3-16 | 3-19 |
|---|---|
| 3-17 | 3-20 |
| 3-18 | 3-21 |

〔图 3-16〕
阿帕丹东阶第十六图：萨塔吉迪亚人
任超 摄

〔图 3-17〕
阿帕丹东阶第十七图：饮豪麻汁的斯基泰人
任超 摄

〔图 3-18〕
阿帕丹东阶第十八图：印度人
任超 摄

〔图 3-19〕
阿帕丹东阶第十九图：欧洲斯基泰人
任超 摄

〔图 3-20〕
阿帕丹东阶第二十图：阿拉伯人
任超 摄

〔图 3-21〕
阿帕丹东阶第二十一图：德兰吉亚那人
任超 摄

第三章 波斯行省

3-22 /
3-23

〔图 3-22〕
阿帕丹东阶第二十二图：利比亚人
任超 摄

〔图 3-23〕
阿帕丹东阶第二十三图：埃塞俄比亚人
任超 摄

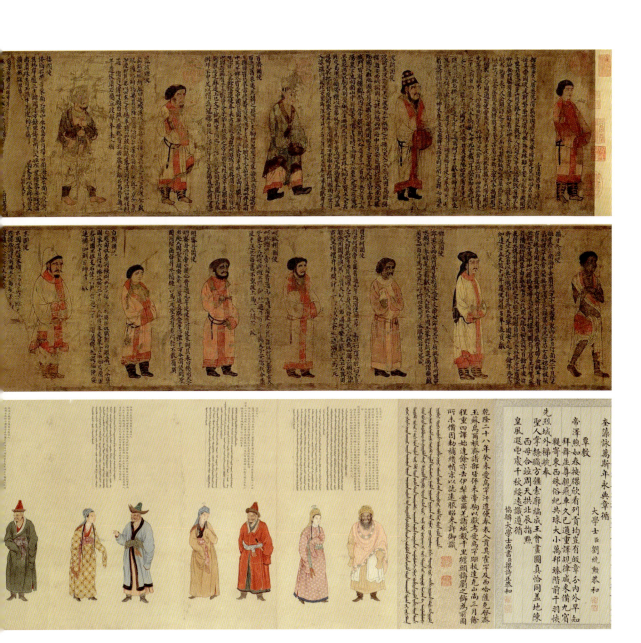

〔图4〕
宋萧绎《职贡图》
中国国家博物馆

〔图5〕
清代《职贡图》
故宫博物院

〔图6〕
清代《万国朝图》
故宫博物院

〔图7〕
唐乾陵六十蕃臣像
李零 摄

〔图8〕
宋永昭陵藩臣像
李零 摄

第三章 波斯行省

## 三　24 行省

### 苏萨出土大流士雕像铭文（DSab）

其基座两侧有进贡者图像，凡24人，经学者讨论，大致如下表：

大流士雕像基座进贡者简表

| 左侧 | 右侧 |
| --- | --- |
| 巴比伦人 | 波斯人 |
| 亚美尼亚人 | 米底人 |
| 吕底亚人 | 埃兰人 |
| 卡帕多西亚人 | 阿里亚人 |
| 色雷斯人 | 帕提亚人 |
| 亚述人 | 巴克特里亚人 |
| 阿拉伯人 | 索格底亚那人 |
| 埃及人 | 犍陀罗人 |
| 昔兰尼（Cyrene，指利比亚东部）人 | 德兰吉亚那人 |
| 库什（Kush，指努比亚）人 | 萨塔吉迪亚人 |
| 马卡人 | 花剌子模人 |
| 印度人 | 斯基泰人 |

## 四　26 行省

### 大流士波斯波利斯大平台南壁奠基铭文（DPe）

波斯人、埃兰人、米底人、巴比伦人、阿拉伯人、亚述人、埃及人、亚美尼亚人、卡帕多西亚人、萨第斯人（吕底亚人）、陆上／海上／海那边的爱奥尼亚人、萨加尔提亚人、帕提亚人、德兰吉亚那人、阿里亚人、巴克特里亚人、索格底亚那人、花剌子模人、萨塔吉迪亚人、阿拉霍西亚人、印度人、犍陀罗人、萨卡人（斯基泰人）、马卡人。[16]

【案】这种铭文，年代估计在公元前513年左右。铭文所见行省共26种，爱奥尼亚人分三种，斯基泰人只一种，有索格底亚那人、花剌子模人、马卡人，无利比亚人、埃塞俄比亚人，增萨加尔提亚人。

## 五　28 行省

### 大流士苏萨泥版铭文（DSe）

波斯人、米底人、埃兰人、帕提亚人、阿里亚人、巴克特里亚人、索

---

[16] A. S. Shahrbazi, *The Authoritative Guide to Persepolis*, p.27; Pierre Briant, *From Cyrus to Alexander*, p.173; Amélie Kuhrt, *The Persian Empire*, p.486.

格底亚那人、花剌子模人、德兰吉亚那人、阿拉霍西亚人、萨塔吉迪亚人、马卡人、犍陀罗人、印度人、饮豪麻汁的萨卡人（第一种斯基泰人）、戴尖顶盔的萨卡人（第二种斯基泰人）、巴比伦人、亚述人、阿拉伯人、埃及人、亚美尼亚人、卡帕多西亚人、萨第斯人（吕底亚人）、爱奥尼亚人（与下欧洲爱奥尼亚人相对，疑指亚细亚的希腊人——零案）、欧洲萨卡人（第三种斯基泰人）、色雷斯人、欧洲爱奥尼亚人（疑指马其顿人——零案）、卡里亚人。[17]

【案】这种铭文，年代可能与前者接近。铭文所见行省共28个，爱奥尼亚人分两种，斯基泰人分三种，有索格底亚那人、花剌子模人、马卡人，无利比亚人、埃塞俄比亚人，省萨加尔提亚人，增色雷斯人、卡里亚人。又波斯波利斯中央大厅和百柱厅的《君临天下图》也是以28行省的贡使托举宝座。

## 六　30行省

### 1．纳克什·鲁斯塔姆大流士陵石刻铭文（DNa）

波斯人、米底人、埃兰人、帕提亚人、阿里亚人、巴克特里亚人、索格底亚那人、花剌子模人、德兰吉亚那人、阿拉霍西亚人、萨塔吉迪亚人、犍陀罗人、印度人、饮豪麻汁的萨卡人（第一种斯基泰人）、戴尖顶盔的萨卡人（第二种斯基泰人）、巴比伦人、亚述人、阿拉伯人、埃及人、亚美尼亚人、卡帕多西亚人、萨第斯人（吕底亚人）、爱奥尼亚人（泛指的爱奥尼亚人——零案）、欧洲萨卡人（第三种斯基泰人）、色雷斯人、戴宽边帽（Petasus）的爱奥尼亚人（指马其顿人——零案）、利比亚人、埃塞俄比亚人、马卡人、卡里亚人。[18]

【案】大流士一世卒于公元前486年。其陵墓，估计生前就已动工，完工或许晚些，但最晚也在薛西斯一世初年。铭文所见国族共30种，比上28省多两种：利比亚人、埃塞俄比亚人。大流士一世王陵有30个小人共举宝座的图像，就是表现铭文的30行省。大流士以下的波斯王陵都有这种图像，通常认为是阿尔塔薛西斯二世的王陵，不仅有图像，还有30行省的名单，与此相同，可见形成固定模式。

### 2．波斯波利斯内府的歹瓦铭文（XPf）

米底人、埃兰人、阿拉霍西亚人、亚美尼亚人、德兰吉亚那人、帕提亚人、阿里亚人、巴克特里亚人、索格底亚那人、花剌子模人、巴比伦人、亚述人、萨塔吉迪亚人、萨第斯人（吕底亚人）、埃及人、海这边和海那边的爱奥尼亚人、马卡人、阿拉伯人、犍陀罗人、印度人、卡帕多西亚人、大益人、饮豪麻汁的萨卡人（第一种斯基泰人）、戴尖顶盔的萨卡人（第二种斯基泰人）、斯库德拉人（色雷斯人）、阿考法卡人、利比亚人、卡里亚人、努比亚人（埃塞俄比亚人）。[19]

[17] P. Briant, *From Cyrus to Alexander*, p. 173; A. Kuhrt, *The Persian Empire*, p. 497. 案：前书第三种Babylonia是Parthia之误。

[18] P. Briant, *From Cyrus to Alexander*, p. 173; Amélie Kuhrt, *The Persian Empire*, p. 502.

[19] http://www. Livius Org/aaac/achaemenid/inscriptions.html: XPf.

【案】这种铭文，年代比前者晚，属于薛西斯一世时。铭文所见国旅共30种，比上28省多大益人、阿考法卡人、利比亚人、埃塞俄比亚人，少波斯人、欧洲萨卡人。

### 3. 波斯波利斯薛西斯宫的奠基铭文（XPh）

米底人、埃兰人、阿拉霍西亚人、亚美尼亚人、德兰吉亚那人、帕提亚人、阿里亚人、巴克特里亚人、索格底亚那人、花剌子模人、巴比伦人、亚述人、萨塔吉迪亚人、萨第斯人（吕底亚人）、埃及人、海这边和海那边的爱奥尼亚人、马卡人、阿拉伯人、犍陀罗人、印度人、卡帕多西亚人、大益人、饮豪麻汁的萨卡人（第一种斯基泰人）、戴尖顶盔的萨卡人（第二种斯基泰人）、斯库德拉人（色雷斯人）、阿考法卡人、利比亚人、卡里亚人和努比亚人（埃塞俄比亚人）。[20]

【案】同上。

### 4. 波斯波利斯阿尔塔薛西斯二世陵铭文（A2Pa）

波斯人、米底人、埃兰人、帕提亚人、阿里亚人、巴克特里亚人、索格底亚那人、花剌子模人、德兰吉亚那人、阿拉霍西亚人、萨塔吉迪亚人、犍陀罗人、印度人、饮豪麻汁的萨卡人（第一种斯基泰人）、戴尖顶盔的萨卡人（第二种斯基泰人）、巴比伦人、亚述人、阿拉伯人、埃及人、亚美尼亚人、卡帕多西亚人、萨第斯人（吕底亚人）、爱奥尼亚人（泛指的爱奥尼亚人——零案）、海那边的萨卡人（第三种斯基泰人）、斯库德拉人（色雷斯人）、戴宽边帽的爱奥尼亚人（指马其顿人——零案）、利比亚人、努比亚人（埃塞俄比亚人）、马卡人、卡里亚人。[21]

【案】这种铭文只有行省名单，内容与大流士一世陵几乎一模一样。

## 七 从23行省到30行省

上述行省，怎么从23省扩展为30省，这里做一点讨论。我的叙述顺序是先中央，后四方。

### 1. 帝国核心区一（在今伊朗）

波斯（Persia），在今伊朗法尔斯省，首府波斯波利斯（波斯五都之一）。波斯免税，希罗多德20省无此省，铭刻所见行省名单，或有或无。

埃兰（Elam），在今伊朗胡齐斯坦省一带，首府苏萨（波斯五都之一）。此省相当希罗多德20省的第8省。

米底（Media），在今伊朗西北部，首府埃克巴坦纳（波斯五都之一）。此

---

[20] P. Briant, *From Cyrus to Alexander*, p. 173; Amélie Kuhrt, *The Persian Empire*, p. 305。

[21] A. Kuhrt, *The Persian Empire*, p. 483。

省相当希罗多德20省的第10省。

## 2. 帝国核心区二（在今伊拉克）

巴比伦（Babylonian），在今伊拉克东南，底格里斯河下游，首府巴比伦（波斯五都之一，在今希拉市）。

亚述（Assyria），在今伊拉克西北，底格里斯河上游，阿契美尼德时期，亚述古都尼尼微（Nineveh，在今摩苏尔）、尼姆鲁德（Nimrud，也叫Kalhu，在今摩苏尔南）和杜尔沙鲁金（Dur-Sharrukin，在今豪尔萨巴德东）被战火摧毁，只有古都阿舒尔（Assur，在今舍尔加特）再度繁荣。

上述二省相当希罗多德20省的第9省。

## 3. 帝国东境一（在今伊朗东北、中亚南部和阿富汗西北）

帕提亚（Parthia，中国叫安息（秦汉时期），在今伊朗呼罗珊省和土库曼斯坦一带，首府尼萨（Nisa，在今土库曼斯坦阿什哈巴德）。

花剌子模（Chorasmia），中国叫火寻（唐昭武九姓之一），在今乌兹别克斯坦，首府凯丝（Kath，在今乌尔根奇市北的比鲁尼）。

索格底亚那（Sogdiana），中国叫粟特，在今乌兹别克斯坦一带，也包括吉尔吉斯斯坦和塔吉克斯坦的一部分，首府马拉坎达（Marakanda，在今乌兹别克斯坦撒马尔罕）。

阿里亚（Aria），在今阿富汗西北，首府阿塔考纳（Artacoana，在今阿富汗赫拉特）。其名与雅利安（Aryan）同义。

上述四省相当希罗多德20省的第16省。

## 4. 帝国东境二（在今阿富汗、巴基斯坦）

巴克特里亚（Bactria），中国叫大夏，在今阿富汗北，首府巴克特拉（Bactra，在今阿富汗巴尔赫）。此省相当希罗多德20省的第12省。

德兰吉亚那（Drangiana），在今阿富汗西南和伊朗东南的锡斯坦一带，中心在今伊朗锡斯坦—俾路支斯坦省札博勒（Zabol）。希罗多德20省无此省。

阿拉霍西亚（Arachosia），在今阿富汗南，首府坎大哈（Kandahar，在今坎大哈）。希罗多德20省无此省。

萨塔吉迪亚（Sattagydia），在今巴基斯坦信德省一带，西邻格德罗西亚，北邻阿拉霍西亚，东南邻印度。此省相当希罗多德20省的第7省。

犍陀罗（Gandhara），在今巴基斯坦旁遮普省一带，首府塔克西拉（Taxila，在今巴基斯坦拉瓦尔品第西北）。希罗多德20省无此省。

印度（India），仅限印度河流域，在今巴基斯坦境内。此省相当希罗多德20省的第20省。

上述六省，见于铭刻，德兰吉亚那、阿拉霍西亚往往与萨塔吉迪亚并举，可能相当希罗多德20省的第7省；犍陀罗往往与印度并举，但希罗多德20省则把犍陀罗归入他的第7省。

### 5. 帝国南境一（地中海东岸）

阿拉伯（Arabia），属于免税区，希罗多德20省无此省。[22]

### 6. 帝国南境二（北非）

埃及（Egypt），在今埃及，首府孟菲斯（Memphis，在今埃及开罗西南）。冈比西斯征埃及，始立埃及省，但未能征服利比亚和埃塞俄比亚。大流士一世23省尚无此省，28省始有之。此省相当希罗多德20省的第6省。

利比亚（Libya），也叫普塔亚（Putaya），在今利比亚。此省属于希罗多德20省的第6省。

埃塞俄比亚（Ethiopia），也叫努比亚（Nubia）或库希耶（Kushiya，亦作Kush），在尼罗河第一瀑布和第四瀑布之间，今埃及南、苏丹北。上述铭刻，此省往往与利比亚并举，亦属希罗多德20省的第6省。

### 7. 帝国西境一（小亚细亚半岛）

爱奥尼亚（Ionia或Yauna），波斯人用这个词泛指希腊人。铭文所见爱奥尼亚人，由近及远，分陆上、海上和海那边。陆上的爱奥尼亚人指小亚细亚半岛上的希腊人，最近；海上的爱奥尼亚人指小亚细亚半岛周边海岛上的希腊人，次之；海那边的希腊则指爱琴海、黑海和马尔马拉海彼岸的希腊人，最远。此外，上30省还有"戴宽边帽的爱奥尼亚人"，则指马其顿人。这里的爱奥尼亚当指小亚细亚半岛上的爱奥尼亚人。希罗多德说，亚细亚的爱奥尼亚人只有12个城邦。[23]这12个城邦大体在萨第斯西南。此省，名义上是独立的省，实际上不设总督，归萨第斯管辖。爱奥尼亚人在希罗多德20省的第1省内。

卡里亚（Caria），与爱奥尼亚为邻，首府哈利卡纳苏斯（Halicarnassus，在今土耳其博德鲁姆）。上23省尚无此省，28省始有之。卡里亚人在希罗多德20省的第1省内。

吕底亚（Lydia），与爱奥尼亚为邻。因为首府设在萨第斯（Sardis，在今土耳其萨利赫利以西），也叫萨第斯省（Sadis）。萨第斯是古国吕底亚的旧都，波斯灭吕底亚，以此为镇守西方的中心。波斯御道（Royal Road），东起苏萨，西止萨第斯，战略地位十分重要。吕底亚人在希罗多德20省的第2省内。

[22] 居鲁士二世在位期间，一度把幼发拉底河以西与此省合并，成立河西省（Babirush）。

[23] 希罗多德《历史》，I: 142。

亚美尼亚（Armenia），在小亚细亚半岛东半。此省相当希罗多德20省的第13省。

卡帕多西亚（Capadocia），在小亚细亚半岛中部。此省往往与亚美尼亚并举，亦属希罗多德20省的第13省。

【案】小亚细亚半岛（Asia Minor Peninsula）即安纳托利亚（Anatolia）。安纳托利亚的意思是东方（Oriental）。小亚细亚即最初意义的亚细亚（Asia）。这个东方离希腊最近，也叫近东。希罗多德以哈利斯河（Halys，今土耳其克孜勒河）为界，把小亚细亚半岛分成两部分，哈利斯河以东，原属米底王国，叫上亚细亚，哈利斯河以西，原属吕底亚王国，叫下亚细亚。[24] 这里的爱奥尼亚省和卡里亚省可能包含希罗多德20省的第1、第4省，吕底亚省可能包含希罗多德20省的第2、第3省。

## 8. 帝国西境二（在今希腊北）

斯库德拉（Skudra），包括三种居民，一种是色雷斯人（Thracian，在今保加利亚）；一种是马其顿人（Macedonia，在今希腊北部和马其顿一带）；一种是"海那边的斯基泰人"（Śaka Paradraya），即黑海和里海以北的斯基泰人。上28省始有之。希罗多德20省无此省。

## 9. 帝国北境（在今黑海、里海沿岸）

饮豪麻汁的萨卡人或斯基泰人（Śaka Haumavarga 或 Haoma-drinking Saka），其活动范围主要在里海东，今乌兹别克斯坦和塔吉克斯坦北。这种萨卡人或斯基泰人也叫阿米尔吉伊人（Amyrgians）。此省与希罗多德20省的第15省有关。

戴尖顶盔的萨卡人或斯基泰人（Śaka Tigraxaudā 或 Pointed-hat Saka），其活动范围在里海西和西南，今高加索地区和伊朗西北。此省与希罗多德20省的第10省有关。

欧洲的萨卡人或斯基泰人（European Scythians），也叫"海那边的斯基泰人"（Scythians across the sea）。其活动范围在黑海北和里海北，今乌克兰和俄罗斯西南。希罗多德20省无此省。

【案】萨卡人（Saka），也叫斯基泰人（Scythia），我国古代叫塞种。斯基泰人，或译西徐亚人。希罗多德说，波斯人把所有斯基泰人叫萨卡人。[25] 这三种人，饮豪麻汁者偏东，戴尖顶盔者偏西，居欧洲者偏北。

## 10. 帝国东南角（在阿拉伯半岛最东端）

马卡（Maka），在今阿曼，首府马斯喀特（Muscat）。希罗多德20省无此省。

[24] 见希罗多德《历史》，I: 72。案：下亚细亚分四部分：爱奥尼亚（Ionia）与卡里亚（Caria）、吕西亚（Lycia）在西南沿海，相当希罗多德20省的第1省；吕底亚（Lydia）与美西亚（Mysia）、特洛阿德（Troad）、埃奥利斯（Aeolis）在西北沿海，相当希罗多德20省的第2省；弗里吉亚（Phrygia）、帕弗拉戈尼亚（Paphlagonia）在北部沿海，相当希罗多德20省的第3省；潘菲利亚（Pamphylia）、奇里乞亚（Cilicia）在南部沿海，相当希罗多德20省的第4省。

[25] 希罗多德《历史》，VII: 64。案：Saka，古波斯文作 Sakā，古希腊文作 Sákai，拉丁文作 Sacae，徐松岩据古波斯文译为萨凯人。

## 11. 位置待考的行省

萨加尔提亚（Sagartia），唯上DPe有之。此族三次见于希罗多德《历史》：第一次讲波斯十部，此族属游牧四部之一；第二次讲大流士20省，此族是第14省纳税民族之一；第三次讲此族以套马索为武器（VII. 85），[26] 或说在米底东部。[27]

大益（Dahae），唯上XPf和XPh有之。大益人属斯基泰人，但与马萨革泰人和塞种有别。斯特拉波提到"在里海入口处左岸居住着大益人（Daae）的那些游牧部落"即此。此族分为三部：阿帕尼人、桑西人和皮苏里人。他说，"阿帕尼人居住在离希尔卡尼亚最近的地方，以及与希尔卡尼亚交界的海边，其他部落一直扩张到了与阿里亚平行的地区"。[28]

阿考法卡（Akaufaka），唯上XPf和XPh有之。阿考法卡人，或说是山地部落，位于今阿富汗喀布尔的北面。[29]

## 八 与中国比较

波斯帝国是幅员广阔的大帝国，阿契美尼德王朝、帕提亚王朝、萨珊王朝是前后相继的大帝国。大帝国有大帝国的治理方法，跟小国不一样。咱们中国，历史上有十几个朝代，每个朝代都是大帝国，两者有类似制度，一点儿不奇怪。

中国历史，制度创设，首推西周。前有孔子，后有王国维，都很推崇西周制度。西周制度是封建制。武王克商，占领东方，领土数倍于前，靠什么控制？靠封建亲戚蕃屏周。周人不仅封同姓，也封异姓，甚至把敌国和敌国的藩邦接收过来，让当地人治理当地，设监监护之。据西周铜器铭文，当时已有县的设置。[30]

现在，我们都知道，郡县制并非突然出现，而是西周起源，春秋战国准备，[31] 秦汉水到渠成。如秦武公十年（前688年），伐邽、冀戎，初设邽、冀二县，十一年（前687年），又设杜、郑二县，时当春秋早期。楚设县，例子更多，如楚的申公、息公、郚公、商公、期思公、析公、鄎公、蔡公、叶公、白公、鲁阳公和养公，很多都是灭国设县的大县之长。其他大国，也都有县。

春秋楚县分大、小县，大县的长官叫公，小县的长官叫尹。楚国的大县类似郡，多半都是灭国所设，带有军事占领区的性质，早期如申、息，晚期如陈、蔡，县公多由王族重臣担任（地位仅次于令尹、司马），有如大军区。这种官职，一般直属中央，不袭封，随时可以撤换，但实际上，很多县公还是出自同一家族，仍有世官的味道。波斯行省，似乎更接近这种

[26] 希罗多德《历史》，I: 125; III: 9; VII: 85。
[27] 见奥姆斯特德《波斯帝国史》，第144页。
[28] 斯特拉波《地理学》，VII, iii, 12; XI, vii, 1-2, ix, 2。
[29] 见奥姆斯特德《波斯帝国史》，第282页。
[30] 李家浩《先秦文字中的"县"》，《文史》第二十八辑（1987年），第49—58页。
[31] 陈剑《先秦时期县制的起源与转变》，吉林大学博士学位论文，2009年10月。

虽有郡县形式，仍有封建味道。

任何制度都不是一蹴而就，而是有个发展过程。西周，封建制为主，城邑多为私邑，但仍有少数城邑交中央管理，属于公邑；秦以郡县制为主，绝大多数城邑都是公邑，但仍有封君。汉代也有诸侯王。可见二者曾长期并存。封建制与郡县制，孰优孰劣，一直有争论。唐代柳宗元写《封建论》就是讨论此事。其实，即使到了明清，封建制也仍有尾巴，如明代有藩王，清代也有三藩和亲王、郡王。

中国，诸侯王和郡守不同。诸侯国是世袭领地，而郡守由皇帝任命，只对皇帝负责，随时可以撤换，郡以下的县是公邑，而非私邑。

中国的第一个郡县制大帝国是秦代。秦郡，最初是36郡，后来是48郡：[32]

## 1. 秦始皇三十六郡

内史、叁川、河东、陇西、北地、上郡、汉中、巴郡、蜀郡、九原、云中、雁门、代郡、太原、上党、上谷、渔阳、右北平、辽西、辽东、邯郸、钜鹿、东郡、齐郡、琅邪、南阳、颍川、砀郡、四川、薛郡、南郡、九江、故鄣、会稽、黔中、长沙。

## 2. 秦始皇四十八郡

内史、叁川、河东、河内、陇西、北地、上郡、汉中、巴郡、蜀郡、九原、云中、雁门、代郡、太原、上党、上谷、渔阳、右北平、辽西、辽东、恒山、邯郸、钜鹿、东郡、济北、齐郡、胶东、琅邪、南阳、颍川、淮阳、砀郡、四川、薛郡、东晦、南郡、衡山、九江、洞庭、苍梧、庐江、故鄣、会稽、闽中、象郡、桂林、南海。

秦三十六郡，据地图推算，面积约为220.9万平方公里；四十八郡，据地图推算，面积约为300万平方公里。[33]

西汉帝国，据地图推算，面积约为406.4万平方公里，如果加上西域都护府，面积约为583万平方公里。[34]

波斯帝国，疆域辽阔，领土范围与18个现代国家有关：伊朗、伊拉克、土耳其、塞浦路斯、格鲁吉亚、阿塞拜疆、亚美尼亚、乌兹别克斯坦、土库曼斯坦、阿富汗、巴基斯坦、叙利亚、黎巴嫩、以色列、巴勒斯坦、约旦、埃及、利比亚。除此之外，还包括希腊北部、马其顿和保加利亚的一部分，吉尔吉斯斯坦和塔吉克斯坦的一部分，以及苏丹北部。

波斯帝国有多大？没有准确数字。因为其行省只是纳贡单位或驻军单

[32] 参看辛德勇《秦始皇三十六郡新考》（上）（下），《文史》2006年第一辑，第21–65页；第二辑，第77–105页。

[33] 承北京大学环境学院历史地理中心韩茂莉教授告，她请她的学生用ARCGIS软件测算，秦三十六郡的面积约为2209350平方公里，四十八郡的面积约为3000286平方公里。这四十八郡，如果去掉岭南三郡，面积约为2541056平方公里，如果去掉岭南三郡和闽中郡，面积约为2385382平方公里。

[34] 根据同上。

位，实际控制区有多大，很难讲，或说500万平方公里，[35] 或说700万平方公里，[36] 恐怕只是粗估。

作为参考，我把上述18个国家的面积列在下面：

伊朗等18国面积表

| 伊朗：1636000平方公里 | 阿富汗：647500平方公里 |
|---|---|
| 伊拉克：441839平方公里 | 巴基斯坦：796095平方公里 |
| 土耳其：779450平方公里 | 叙利亚：185180平方公里 |
| 塞浦路斯：9251平方公里 | 黎巴嫩：10452平方公里 |
| 格鲁吉亚：69700平方公里 | 以色列：25000平方公里 |
| 阿塞拜疆：86600平方公里 | 巴勒斯坦：11500平方公里 |
| 亚美尼亚：29800平方公里 | 约旦：89340平方公里 |
| 乌兹别克斯坦：447400平方公里 | 埃及：1001450平方公里 |
| 土库曼斯坦：491200平方公里 | 利比亚：1759540平方公里 |

上述18国，面积相加，共计8517297平方公里。这个数字也许有点大，即使按最保守的估计，扣除200万平方公里，也还有651.7万平方公里，今据地图测算，波斯帝国的面积约为623.7万平方公里。[37]

或说波斯帝国有5000万人口，不知根据是什么。[38] 中国人口最早的统计数字是西汉平帝时的统计数字：59594978人（《汉书·地理志下》）。

---

[35] 彭树智主编《中东国家通史·伊朗卷》（作者：王新中、冀开运），北京：商务印书馆，2002年，第67页。

[36] 王瑞珠编《世界建筑史·西亚古代卷》，北京：中国建筑工业出版社，2005年，下册，第579页。

[37] 韩茂莉教授请她的学生据张芝联等主编《世界历史地图集》（北京：中国地图出版社，2002年）第19页的波斯帝国图测算，居鲁士大帝和冈比西斯二世时的领土面积约为501.9万平方公里。大流士一世时的领土面积约为623.7万平方公里。案：马特·沃特斯的估计是不少于200万平方英里，200万平方英里约合518万平方公里，见M. Waters, *Ancient Persia*, p.6。

[38] 王瑞珠编《世界建筑史·西亚古代卷》，下册，第579页。

第四章

# 波斯驿道

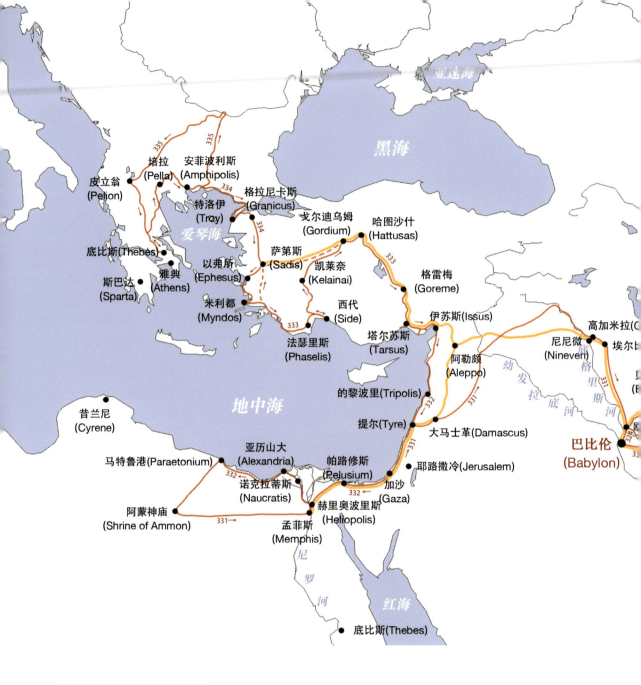

〔图1〕
阿契美尼德帝国驿道

波斯五都和它的行省靠什么联系？靠四通八达的驿道。

# 一 萨第斯到苏萨的驿道（波斯御道）

此道〔图1〕分两条路线：一条是北线转东线，沿底格里斯河走：萨第斯→戈尔迪乌姆→哈图沙什→格雷梅→尼尼微→埃尔比勒→巴比伦→苏萨；另一条是南线转西线，沿幼发拉底河走：萨第斯→塔尔苏斯→阿勒颇→巴比伦→苏萨。

萨笛斯是波斯西境离希腊最近的地方，因此希罗多德特别提到这条"从（爱琴）海直到国王住所"的道路，即所谓"王家大道"：

52．这条道路的实际情况是这样的：整个这条道路全程都设有王家驿站以及设施完备的旅馆，道路全程所经之处都是有人居住的地区，不会有什么危险。在吕底亚和弗里吉亚境内这一段，有20座驿站，距离为94.5帕拉桑。穿过弗里吉亚，来到哈里斯河畔，在那里设有一道关卡，要想渡过哈里斯河，就必须通过这道关卡。在那里还有一支精兵把守着那座要塞。过了这一段，就进入了卡帕多西亚境内，这段路程直到奇里乞亚的边境有28座驿站，距离为104帕拉桑。在奇里乞亚的边境上，必须通过两道关卡和两座要塞，每一座要塞都有卫兵把守着。过了这里以后，你就要穿过奇里乞亚之境，这段路程有3个驿站，距离为15.5帕拉桑。在奇里乞亚和亚美尼亚交界的地方，有一条名叫幼发拉底的河流，这条河要用渡船才可以通过。在亚美尼亚有15个驿站，距离为56.5帕拉桑，而其境内有一座设防的要塞。离开亚美尼亚，道路就进入了玛提恩尼人的境域，在这一段有34座驿站，距离为137帕拉桑。在这片地区有4条河流流过，这些河流都必须是使用渡船才能通过的。第一条河流是底格里斯河。第二条和第三条河流是同名的，但它们不是一条河，也不是来自同一个发源地。前者发源于亚美尼亚人的境域，而后者则发源于玛提恩尼人的境域。第四条河叫作金德斯河，就是被居鲁士开掘了360道沟渠的那条金德斯河。穿过这个地区，路径进入了基西亚地区，在这一段有11座驿站，距离为42.5帕拉桑，直到另一条可以行船的河流——考阿斯皮斯河，苏萨就建立在该河的岸边。因此，这条大道的驿站总数为111座。这就是说，从萨第斯到苏萨，实际上有这么多个歇脚之地。

53．如果这条王家大道用帕拉桑计算正确的话，如果1帕拉桑相当于30斯塔狄亚的话，那么，从萨第斯到波斯国王的所谓"蒙浓宫"之间的距离，就达到450帕拉桑，也就是13500斯塔狄亚了。而如果按照每日行进150斯塔狄亚来计算，那么人们在路途中所用的时间刚好是90天。

54．因此，当米利都人阿里斯塔格拉斯告诉拉栖代梦人克列奥蒙尼说，从海岸向内地行进，需要3个月才能到达国王那里的时候，他只不过是实话实说罢了。这条大道确切的距离（如果有人想对其做更精确的计算的话）还要长一些；因为从以弗所到萨第斯的这段路也应当算作这条大道的一段。这样，从希腊海到苏萨（或者称为"蒙浓之城")的总里程,就达到14040斯塔狄亚。因为从以弗所到萨第斯的距离为540斯塔狄亚。这样在3个月的行程之外,还要加上3天。[1]

据希罗多德描述,此道从萨第斯出发,东行,经安纳托利亚高原、亚美尼亚高原,南下美索不达米亚平原,前往苏萨,途经吕底亚、弗里吉亚,渡哈里斯河(今克孜勒河,此河是上亚细亚和下亚细亚的分界线),[2]至卡帕多西亚、奇里乞亚。然后从奇里乞亚和亚美尼亚交界处,渡幼发拉底河,至玛提恩尼人的境域。然后渡底格里斯河和它的两条支流(今大札卜河、小札卜河),以及金德斯河(今迪亚拉河),到基西亚(Cissia,在波斯湾旁)。最后顺考阿斯皮斯河(今卡尔黑河),到达苏萨的蒙浓宫(即门农宫)。

其实,这是把上述两条线并在一起讲。[3]北线转东线是从西托洛斯山北,经吕底亚、弗里吉亚、卡帕多西亚、亚美尼亚,沿底格里斯河去苏萨。南线转西线是从西托洛斯山南,循半岛南岸,从奇里乞亚,出阿马努斯关和奇里乞亚关,[4]沿幼发拉底河去苏萨。

据徐松岩计算,希罗多德描述的驿道全长约2560公里,如果加上以弗所到萨第斯的一段,全长约2700公里。希罗多德说,按常规速度走,萨第斯到苏萨要用90天,以弗所到苏萨要用93天。[5]但信使换马,据说七日可达。这是连接波斯西境的高速干线。波斯西境,地中海沿岸,叛乱最多,调兵遣将,全靠此道。

这条大道,萨第斯到尼尼微一段,据说是亚述所修;尼尼微到苏萨一段,据说是大流士一世所修。我怀疑,后者是巴比伦所修,大流士的御道只是利用亚述、巴比伦的旧道,加以整修拓展,并改善其驿站设置而已。

中国的秦直道,从咸阳到九原,也是国防高速,全长752公里,不及此道的三分之一。

【沿途重要城市】

萨第斯(Sadis),吕底亚(Lydia)旧都,在今土耳其伊兹密尔附近。

戈尔迪乌姆(Gordium),弗里吉亚(Phrygia)旧都,在今土耳其波拉特勒西北。

哈图沙什(Hattusas),赫梯(Hittite)旧都,在今土耳其博阿兹柯伊。

格雷梅(Göreme),卡帕多西亚(Capadocia)首府,在今土耳其内夫谢希尔东南。

塔尔苏斯(Tarsus),西利西亚(Cilicia)旧都,在今土耳其塔尔苏斯。

阿勒颇(Aleppo),叙利亚(Syria)旧都,在今叙利亚阿勒颇。

尼尼微(Nineveh),亚述(Assyria)旧都,在今伊拉克摩苏尔北。

[1] 希罗多德《历史》,V: 52-54。
[2] 小亚细亚半岛(Asia Minor Peninsula)在希腊东,亦称安纳托利亚半岛(Anatolia Peninsula),Anatoliya的意思是东方。这个半岛分东西两半:西半是下亚细亚,安纳托利亚高原;东半是上亚细亚,亚美尼亚高原。
[3] 奥姆斯特德《波斯帝国史》,第363—365页。
[4] 阿马努斯关(Amanus Gates),也叫亚美尼亚关。奇里乞亚关(Cilician Gates),也叫叙利亚关。西利西亚东侧有阿马努斯山(今名加武尔山)。
[5] 希罗多德《历史》,第362页注4、第363页注2。

阿柏拉（Arbela），亚述旧都，伊拉克埃尔比勒，在今伊拉克摩苏尔东。
巴比伦（Babylon），迦勒底（Kasdim）旧都，在今伊拉克希拉市。
苏萨（Susa），埃兰（Elam）旧都，在今伊朗舒什。

## 二 阿勒颇到孟菲斯的驿道（埃及道）

此道是波斯御道的支线，沿地中海东岸走。起点是叙利亚的阿勒颇，终点是埃及的孟菲斯，途径腓尼基、以色列、巴勒斯坦。

【沿途重要城市】
阿勒颇，在今叙利亚阿勒颇，重见上文。
大马士革（Damascus），叙利亚古都，在今叙利亚大马士革。
提尔（Tyre），腓尼基（Phoenicia）重要海港，在今黎巴嫩苏尔。
耶路撒冷（Jerusalem），以色列古都，在今以色列耶路撒冷。
孟斐斯（Memphis），埃及（Egypt）古都，在今埃及开罗西南。

## 三 巴比伦到埃克巴坦纳的驿道（扎格罗斯道）

此道要翻越扎格罗斯山脉，从平原进入山区。它有两个山口，入口是扎格罗什关（Zagros Gates），出口是亚细亚关（Asian Gates）。
贝希斯敦山〔图2〕在亚细亚关外，山下有一泓清泉〔图3〕，山上有著名的贝希斯敦铭文〔图4〕，上述道路就是经此通向埃克巴坦纳，沿途设有驿站〔图5〕。

【沿途重要城市】
巴比伦，在今伊拉克巴格达南，重见上文。
贝希斯敦（Behistun），米底古城（Medes），在今伊朗克尔曼沙阿东。
埃克巴坦纳（Ecbatana），米底旧都，在今伊朗哈马丹。

## 四 埃克巴坦纳到巴克特里亚的驿道（波斯北道）

此道是从伊朗去阿富汗、中亚五国和巴基斯坦的交通要道，属于丝绸之路的一部分。它分东西两段：西段是米底—阿里亚道，起点是埃克巴坦纳，终点是赫拉特，途经拉加、扎德拉卡塔；东段分南北二线，北线是阿里亚—犍陀罗道，起点是赫拉特，终点是塔克希拉，途经巴克特拉、喀布尔，南线是阿里亚—阿拉霍西亚道，起点是赫拉特，终点是坎大哈。

〔图2〕
贝希斯敦山

〔图3〕
贝希斯敦山下的神泉
李零 摄

【沿途重要城市】

拉加（Rhagae），米底古城，即今伊朗德黑兰东南的雷伊（Rey 或 Shahr-e Ray）。Rhagae 是希腊语的叫法，塞琉古王朝改称欧罗波斯（Europos）。1796年，恺加王朝始以德黑兰为首都。早先，德黑兰是雷伊的郊区。现在，雷伊是德黑兰的郊区。

扎德拉卡塔（Zadrakarta），希尔卡尼亚（Hyrcania）旧都，在今伊朗萨里。旧称 Astrabad 或 Astarabad，意思是"东方的城"。Zadrakarta 是希腊语的叫法，意思是"黄色的城"（城中广种柠檬和柑橘，其色黄）。[6]

[6] 希尔卡尼亚在今里海南岸一带，包括马赞德兰省东部、伊朗戈莱斯坦省和土库曼斯坦南部。

4/5

〔图4〕
贝希斯敦铭文
李零 摄

〔图5〕
贝希斯敦山下的古道
李零 摄

赫拉特（Herat），阿里亚旧都，即今阿富汗赫拉特，在伊朗马什哈德东南。

巴克特拉（Bactra），巴克特里亚旧都，即今阿富汗巴尔赫，在马扎尔谢里夫西。此城又名札瑞亚斯帕（Zariaspa），与该城的祆庙有关。该城为祆教圣地，传说祆教教主查拉图斯特拉（即琐罗亚斯德）葬于此。

喀布尔（Kabul），即今阿富汗首都喀布尔。

坎大哈（Kandahar），即今阿富汗坎大哈。

塔克西拉（Taxila），犍陀罗（Gandhara）旧都，在今巴基斯坦拉瓦尔品第西北。Taxila的意思是"石头城"。

## 五 埃克巴坦纳到波斯波利斯的驿道（波斯中道）

此道从埃克巴坦纳出发，前往今设拉子一带。

【沿途重要城市】
埃克巴坦纳，在今伊朗哈马丹，重见上文。
帕萨尔加德（Pasargadae），在今伊朗设拉子东北。
波斯波利斯（Persepolis），在今伊朗设拉子东北。

## 六 苏萨到波斯波利斯的驿道（波斯南道）

此道从苏萨出发，沿波斯湾北岸的平原东南行，穿波斯关（Persian Gates），翻扎格罗斯山脉，可达波斯波利斯。波斯湾沿岸，布什尔－阿巴斯一线也是交通要道，向东航行，可至卡拉奇、孟买。

【沿途重要城市】
苏萨，在今伊朗舒什，重见上文。
波斯波利斯，在今伊朗设拉子东北，重见上文。

这六条古道，本是用来对付各地的叛乱，但亚历山大恰好利用了这些道路。

# 附：亚历山大东征的路线

公元前336年，亚历山大登基。公元前335年，征服色雷斯各部，平定底比斯、雅典叛乱，统一巴尔干半岛。

## 1. 征服小亚细亚半岛

公元前334年，亚历山大从赛斯托斯，渡赫勒斯滂海峡（今达达尼尔海峡），在阿拜多斯登陆。然后前往伊利乌姆，凭吊特洛伊旧址。然后大败波斯守军于格拉尼卡斯河（Granicus River，今比加河）。然后沿半岛西岸，进军吕底亚和卡里亚，攻占萨第斯、以弗所、哈利卡纳苏斯和米利都。然后沿半岛南岸，进军吕基亚、潘菲利亚和皮西迪亚，攻占法塞里斯、太米苏斯、佩尔吉。然后北上弗里吉亚、卡帕多西亚，攻占戈尔迪乌姆和安塞拉。然后南下奇里乞亚，攻占塔尔苏斯。不仅全取哈里斯河以西，而且哈里斯河以东也相继归顺。公元前333年，亚历山大大败大流士三世于伊苏斯。这段征程虽然不完全沿波斯御道走，但部分利用了御道的北线和南线。

【沿途重要城市】

赛斯托斯（Sestos 或 Sestus，或译塞斯塔斯），色雷斯古城，在今土耳其加里波利半岛西南，当达达尼尔海峡西南口。

阿拜多斯（Abydos 或 Abydus，或译阿布达斯），密西亚古城，在今土耳其恰纳卡莱市附近。

伊利乌姆（Ilium 或 Ilion，或译伊利亚），美西亚古城。其前身即荷马史诗《伊利亚特》中的特洛伊古城。特洛伊古城遗址在今土耳其泰菲基耶城（Tevfikiye）的西萨利克镇（Hisarlik）附近。

比加（Biga），在今土耳其格拉尼卡斯河东岸。

萨第斯，在今土耳其伊兹密尔附近，重见上文。

以弗所（Ephesus），吕底亚古城，在今土耳其塞尔丘克（Selçuk）。

哈利卡纳苏斯（Halicarnassus），卡里亚旧都，在今土耳其博德卢姆。

米利都（Meletus），卡里亚古城，在今土耳其阿柯伊（Akkoy）北。

法瑟里斯（Phaselis，或译发西利斯），吕基亚古城，在今土耳其特基洛瓦

(Tekirova)。

泰勒梅苏斯（Telmessos 或 Telmissus，或译太米苏斯），吕基亚古城，在今土耳其麦克里（Makri）。

佩尔吉（Perga 或 Perge），潘菲利亚古城，在今土耳其安塔利亚（Antalya）。

戈尔迪乌姆，在今土耳其波拉特勒西北，重见上文。

安塞拉（Ansyra），弗里吉亚古城，在今土耳其安卡拉。

塔尔苏斯（Tarsus），奇里乞亚旧都，重见上文。

伊苏斯（Issus），在今土耳其德尔特约尔（Dörtyol）附近 Yeşilköy 村的 Kinet Höyük。

## 2. 征服叙利亚、腓尼基、巴勒斯坦和埃及

公元前332年，亚历山大沿地中海东岸南下，马拉图斯、西顿请降，提尔、加沙被攻陷。然后进军埃及，先据尼罗河三角洲东隅培琉喜阿姆驻军，后在尼罗河三角洲西隅营建亚历山大港，又沿尼罗河南下，至孟菲斯，并穿尼罗河以西的利比亚沙漠，在锡瓦谒阿蒙神庙。这段征程是利用埃及道。

【沿途重要城市】

马拉图斯（Marathos 或 Marathus，或译马拉萨斯），腓尼基古城，在今叙利亚塔尔图斯南。

西顿（Sidon），腓尼基古城，即今黎巴嫩赛达（Saydā）。

提尔，在今黎巴嫩苏尔，重见上文。

加沙（Gaza），巴勒斯坦古城，即今巴勒斯坦加沙。

培琉喜阿姆（Pelusium，或译柏路西亚），尼罗河三角洲最东的港口。

亚历山大港（Alexander），尼罗河三角洲最西的港口。

孟菲斯，在今埃及开罗西南，重见上文。

锡瓦（Siwa），在今埃及西境利比亚沙漠的锡瓦绿洲。

## 3. 征服两河流域

公元前331年，亚历山大从孟菲斯北上，返腓尼基，先从今叙利亚西部（大马士革－霍姆斯－阿勒颇一线）北上，在萨普萨卡斯渡幼发拉底河，然后东进，渡底格里斯河，与大流士三世决战于高加美拉。大流士三世败逃，亚历山大追至阿柏拉。大流士三世逃往米底，亚历山大沿底格里斯河南下，巴比伦请降。这段征程是利用埃及道和波斯御道东线。

【沿途重要城市】

塔布萨库斯（Thapsacus 或 Thapsacos，或译萨普萨卡斯），在幼发拉底河西岸。亚历山大渡河时，河上有桥。确切地点未明，或说即卡尔凯美什（Carchemish）古城。城址跨土叙边境，北部在今土耳其，现在叫卡尔卡默斯（Karkamış），南部在今叙利亚一侧，现在叫杰拉布卢斯（Jarabulus）。

高加美拉（Gaugamela），在布摩达斯河（Bumodus）上，位于今伊拉克北部库尔德自治区的杜胡克（Dohuk）。Gaugamela 的意思是"骆驼屋"。

阿柏拉（Arbela），在今伊拉克埃尔比勒（Arbil）。

巴比伦（Babylon），在今伊拉克希拉市，重见上文。

## 4．征服波斯本土

公元前331年底，亚历山大从巴比伦进军苏萨，苏萨请降；征乌希人（Uxian，或译攸克西亚人），通过乌希峡谷（Uxian Defile）。公元前330年初，亚历山大陷波斯关（Persian Gates），克波斯波利斯，庆功后，将宫室付之一炬。继而北上，大流士三世东逃，埃克巴坦纳请降。亚历山大乘胜追击，过拉加，穿里海关（Caspian Gates）。大流士三世被其巴克特里亚总督贝苏斯劫持，弃土东逃。大流士三世被刺，伤重不治，亚历山大命人葬之于波斯王陵，继续追击贝苏斯，进军希尔卡尼亚，至扎德拉卡塔。这段征程是利用波斯南道、中道和北道。

【沿途重要城市】

苏萨（Susa），波斯五都之一，重见上文。

波斯波利斯（Persepolis），波斯五都之一，重见上文。

埃克巴坦纳（Ecbatana），波斯五都之一，重见上文。

拉加，在今伊朗雷伊，重见上文。

扎德拉卡塔，重见上文。自拉加东北行，穿里海关，[7]翻过达马万德山，可抵扎德拉卡塔。

## 5．征服巴克特里亚 [8]

公元前329年，亚历山大追击贝苏斯，经帕提亚、阿里亚、[9]德兰吉亚那、加德罗西亚、阿拉霍西亚，到达印度高加索山（今兴都库什山），[10]先后攻占苏西亚、阿塔考纳、德拉普萨卡、阿尔诺斯、巴克特拉、欧拉。这段征程是利用波斯北道。

[7] 里海关是从拉加翻越厄尔布尔士山的关口。亚历山大从埃克巴坦纳追赶大流士三世，日夜兼程，花十一天赶到拉加，阿里安说，"要像亚历山大这样快速行军，再有一天就可以到达里海关口"，"然后他又向帕西亚进军，第一天在里海关口附近宿营，第二天过关后一直走到有人烟的地区的边缘。听说再往前就是一片荒漠"，可见里海关离拉加不远。见《亚历山大远征记》，第121页。这个关口可能是从拉加翻越厄尔布尔士山，前往里海沿岸的山口，距离戈尔甘仍有相当距离。

[8] 巴克特里亚（Bactria），阿富汗兴都库什山以北地区，中国古代称大夏。

[9] 帕提亚（Parthia）在伊朗呼罗珊省和土库曼斯坦阿什哈巴德一带。阿里亚（Areia）在帕提亚东，阿富汗赫拉特一带。

[10] 此山，希腊语叫印度高加索山（Caucasus Indicus），波斯语叫帕拉帕米萨斯山（Paropamisus，意思是"高地那方"）。兴都库什山（Hindu Kush Mountain）是14世纪才有的名称。希腊语称此山为高加索山，盖误认此山为高加索山的余脉。

【沿途重要城市】

苏西亚（Susia），阿里亚古城，在哈里河上。

阿塔考纳（Artacoana，或译阿达卡纳），阿里亚旧都，在今阿富汗赫拉特。

德拉普萨卡（Drapsaka），巴克特里亚古城，在今阿富汗昆都士。

阿尔诺斯（Aornus），巴克特里亚古城，地点不详。Aornus是希腊语，意思是鸟都飞不进来。

巴克特拉，在今阿富汗巴尔赫，重见上文。

欧拉（Ora），在巴克特拉附近，地点不详。

## 6．征服索格底亚纳 [11]

公元前328年，亚历山大渡奥克苏斯河（今阿姆河），生擒贝苏斯，押回巴克特拉，严刑拷打后处决。然后进军马拉坎达；再渡奥克苏斯河，与索格底亚纳人和斯基泰人大战于塔奈斯河（今锡尔河）和奥克苏斯河之间，[12] 攻陷塔奈斯七城，在西罗波利斯附近建亚历山大城。公元前327年，亚历山大攻陷索格底亚纳山城和科瑞尼斯山城，向印度河西岸和旁遮普北部进军。[13]

【沿途重要城市】

西罗波利斯（Cyropolis），是希腊语的叫法，意思是"居鲁士城"。此城即今塔吉克斯坦苦盏（Khujand，或译胡占德）。亚历山大攻陷塔奈斯（Tanais River）七城，此城最大。亚历山大在该地修建亚历山大城（Alexandria Eschate）。Alexandria Eschate，意思是"最远的亚历山大城"。

马拉坎达（Marakanda），索格底亚纳的首都，在西罗波利斯西南，即今乌兹别克斯坦撒马尔罕（Samarkand）。Samarkand的意思是"石头城"。

索格底亚纳山城（Sogdian Rock），巴克特里亚人欧克西亚提斯（Oxyartes）守之。亚历山大攻陷此城，娶他的女儿罗克珊娜（Roxana）为妻。此城疑在今塔吉克斯坦境内。

科瑞尼斯山城（Rock of Chorienes），科瑞尼斯守之，亚历山大使欧克西亚提斯劝降，下之。此城在帕瑞塔卡地区（Paraetacae）。或说此山即今塔吉克斯坦西部的吉萨尔山（Hissar Mountain）。Hissar是阿拉伯语的"山城"。

## 7．征服印度河流域

公元前327—前326年，亚历山大与印度人战于科芬河和印度河之间。科芬河是印度河西岸的主要支流，印度河东岸还有四条支流：希达斯皮斯河、阿塞西尼斯河、希德拉欧提斯河和希发西斯河。[14] 亚历山大先后占领

[11] 索格底亚纳（Sogdiana），主要在今乌兹别克斯坦一带，中国古代称粟特。

[12] 奥克苏斯河（Oxus River），今阿姆河（Amu Darya），奥克苏斯河是希腊语的叫法，阿姆河是波斯语和突厥语的叫法。汉称此水为妫水，唐称此水为乌浒水。妫水译为Oxus，乌浒译为Amu。塔奈斯河（Tanais River）即雅克萨提斯河（Jaxartes River），今锡尔河（Syr Darya），中国古代称药杀水。Syr Darya是波斯语，意思是"珍珠河"。药杀水即Jaxartes之译音。Tanais本指俄罗斯境内的顿河（Don River），即希腊人所谓亚欧二洲的界河。希腊人称之为塔奈斯河，盖误认此水为顿河的延伸。

[13] 亚历山大在旁遮普邦北部先后占领马萨卡（Massage）、巴济拉（Bazira）、欧拉（Ora）、埃博利马（Embolima）等城。巴济拉，据考古发现，即巴基斯坦巴里果德（Barikot），在斯瓦特河谷的入口。埃博利马，在阿尔诺思山（Aornus Mountain）附近，斯坦因推测，即Pir Sar山嘴。

[14] 科芬（Cophen），今喀布尔河，东注印度河，主要河段在阿富汗境内。印度河（Indus）东岸分四大支流，主要在巴基斯坦境内。希达斯皮斯河（Hydaspes）即今杰赫拉姆河（Jhelum），阿塞西尼斯河（Acesines）即今杰纳布河（Chenab），希德拉欧提斯河（Hydraotes）即今拉维河（Ravi），希发西斯河（Hyphasis）即今比阿斯河（Beas）和萨特莱杰河（Sutlej）。杰纳布河是印度河的支流，杰赫拉姆河、拉维河和萨特莱杰河是杰纳布河的支流，比阿斯河是萨特莱杰河上游的支流。印度河，五河并出的地段主要在巴基斯坦旁遮普省（Punjab Provence），即古代的犍陀罗地区（Gandhara）。Punjab是波斯语，希腊语作Pentapotamia，意思是"五河之地"。

科芬河上的奈萨，印度河上的塔克西拉，并在希达斯皮斯河上兴建两座亚历山大城，尼卡亚和布西发拉，并攻陷希德拉欧提斯河上的桑加拉城，把它夷为平地。

【沿途重要城市】

奈萨（Nysa），在今阿富汗贾拉拉巴德。当地人用希腊神话讨好亚历山大，说此城是狄奥尼索斯征服印度时修建，请求亚历山大允许该城独立。[15] 此城在科芬河上。

塔克西拉，在今巴基斯坦拉瓦尔品第西北，重见上文。印度河和希达斯皮斯河之间，此城最大。

尼卡亚（Nicaea），希达斯皮斯河之役（前326年）后，亚历山大在希达斯皮斯河上兴建的两座亚历山大城之一，地点不详。Nicaea，意思是"胜利"，就是为了纪念这一胜利。

布西发拉（Bucephala），希达斯皮斯河之役后，亚历山大在希达斯皮斯河上兴建了另一座亚历山大城，在今巴基斯坦贾拉普尔·沙里夫（Jalalpur Sharif）。亚历山大的坐骑叫Bucephalus，死于希达斯皮斯河之役。城以马名，就是为了纪念这一战役。

桑加拉（Sangala，亦作Sagala），可能即今巴基斯坦拉合尔。此城在希德拉欧提斯河上。

## 8．回程（前326—前323年）

公元前326—前325年，亚历山大沿印度河南下，经木尔坦，到印度河入海处，[16] 亚历山大率陆军，沿海岸走，奈阿尔科斯（Nearchus，或译尼阿卡斯）率海军，从海上走。公元前325—前324年，亚历山大穿加德罗西亚沙漠（莫克兰沙漠），[17] 在帕萨尔加德谒居鲁士陵，在波斯波利斯看他烧毁的宫殿。然后前往苏萨，举行万人大婚礼，然后前往埃克巴坦纳，从埃克巴坦纳去巴比伦。公元前323年，亚历山大卒于巴比伦。

【沿途重要城市】

木尔坦（Multan），马里人（Mallian）的要塞。

大地域国家靠什么治理，两条最重要，一曰文书，二曰驿道。"书同文"是前者，"车同轨"是后者。古人叫"车书一统"。驿道的重要功能是传递文书，古代叫邮驿。波斯大一统和中国大一统，全都离不开邮驿。

[15] 狄奥尼索斯是希腊神话中的酒神，奈萨是传说的狄奥尼索斯出生地。

[16] 印度河入海处的三角洲叫帕塔拉（Patara）。Patara是梵文，意思是"树叶"，盖形容其形状。

[17] 加德罗西亚（Gedrosia），也叫莫克兰（Makran，意思是"食鱼人"），即俾路支斯坦地区（横跨巴基斯坦俾路支省和伊朗俾路支省），其南部有莫克兰沙漠（Makran Desert）。

第五章

# 波斯疆域

波斯帝国是个大地域国家，中国也是，两者有许多共同点。比如大一统下的多元性就是两者的共同点。

最近，中国考古界有个热门话题，什么是"最早的中国"。这个话题引起很多争论。我的看法是，中国是个历史形成的概念，前面的铺垫很长，后面的延续很长，关键是要找到一个大致的前后分界点。"中国"一词，西周才有，恐怕不能无限往上推。要讲"中国"，首先要有一个"中"，即四方辐辏的文化核心，吸引周边（古人叫"四裔"）加入其中；同时要有一个"域"，即围绕这个文化核心，不断扩展的文化辐射面。

在我看来，夏居中，商在东，周在西，"夏商周三分归一统"，左右折于中，才是真正的标志，秦汉帝国是在这个基础上发展起来，更早的事情都是铺垫。

〔左页图〕
大流士一世像
任超 摄

## 一 旋涡说

考古研究以考古文化为对象。考古文化不仅是个遗迹、遗物的综合体，同时也是个人类活动的系统，要从人类活动的角度去解读。它们形成的互动圈，最后会有一个中心，有如旋涡，把四周的水卷进来，又甩出去。大家经常用旋涡讲文化互动。这个比喻很形象。[1]

汤姆森（Christian Jurgensen Thomsen, 1788—1865）用石器—铜器—铁器三期说为博物馆的文物分期分类，器物和材质的背后是人类活动的演进，老归老，现在还在用。

狩猎、采集是旧石器时代的主题。采集变农业、狩猎变畜牧是新石器时代的主题。农业定居点增多，引起聚落形态的革命，造成城市和城市网、复杂社会与国家。城市革命是青铜时代和铁器时代的主题。

过去，柴尔德（Vere Gordon Childe, 1892—1957）倡两个革命说，一个革命是"农业革命"（他说的"新石器时代革命"），一个革命是"城市革命"。[2] 此说对解释文明起源很重要，至今仍影响着考古学的发展。

文明往往是多种生态和多种生业综合作用下的产物。古人靠山吃山，靠海吃海，有什么样的生态环境，就有什么样的生存方式。以中国为例，中国这么大，海洋、大陆、森林、草原、沙漠、绿洲，什么样的生态环境都有，"农、林、牧、副、渔"，很少单独存在，往往你中有我，我中有你，相互依存，环境变，随时变，很多都是过渡形态或混合形态。这种并存局面，为什么会形成以农业为中心，"以粮为纲，"[3] 为什么会形成以大型聚落

[1] 苏秉琦称之为区系类型，张光直称之为文化互动圈。参看苏秉琦《中国文明起源新探》，北京：生活·读书·新知三联书店，1999年，第33—99页；张光直《中国相互作用圈与文明的形成》，收入氏著《中国考古学论文集》，北京：生活·读书·新知三联书店，1999年，第151—189页。

[2] Vere Gordon Childe, *Man Makes Himself*, London: Watts Publishing Group, 1936.

[3] 毛泽东说，"以粮为纲，全面发展"（《人民日报》1972年4月16日引），提倡农、林、牧、副、渔五业并举。"农、林、牧、副、渔"中的"副"主要指农业以外附属于农业的产业，如采集药材、打猎、家庭手工业。传统中国是典型的农业国家，农业始终是中心。中国被围剿制裁的冷战时代，吃饭是大问题，农业的重要性尤为突出。

为中心,造成人口向这个中心集中,资源向这个中心集中,其他生业围着这个中心转,这是个历史过程。

中国大陆,西北高,东南低,山地一道弧线,海洋一道弧线,构成两个半月形地带。它们把最适合发展农业的地区围在中间。高原和山地环其西北(胡焕庸线的西北),大海和岛屿绕其东南(胡焕庸线的东南)。种地的在中间,骑马、航海的在周边。大陆和海洋,大陆是核心,海洋是边缘。农业和牧业,农业是核心,牧业是边缘。农牧互动远比海陆互动更重要。

文化互动,同纬度互动是东西互动,高纬度南下,低纬度北上,属于南北互动。不仅水往低处走,人也是往低处走,这是大趋势。

我国古代有所谓"中国""四裔",就是反映这种关系。中国指核心地区,四裔指周边地区。四裔趋中,有阴阳向背,朝向中心和贴近中心的前沿地带必定最发达,背后的纵深地带相对落后。夏含夷,夷含夏,谁也离不开谁。

中国文明,定居农业特别发达,城市体系特别发达,铸造技术特别发达,文字体系特别发达。研究文明发展的高级形态,中国是绝好标本,波斯也是绝好标本。

研究中国历史,司马迁说过一句话,至今发人深省。这句话是"夫作事者必于东南,收功实者常于西北"(《史记·六国年表》)。

楚汉之争,楚不敌汉,是离他最近的例子。秦并六国,离他也不远。他从古书上间接了解到的例子,还有周并东土(夏、商之地)。

苏秉琦有一首诗:"华山玫瑰燕山龙,大青山下斝与瓮。汾河湾旁磬与鼓,夏商周与晋文公。"前面三句,"华山玫瑰燕山龙"指庙底沟文化和红山文化,"大青山下斝与瓮"指朱开沟文化,"汾河湾旁磬与鼓"指山西龙山文化的陶寺类型。这些考古文化都是偏于西北的考古文化。"夏商周与晋文公",则是讲三代以来的发展,夏、商、周一统于西周,东周以晋做靠山,这些都是由上述考古文化作铺垫。

最近,张弛总结中国史前文化的格局。他说的"新石器时代核心地区的衰落",首先是指长江中下游屈家岭-石家河文化和良渚文化的衰落,而其后"核心地带唯一没有衰落的区域"和"半月形地带的兴起"则指庙底沟二期、龙山、二里头文化保持的持续增长。[4]

在我看来,他说的格局变化正是上述主题在中国历史上反复变奏的序曲。

## 二 欧洲天下观

波斯是希腊、罗马的参照物,希腊、罗马也是波斯的参照物。我们先

<4> 参看张弛《龙山-二里头——中国史前文化格局的改变于青铜时代全球化的形成》,《文物》2017年6期,第50—59页。又李旻《重返夏墟:社会记忆与经典的发生》,《考古学报》2017年3期,第287—315页。

[图1] 斯特拉波像

[图2] 斯特拉波的故乡
今土耳其阿马西亚

看看希腊人和罗马人怎么看当时的世界，包括他们的敌人。

欧洲人怎么看世界，可以斯特拉波（公元前64/63—公元23/24年，或译斯特拉博）［图1］的《地理学》为代表。斯特拉波生于今土耳其的阿马西亚［图2］，当时属于希腊化国家，但他本人是罗马公民。他说，他的《地理学》是研究"有人居住的世界"，<5>但这个"有人居住的世界"并非我们知道的全世界，而只是他眼界所及的世界。

此书只讲东半球，不讲西半球，美洲还不知道；东半球，只讲北半球，不讲南半球，大洋洲也不知道；北半球，只讲欧亚大陆西段（欧洲、西亚和中亚），不讲欧亚大陆东段，东亚、南亚、东南亚也不知道。非洲纵跨南北半球，除埃及、埃塞俄比亚和利比亚，因讲西亚有所涉及，同样不知道。

斯特拉波把"有人居住的世界"以塔奈斯河（Tanaïs，即今顿河）为界一分为二，一半是欧洲，一半是亚洲。<6>全书17卷，除第一卷是绪论，第二卷是方法，后面15卷，前八卷讲欧洲，后七卷讲亚洲。

他怎么讲这两大洲，可以概括如下：

## 1. 欧洲部分

从西往东讲，分三组，每组先南后北。

第三卷讲伊比利亚半岛，相当今西班牙、葡萄牙，第四卷讲伊比利亚半岛

<5> 古典作家经常讲"有人居住的世界"，斯特拉波把这一概念追溯到荷马时代。参看［古希腊］斯特拉博《地理学》，李铁匠译，上海：上海三联书店，2014年，I.1:3（第3页）。

<6> 今欧、亚二洲是以乌拉尔山为界。

以北，相当今不列颠、法国和阿尔卑斯山区，以及不列颠以北，这是第一组。

第五、第六卷讲亚平宁半岛，相当今意大利，先讲意大利北，后讲意大利南；第七卷讲亚平宁半岛以北，相当今德国和其他中东欧各国，这是第二组。

第八至第十卷讲巴尔干半岛，相当今希腊，先讲伯罗奔尼撒半岛，后讲伯罗奔尼撒半岛以北，最后讲希腊周边诸岛，这是第三组。

## 2．亚洲部分

从北往南讲，分为三组，每组先东后西。

第十一卷讲高加索山区、里海周边和兴都库什山一带，相当今格鲁吉亚、亚美尼亚、阿塞拜疆、伊朗北部、土库曼斯坦和阿富汗北部，第十二至第十四卷讲小亚细亚半岛，这是第一组。

第十五卷讲今伊朗南部、阿富汗南部和巴基斯坦的俾路支省，第十六卷讲今伊拉克、叙利亚、黎巴嫩、以色列、约旦和阿拉伯半岛，这是第二组。

第十七卷讲埃及、埃塞俄比亚和利比亚。当时，埃及和埃塞俄比亚算亚洲，利比亚算北非。非洲其他部分不在讨论范围之内，这是第三组。

这个天下观是围绕地中海，以四大半岛为主，特别是以希腊、罗马为中心，欧、亚、非三个大陆都在地中海沿岸。

这里值得注意的是，斯特拉波讲地理，有两个不同视角，欧洲从西往东看，亚洲从东往西看。李铁匠说，斯特拉波讲亚洲，先东后西，自乱体例，恐怕不能这样讲。[7]其实这正是斯特拉波讲的"对跖问题"（李铁匠译本，"对跖"误"对拓"）。

对跖（Antipodes）是地球经纬度的对称点，斯特拉波把欧、亚二洲视为对称关系。

此书下册与波斯帝国有关，有三个章节最重要：帕提亚见第十一卷第九章，米底见第十一卷第十三章，波斯（兼叙埃兰）见第十五卷第三章。这三部分，在斯特拉波的时代，已经变成三个区域名，不再辉煌。

## 三　波斯天下观

波斯帝国疆域非常大，大体相当斯特拉波说的亚洲。不仅包括今西亚（旧称近东，今称中东），也包括今中亚、北非和巴基斯坦（今属南亚）的一部分。

伊朗崛起于伊朗高原。伊朗高原是个自然形成的地理单元，除今伊朗，还包括今阿富汗的绝大部分和巴基斯坦的俾路支斯坦省（在印度河以西）。[8]现代伊朗比伊朗高原小，古代伊朗的三大王朝，阿契美尼德王朝、帕提亚

[7] 斯特拉波《地理学》，李铁匠前言，第17、19页。
[8] 伊朗占三分之二，阿富汗、巴基斯坦占三分之一。

王朝和萨珊王朝，哪个都比它大。

现代伊朗，人口密集区主要分布在两条线上。一条是北线，即从马什哈德到德黑兰到大不里士，自古是个游牧走廊（从中亚、阿富汗到土耳其的走廊）。丝绸之路中段的呼罗珊大道，起自瓦罕（在阿富汗东北），终于巴格达，就是穿这个走廊。帕提亚王朝从里海东侧崛起，席卷伊朗高原，也是走这条道。突厥人和蒙古人先后在伊朗建立的各个王朝都是沿这条线发展。一条是西线，即扎格罗斯山的东西两侧，则是米底人和波斯人崛起的地方。

伊朗有三大古国：埃兰、米底、波斯，大体沿扎格罗斯山分布。米底在西北，波斯在东南，埃兰夹在两者间。它们与两河流域只是一山之隔。米底与亚述相对，埃兰、波斯与巴比伦相对。

埃兰（Elam），最古老，公元前7000年就有农业，公元前4000年就有一批著名的城邦国家，如阿万（Awan）、安善（Anshan）、西马什基（Simashki）、苏萨（Susa）等。埃兰在今胡齐斯坦省，北面和东面是扎格罗斯山区，西面和南面比较平。胡齐斯坦平原是美索不达米亚平原的东南角，底格里斯河和幼发拉底河就是贴着这块绿洲流入波斯湾。埃兰和巴比伦自古相邻，你攻我伐，你来我往，关系很密切。埃兰的中心是苏萨（在今舒什）。[9]

米底（Mides），与波斯同族，它们定居伊朗高原，大约在公元前11—前9世纪。米底在埃兰北。奥姆斯特德说，米底三分，今哈马丹（古称埃克巴坦纳）一带是第一米底，今雷伊（古称拉加，在德黑兰东南7公里）一带是第二米底，今加兹温到大不里士一带是第三米底。[10] 米底曾与迦勒底联姻，灭亚述；南下胡齐斯坦，兼并埃兰。米底四王约当公元前7世纪和公元前6世纪，公元前550年灭于波斯。

波斯（Persia），在埃兰东南的法尔斯省，故都为帕萨尔加德。米底兼并埃兰前，安善已落入波斯之手。安善在设拉子西北，帕萨尔加德和波斯波利斯在设拉子东北。

波斯兼并各国，主要在居鲁士大帝和冈比西斯二世时。居鲁士大帝兼并米底后，先灭吕底亚，统一小亚细亚半岛，次灭迦勒底（新巴比伦），统一两河流域、地中海东岸和阿拉伯半岛。冈比西斯二世征埃及，又把埃及纳入版图。大流士即位后，平定各地反叛，波斯大一统才算告成。

## 四　波斯的四至

波斯帝国，范围很大，北部可达黑海沿岸，东部可达印度河流域，西部可达小亚细亚半岛和地中海东岸，南部可达埃及。下面是今伊朗境外的有关发现。

[9]　王兴运《古代伊朗文明探源》，第90—157页。

[10]　第一米底即斯特拉波所谓的大米底，第三米底即斯特拉波所谓的阿特罗帕特米底。见斯特拉波《地理学》，XI.13:1。

〔图3〕
盖尔拉铭文出土地点图

〔图4〕
盖尔拉铭文

## 1. 大流士一世盖尔拉泥版铭文（Gherla Inscription），简称 DG[11]

1937年发现，1954年发表。[12] 出土地点在罗马尼亚西北盖尔拉市圣彼得丘（St. Peter's Hill）下一个叫"公鸡堡"（Cock-castle）的地方，对面有个罗马时期的兵营。原来的物主为科斯塔（J. Koszta）。他在自家的菜园子挖地，发现这件东西。

盖尔拉〔图3〕在伊朗西北，距埃克巴坦纳约2450公里（直线距离），很远。铭文刻写在泥版，为古波斯文〔图4〕，残缺不全，但提到大流士是希斯塔斯普之子。这件文物是什么时候，由谁把它带到这里，情况不明。

【案】希罗多德提到，大流士远征斯基泰，曾在泰阿鲁斯河（Tearus）的堤岸上扎营，"他很喜欢这条河流，因此也在这里竖立了一根石柱，上面刻着这样的铭文：'泰阿鲁斯河的源泉涌出了所有河流当中最优质、最名贵的水。在进军斯基泰的征途中，人类中最优秀、最高贵者，海斯塔斯皮斯之子，波斯人和整个亚细亚大陆的统治者大流士，造访过这里。'这是竖立在这里的石柱上的铭文"。[13]"石柱"，英译本作 stela，应是石碑。盖尔拉铭文当然不是希罗多德提到的石碑，但大流士一世曾横渡博斯普鲁斯海峡，到达多瑙河流域，并在那里勒石记功，还是有史可据。

## 2. 大流士一世捷姆留克碑铭文

2016年，俄罗斯科学院考古研究所在俄罗斯克拉斯诺达尔边疆区（Krasnodar）的捷姆留克（Temryuk）发掘法纳戈里亚城址（Phanagoria）〔图5、6〕，意外发现这件碑刻。捷姆留克在黑海北岸，也在伊朗西北，距埃克巴坦纳约1490公里（直线距离）。[14]

【案】遗址属于博斯普鲁斯王国（Bosporan Kingdom，前480－前107年）。博斯普鲁斯王国位于刻赤海峡两岸，西岸是克里米亚半岛，东岸是达曼半岛。潘提卡彭（Panticapaeum）在西，法纳戈里亚在东，隔海相望。据报道，出土物是用大理石雕刻，属于碑铭。[15]

[11] D 是大流士一世，G 是盖尔拉。

[12] J. Harmatta, "A Recently Discovered Old Persian Inscription," *Acta Antiqua*, Budapest: Magyar Tudományos Akadémia, 1954, pp. 1-17.

[13] 希罗多德《历史》，IV: 91。

[14] Кузнецов, В.Д., А.Б. Нититин. "Древнеперсидская надпись из Фанагории". ФАНАГОРИЯ: Результаты Археологических Исследований. Том 6, Материалы по Археологии и Истории Фанагории, Вып. 3. М: ИА РАН, 2018, с. 154-159.

[15] 此碑形制类似萨第斯莱托圣所（Leto Sanctuary）的三体（吕底亚文、希腊文、阿拉美文）碑刻，见 Amélie Kuhrt, *The Persian Empire*, pp. 859-863。

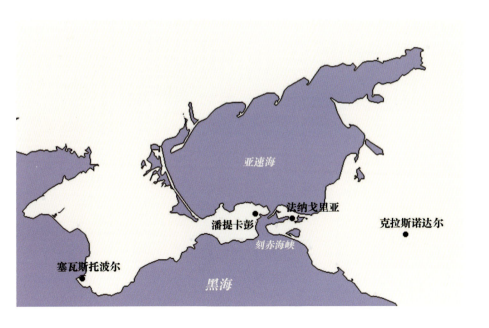

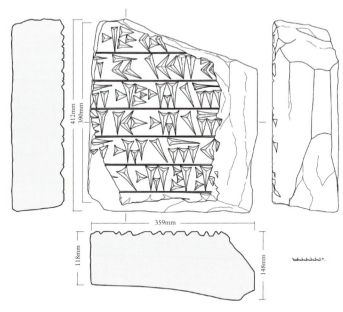

〔图5〕
博斯普鲁斯王国

〔图6〕
大流士一世碑铭
法纳戈里亚出土

〔图 7〕
法老运河

### 3. 大流士一世苏伊士运河碑铭文（Suez Inscriptions of Darius the Great），简称 DZ[16]

1866年，查尔斯·德莱塞普（Charles de Lesseps）发现，出土地点在图米拉特河谷（Wadi Tumilat）的 Kabret〔图7，另一种拼写是 Kabrit〕，也叫 Chalouf stele。其出土地点在苏伊士以北30公里、大苦湖南，位于今伊朗西南，距苏萨约1500公里（直线距离）。

原碑共四通，用粉红色花岗岩（pink granite）雕刻，正面刻古波斯文、埃兰文，背面刻埃及文。这四通碑刻，埃及国家博物馆展出者是用16个碎块拼复〔图8〕，卢浮宫展出者只剩碑首残石〔图9〕，其他未详。

DZa：碑首铭，用椭圆形框线（cartouche）围起的大流士名。

DZb：碑身铭，铭文作"大流士，伟大的王，王中王，万国王，天下王，希斯塔斯普之子，阿契美尼德人"。

DZc：碑足铭，讲阿胡拉·马兹达神不但造化天地，创造人类，也创造了大流士王，使其大有天下。大流士王征服埃及，命人开凿运河。一旦运河开通，来自埃及的船只将直达波斯云。

【案】这是大流士一世修浚苏伊士运河的记功碑。古苏伊士运河是沿尼罗河的支流佩留西阿克河（Pelusiac），从宰加济格（Zagazig），穿图米拉特河谷（Wadi Tumilat），经大苦湖（Great Bitter Lake），到苏伊士的运河。这一工程始于埃及法老尼科二世（Necho II，前610—前595年在位），而告成于大流士一世。今苏伊士运河是从塞得港到苏伊士，连接地中海和红海，与之不同。前者是东西向，后者是南北向。

[16] D 是大流士一世，Z 是苏伊士。

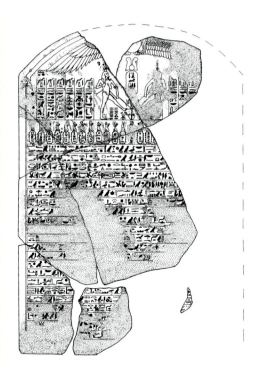

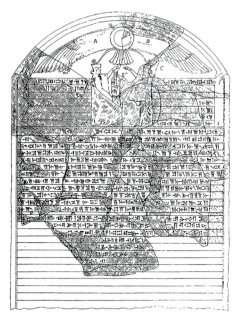

〔图 8-1〕
苏伊士运河碑之一
埃及国家博物馆

〔图 8-2〕
苏伊士运河碑之一线图（摹本）

〔图 9-1〕
苏伊士运河碑之二残石
卢浮宫
李零 摄

〔图 9-2〕
苏伊士运河碑之二线图

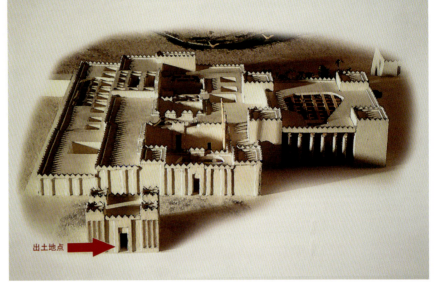

〔图10-1〕
出土地点图

〔图10-2〕
出土地点图

## 4．大流士一世雕像铭文（DSab）

大流士雕像，作于埃及，石材为杂砂岩（greywacke），取自哈马马特河谷（Wadi Hammamat）的采石场。公元前486年，薛西斯一世平定埃及叛乱后，雕像被移置苏萨。1972年帕罗特（Jean Parrot）发掘苏萨大流士宫东南的阙门〔图10〕，发现此无头石像，以及若干可能与头部有关的残石，推测原来不止一件，至少是一对。无头石像现藏伊朗国家博物馆，铭文分刻多处〔图11〕。腰带上的铭文是用椭圆形框线围起的大流士名。左侧衣褶三体并用，右侧衣褶是古埃及文。基座上和前后左右的铭文是古埃及文。大流士在铭文中自称上下埃及之王，并刻臣服波斯的24个国族于基座两侧。可能与头部有关的残石现藏卢浮宫。

| 11-1 | 11-2 | 〔图 11-1〕衣褶铭文 任超 摄 | 〔图 11-3〕基座正面和上面的铭文 任超 摄 |
| | 11-3 | | |

〔图 11-2〕
腰带铭文
任超 摄

第五章 波斯疆域　　　　　　　　　　　　　　　　　177

| 11-4 | 〔图11-4〕 | 〔图11-5〕 |
| --- | --- | --- |
| 11-5 | 基座左侧铭文 | 基座右侧铭文 |
| | 任超 摄 | 任超 摄 |

〔图 12〕
大流士一世护身符

## 5. 大流士一世护身符铭文（Amulet with the Name of Darius）

现藏卢浮宫，铭文用椭圆形框线围起，作"至善之神，两地之主，上下埃及之王，大流士万寿无疆"〔图12〕。

【案】这件护身符可能亦出埃及。

## 6. 薛西斯一世凡城铭文（Van Inscription），简称 XV[17]

凡城古堡（Van Fortress）〔图14〕在土耳其凡湖东岸〔图15〕，邻近亚美尼亚和伊朗。铭文刻在悬崖峭壁上，离地约20米高。1836年，尤金·布尔诺夫（Eugène Burnouf）破译，铭文形式与甘吉·纳迈赫的薛西斯一世铭文同，也是三体并用，分三栏书写〔图16〕，铭文内容也差不多。其出土地点距离埃克巴坦纳约640公里。

【案】凡湖王国，古称乌拉尔图（Urartu，前9世纪—前7世纪）。乌拉尔图，是亚述语的叫法（māt Urarṭu），波斯人称之为亚美尼亚（Armenia），乌拉尔图语则自称比埃或比埃尼利（Biai, Biainili）。乌拉尔图的首都是图什帕（Tushpa），图什帕有山，山上有堡，即凡城古堡。[18]

[17] X是薛西斯一世，V是凡城。

[18] 伊朗国家博物馆有一件带石盒的石版（编号：4950），刻有楔形文字，年代定为公元前9世纪，铭文记乌拉尔图王卢萨（Rusa）为哈尔提神（Haldi）建庙事。案：铭文称卢萨为阿尔吉什提之子。卢萨有二，卢萨一世为萨尔杜里二世之子，卢萨二世为阿尔吉什提二世之子，此铭器主应指卢萨二世（前680—前640年在位）。

〔图13〕
薛西斯一世凡
城铭文所在地

〔图14〕
凡城古堡

〔图15〕
凡城古堡下的
图什帕遗址

〔图16〕
凡湖铭文

第五章　波斯疆域

〔图17〕
薛西斯一世雪花石膏瓶

〔图18〕
出土地点图

### 7. 薛西斯一世雪花石膏瓶铭文，简称 XCase[19]

这件雪花石膏瓶是薛西斯一世送给其王后 Artesimia 的礼物〔图17〕，土耳其哈里卡纳苏斯陵（Mausoleum of Halicarnassus）废墟出土〔图18〕，1857年入藏不列颠博物馆（编号ANE132114）。铭文四体，除古波斯文、埃兰文、阿卡德文，还有埃及文，作"伟大的薛西斯王"，估计作于埃及。

【案】不列颠博物馆有 W. K. Lofitus 在苏萨发现的五件类似器物（编号ANE91453-6和91459），五件都是残器。这批器物也是1857年入藏，有同样的铭文，但没有埃及文。[20]

[19] X是薛西斯一世，Vase是瓶。

[20] J. E. Curtis and N. Tallis eds., *Forgotten Empire*, p. 129.

## 五　波斯帝国：另一个中国

古典时代，东西对峙，欧洲在西，亚洲在东。

当时的欧洲，主要是地中海世界。早期以希腊为中心，晚期以罗马为中心，西罗马帝国崩溃后，两个中心并立。它们的东边是安纳托利亚半岛，西边是伊比利亚半岛，北边是欧洲腹地，南边是北非沿岸。欧洲历史的大趋势是西方征服东方，北方征服南方，所有征服者的目标都是这两个中心。

当时的亚洲是另一个世界。它以两河流域的巴比伦为中心，小亚细亚在其北，希腊在其西，伊朗在其东，埃及在其南。阿契美尼德王朝的波斯帝国就是古典时代的亚洲，这是另一个"中国"。[21]

有一位考古学家，法国的吉尔什曼（Roman Ghirshman），他说过这样的话：

> 伊朗有如"中央帝国"，它由两大文化区环绕，每个文化区都幅员广阔。一个文化区聚集着底格里斯河、幼发拉底河、奥克苏斯河（即阿姆河——零案）、药杀水（即锡尔河——零案）和印度河流域的定居人口。另一个文化区构成它的边缘，则是游牧人的天下：欧亚草原的流动人口在它的北方和东北方，阿拉伯的流动人口在它的南方。[22]

它的最大特点是有双重背景，农耕的背景很古老（和两河流域有关），游牧的背景也很古老（和欧亚草原有关），两方面的背景都很古老。

中国在欧亚大陆的东端，脸朝大海，背对大山。定居人口在胡焕庸线的东南，游牧人口在胡焕庸线的西北。

波斯帝国正好相反，它的脸也朝向大海，但大海在西边，游牧人在它的北面、东面和南面。

大陆型国家，多以农牧互动为特点。农牧互动是两者的共同特点。

波斯帝国不仅是伊朗高原的大一统，也是近东古国的大一统，不仅启发了马其顿帝国和希腊化时代，也启发了罗马帝国，甚至对阿拉伯帝国和奥斯曼帝国也有影响。

农牧互动：中心吸引周边。周边包围中心。吸引和扩散是双向传播。夏含夷是中心吸引周边加入，夷含夏是周边包围中心。中心可能移动，外围可能伸缩。

我国早期的小国，后来演变成县，县的规模大体为一同之地。据《司马法》佚文（《周礼·地官·小司徒》注引），一同之地方百里，可养农夫90000人。90000个农夫，连同家小，其实是九万户。显然，这是理想化的设计。实际上，县有大小，地有肥硗，多大面积可以安置多少农户，并无一定。

[21] 伊朗位于欧亚大陆的中部，中国位于欧亚大陆的东方。伊朗比中国更有资格叫"中国"，中国比伊朗更有资格叫"东方"。

[22] R. Ghirshman, *The Art of Ancient Iran from Its Origins to the Time of Alexander the Great*, p.371.

《汉书·百官公卿表上》:"县令、长,皆秦官,掌治其县。万户以上为令……减万户为长……县大率方百里,其民稠则减,稀则旷……"古百里之地约合1728.9平方公里,与今中等规模的县大小相近。

《汉书·地理志上》列举西汉晚期四万户以上的大县,一共只有七个,长安有80800户,246200人,人口最多。

第六章

# 统一文字

古代中国常以东南西北中划分空间，与四时五行相配。古代近东也可分为五大块。两河流域，今伊拉克，是这五大块的中心，相当近东世界的"中国"。它分南北两部分，北边是亚述，南边是巴比伦。⟨1⟩两河流域四周，地中海东岸，今叙利亚、黎巴嫩、约旦、以色列是其"西国"；扎格罗斯山以东，今伊朗、阿富汗和印度河流域是其"东国"；小亚细亚半岛是其"北国"；埃及和利比亚是其"南国"。

波斯帝国是第一次把这五大块整合在一起的大地域国家，它的大一统涉及面很多，这里先讲文字大一统。

## 一 文字大一统

人类隔阂，莫过语言不通。古代，人们常把不说本族语言的人视为异类，把他们的语言比作鸟兽之语。如希罗多德说，他之所以要写《历史》这本书，就是"为了使希腊人和异族人的那些值得赞叹的丰功伟绩不致失去其应有的光彩，特别是为了把他们相互争斗的原因记载下来"。他说的"异族人"，即希腊文 οἱ βάρβαροι，英语的 barbarian 就源自这个词，通常译为"野蛮人"。

西语的"野蛮人"，本义是"说不同语言的人"。这个词，跟孟子骂许行的"南蛮鴃舌之人"属于同类。⟨2⟩ 早先的"他者"概念，不过是这么一个意思。

古人说"二人同心，其利断金"（《易传·系辞上》）。语言对同心很重要。《圣经·创世记》第十一章不是有个故事吗，说上帝害怕人类同心，把地上的塔越修越高，上出重霄，扰乱了天上的安宁，所以上帝变乱他们的言语，把他们分散到世界各地。可见语言不通是人类沟通的一大障碍。

世界性的大帝国，不是一家一族一国之天下，说什么话的人都有，无法沟通怎么办，总得想点办法。一个办法是靠舌人传译或用某种通语（官方通用语或国际通用语），⟨3⟩ 另一个办法是靠文字。世界上，很多民族，很多国家，不一定有文字，即使现在，世界上也仍有许多文盲，但大地域国家不能没有文字。大地域国家，行政管理，靠文书移送，文字可以超越语言，通行于更大范围，有时比语言更重要。⟨4⟩

波斯帝国也有通用语。本土，波斯语是通用语。占领区，阿拉美语是通用语。

波斯帝国统一文字，官方铭刻往往三体并用：第一是米底、波斯地区

〔左页图〕
帕萨尔加德宫殿 P 角柱铭文："我是居鲁士，阿契美尼德人。"
任超 摄

⟨1⟩ 古亚述（前2025—前1750年）约当中国的夏代；中亚述（前1392—前934年）约当中国的商代；新亚述（前911—前609年）约当中国的西周。古巴比伦（前1894—前619年）约当中国的夏、商、西周；新巴比伦（前626—前539年）约当中国的春秋。

⟨2⟩ 参看希罗多德《历史》，上册，第1页，注5。案：北非有柏柏尔人（berber），就来自拉丁语的barbari。这是他称，不是自称。

⟨3⟩ 比如所谓普通话就是起这种作用。其实，国与国的交流也如此，丝绸之路上曾经流行波斯语，现在的英语也是一种国际通用语。

⟨4⟩ 北方人不懂粤语，在香港问路，可以写个字条，对方一看就明白。这是拜秦始皇之赐。

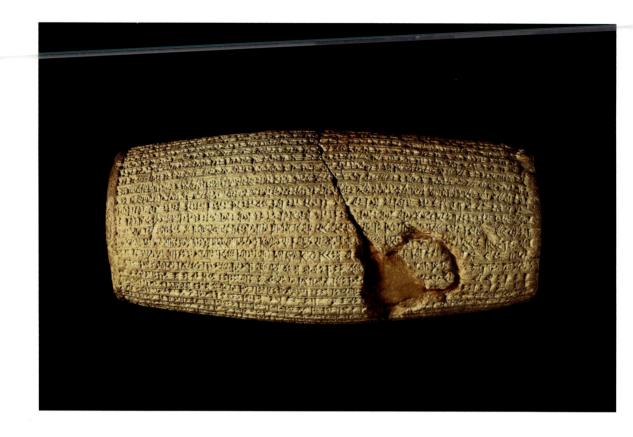

[图1]
居鲁士二世圆柱

<5> 奥姆斯特德《波斯帝国史》，第360—361页。

<6> 东方学各分支的建立和古代铭刻的破译分不开，如埃及学、亚述学、赫梯学都是如此。这些铭文多半都是通过对读破译出来。

<7> 这里的波斯铭刻是以石刻铭文为主。波斯铭刻的缩写名，通常包含两个大写字母，第一个大写字母是王号的缩写，第二个大写字母是出土地的缩写。如果王号第一个字母重，则以王号中的另一字母区别之，小写，附在第一个大写字母后。如果同一王号有一世、二世、三世，则以1、2、3区别之，附在第一个大写字母后。如果地名相同，则以字母顺序排序，附在第二个大写字母后。

<8> C是居鲁士二世，B是巴比伦。

流行的文字，即古波斯文；第二是苏萨地区流行的文字，即埃兰文；第三是巴比伦地区流行的文字，即阿卡德文。这三种文字都是楔形文字，主要用于金石铭刻，泥版文书和纸草文书往往用阿拉美字母文字和腓尼基字母文字。并且埃及文字在埃及，希腊文字在小亚细亚，也仍然在使用。

目前所见波斯御题，往往三体并用。

小亚细亚的铭文，很多是双语铭文，如希腊语和吕底亚语，希腊语和吕西亚语，希腊语和阿拉美语，希腊语和伊朗语。<5>

可见波斯帝国的统一文字，所谓统一，乃是并存。其实，正是因为数体并存，学者才能通过对读，破译这些文字。<6>

下面把波斯铭刻，按出土地点分类，简单介绍一下。<7>

## 二 巴比伦

居鲁士二世圆柱铭文（Inscription of Cyrus Cylinder），简称CB<8>

1879年发现于巴比伦马尔杜克庙遗址，现藏不列颠博物馆〔图1〕。铭文为马尔杜克庙的奠基铭文，用阿卡德文书写。内容大意：声讨巴比伦王那

[图2-1]
贝希斯敦铭文

波尼德（Nabonidus）之罪，为居鲁士二世占领巴比伦歌功颂德。

【案】此铭是公元前539年居鲁士二世攻占巴比伦之后所作。这里值得注意的是，居鲁士说，他是靠巴比伦之神马尔杜克保佑（而不是靠阿胡拉·马兹达保佑），自称巴比伦、苏美尔、阿卡德之王，乃冈比西斯一世之子，居鲁士一世之孙，泰斯佩斯之玄孙，前面三代都是安善王（而不是波斯王）。

## 三 米底山区

### 1. 大流士一世贝希斯敦铭文（Behistun Inscription），简称 DB 和 DBa-k [9]

贝希斯敦，地以山名。贝希斯敦山在克尔曼沙阿市以东35公里。沿48号公路，从克尔曼沙阿去贝希斯敦山，车程为40.1公里，需时31分钟。Behistun，当地叫Bisotun，意思是神之所在。Behistun是Bisotun的英文拼写，克尔曼沙阿四通八达，东去哈马丹，西去巴格达，南下苏萨，北上大不里士，这里都是枢纽。贝希斯敦山，山下有清泉一泓，过往行人往往驻足于此。石刻在贝希斯敦山的半山腰上〔图2〕，离地约100米，仰而视之，细部看不清，让人感到神秘莫测。

[9] D是大流士一世，B是贝希斯敦。

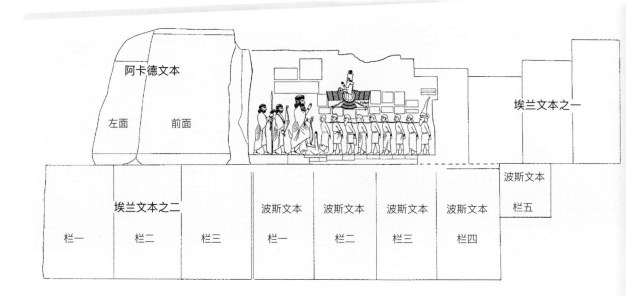

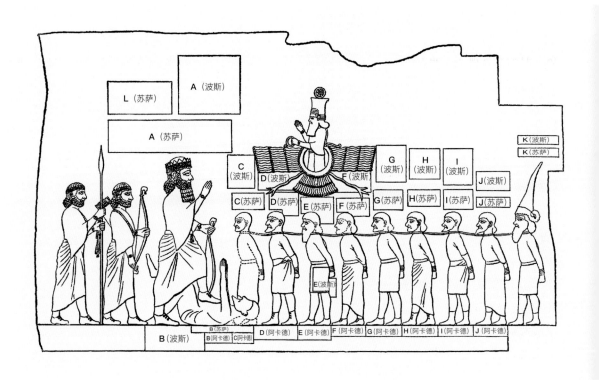

[图 2-2]
贝希斯敦铭文

[图 2-3]
贝希斯敦大流士一世《平叛图》

〔图 3〕
巴比伦巡游大道的大流士一世
《平叛图》

这一石刻是大流士一世登基后,为宣扬其合法性而特意开凿,似可题为大流士一世《平叛图》,画面为浮雕,上刻双翼人像日环,下刻大流士一世像。人像高172厘米,作真人大小,面右而立,背后二人,持弓矛立。他左手持弓,右手向上,脚踩"高墨达",面对鱼贯而入的九个叛王。铭文与图相配,副本以泥版或阿拉美文纸草书送往各地,大告天下。

DB:长铭,三体并用,分四组:阿卡德文,在图左,一栏;埃兰文初刻,在图右,四栏;埃兰文后刻,在图下左侧,三栏;古波斯文,在图下正中和右侧,五栏。

DBa-k:短铭,刻于画面空白处。

1835—1847年,经英国学者罗林森(Henry Creswicke Rawlinson)等学者破译,其内容已大白于天下。

铭文大意:一是自报家门,申高贵出身;二是谢神灵(阿胡拉·马兹达)保佑,使其大有天下;三是述平高墨达之乱,完全合理合法;四是列举其战功,历十九战,俘叛王九;五是颂并兼天下,设二十三行省云。

铭文提到"大流士王说:我的父亲是希斯塔斯普,希斯塔斯普的父亲是阿萨美斯,阿萨美斯的父亲是阿里亚纳姆尼斯,阿里亚纳姆尼斯的父亲是泰斯佩斯,泰斯佩斯的父亲是阿契美尼斯"。

贝希斯敦铭文的图像〔图3〕,以简化的形式,也发现于巴比伦巡游大道。

〔图4〕
阿尔万德铭文
梁鉴 摄

【案】这一铭文属摩崖石刻,约刻于公元前521—前518年,图文并茂,最有代表性。波斯铭刻,此铭最长。大流士铭刻,此铭最早。

## 2. 大流士一世和薛西斯一世的阿尔万德铭文（Alvand Inscriptions）,简称 DE 和 XE[10]

铭文〔图4〕在哈马丹东南,俗称甘吉·纳迈赫（Ganj Nameh）。Ganj Nameh,意思是宝书（寻宝指南一类书）。哈马丹在阿尔万德山区,从克尔曼沙阿去哈马丹,铭文正好在进哈马丹的路口上。铭文左右并列各一篇。左边是大流士一世的铭文,右边是薛西斯一世的铭文。这两篇铭文,皆三体并用,分左、中、右三栏书写。大流士一世铭文作："有个伟大的神,阿胡拉·马兹达,他创造了土地,创造了天空,创造了人类,造福于人类,成就了大流士王,万王之王,万主之主。我是大流士,伟大的王,王中王,万邦亿民之王,无远弗届之王,希斯塔斯普之子,阿契美尼德人。"薛西斯一世铭文,除王号不同,全同大流士一世铭文。

[10] DE 和 XE：D 是大流士一世,X 是薛西斯一世,E 是 Elvand,即 Alvand 的另一种拼写。

【案】这两篇铭文亦属摩崖石刻，铭文不长，却很重要。贝希斯敦铭文的破译，最初就是借助此铭。波斯铭刻，自大流士一世以下，形成套话。这种套话通常包括三大要素：一是谢神恩，即感谢阿胡拉·马兹达的保佑（阿尔塔薛西斯二世以下，除谢阿胡拉·马兹达，还谢阿纳希塔和密特拉）；二是陈世系，自报家门，说明自己是某某之子、某某之孙，出身非常高贵；三是述疆域，说自己大有天下，疆域从哪儿到哪儿，无远弗届，或者有多少行省的人前来朝贡。有时还要加上作此宫、作此器等语。下述短铭多有此类套话。DE 作于大流士一世平米底之乱后，即公元前 522 年后。XE 作于薛西斯一世时，即公元前 486 年后。

## 四 哈马丹

### 1. 大流士一世宫阿帕丹奠基铭文，简称 DH[11]

金版、银版各一，现藏伊朗国家博物馆。短铭，三体并用。铭文提到，大流士一世的疆域是："从粟特那边的萨卡到努比亚，从印度到吕底亚"。

【案】这套奠基铭文，内容同下 DPh，作器时间可能相近。"从粟特那边的萨卡到努比亚"是从东北到西南，"从印度到吕底亚"是从东南到西北，这是两条大对角线。

### 2. 薛西斯一世银匜铭文，简称 XH[12]

只有残片。短铭，古波斯文，只剩最后一句，"作于薛西斯宫"。

【案】此器是一件 silver pitcher，器形未见。pitcher 有鋬有流，类似我国的匜，这里译为银匜。

### 3. 大流士二世金版、银版铭文，简称 D2Ha[13]

短铭，古波斯文，类似 A2Hc。

### 4. 阿尔塔薛西斯二世宫铭文，简称 A2H[14]

A2Ha：柱础。短铭，古波斯文。铭文提到阿胡拉·马兹达、阿纳希塔和密特拉。

A2Hb：柱础。短铭，古波斯文。铭文提到密特拉。

A2Hc：金版。短铭，古波斯文。铭文提到阿胡拉·马兹达。

【案】铭文除求阿胡拉·马兹达保佑，也求阿纳希塔和密特拉保佑。

### 5. 阿里亚拉姆尼斯金版铭文，简称 AmH[15]

1930 年哈马丹出土，现藏伊朗国家博物馆。短铭，古波斯文，年代不

[11] D 是大流士一世，H 是哈马丹。

[12] X 是薛西斯一世，H 是哈马丹。

[13] D2 是大流士二世，H 是哈马丹。

[14] A2 是阿尔塔薛西斯二世，H 是哈马丹。

[15] Am 是阿里亚拉姆尼斯，H 是哈马丹。

详。铭文作"阿里亚拉姆尼斯，伟大的王，王中王，波斯王，泰斯佩斯之子，阿契美尼斯之孙。阿里亚拉姆尼斯王说：我拥有波斯，兵强马壮的波斯，阿胡拉·马兹达把它赐给我。蒙阿胡拉·马兹达之恩，我是这个国家的国王。阿里亚拉姆尼斯王说：愿阿胡拉·马兹达保佑我"。

### 6．阿萨美斯金版铭文，简称 AsH[16]

1945年哈马丹出土，现藏伊朗国家博物馆。短铭，古波斯文，年代不详。铭文作"阿萨美斯，伟大的王，王中王，波斯王，阿里亚拉姆尼斯王之子，阿契美尼德人。阿萨美斯王说：伟大的阿胡拉·马兹达，众神之中最伟大的神，赐我为王，赐我兵强马壮的波斯。蒙阿胡拉·马兹达之恩，我拥有这片土地。愿阿胡拉·马兹达保佑我，保佑我的皇宫，保佑我的国土"。

【案】最后两种铭文，所述世系与贝希斯敦铭文和希罗多德《历史》相符。大流士一世登基后，这种世系代表正统，第一章已经讨论。学者怀疑，这两件金版是后人伪托，但仍承认它是阿契美尼德时期的东西。[17]

## 五 苏萨

### 1．大流士一世宫室铭文，简称 DS[18]

DSa：two tiles，残。短铭，古波斯文。

【案】器形未见，不知为何物。英文的 tile 是片状的建筑构件，可以是平的，也可以是弯的，屋瓦、墙板和地砖都可以叫 tile，不限于屋瓦。

DSb：两砖，一全一残。短铭，古波斯文，同 DSy。
DSc：两件柱础。短铭，三体并用。
DSd：五块残石，分属三件柱础，两块为古波斯文，三块为埃兰文，皆短铭。
DSe：泥版残片，包括古波斯文11片，埃兰文5片，阿卡德文3片（其中一片大致完整），分属不同文本。铭文稍长，提到28行省（见上第三章）。大流士一世不仅自称阿契美尼德人、波斯人，而且以雅利安人的子孙自居。
DSf：大流士宫及其附近出土的铭文残片，包括古波斯文13片，埃兰文12片，阿卡德文27片，其中包括阿帕丹的奠基铭文，材质分大理石、泥版、釉砖等，现藏伊朗国家博物馆。铭文稍长，三体并用，内容与 DSz 相近。铭文除常见套话，还提到许多施工细节，如派哪里的工匠，用什么材料，材料取自何方等。
DSg-j（DSh 未见）：柱础。短铭，三体并用。

[16] As 是阿萨美斯，H 是哈马丹。
[17] I. Gershevitch ed., *The Cambridge History of Iran*, Vol. 2, pp. 209-230; Pierre Briant, *From Cyrus to Alexander*, pp. 16-17.
[18] D 是大流士一世，S 是苏萨。

DSk-l：焙烧砖。短铭，古波斯文。

DSm：阿帕丹釉砖《禁军图》的一部分，现藏卢浮宫。短铭，三体并用。铭文提到23行省（见上第三章）。

DSn：雕像，残。铭文在残像的衣服上，三体并用，作"大流士王命为此刻……愿阿胡拉·马兹达保佑他和他之所作"。

DSo-w（DSr、DSx未见）：八块大理石版，五块为古波斯文，一块为埃兰文，两块为阿卡德文，皆为短铭。DSv提到米底、卡帕多西亚、亚述、印度、花剌子模，是个残缺不全的行省名单。

DSy：柱础，现藏伊朗国家博物馆。短铭，三体并用，同DSb。

DSz：灰色大理石版，出自大流士宫阿帕丹，属奠基铭文，除古波斯文残石7块，保存最好的是伊朗国家博物馆展出的两件埃兰文石版（编号：2692、2694），内容类似DSf。

DSaa：灰色石版。短铭，阿卡德文。铭文DSaa提到23行省（见上第三章）。

DSab：大流士雕像，说详第五章。

【案】以上多出大流士宫。铭文编号，aa、ab是a-z后另外起算。

2．薛西斯一世宫室铭文，简称XS[19]

XSa：柱础，残。短铭，古波斯文。

XSb：柱础。短铭，阿卡德文。

XSc：大理石版，残。短铭，古波斯文。

XSd：柱础。短铭，三体并用。

XSe：大理石柱础。短铭，阿卡德文。

3．大流士二世宫室铭文，简称D2S[20]

D2Sa：柱础，残。短铭，古波斯文。

D2Sb：柱础，两件。短铭，古波斯文和阿卡德文。

4．阿尔塔薛西斯二世宫室铭文，简称A2S[21]

A2Sa：柱础，四件，残。短铭，三体并用。铭文提到阿胡拉·马兹达、阿纳希塔和密特拉。

A2Sb：柱础若干，残。短铭，三体并用，在伊朗国家博物馆展出。

A2Sc：石版。短铭，古波斯文。铭文提到阿胡拉·马兹达。

A2Sd：柱础若干。短铭，三体并用。铭文提到阿胡拉·马兹达、阿纳希塔和密特拉。

【案】A2S类似A2H。

[19] X是薛西斯一世，S是苏萨。

[20] D2是大流士二世，S是苏萨。

[21] A2是阿尔塔薛西斯二世，S是苏萨。

〔图 5〕
帕萨尔加德：宫殿 P 角柱铭文
任超 摄

〔图6〕
帕萨尔加德：宫殿P门道石刻铭文
任超 摄

〔图7〕
帕萨尔加德：宫殿P门道上部的铭文

## 六　帕萨尔加德

### 1．居鲁士二世宫室铭文，简称 CM[22]

CMa（=DMa）：宫殿S和宫殿P，壁柱上方有铭文〔图5〕，三体并用，两行为古波斯文，一行为埃兰文，一行为阿卡德文，作"我是居鲁士，王，阿契美尼德人"。阙门R《居鲁士像》本来有相同的铭文，见于一幅早期绘画，据早期造访者说，这篇短铭，1861年还在，1874年已看不到。[23]

CMb（=DMb）：宫殿P门道浮雕的上部，皆碎块，三体并用。铭文作"居鲁士，伟大的王，冈比西斯之子，王，阿契美尼德人"。除阿里·萨米后来发现的一块〔图6〕，现在已经找不到，只有赫茨菲尔德的笔记有图。[24]

CMc（=DMc）：宫殿P，门道浮雕，两壁各二人，前行者为居鲁士，衣褶上有铭文〔图7〕，三体并用。铭文作"居鲁士，伟大的王，阿契美尼德人"。[25]

【案】这三篇铭文虽以居鲁士二世的口吻而写，实际上是大流士一世所刻。CMb提到的"冈比西斯"是冈比西斯一世，而非冈比西斯二世。

### 2．方塔铭文（Zendan Inscriptions）

1952年，阿里·萨米在方塔附近发现一块带铭文的残石，1962年移藏波斯波利斯博物馆。铭文同CMa，仅存古波斯文两行和埃兰文一行的几个字。[26]

### 3．薛西斯一世歹瓦铭文

1961—1963年，斯托罗纳克发掘未完成的大平台时，在排水沟K发现一件古波斯文石版，除左上角残，大体完整。铭文与下波斯波利斯出土的三件"歹瓦铭文"（Daiva Inscription）相同。[27]

---

[22]　C是居鲁士二世，M是穆尔加布（Murghab）的缩写。帕萨尔加德（Pasargade）所在的平原叫穆尔加布平原（Dasht-i Murghab）。穆尔加布镇在帕萨尔加德西北10公里。

[23]　D. Stronach, *Pasargadae*, pp. 47-48, n.51, 53, 63-64, 89, 100-103, 136-137; A. Kuhrt, *The Persian Empire*, p. 177. 案：前书称CMa，后书认为CMa=DMa。

[24]　D. Stronach, *Pasargadae*, pp. 95, 97-100; A. Kuhrt, *The Persian Empire*, p. 177. 案：前书认为CMb=DMa，后书认为CMb=DMb。

[25]　D. Stronach, *Pasargadae*, pp. 95, 100-101; A. Kuhrt, *The Persian Empire*, p. 177. 案：前书认为CMc=DMb。

[26]　D. Stronach, *Pasargadae*, pp. 136-137, Pls. 102 a and b and Fig. 69.

[27]　同上书，p. 152, Pl. 123。

## 七 波斯波利斯

1. 大流士一世宫室铭文，简称 DP[28]

    DPa：在大流士宫门道浮雕人像的上方。短铭，三体并用。
    DPb：在大流士宫大流士像的衣服上。短铭，三体并用。
    DPc：在大流士宫的窗框上。铭文作"大流士宫的石头窗框"。
    【案】这些铭文刻于大流士宫。

    DPd-e：大平台奠基铭文，古波斯文。
    DPf：大平台奠基铭文，埃兰文。
    DPg：大平台奠基铭文，阿卡德文。
    【案】这些铭文刻于大平台南壁，在波斯波利斯的铭刻中最长。

    DPh：阿帕丹奠基铭文，原本埋于四隅，每个角落各一具石盒，内藏金版、银版各一，三体并用，一共四套。1933年发现时，一套古代被盗，一套只剩空盒，其他两套送德黑兰，一套入藏礼萨·汗的宫殿，一套入藏伊朗国家博物馆。1979年后，伊朗国家博物馆的一套，金版失盗，被裁割变卖，只剩银版。[29]
    【案】这套奠基铭文，内容同上DH，作器时间可能相近。

    Dpi：门纽（door-knob）铭，埃及蓝（Egyptian blue），三体并用，铭文作"门纽是用贵重的石头做成于大流士宫"，伊朗国家博物馆展出两件，芝加哥东研究所展出一件。
    【案】埃及蓝是一种人工合成仿青金石（lapis lazuli）的材料，成分为硅酸钙（$CaCuSi_4O_{10}$ 或 $CaOCuO_{(2)4}$）。

    DPj：柱础，残，铭文有大流士名。
    【案】伊朗国家博物馆展出的一件方形柱础，短铭，三体并用，作"我是大流士，伟大的王，王中王，万邦之王，天下之王，希斯塔斯普之子，阿契美尼德人"。

2. 大流士一世权铭，简称 DW[30]

    DWa，现藏不列颠博物馆。短铭，三体并用。铭文记重2卡萨（karšā），实测重量166克。
    DWb，现藏伊朗国家博物馆。短铭，三体并用。残失其半，实测重量269.94克，估计原重6卡萨。

---

[28] D是大流士一世，P是波斯波利斯。

[29] 参看 A. S. Shahrbazi, *The Authoritative Guide to Persepolis*, pp. 82-84；A. Mousavi, *Persepolis:Discovery and Afterlife of a World Wonder*, pp. 172-178。案：这两套铭文，芝加哥大学东方研究所本以为可以拿走一套，被礼萨·汗拒绝。

[30] D是大流士一世，W是Weight。Weight是权衡的权。

〔图8〕
波斯波利斯：万国门铭文
李零 摄

DWc，在伊朗国家博物馆展出。短铭，三体并用。铭文记重120卡萨，实测重量9950克。

DWd，现藏芝加哥大学东方研究所。短铭，三体并用。铭文记重60卡萨，实测重量4930克。

【案】这四件权，皆用闪长岩（diorite）雕刻，出自波斯波利斯内府。

3. 薛西斯一世宫室铭文，简称 XP[31]

XPa：在万国门门道左右壁的上方。短铭：三体并用〔图8〕。铭文提到，此门叫万国门（Gate of All Nations），建于 Pārsā（即 Posepolis），乃"我和我父亲所建"。

【案】此门为波斯波利斯大平台登台后的入口，乃大流士一世和薛西斯一世所建。

XPb：在阿帕丹北阶和东阶的正中。短铭：三体并用。铭文说，此宫是"我和我父亲所建"。

【案】阿帕丹即群臣觐见的朝堂，位于万国门南，亦大流士一世和薛西斯一世所建。

[31] X 是薛西斯一世，P 是波斯波利斯。

〔图9〕
波斯波利斯：大流士宫
壁柱铭文
李零 摄

〔图 10-1〕
薛西斯一世后宫铭文之一：古波斯文
任超 摄

〔图 10-2〕
薛西斯一世后宫铭文之二：阿卡德文
任超 摄

XPc：在大流士宫南阶和东西壁柱上〔图9〕。短铭，三体并用。铭文说，此宫是"我所建和我父亲所建"。
【案】大流士宫在阿帕丹南，亦大流士一世和薛西斯一世所建。

XPd-e：在薛西斯宫北阶的正中和东西壁柱上。短铭，三体并用。
【案】薛西斯宫在大流士宫的东南。

XPf：石版五件，出自薛西斯后宫，四件为古波斯文，一件为阿卡德文，即所谓"后宫铭文"（Harem Inscriptions）。这五件石版，两件在波斯波利斯博物馆展出，两件在伊朗国家博物馆展出〔图10〕。铭文提到"我的父亲是大流士，大流士的父亲名叫希斯塔斯普，希斯塔斯普的父亲名叫阿萨美斯，希斯塔斯普和阿萨美斯当时都还健在"，"我的父亲大流士立我为太子，他弃位后，蒙阿胡拉·马兹达之恩，我即位为王"。
【案】薛西斯后宫在薛西斯宫东侧。

XPg：釉砖多件，出自阿帕丹，一件在伊朗国家博物馆展出，一件在芝加哥大学东方研究所展出。短铭，古波斯文。
【案】这种铭文釉砖，苏萨大流士宫阿帕丹也有。

XPh：石版四件，出自禁军营，即著名的"歹瓦铭文"（Daiva Inscriptions）。[32] 这四件石版，两件为古波斯文，一件全，一件未写完，在伊朗国家博物馆

[32] 歹瓦铭文（Daiva Inscriptions）是禁淫祀之辞。Daiva 亦作 Daeva。

第六章 统一文字　　201

展出；一件为埃兰文，残失约四分之一；一件为阿卡德文，在芝加哥大学东方研究所展出。同类石版，帕萨尔加德也出土过一件，已见上文。铭文提到30行省，其中一省叛。该省不尊阿胡拉·马兹达，而信歹瓦（Daiva，指妖魔、邪魅），被镇压。

【案】薛西斯一世时，特别强调尊阿胡拉·马兹达。

XPi：门纽，[33] 用青金石制作，分古波斯文和埃兰文两种，铭文作"青金石门把，作于薛西斯宫"，出自薛西斯宫和薛西斯后宫。

XPj：柱础，至少五件出自薛西斯后宫，也有一些出自薛西斯宫。铭文三体并用，作"我是薛西斯，伟大的王，王中王，万邦之王，世界之王，大流士之子，阿契美尼德人。大流士王说：我建了此宫"。

XPk：在薛西斯浮雕像的衣服上，铭文为古波斯文和埃兰文，作"薛西斯，大流士之子，阿契美尼德人"。

XPl：石版。铭文模仿DNb，可用以校正DNb。

XPm：柱础。铭文作"我建了此宫"。很多薛西斯宫和薛西斯后宫出土的残石都有这类铭文。

## 4. 阿尔塔薛西斯一世宫室铭文，简称A1P[34]

A1Pa：大流士宫、薛西斯宫和宫殿G之间的庭院有许多残石，其中一块有铭文。铭文为阿卡德文（铭文开头的古波斯文缺失），提到"我的父亲，薛西斯王，建了此宫，后来我又重修了它"。

A1Pb：石版，百柱厅出土。铭文为阿卡德文，作"阿尔塔薛西斯王说：赖阿胡拉·马兹达保佑，我的父亲，薛西斯王，为此宫奠基，我，阿尔塔薛西斯一世，告成于此"。

【案】百柱厅是阿尔塔薛西斯一世所建。

## 5. 阿尔塔薛西斯二世陵铭文，简称A2P[35]

阿尔塔薛西斯二世陵（Tomb of Artaxerxes II）位于善心山上。铭文同下DNe，也是三十贡使像的题榜。

【案】波斯波利斯有三座王陵，此陵是三座王陵之一。三座王陵只有此陵有铭文。通常认为，这三座王陵，阿尔塔薛西斯二世陵居中，阿尔塔薛西斯三世陵在其左（其北），大流士三世陵在其右（其西南）。

## 6. 阿尔塔薛西斯二世柱础铭文

伊朗国家博物馆展出的一件方形柱础，短铭，三体并用，作"我是阿

[33] 或称wall knob，或称wall peg。

[34] A1是阿尔塔薛西斯一世，P是波斯波利斯。

[35] A2是阿尔塔薛西斯二世，P是波斯波利斯。此墓墓主，学者有不同猜测，或说阿尔塔薛西斯二世，或说阿尔塔薛西斯三世，库尔特称A?P，见A. Kuhrt, *The Persian Empire*, pp. 483-484。

尔塔薛西斯，伟大的王，王中王，万邦之王，天下之王，大流士王之子，阿契美尼德人。阿尔塔薛西斯王说：蒙阿胡拉·马兹达之爱，这是我在我有生之年修建的有如天堂的哈迪斯宫，愿阿胡拉·马兹达、密特拉、阿纳希塔保佑我百害无伤，也保护我所修建"。

【案】铭文中的"阿尔塔薛西斯"是阿尔塔薛西斯二世，"大流士"是大流士二世。

## 7. 阿尔塔薛西斯三世重修大流士宫西阶的铭文，简称 A3Pa[36]

在大流士宫西阶正中。铭文提到"阿尔塔薛西斯王说：这个石阶是我在位时所作。阿尔塔薛西斯王说：愿阿胡拉·马兹达和密特拉保佑我，保佑我的国家，保佑我建的一切"。中央大厅北阶有同样的铭文。

## 8. 石器上的铭文

波斯波利斯出土的石器，包括埃及蓝、雪花石膏、玉等不同材质，有些是建筑构件，有些是餐具，分别藏于波斯波利斯博物馆、伊朗国家博物馆和芝加哥大学东方研究所。其中有些器物带铭文，除古波斯文、埃兰文、阿卡德文，还有古埃及文。

## 八 纳克什·鲁斯塔姆

### 大流士一世陵铭文，简称 DN[37]

大流士一世陵（Tomb of Darius the Great）是纳克什·鲁斯塔姆的四座王陵之一，四座王陵只有此陵有铭文。

此陵开凿于崖壁，立面作十字形。墓门开在中央，上方有三十贡使共举宝座的画面，大流士一世立于宝座上，面对火坛，向阿胡拉·马兹达祷告。画面外框，左右各三人，按上中下排列，是帮助大流士一世夺天下的六大功臣像；侧壁各有四人，也按上中下排列，则是波斯禁军的武士像。

铭文与图相配，三体并用，分五部分：

DNa：古波斯文和埃兰文刻于大流士像身后；前者在右，后者在左。阿卡德文刻于武士像的上方。铭文较长，自称得神之佑，大有天下，三十行省皆来朝贡（见上第三章）。

DNb：古波斯文刻于墓门左侧的两个立柱间，埃兰文刻于墓门右侧的两个立柱间，阿卡德文刻于埃兰文的右侧。埃兰文的下面还有加刻的阿拉美铭文。铭文较长，多为道德训诫之辞。

DNc-d：为六大功臣像的题榜。六大功臣，只有左侧三人的头两人有题榜（位于左侧的上、中）。第一人作"来自 Pâtišuvariš 的戈布里亚斯

[36] A3 是阿尔塔薛西斯三世，P 是波斯波利斯。

[37] D 是大流士一世，N 是纳克什·鲁斯塔姆。

[38] Pâtišuvariš，地名，或说在马赞德兰。戈布里亚斯，七人帮之一，巴比伦总督。

(Gobryas），大流士王的长矛手"，[38] 第二人作"阿斯帕提涅斯（Aspathines），弓箭手，手执大流士王的战斧"。[39]

DNe：为三十贡使像的题榜。

【案】在波斯铭刻中，此铭长度仅次于贝希斯敦铭文。铭文提到马其顿人，可见年代在公元前512年后。

## 九 伊朗境外的发现

有大流士一世盖尔拉泥版铭文、大流士一世捷姆留克碑铭文、大流士一世苏伊士运河碑铭文、大流士一世雕像铭文、大流士一世护身符铭文、薛西斯一世凡城铭文、薛西斯一世雪花石膏瓶铭文，说详第五章。

## 十 其他

甲、筐罍

### 1. 大流士一世金筐罍铭文，简称 DVs[40]

传出哈马丹，现藏大都会博物馆（编号：54.3.1）。铭文在颈部，三体并用，作"伟大的大流士王"。

【案】DVs，V 指 vase，但此器深腹折肩，有裂瓣纹，应属筐罍（phialae）。筐罍是一种仿玫瑰花的裂瓣纹器物，高者作碗钵状（bowl），矮者作浅盘状（dish），与通常所谓的 vase 不同，vase 多指深度大于腹径的瓶状器。

### 2. 薛西斯一世金筐罍铭文，简称 XVs

传出哈马丹，现藏伊朗国家博物馆（编号：7985）。铭文在颈部，三体并用，作"伟大的薛西斯王"。

【案】此器亦深腹折肩。

### 3. 阿尔塔薛西斯一世银筐罍铭文，简称 A1Vs[41]

1935 年始由赫茨菲尔德披露，凡四件（A1Vsa-d），器形相似，皆作浅盘状，铭文为古波斯文，出土时间、出土地点和早期收藏情况不详。

A1Vsa：铭文在口沿，作："阿尔塔薛西斯，伟大的王，王中王，万邦之王，薛西斯之子，大流士之孙，阿契美尼德人，他在他的宫殿作此银杯"。[42]

A1Vsb：铭文作"伟大的阿尔塔薛西斯王"。

A1Vsc-d：铭文作"阿尔塔薛西斯王"。

---

[39] 阿斯帕提涅斯，七人帮之一。Aspathines，贝希斯敦铭文作 Ardumannis。

[40] D 是大流士一世，Vs 是 Vase。

[41] A1 是阿尔塔薛西斯一世，Vs 是 Vase。

[42] 这里的"银杯"，英文译作 silver cup，但器形为筐罍。

这四件器物，A1Vsa，现藏不列颠博物馆（编号：1994.0127.1），其他三件，一件藏大都会博物馆（编号：47.100.84），一件藏弗利尔美术馆（编号：F1974.30），一件藏礼萨·阿巴斯博物馆（编号：Acc40）。

【案】这四件器物，大都会博物馆的一件是1947年入藏。其他三件，1970年曾在伦敦苏富比拍卖行拍卖，拍品141后归弗利尔美术馆，拍品142后归不列颠博物馆，拍品140后归礼萨·阿巴斯博物馆。

乙、印章

1. 大流士一世印章，简称 SD[43]
   SDa：铭文作"我是大流士王"。
   SDb：铭文作"我是大流士"。

2. 薛西斯一世印章，简称 SX[44]
   SXa：铭文作"伟大的薛西斯王"。
   SXb-c：铭文作"我是薛西斯王"。

3. 阿尔塔薛西斯三世印章，简称 SA3[45]
   SA3a：铭文作"阿尔塔薛西斯作"。
   SA3b：铭文作"我是伟大的阿尔塔薛西斯王"。

丙、护身符

有大流士一世护身符，说详第五章。

## 十一 与中国比较

波斯铭刻，贝希斯敦铭文和大流士一世陵铭文最长，最有代表性，让我们联想到秦始皇统一天下后的七件刻石：《峄山刻石》《泰山刻石》《琅琊刻石》（图11）《之罘刻石》《东观刻石》《碣石刻石》《会稽刻石》。这批刻石，不是立在四通八达之地的高山之巅，而是立在他无法再往前走的大海边。

秦始皇的大一统，首先是车书一统，车同轨，书同文。前者是为了打破地域的隔阂，后者是为了打破语言的隔阂，非常重要，但也非常难。比如欧洲，英国的车左行，中国的车右行。语，只有英语比较通行。文，只有教会通用拉丁文。即使今天，他们还是车不同轨、书不同文。

[43] S 是 Seal，D 是大流士一世。
[44] S 是 Seal，X 是薛西斯一世。
[45] S 是 Seal，A3 是阿尔塔薛西斯三世。

[图 11-1]
琅琊刻石
中国国家博物馆

[图 11-2]
宋刻秦峄山刻石
西安碑林博物馆

中国的文字统一始于秦始皇。我们不妨比较一下。

中国的大一统分两种，一种是汉族大一统，一种是少数民族大一统。两者的文字政策不一样。

我们先说汉族大一统。

秦诏版和秦刻石，与波斯铭刻一样，也是宣传大一统，但不同点是，秦朝统一文字，不是多体并存，而是只用一体。秦律规定，秦国只用秦系文字，而不用六国文字。秦系文字虽有籀文、小篆、隶书三体，但这三体是同一种文字的三体。

比秦代晚，汉魏复古，有古文之学。古文之学是经学中的专门之学。正始石经（图12）用古文、小篆、隶书对读的方式刻写经书，属明经之用，并非通行文字。铭文虽把秦朝禁用的六国文字又收了进来，但这三体仍然没有超出汉字的大系统。

把汉族文字和非汉族系统的文字刻在一起，这样的例子在中国有没有？也有。这是到了宋以后。宋以后的王朝，除了明朝，辽、金、元、清都是北方民族建立的征服王朝。

12-1 | 12-2
13

〔图 12-1〕
三体石经
西安碑林博物馆

〔图 12-2〕
三体石经
辽宁省博物馆

〔图 13〕
云台《陀罗尼经咒》(梵、藏、八思巴、回鹘、西夏、汉六体)
任超 摄

第六章 统一文字　　207

〔图14〕
乾隆书丽正门匾额
（汉、满、蒙、回、藏五体）

元朝文字是六体并用，如北京居庸关的云台刻经〔图13〕，就是六体并用：梵文、藏文、八思巴文、回鹘文、西夏文、汉文。

清朝文字是五体并用，如承德避暑山庄丽正门的门额，就是汉、满、蒙、维、藏五体并用〔图14〕。[46] 当时有《五体清文鉴》，以及汉、满、蒙、维、藏双语或多语合璧本。20世纪上半叶，法国汉学还是汉、满、蒙三语并习。

波斯大一统是民族融合的产物。中国大一统也是民族融合的产物。

中国自古就讲"柔远能迩"，民族共融。

民国以来讲"五族共和"，其实是清朝的遗产。当时所谓的"五族"是指中国境内的五大族：汉、满、蒙、回、藏。[47] 这种遗产对今天仍有影响。中华人民共和国，人民币上印五种文字，汉、壮、蒙、维、藏，还是强调"五族共和"。

中国的五体并用和六体并用，都是少数民族入主中原的产物。

波斯铭刻，背景更接近辽、金、元、清，而不是秦、汉、唐、宋。

[46] 故宫匾额多用两体。
[47] 当时所谓"回"乃泛指信仰伊斯兰教的民族。

第七章

# 统一法律

阿契美尼德时期的波斯帝国是第一个真正可以称为世界性的大帝国。在它之前有四大帝国，埃及、迦勒底（新巴比伦）、吕底亚、米底，全部被它兼并；在它之后有四大帝国，马其顿、罗马、帕提亚、萨珊，直接间接，或多或少，也都受它影响。这是个承前启后的大帝国。

居鲁士兼并四大帝国，与亚述、巴比伦的征服方式形成对照，主要表现在他对被征服民族的宗教、语言、文化和风俗比较尊重，不是专恃武力。居鲁士二世圆柱（Cyrus Cylinder）成为这种政策的象征。其实，这种"仁政"根本不能从道德评价，而应归入政治艺术。西周铜器铭文叫"柔远能迩"。

居鲁士二世圆柱，1879年出土于巴比伦马尔杜克庙基址，现藏不列颠博物馆。1971年，阿什拉芙·巴列维（伊朗前国王巴列维的妹妹）把该器复制品赠送联合国，被联合国称为"古代的人权宣言"。2010年，居鲁士二世圆柱在伊朗国家博物馆展出。[1] 居鲁士释希伯来之囚，其诏令见于《旧约·以斯拉记》第一章，但居鲁士二世圆柱的铭文并没有涉及这方面的内容。

武王克商，存亡继绝，释百姓之囚，表商容之闾，散鹿台之财，发巨桥之粟，最为孔子称道。他在《论语·尧曰》中说，"兴灭国，继绝世，举逸民，天下之民归心焉"，就是总结这种政治艺术。

其实，马上得天下，马下治天下，最后是靠规矩和秩序。

〔左页图〕
汉谟拉比法典

# 一 帝国离不开法制

过去有一种误解，东方大帝国，只靠人治，不靠法制，人治是专制，法制是民主，这是没有常识。其实，小国靠选举，只是古风，就像小村子选村长，轮流坐庄，选出个村长，足以应付一切。这种靠村长办事才是典型的人治。相反，越是大国，才越不能靠人治。波斯帝国如此，秦汉帝国如此，罗马帝国也如此。皇帝权力再大，也不能靠人治。没有法制，没有法制下的官僚制度，一个庞大的国家根本无法运转。这个道理很简单，用不着多说。

韩非子讲法、术、势，说治国不能靠人，人最靠不住，要靠法、术、势。法家的精神是什么？是释人任法，释人任术，释人任势。法所以临民，术所以驭臣，势所以治国。三大法宝，首先是法。中国的秦汉大帝国，不是靠人治，而是以法制立国。

世界上的法系有很多种，或以判例为度，或以法典为度。比如欧美有大陆法系和英美法系。英美法系的源头是日耳曼法，大陆法系的源头是罗

[1] John Curtis, *The Cyrus Cylinder and Ancient Persia.*

| 1-1 | 1-2 | 1-3 | 1-4 |

〔图 1-1〕
乌尔纳姆法典（正）
伊斯坦布尔考古博物馆

〔图 1-2〕
乌尔纳姆法典（背）
伊斯坦布尔考古博物馆

〔图 1-3〕
乌尔纳姆法典（摹本）

〔图 1-4〕
乌尔纳姆法典（摹本）

马法。日耳曼法是蛮族法，小国寡民的色彩比较浓，它依靠的是习惯法。罗马法是罗马帝国的法，它依靠的是成文法。法律的本质是普适性，就像度量衡是一种程式或标准。成文法跟帝国的关系更密切。这根本不是什么东方不东方、民主不民主的问题。

## 二 大流士一世法典

世界最古老的法典有两部，一部是《乌尔纳姆法典》（Code of Ur-Nammu），一部是《汉谟拉比法典》（Code of Hammurabi）。[2]

《乌尔纳姆法典》〔图1〕是乌尔第三王朝的创建者乌尔纳姆（Ur-Nammu，前2112—前2095年在位）制定的法典，原文刻在泥版上。1952年以来，其残片陆陆续续发现于伊拉克的若干地点。这些残片，经拼接复原，现存序言和法律32条，年代虽早，但残缺不全。其律文格式率作"如果某人有什么不当的行为，就将受到什么惩罚"，如它的第一条是"如果某人杀人，他就应该被杀"，第二条是"如果某人抢劫，他就应该被杀"。

《汉谟拉比法典》〔图2〕是古巴比伦王汉谟拉比（Hammurabi，前1792—前1750年在位）制定的法典，原文刻在一通高2.25米的玄武岩石碑上，形状好像食指。"食指"的指甲盖上刻着一幅图，右边坐着正义之神沙马什（Shamash），左边站着汉谟拉比，沙马什正把权杖授予他。图下的文字包括282条法律，部分人为磨损，未及刻。苏萨出土，卢浮宫收藏的一件石碑，有类似图像〔图3〕，似即模仿它。

这一法典在西亚影响很大。公元前1163年，巴比伦的邻国埃兰把它掠至苏萨，后来波斯灭苏萨，又成为波斯的战利品，一直放在苏萨的大流士宫，1901年出土，现藏法国卢浮宫。1902年，法国亚述学家吉恩·文森

[2] 埃及无法典传世。印度有《摩奴法典》。希腊没有统一的法律。罗马有《十二铜表法》和《查士丁尼民法大全》。

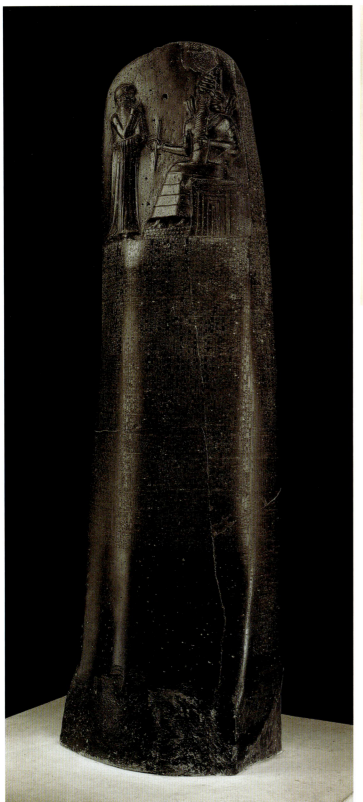

〔图 2〕
《汉谟拉比法典》
卢浮宫

〔图 3〕
埃兰占领巴比伦时期的石碑
卢浮宫

4-1 | 4-2

〔图 4-1〕
《汉谟拉比法典》，泥版
卢浮宫

〔图 4-2〕
《汉谟拉比法典》，泥版
不列颠博物馆

特·沙伊尔（Jean-Vincent Scheil）翻译出版。世界各大博物馆和研究所，很多都藏有这件珍贵文物的复制品，如柏林帕加马博物馆和芝加哥大学东方研究所。法典原文，除石刻铭文，出土发现，还有一些是刻写在泥版上〔图4〕。

波斯帝国的法律，据说是大流士一世所定，根据是贝希斯敦铭文〔图5〕。[3] 它说："靠阿胡拉·马兹达保佑，上述地区，无不称臣纳贡，凡我所命，夙夜不坠。"[4]

大流士一世的法典，现已失传。奥姆斯特德从大流士一世的铭文钩沉辑佚，试图证明大流士一世制定的法典，处处模仿这部法典，材料太少，不足以窥见其面貌。[5]

他说：

> 自从有文字史以来，商业化的巴比伦一直承认法律的至高无上地位。巴比伦法官执行的不是欧洲大陆法系学者所理解的成文法汇编，而是类似于盎格鲁—撒克逊民族的习惯法。其基础建立在古代判例之上，即"人们的记忆是不会错的"。根据这些判例，在确定的情况下制定各种不同类型的法律。法官可以根据逻辑推理的方式，对自己面

[3] 奥姆斯特德《波斯帝国史》，第150页。
[4] 见 Behistun T 03; Column i, lines 20-24.
[5] 奥姆斯特德《波斯帝国史》，第153—164页。

[图5]
贝希斯敦铭文

临的特定案例做出自己的判决。这里,对他有帮助作用的就是我们所谓的案例讲义,现代的法学院也仍然在使用它。尽管案例讲义是以国王的权威发布的,并且因为得到神的正式批准而产生效力,但把它称为法典是非常不妥当的。<6>

他把《汉谟拉比法典》称为"案例讲义",认为以判例断案仍属习惯法,还不是真正意义上的成文法,称为法典不妥当。

其实,世界上的法典,最初都是习惯法,习惯法的标准是惯例,一切照老规矩办。成文法是在习惯法的基础上发展起来,更加规范,也更加死板。

法律的公平原则是基于古老的同态复仇法(lex talionis)。《旧约》有所谓"以眼还眼,以牙还牙"(《出埃及记》24: 21,《利未记》24: 20,《申命记》19: 21)。《乌尔纳姆法典》和《汉谟拉比法典》都强调这种对等原则,中国也不例外。

学者多已指出,《汉谟拉比法典》并不公平,不同等级,不同身份,犯同样的罪,处罚之轻重,明显不同。

<6> 奥姆斯特德《波斯帝国史》,第151页。

## 三 与中国比较

中国法律,自成一系,与古代近东的埃及法系、美索不达米亚法系,以及欧洲的罗马法系、日耳曼法系具有同样的重要性,应该叫中国法系。

中国所谓法,早期多称刑。如《尚书》有象刑、五刑、赎刑之说,即使到春秋晚期,仍有各种刑典之作。

当时所谓刑,多针对犯罪,主于刑罚之义。

公元前536年,郑子产铸刑书,见《左传》昭公六年:

> 三月,郑人铸刑书。叔向使诒子产书,曰:"始吾有虞于子,今则已矣。昔先王议事以制,不为刑辟,惧民之有争心也。犹不可禁御,是故闲之以义,纠之以政,行之以礼,守之以信,奉之以仁;制为禄位,以劝其从;严断刑罚,以威其淫。惧其未也,故诲之以忠,耸之以行,教之以务,使之以和,临之以敬,莅之以强,断之以刚,犹求圣哲之上、明察之官、忠信之长、慈惠之师,民于是乎可任使也,而不生祸乱。民知有辟,则不忌于上,并有争心,以征于书,而徼幸以成之,弗可为矣。夏有乱政,而作《禹刑》;商有乱政,而作《汤刑》;周有乱政,而作《九刑》;三辟之兴,皆叔世也。今吾子相郑国,作封洫,立谤政,制参辟,铸刑书,将以靖民,不亦难乎?诗曰:'仪式刑文王之德,日靖四方。'又曰:'仪刑文王,万邦作孚。'如是,何辟之有?民知争端矣,将弃礼而征于书,锥刀之末,将尽争之。乱狱滋丰,贿赂并行,终子之世,郑其败乎?肸闻之,'国将亡,必多制',其此之谓乎!"复书曰:"若吾子之言,侨不才,不能及子孙,吾以救世也。既不承命,敢忘大惠!"士文伯曰:"火见,郑其火乎!火未出,而作火以铸刑器,藏争辟焉。不火何为?"

公元前513年,晋赵鞅、荀寅铸刑鼎,见《左传》昭公二十九年:

> 冬,晋赵鞅、荀寅帅师城汝滨,遂赋晋国一鼓铁,以铸刑鼎,著范宣子所为刑书焉。仲尼曰:"晋其亡乎!失其度矣。夫晋国将守唐叔之所受法度,以经纬其民,卿大夫以序守之,民是以能尊其贵,贵是以能守其业。贵贱不愆,所谓度也。文公是以作执秩之官,为被庐之法,以为盟主。今弃是度也,而为刑鼎,民在鼎矣,何以尊贵?贵何业之守?贵贱无序,何以为国?且夫宣子之刑,夷之蒐也,晋国之乱制也,若之何以为法?"蔡史墨曰:"范氏、中行氏其亡乎!中行

寅为下卿，而干上令，擅作刑器，以为国法，是法奸也。又加范氏焉，易之，亡也。其及赵氏，赵孟与焉。然不得已，若德可以免。"

公元前501年，郑驷歂杀邓析，而用其竹刑（疑指写在竹简上的刑典），见《左传》定公九年：

> 郑驷歂杀邓析，而用其竹刑。君子谓子然："于是不忠。苟有可以加于国家者，弃其邪可也。《静女》之三章，取'彤管'焉。《竿旄》'何以告之'，取其忠也。故用其道，不弃其人。《诗》云：'蔽芾甘棠，勿翦勿伐，召伯所茇。'思其人，犹爱其树，况用其道而不恤其人乎！子然无以劝能矣。"

西周东迁，晋、郑是依。上述三条，两条涉郑，[7] 一条涉晋，绝非偶然。这三条，子产铸刑鼎，尤为重要。

最近，清华大学藏楚简《子产》发表。简文提到"善君必察昔前善王之法律"，"乃肆三邦之令，以为郑令、野令"，"肆三邦之刑，以为郑刑、野刑"，正是讲子产变法。所谓"三邦之令"即夏、商、周的政令，所谓"三邦之刑"，即夏、商、周的刑法。对比《左传》，应即《禹刑》《汤刑》《九刑》。可见他的刑书是参考了更古老的法典。[8]

叔向反对刑书，是以盛世刑措不用、乱世才用重典作出发点。如他说，"夏有乱政，而作《禹刑》；商有乱政，而作《汤刑》；周有乱政，而有《九刑》；三辟之兴，皆叔世也"，就是典型表达。

孔子批评刑鼎，则在维护周礼，唯恐铸刑于鼎，民知有鼎，唯刑是从，弃礼不用，贵贱无序。

然而，出于礼者入于法，正是历史发展的大趋势。

唐代长孙无忌说：

> 周衰刑重，战国异制，魏文侯师于李悝，集诸国刑典，造《法经》六篇：一《盗法》，二《贼法》，三《囚法》，四《捕法》，五《杂法》，六《具法》。商鞅传授，改法为律。汉相萧何，更加悝所造《户》《兴》《厩》三篇，谓《九章之律》……[9]

李悝集诸国刑典，造作《法经》，时当商业发达、犯罪率居高不下的战国时期。《法经》六篇，《盗法》讲经济犯罪（如盗窃罪、抢劫罪、非法占有他人财物罪），《贼法》讲刑事犯罪（如谋杀罪和伤害罪），《囚法》讲监禁，《捕

---

[7] 郑桓公为周幽王司徒，其子郑武公东迁。司徒与法律关系最大。

[8] 李学勤主编《清华大学藏战国竹简》（陆），上海：中西书局，2016年，下册，第136—145页。

[9] ［唐］长孙无忌《唐律疏议》，北京：中华书局，1988年，第2页。

法》讲拘捕，《杂法》讲其他罪行（诈骗、贪污、淫乱等扰乱治安罪），《具法》讲量刑，仍以刑法为主，但不同点是以法称刑。

法本作"灋"，目前只见于战国秦汉文字。《说文解字·廌部》："灋，刑也，平之如水，从水，廌所以触不直者去之，从去。"它要强调的是，对付各种犯罪，要一碗水端平，有公平性、普适性，去取有统一标准。这跟礼可大不一样。

商鞅变法，框架仍遵李悝，但改六法为六律。过去，学者怀疑，此事未必属实，然而出土秦简证明，秦人确实以律称法。律者，本指律管。中国以六律六吕统摄度量衡，含义十分宽泛，不仅可以涵盖古代的刑法、古代的行政法，还可包含各种标准化。

秦律繁苛，高祖入关，约法三章，"杀人者死，伤人及盗抵罪"，余悉除去（《史记·高祖本纪》），据说把百姓乐坏了，可是没过多久，却发现不行，"三章之法不足以御奸"，萧何乃"攈摭秦法，取其宜于时者，作律九章"（《汉书·刑法志》），求简而益繁。

汉九章律，不但保留了商鞅六律的基本结构，而且益以《户》《厩》《兴》三律。更有进者，叔孙通作《傍章》十八篇，张汤作《越宫律》二十七篇，赵禹作《朝律》六篇，司徒鲍公作《法比都目》九百六卷（《晋书·刑法志》），法律条文日益膨胀。

研究传世文献中的法律佚文，有三本重要参考书：一是唐代长孙无忌的《唐律疏议》，二是近人沈家本《历代刑法考》，三是近人程树德《九朝律考》。

制度都是因革损益、层累形成的断面。孔子尝于周礼推三代损益，法律亦如是。《唐律疏议》不仅是唐代的法律文献，还包含李悝《法经》、商鞅《六律》、汉《九章律》，以及魏晋南北朝和隋代的许多遗文逸说。如果没有考古发现的新线索，我们很难发现这些"套娃中的套娃"。

沈家本（1840—1913），清光绪二十八年（1902）任修订法律大臣，专心法律之学，平生治学心得，收入《沈寄簃先生遗书》，《历代刑法考》就是该书甲编。此书包括《刑制总考》《刑法分考》《赦考》《律令》《狱考》《刑具考》《行刑之制考》《死刑之数》《律目考》，以及《汉律摭遗》等，辑录古代法典佚文，材料最全，尤于汉律，致力最深。

程树德（1877—1944），曾留学日本，学法律。毕生著述，以《论语集释》《九朝律考》最有名。《九朝律考》是考唐以前之律。他在该书序中说："昔顾氏亭林论著书之难，以为必古人所未及就，后世所不可无者，而后庶几其传。……顾自清代乾嘉以来，经史小学考据之书，浩如烟海，后有作者，断无以突过前人。"唯律学犹有开掘余地，所以写了这书。

这三本书，都是研究中国法制史所不可或缺。

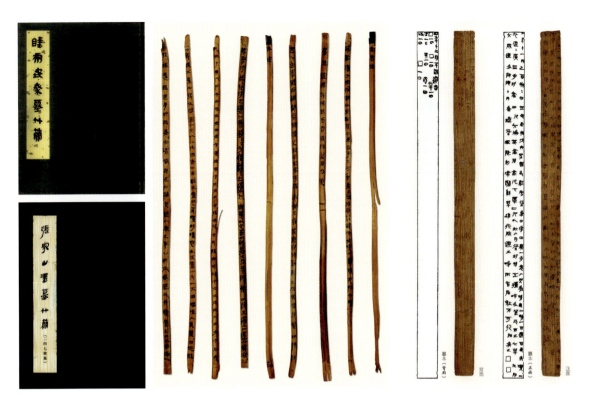

研究出土材料,也有四本重要参考书:一是《包山楚简》,[10] 二是《睡虎地秦墓竹简》[图6],[11] 三是《岳麓书院藏秦简》,[12] 四是《张家山汉墓竹简》[图7]。[13]

包山楚简是战国中晚期之际的竹简。简文包括《集箸》《集箸言》《受期》《疋狱》。这是目前所见年代最早的案例汇编。

睡虎地秦简是秦始皇在位期间的竹简,年代大约在战国末年和秦代初年。简文包括《秦律十八种》《效率》《秦律杂钞》《法律答问》《封诊式》。这是首次发现的秦国法律文献。《秦律十八种》包括《田律》[图8]《厩苑律》《仓律》《金布律》《关市》《工律》《工人程》《均工》《徭律》《司空》《军爵律》《置吏律》《效》《传食律》《行书》《内史杂》《尉杂》《属邦》。

岳麓书院秦简是秦统一前后的竹简。简文包括《为狱等状四种》,亦属案例汇编。

张家山汉简是汉代初年的竹简,年代大约在高祖五年(前202年)和吕后二年(前186年)之间。简文包括《二年律令》和《奏谳书》。《二年律令》是吕后二年的律令,《奏谳书》是案例汇编。前者包括《贼律》《盗律》《具律》《告律》《捕律》《亡律》《收律》《杂律》《钱律》《置吏律》《均输律》《传食律》《田律》《□市律》《行书律》《复律》《赐律》《户律》《效律》《傅律》《置后律》《爵律》《兴律》《徭律》《金布律》《秩律》《史律》《津关令》)。

〔图6〕
《睡虎地秦墓竹简》(书影)

〔图7-1〕
《张家山汉墓竹简》(书影)

〔图7-2〕
张家山汉墓竹简

〔图8〕
青川木牍《田律》

[10] 湖北荆沙铁路考古队《包山楚简》,北京:文物出版社,1991年。

[11] 睡虎地秦墓竹简整理小组《睡虎地秦墓竹简》,北京:文物出版社,1990年。

[12] 朱汉民、陈松长主编《岳麓书院藏秦简》〔叁〕,上海:上海辞书出版社,2013年。

[13] 张家山二四七号汉墓竹简整理小组《张家山汉墓竹简(二四七号)》,北京:文物出版社,2001年。

此外，还有四川青川县出土的秦国木牍《为田律》，亦属法律文书。

汉代，人们对法律的态度很矛盾。官员，出于管理的需要，都很重视法律，而儒生则持批评立场，延续着叔向、孔子的态度。如《盐铁论·刑德》有一段对话，正可反映这种不同：

> 大夫曰："令者所以教民也，法者所以督奸也。令严而民慎，法设而奸禁。网疏则兽失，法疏则罪漏。罪漏则民放佚而轻犯禁，故禁不必，法夫徼幸；诛诫，跔蹯不犯。是以古者作五刑，刻肌肤而民不逾矩。"
>
> 文学曰："道德众，人不知所由。法令众，民不知所避。故王者之制法，昭乎如日月，故民不迷；旷乎若大路，故民不惑。幽隐远方，折手知足，室女童妇，咸知所避。是以法令不犯，而狱犴不用也。昔秦法繁于秋荼，而网密于凝脂，然而上下相遁，奸伪萌生，有司治之，若救烂扑焦不能禁；非网疏而罪漏，礼义废而刑罚任也。方今律令百有余篇，文章繁，罪名重，郡国用之疑惑，或浅或深，自吏明习者不知所处，而况愚民乎！此断狱所以滋众，而民犯禁滋多也。'宜犴宜狱，握粟出卜，自何能谷？'刺刑法繁也。亲服之属甚众，上附下附而服不过五。五刑之属三千，上杀下杀而罪不过五。故治民之道，务笃其教而已。"

上文，"法繁于秋荼""网密于凝脂"，真是很形象。

鲁迅说：

> 刘邦除秦苛暴，"与父老约，法三章耳"。
> 而后来仍有族诛，仍禁挟书，还是秦法。
> 法三章者，话一句耳。[14]

中国法典，历代编修，从未中断。既有"前主所是著为法"的成文法律，也有"后主所是著为令"的行政命令，以及各种科条、程式和案例。不但有大量传世文献，[15]而且出土发现也很丰富。[16]可见中国不是没有法律，而是法律多得不得了。

有学者总结说，三代之法是"以刑统例"（以成文法代替习惯法，统摄判例），战国之法是"以法统令"（以成文法代替临时的政令），秦代之法是"以律统刑"（以广义的法律统摄狭义的刑法）。[17]

统一法律，对一个庞大帝国来说，绝对不可少。

[14] 鲁迅《而已集·小杂感》，《鲁迅全集》，北京：人民文学出版社，2005年，第三卷，第557页。

[15] 参看[清]沈家本《历代刑法考》，北京：中华书局，1985年。

[16] 如包山楚简、睡虎地秦简和张家山汉简都有不少新材料，可补文献之缺。

[17] 武树臣《秦"改法为律"原因考》，《法学家》2011年2期，第28—40页。

# 第八章

# 统一度量衡

统一度量衡是统一计量单位（units of measurement）：统一长度（和面积）单位，统一容量单位，统一重量（和质量）单位。这类措施，属于标准化（standardization）。研究标准化，现在叫计量学（metrology）。

现代标准时间是格林尼治时间，标准度量衡是米千克秒制（MKS），即以米定距离，千克定重量，秒定时间。

米制最初是以经过巴黎的地球子午线的四千万分之一作为长度单位，现在的定义是氪-86光谱的橘红色光在真空中的165076373倍。

千克制最初是以1立方分米的纯水在4℃时的质量为重量单位，用铂铱合金制原器，保存在巴黎，号称国际千克原器。

秒制最初是以平均太阳日的1/86400为一秒，现在的定义是铯原子摆动9192631770次所经历的时间。

标准化，古已有之，不自今日始。波斯大一统，秦汉大一统，都包括统一度量衡。中国传统，研究度量衡属于律学，如《史记·律书》《汉书·律历志》，历代史书都有记载。律是律管，历是历法。它是以律吕（五音十二律）定度量衡，并与历法相结合。[1]

〔左页图〕
苏萨出土的羊拐形大铜权和卧狮形大铜权
卢浮宫
李零 摄

## 一　大流士一世的改革

波斯帝国分五区：

扎格罗斯山以西，巴比伦和亚述为一区。

扎格罗斯山以东，米底、波斯、苏西亚那及其以东为一区。

两河流域以西（河西地区），地中海以东，从叙利亚到巴勒斯坦为一区。

两河流域以北，小亚细亚半岛为一区。

两河流域以南，埃及、利比亚和埃塞俄比亚为一区。

上述五区，标准不同，大流士一世做了统一。

奥姆斯特德说：

在古代众多的君主之中，我们发现很少有哪一位统治者能够如此透彻地理解一个成功的国家，必须依靠坚固的经济基础。他认为，第一个必要的条件就是度量衡的标准化。正如我们所见到的，"国王的量器"（大约相当于现代1蒲式耳）早已顺利地取代了土地所有者各式各样的私制量器。到大流士在位晚年，这个转变过程已经接近完成。这是意义重大的事情。我们有一根官方的"国王的肘尺"，这是

[1] 波斯历法与巴比伦有密切关系。这种历法属于阳历，以今3月21日（诺鲁孜节）为岁首。这里暂不讨论。

一根标准的、18英寸长的黑色石灰石材质的尺,并且刻上了大流士的名字和尊号以示权威。有三位亚述国王,提格拉帕拉萨三世、撒缦以色五世和辛那克里布曾经制造过狮形铜权。铜权上用阿拉美文字刻着他们的名字和铜权重若干马纳(mana,或磅)。并且,铜权还刻上了铭文"国王的",以示其合法性。在苏萨,发现了一个比这重得多的狮权。它紧靠着献给布兰奇代阿波罗神庙的巨大铜权。它有一个把手,以便把它放在天平中称量。但是大铜权重达465磅,表明它必定有7塔兰特。另一个狮权发现在赫勒斯滂的阿拜多斯,上面刻有阿拉美铭文"按照国王的总督之命准确制造"。它的重量表明,它使用的单位是埃维亚制的塔兰特。[2]

出土发现,有不少实物,可以反映这一改革。

## 二 波斯度量衡

1. 长度

   1 指(*angosht*)≈2 厘米

   1 掌(*dva*)≈20 厘米

   1 足(*trayas*)≈30 厘米

   1 臂(*ammatu*)≈46 厘米

   1 步(*remen*)≈150 厘米

   1 帕拉桑(*parasang*)≈4—6 公里

   1 舍(*stathmos*)≈24—30 公里

2. 容量

   1 谢克尔(*shekel*)≈8.3 毫升

   1 俗米纳(*profane mina*)≈500 毫升

   1 圣米纳(*sacred mina*)≈600 毫升

   1 塔兰特(*talent*)≈25 公升

3. 重量

   1 卡萨(*karša*)≈83 克

   1 米纳(*mina*)≈498 克

   1 塔兰特(*talent*)≈30.25 公斤

---

[2] 奥姆斯特德《波斯帝国史》,第230—231页。

## 三　出土发现

奥姆斯特德提到的出土物，"国王的肘尺"，未见；"国王的量器"，也未见。他提到的铜权，有不少实物，倒是看到过一点儿。

这类铜权，其中最大的，可能要属卢浮宫第12展室的两件铜权。

一件作卧狮形〔见篇章页下〕，高30厘米，长53厘米，重121公斤，约合4塔兰特，狮身下面有方板形底座，背上有提环，是典型的波斯衡器。

一件作羊拐形〔见篇章页上〕，高27.5厘米，长39厘米，重93.7公斤，约合3塔兰特。羊拐上面、侧面各有一提环，顶刻古希腊文。此器是献给迪迪马（Didyma）的阿波罗神庙，估计作于公元前550—前525年。公元前494年，大流士平定米利都叛乱后，移置苏萨。[3] 迪迪马，在今土耳其西南艾登省的迪迪姆（Didim）。

这两件大铜权是1901年摩根发掘，出土于苏萨卫城的祠庙区，就是上引奥姆斯特德提到的两件大铜权。但他说的重量不准确，比实际大出很多。

此外，比这两件大铜权小一点儿，还有两件狮形铜权，可以用做参考。

一件是19世纪40年代豪尔萨巴德（Khorsabad）出土，重61公斤，约合2塔兰特。[4]

一件传出赫勒斯滂的阿拜多斯（Abydos），即今土耳其的恰纳卡莱（Çanakkale），1877年入藏不列颠博物馆〔图1〕，高19厘米，长35.5厘米，重31.8公斤，约合1塔兰特。[5] 上引奥姆斯特德文提到的刻有阿拉美铭文的狮形铜权，就是这件器物。

小一点儿的权，大体分五种。

一种是狮形铜权（lion weight）〔图2〕，伊朗国家博物馆有展品，波斯波利斯出土，形制模仿亚述、埃兰。

一种是鸭形石权（duck weight）〔图3〕，伊朗国家博物馆有展品，苏萨出土，形制模仿亚述、埃兰。

一种是珠形石权（oval weight）〔图4〕，伊朗国家博物馆有展品，苏萨出土，形制模仿亚述、埃兰。这种权，两头细、中间粗，类似西藏的天珠（汉籍叫瑟瑟）。

一种是狮首形石权（lion head weight）〔图5〕，波斯波利斯出土过一件，赫茨菲尔德认为是家具腿，今多以为权，现在在伊朗国家博物馆展出。

一种是馒头形石权（pyramidal weight）〔图6〕，就我所知，一共有四件。这种权，皆用闪长岩（diorite）雕刻，有点像馒头，pyramidal是取其四面有坡，类似金字塔。

最后这种，有大流士一世的记重铭文，对研究波斯衡制很重要。铭文简称DW。

[3] 羊拐，英文叫knuckle bone，世界各国，吃肉的地方都有这种玩意儿。这种玩意儿，满语叫Gachuha，东北人叫嘎拉哈。

[4] Prudence O. Harper, Joan Aruz, and Françoise Tallon eds., *The Royal City of Susa*, pp. 221-222.

[5] Jone E. Curtis and Nigel Tallis eds., *Forgotten Empire*, pp. 194-195.

〔图1〕
传出阿拜多斯的狮权
不列颠博物馆

〔图2-1〕
波斯波利斯出土的狮形铜权
伊朗国家博物馆
李零 摄

〔图2-2〕
波斯波利斯出土的狮形石权
伊朗国家博物馆
李零 摄

〔图3-1〕
苏萨出土的鸭形石权
伊朗国家博物馆

〔图3-2〕
苏萨出土的鸭形石权
伊朗国家博物馆
李零 摄

〔图3-3〕
苏萨出土的鸭形石权
伊朗国家博物馆
李零 摄

〔图4〕
苏萨出土的长珠形石权
伊朗国家博物馆
李零 摄

〔图5〕
波斯波利斯出土的狮首石权
伊朗国家博物馆
李零 摄

226　　　　　　　　　　　　　　　　　　　　　　　　　　　　　波斯笔记

DWa〔图6-1〕，传出伊拉克希拉市，即古巴比伦，1888年入藏不列颠博物馆。高5.1厘米，底径4.4×4.3厘米，重166克，恰合2卡萨，最小。短铭，三体并用。铭文作"2卡萨。我是大流士，伟大的王，希斯塔斯普之子，阿契美尼德人"。

DWb〔图6-2〕，波斯波利斯内府出土，现藏伊朗国家博物馆。器物残损，只剩原器的一半多一点儿。高5.6厘米，宽5.3厘米，残厚6.5厘米，重269.94克，估计原重约498克，合6卡萨或1米纳，比前者重。短铭，存阿卡德文四行，内容类似下DWc。

DWc〔图6-3〕，波斯波利斯出土，现藏伊朗国家博物馆。高20.3厘米，底径17.7×13厘米，重9950克，约合120卡萨，等于20米纳。短铭，三体并用，古波斯文作"120卡萨。我是大流士，伟大的王，王中王，天下王，希斯塔斯普之子，阿契美尼德人"，埃兰文亦以"120卡萨"开头，阿卡德文则以"20米纳"开头。

DWd〔图6-4〕，现藏芝加哥大学东方研究所。重4930克，相当10米纳。短铭，三体并用。铭文作"我是大流士，伟大的王，王中王，万邦王，天下王，希斯塔斯普之子，阿契美尼德人"。其中古波斯文和埃兰文以"60卡萨"开头。

| 6-1 | 6-2 |
| 6-3 | 6-4 |

〔图6-1〕
大流士一世石权
不列颠博物馆

〔图6-2〕
大流士一世石权
伊朗国家国家博物馆

〔图6-3〕
大流士一世石权
伊朗国家博物馆
任超 摄

〔图6-4〕
大流士一世石权
芝加哥大学东方研究所
李零 摄

## 四 与两河流域和埃兰比较

上述发现，前三种是模仿两河流域出土的铜权和石权。

狮形铜权，上引奥姆斯特德文提到，有三位亚述国王制造过狮形铜权。如19世纪40年代，莱亚德（Austen Henry Layard, 1817–1894年）在尼姆鲁德发掘，出土过一套狮形铜权〔图7〕，共16件，器座长度从2.5厘米到30厘米，重量从56.7克到18.1公斤，有些还有用楔形文字和阿拉美文刻写的王名和重量。

鸭形石权和珠形石权，不但流行于两河流域，也流行于苏萨。如芝加哥大学东方研究所的展厅就有不少样品〔图8、9〕，苏萨博物馆和卢浮宫也有埃兰时期的这类石权〔图10、11、12〕。

7
—
8

〔图7〕
尼姆鲁德出土的狮形铜权
不列颠博物馆

〔图8〕
巴比伦铜权和石权
卢浮宫

〔图 9-1〕
**两河流域的鸭形石权**
芝加哥大学东方研究所
李零 摄

〔图 9-2〕
**两河流域的珠形石权**
芝加哥大学东方研究所
李零 摄

〔图 10-1〕
**埃兰鸭形石权**
苏萨博物馆
任超 摄

〔图 10-2〕
**示意图**

〔图 11〕
**埃兰鸭形玛瑙权**
卢浮宫
李零 摄

〔图 12〕
**埃兰鸭形玛瑙权**
卢浮宫
李零 摄

第八章 统一度量衡　　　　229

## 五  与中国比较

### 1. 长度，近取诸身，与世界其他地方类似

长度与查田定产有关，是计算土地面积的重要依据。

出土发现，商尺只有16或17厘米长；西周、春秋尺，尚未发现；战国、秦汉尺，一般在23.1厘米左右〔图13〕。[6]

文献记载的长度单位，主要是战国秦汉的记载，比如下面九种。

分：约2.31毫米。古代长度，寸最基本。寸以下，还可细分，有毫、厘、程、分等单位。[7] 分是十分之一寸。

寸，约2.31厘米。或说一指之宽。[8] 一指之宽，只有1.5厘米左右，不足2.31厘米，许慎是以脉诊的寸口为说。寸口是从掌下到脉点的距离，约2.31厘米。[9] 古文字，商代西周未见"寸"字，商鞅方升是以"尊"字为"寸"字。我怀疑，秦汉时期的"寸"字可能是"尊"字的省文，与"肘""纣"等字所从的"寸"无关。"尊"可读为撙节的"撙"或忖度的"忖"，或与掌握分寸之义有关。

咫，约18.5厘米，相当一掌之长。人之手掌，长短不一，许慎是以中等身高的妇女为标准，定为八寸之长。八寸是他理解的周尺之长，其实是以汉尺八寸为周尺十寸。[10] 这种计量单位非十进制，很少见于实用。

尺，约23.1厘米。或说一拃之长。[11] 一拃之长，约与咫等，不足23.1厘米，许慎是以寸口以下十寸为尺，相当小臂之长。人之小臂有二骨，位于拇指一侧者叫桡骨，位于小指一侧者叫尺骨。小臂之长约与尺骨之长同。[12]

寻，古文字象人张双臂。人张双臂，约与身高等。汉以八尺为寻，[13] 八尺约合184厘米。

仞，指人之身高。人之身高，长短不一，没有统一标准。[14] 寻、丈也非十进制的计量单位，同样很少见于实用。

丈，古之所谓丈夫，或说身高八尺，或说身高七尺。[15] 身高八尺，约合185厘米，属于大个子。身高七尺，约合162厘米，属于较矮的身材。汉以身高八尺为丈夫，是以汉尺八尺为周尺十尺，但汉代的丈却是汉尺十尺，约合231厘米。[16]

常，约370厘米。古之车戟两倍于身高，古人说，倍寻曰常。[17]

引，约23.1米，相当十丈。这种计量单位很少见于文献，可能是一种丈地尺度。

上述九种，王莽以来，主要是分、寸、尺、丈、引。《汉书·律历志上》讲五度，以10分为寸，10寸为尺，10尺为丈，10丈为引，属于十进制。

---

[6] 丘光明《中国历代度量衡考》，北京：科学出版社，1992年，第1—11页。

[7] 古人以十丝为毫，十毫为厘，十发为程，十程为分。《说文解字·禾部》："程，品也。十发为程，十程为分，十分为寸。"画家程十发的名字即出此说。

[8] 丘光明等《中国科学史》度量衡卷，北京：科学出版社，2001年，第15页。

[9] 《说文解字·寸部》："寸，十分也。人手却一寸动脉，谓之寸口。"

[10] 《说文解字·尺部》："中妇人手，长八寸，谓之咫，周尺也。"

[11] 丘光明等《中国科学史》度量衡卷，第14—15页。

[12] 《说文解字·尺部》："尺，十寸也。手却十分动脉为寸口。十寸为尺。尺所以指斥规矩事也，从尸从乙，乙所以识也。周制寸、尺、咫、寻、常、仞诸度量，皆以人之体为法。"案：尺在寸口和肘之间，脉法有寸、关、尺，尺泽穴在肘内侧。

[13] 《说文解字·寸部》："寻，绎理也。……度人之两臂为寻，八尺也。"

[14] 《说文解字·人部》："伸臂一寻八尺，从人刃声。"

[15] 《说文解字·夫部》："丈夫也。从大，一以象簪也。周制以八寸为尺，十尺为丈。人长八尺，故曰丈夫。"

[16] 《说文解字·尺部》："丈，十尺也。从又持十。"

[17] 《释名·释兵》："车戟曰常，长丈六尺，车上所持也。八尺曰寻，倍寻常也，故称常也。"

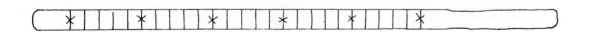

13-1　〔图 13-1〕
　　　战国秦木尺
13-2　1986 年甘肃天水市放马滩秦墓出土
　　　甘肃省考古所
13-3
　　　〔图 13-2〕
　　　西汉错金铁尺
　　　1968 年河北满城汉墓二号墓出土
　　　中国社会科学院考古研究所

　　　〔图 13-3〕
　　　西汉骨尺
　　　1984 年江苏邗江县姚庄西汉墓出土
　　　扬州博物馆

第八章　统一度量衡　　　　　　　　　　　　　　　　　　231

| 14 | 15 | 16 |
|---|---|---|
| 17-1 | 17-2 | |

〔图 14〕
左关铜
上海博物馆

〔图 15〕
子禾子釜
上海博物馆

〔图 16〕
陈纯釜
上海博物馆

〔图 17-1〕
右里𢦏铜量

〔图 17-2〕
右里𢦏铜量印文

2. 容量，以容器为量

量器的用途，主要是给官员、军人和刑徒发口粮。

古代量器，最初是利用现成的容器，后来才有专门的量器。

商代、西周是否有专门的量器，情况不明。春秋量器，也缺乏实物。战国量器，齐有子禾子釜、陈纯釜、左关铜〔图14至16〕，仍以普通容器为量，三晋两周记容器，也主要是鼎、壶。[18]

专门的量器，目前发现，齐有右里𢦏铜量〔图17〕，楚有郢大府铜量、燕客铜量等〔图18〕，秦有商鞅方升〔图19〕。

齐右里𢦏铜量作斗勺形（属于一升量和五升量）。秦商鞅方升作有柄方升，亦可归入斗勺类（属于一升量）。楚量多为环耳杯（有一升、五升和一斗量三种）。这些都为秦代量器〔图20、21〕做了铺垫。

此外，各国还有各国的陶量，如山东淄博市临淄古城出土的齐陶量有带自名的陶升、陶豆和陶区。山东邹城市纪王城出土的三件廪陶量（属于斗量），从器形看，与内蒙古赤峰市蜘蛛山出土的秦代大陶量颇为相似（属于一桶六斗量）。

[18] 丘光明《中国历代度量衡考》，第128—187页。

|  | 〔图 18〕 |  |
|---|---|---|
| 18 | **楚燕客铜量** |  |
| 19-1 19-2 | 湖南省博物馆 |  |
| 20-1 20-2 | 〔图 19-1〕 | 〔图 19-2〕 |
| 21-1 21-2 | **商鞅方升** | **商鞅方升拓本** |
|  | 上海博物馆 | 上海博物馆 |
|  | 〔图 20-1〕 | 〔图 20-2〕 |
|  | **秦始皇铜量** | **秦始皇铜量拓本** |
|  | 旅顺博物馆 | 旅顺博物馆 |
|  | 〔图 21-1〕 | 〔图 21-2〕 |
|  | **秦始皇陶量** | **秦始皇陶量拓本** |
|  | 山东省博物馆 | 山东省博物馆 |

第八章 统一度量衡

文献记载的量制单位，主要是战国秦汉的记载，如下面七种。

龠，约10毫升。"龠"同"籥"，本来是一种三孔的管乐器，作为量器，最初可能是一种管状器。秦汉量制，龠最基本。龠以下还有圭、撮等更细小的划分。[19]

合，约20毫升。合同盒，本指双合小器，有盖。[20]

升，约200毫升。升，从字形看，是在斗字的勺口加一短横；从读音看，则与"登"通，登是豆的别名。

斗，约2000毫升。斗是勺状器，有柄有勺（斗魁），可以把取。

桶，约20000毫升或2公升。桶是直壁圆器，类似王莽嘉量的斛。

斛，约20000毫升或2公升。王莽复古，以斛为最高一级。斛，不仅见于先秦古书，也见于先秦器铭。王莽的斛是借用古名，并非凭空创造。[21]

石，约20000毫升或2公升。容量石与重量石有对等关系。《国语·周语下》引《夏书》有所谓"关石和钧"，韦昭注："石，今之斛也。"

出土发现，战国时期，各国情况比较复杂，秦汉逐渐统一。秦汉时期的量器是绍继战国秦，斗以下各级多作斗勺形，大器柄粗，小器柄细，勺口或圆或方，或椭圆或椭方，但也有作环耳杯者，带有楚风，斗以上的桶、斛则作双耳圆桶形，双耳多作短柄，但也有作环耳者。

上述七种，王莽以来，主要是龠、合、升、斗、斛。《汉书·律历志上》讲五量，以秬黍1200粒为龠，2龠为合，10合为升，10升为斗，10斗为斛，[22]亦属十进制。

### 3. 重量单位，以权衡为量

古代称重，是用权衡。权衡是利用杠杆原理。权是悬垂的重物，秤砣或砝码，《说文解字·金部》以铨为权，段玉裁注谓铨、锤是一音之转。衡是横木，分两种，一种是杆秤，支点可前后移动；一种是天平，支点在中间。杆秤用秤锤（带鼻钮的锤形权），主要用来称粮食、刍藁；天平用砝码（环形权），主要用来称金银。两者都可以叫衡，也可以叫秤。秤即俗称字（繁体作"稱"，亦作"爯""偁"）。楚国金币的郢爯，爯就是这个意思。

古代衡制，西周有锊、钧两级，见于出土铭文，是用来表示金属重量，衡器未见。[23] 出土发现主要是战国秦汉以来的东西。秦衡多用锤形权〔图22至24〕，未见衡杆；楚衡多用环形权，有天平式衡杆发现〔图25、26〕。

文献记载的衡制单位，主要是战国秦汉的记载，比如下面十种。

铢，一说100粟，一说120粟，重约0.65克。秦汉量制，铢最基本。铢以下，文献还有絫、分等更细小的划分。[24] 铢之称铢，可能与其形似珠有关。战国贝币，以楚为多，俗称蚁鼻钱，其形椭圆，正似珠。这种贝币，

[19] 《汉书·律历志上》："度长短者不失毫厘，量多少者不失圭撮。"颜师古注引应劭说："四圭曰撮，三指撮之也。"引孟康说："六十四黍为圭。"案：圭、撮，医家用于量药，出土医方频见。圭也叫刀圭，即医家所谓方寸匕的尖头。医家配药，可以用这类器物的尖头刮取药粉。撮也叫三指撮，则是用拇指、食指、中指撮取药粉。

[20] 熊长云认为，秦代、西汉本来是用升龠制，王莽改制后，才变成升合制。《汉书·律历志上》的二龠为合说是后起。参看氏著《秦汉度量衡研究》，北京大学博士研究生学位论文，第169—177页。

[21] 熊长云认为，秦代、西汉本来是以桶为最高一级，王莽改制后，才改桶为斛。《汉书·律历志上》的斛就是原来的桶。参看氏著《秦汉度量衡研究》，北京大学博士研究生学位论文，第46—64页。案：斛，从斗角声，字与角、觳通。

[22] 《汉书·律历志上》："龠者，黄钟律之实也，跃微动气而生物也。合者，合龠之量也。升者，登合之量也。斗者，聚升之量也。斛者，角斗平多少之量也。夫量者，跃于龠，合于合，登于升，聚于斗，角于斛也。"

[23] 《说文解字·金部》："锊，十一铢二十五分铢之十三也。从金寽声，《周礼》曰'重三锊'。北方以二十两为三锊。""锾，锊也。从金爰声。《书》曰'罚百锾'。""钧，三十斤也。"案：锊，约重7.5克。3锊约22.5克。20两约重300克。

[24] 絫是10粟，分是12铢。《说文解字·厽部》："絫，十粟之重。"《说文解字·金部》："铢，权十分黍之重也。"

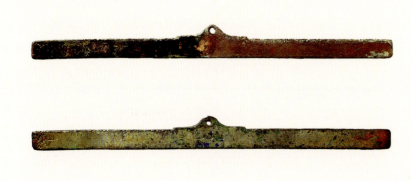

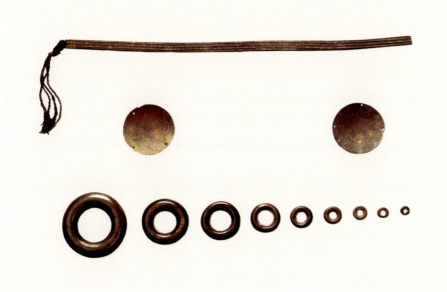

〔图22〕
秦高奴禾石权
陕西历史博物馆
李零 摄

〔图23〕
秦诏铜权
甘肃省博物馆

〔图24〕
秦诏铁权
甘肃省博物馆

〔图25〕
王衡
中国国家博物馆

〔图26〕
楚衡
中国国家博物馆

重量从1铢到8铢,大小不一,多数为5铢。[25] 铭文以"巽"字为多,其次作"圣朱"。"圣朱",疑读隆铢或降铢,指大小不等的铢。

锱,6铢,重约3.9克。[26]

锤,8铢,重约3.9克。[27] 锤是权的别称,疑指小权。

两,24铢,重约15.6克。两是两锱。

釿,2两,重约30克。[28]

斤,16两,重约250克。斤是伐木的斧锛。

镒,20两,重约300克。一镒也叫一金,是称量黄金的单位。[29]

钧,30斤,重约7500克或7.5公斤。

石,120斤或4钧,重约30000克或30公斤。[30]

鼓,480斤或4石,重约120000克或120公斤。[31]

上述十种,主要是铢、两、斤、钧、石。《汉书·律历志上》讲五权,以秬黍1200粒为龠,重12铢,24铢为两,16两为斤,30斤为钧,4钧为石,并非十进制。

## 六 秦汉的标准化

秦始皇二十六年,天下初定,有秦诏版、秦刻石,用来诏告天下,有点像居鲁士二世圆柱和贝希斯敦铭文。

### 1. 秦诏版

秦始皇诏版:"廿六年,皇帝初并兼天下,诸侯、黔首大安,立号为皇帝,乃诏丞相状绾:法度量则不壹、歉(嫌)疑者,皆明壹之。"

秦二世诏版:"元年,制诏丞相斯、去疾:法度量尽始皇帝为之者,皆有刻辞焉。今袭号而刻辞,不称始皇帝。其于久远也,如后嗣为之者,不称成功盛德,刻此诏。故刻左,使毋疑。"

这种诏版往往是预先做好,然后镶嵌在量器上。[图27]

### 2. 秦刻石

秦始皇五次出游,沿途所刻,凡六种,曰《峄山刻石》《泰山刻石》《琅琊刻石》《东观刻石》《碣石刻石》《会稽刻石》。立石地点,四在山东,一在河北,一在浙江,很多都在海岛、海岬或离海不远的山上,目的是把他的统一之功宣传到天涯海角。

秦始皇大一统,据他的廿六年诏书讲,主要是统一"法度量则"。

什么是"法度量则",一向有争论。[32] 我理解,这四个字应连在一起

[25] 参看黄锡全《先秦货币通论》,北京:紫禁城出版社,2001年,第356–371页。

[26] 锱为6铢。《淮南子·说山》"有千金之璧,而无锱锤之磥诸",高诱注:"六铢曰锱,八铢曰锤,言其贱也。"《说文解字·金部》也说:"锱,六铢也。"战国秦圜钱,有铭"两甾"者,相当秦半两,可见锱为六铢。

[27] 锤,有二说。八铢说见《淮南子·说山》《说文解字·金部》。六铢说见《风俗通义》佚文,一为玄应《一切经音义》卷七五引:"铢六则锤,晖也。二锤则锱,锱,炽也。"一为慧琳《一切经音义》引:"铢六则锤,二锤则锱,二锱则两。"案:《风俗通义》的锱是12铢。

[28] 魏国铜器有釿,实测重量为30克,相当镒的十分之一。

[29] 镒,一说20两,一说24两。1945年长沙出土楚钧益环权,十枚相加500克,约合一斤,疑铭文"钧益"读均镒。或说楚国以斤为镒,参看黄锡全《试说楚国黄金货币称量单位"半镒"》,收入氏著《先秦货币研究》,北京:中华书局,2001年,第236–241页。

[30] 《晋书·律历志上》:"古有黍、絫、锤、锱、镮、钧、溢之目,历代参差。"除镮,均见于上。镮即锾。

[31] 晋赵鞅、荀寅赋晋国一鼓铁,铸刑鼎,见《左传》昭公二十九年。《小尔雅·广衡》:"石四谓之衡。"

[32] 熊长云《秦汉度量衡研究》,第95–98页。

〔图27〕
秦诏版
镇原县博物馆

〔图28〕
新莽诏版
上海博物馆

读，不仅包含通常说的法律，即法典、法令、法规、法制一类东西，也包含概念更为宽泛的标准化。中国古代标准化，东方六国曰法，秦曰律，只是叫法不同而已。

李悝《法经》分《盗》《贼》《囚》《捕》《杂》《具》六篇，以法为刑，侧重刑法。古代兵刑不分，军法、兵法也叫法。法、刑二字本来都有示范和标准的意义。

商鞅改六法为六律，很有深意。古之所谓"律"，本指五音六律，音律的律。六律与六吕相配，亦称律吕或十二律。古人有"皋陶作刑"（《吕氏春秋·君守》）、"伶伦作律"说（《史记·历书》索隐引《世本》）。"伶伦作律"的"律"就是这种律。

## 3. 王莽复古

新莽诏版〔图28〕是模仿始皇诏版，[33] 也是宣传大一统。

王莽把统一度量衡叫"同律度量衡"，语出《尚书·舜典》。律者，既可指法律，也可指标准化。法律只是标准化的一种。

《史记》八书，据《太史公自序》，《律书》讲军法，《历书》讲历法，互为表里。褚少孙补《律书》云"王者制事立法，物度轨则，壹秉于六律，六律为万事根本焉。其于兵械尤重，故云'望敌知吉凶，闻声效胜负'，百王不易之道也。武王伐纣，吹律定声，推孟春以至于季冬，杀气相并，而

[33] 这两件诏版，一件是甘肃合水县出土，见花平宁、李永平《新莽"戊辰诏书"紫铜刻版》，《丝绸之路》1988年1期，第58页；一件是上海博物馆征集，见唐友波《上海博物馆新莽衡杆与诏版及诏书解读》，《上海博物馆集刊》第11辑（2008年），第190-207页。

音尚宫。同声相从，物之自然，何足怪哉"，就是讲律字的本义。

《汉书·律历志》，律是音律和度量衡，历是历法。班固讲度量衡，"一曰备数，二曰和声，三曰审度，四曰嘉量，五曰权衡"。

古人试图以数字标准、律管长度、絫粟法和标准器，把度量衡整合成一套整齐划一的制度。中国的度量衡制度建立在数字标准和十二平均律之上。[34]

中国大一统，秦始皇是开拓者，汉武帝是发展者，王莽是集大成者。他们对秦汉大一统都有重要贡献。

[34] 丘光明等《中国科学技术史》度量衡卷，第39—50页。

# 第九章

# 统一货币与税收

人类文明，从一开始就建立在贫富分化的基础上，财富集中、权力集中乃大势所趋，历史上的大帝国无一例外。

聚敛财富，中国古代有所谓贡、助、彻。贡是贡实物，助是征人力，彻是按比例抽粮食税。孟子曰："有布缕之征，粟米之征，力役之征。"（《孟子·尽心下》）布缕之征和粟米之征是征实物，力役之征是征人力。早期文明，要啥没啥，只能靠人海战术办大事，比如修金字塔，修长城。现代社会不同，人力资源也好，物质资源也好，什么都折成钱。

波斯帝国，万邦来朝，见于波斯波利斯阿帕丹北阶和东阶的《蕃臣职贡图》，各国朝贡，主要是贡方物，各地的土特产，这是艺术。其实，真正的"普世价值"乃是黄金白银。

大流士一世以来，除波斯本土（今法尔斯省），所有被征服地区都要交货币税。黄金白银，源源不断流向波斯五都。波斯诸王用这些钱，发动战争，收买敌国，[1]曾经是最有效的武器，到头来却捉襟见肘，难以应付日益庞大的财政支出，剩下的财富，被亚历山大一抢而空。

（左页图）
波斯波利斯阿帕丹北阶石刻：印度贡金
任超 摄

# 一 波斯货币

波斯货币分三种：

## 1. 金币

大流克（Daric）[图1]，每枚重8.4克。这种钱币是以国王的名义铸造，只有奉王命才可铸造，不许私铸。

## 2. 银币

谢克尔（Shekel）[图2]，每枚重5.6克，属于各省自铸。这种货币才是真正用于市面流通的货币。大流士统一货币前，两河流域和埃及的硬通货主要就是白银（银片、银块和银环）。

## 3. 铜币

铜币是某些商业城市和地方统治者铸造的辅币。大流士统一货币前，人们就使用过铅币和铜币，先是纯铜，后是青铜。

大流士收税，和秦始皇不同。课税最重，主要是真金白银。

1

2

〔图1〕
波斯金币：大流克

〔图2〕
波斯银币：谢克尔

[1] 奥姆斯特德说："这笔巨大的财富，只有很少的一部分能回到行省。习惯上，人们把金银熔化，倒在坛子里，然后把坛子打破，把金银块储存起来。只有一小部分用于铸造货币。通常用于收买外国的士兵和政治家。因此，尽管贵金属不断地被开采出来，但帝国仍然很快耗尽了自己的金银。"参看氏著《波斯帝国史》，第361—362页。

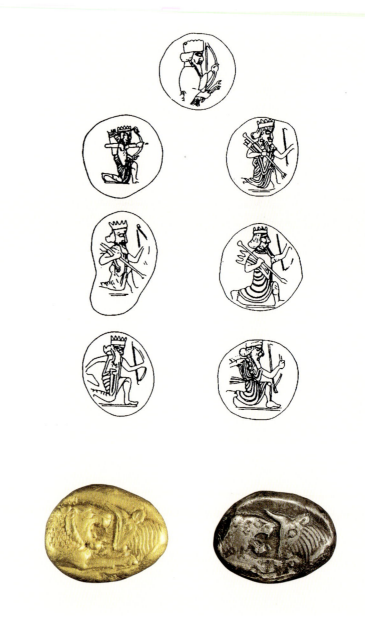

〔图3〕
"弓箭手"

〔图4〕
吕底亚金币和银币：狮牛相搏图

　　上述钱币，正面作人像〔图3〕，头戴王冠，身穿长袍，左手持弓，右手持矛，头大腿短，形象滑稽，有点像现在的卡通人物，背面有模制的方槽。

　　这种钱币，希腊人称之为"弓箭手"。波斯用"弓箭手"收买外国政客，很多人都应弦而倒，比真刀真枪更有效。

　　波斯金币是学吕底亚。吕底亚，据说是最早铸币的国家。它的首都，附近有一条河，盛产黄金。吕底亚的金银币〔图4〕，早期作狮子纹，晚期作狮子啃公牛纹。

## 二　居鲁士是父亲，冈比西斯是主人，大流士是商人

两河流域，曾是《圣经》描绘的伊甸园，人间天堂。但我们从亚述宫殿的画像石和巴拉瓦特门（Balawat Gates）的战争画面看，真是相当血腥，相当残暴。迦勒底王国重建的新巴比伦，也横征暴敛、穷兵黩武。

波斯帝国初建，有三位君王，波斯人评价不一。

居鲁士二世，天下初定，一切还在恢复之中，政策宽松，类似汉初行黄老之术，轻徭薄赋，与民休息，评价最高。

冈比西斯二世，刚喘过一口气，就劳师远征，死在外面。他只是一介武夫，作风比较粗暴，评价不太好。

大流士一世，从血统到制度，都是新的开端。波斯帝国的很多制度都定型于大流士一世，包括敛钱的制度。他很能干，是阿契美尼德王朝最重要的君主，但评价不如居鲁士。

希罗多德说，大流士一世即位之初，把他的领土划分为20个省区，任命总督，有如中国的郡县，定下各个民族应当向他缴纳的贡金数额。

> 在通常情况下，他是把一个省区内的一些民族和他们毗邻的民族合并起来，但有时也越过邻近的部落，把他们并入那些更为遥远的民族。
> 
> 缴纳白银的指定要按照巴比伦塔连特来缴纳；缴纳黄金的要按优波亚塔连特来缴纳。巴比伦塔连特等于70个优波亚的明那。因此，在居鲁士和在他之后继位的冈比西斯统治的整个时期，是没有固定的贡金的，各个民族是以向国王献礼的形式缴纳的。正是由于大流士采取了确定贡金的缴纳以及诸如此类的措施，波斯人才说：大流士是商人，冈比西斯是主人，居鲁士是父亲。因为大流士事事贪图小利，冈比西斯残暴而鲁莽，而居鲁士和善而慈祥，为他们谋求各种福利。[2]

这段话有三个重点：

第一，阿契美尼德王朝的贡金制度从大流士一世才得以确立。

第二，其征收单位不完全按省，而是按族，有些住在一起的族被分别课税，有些不住在一起的族被合起来课税。

第三，缴纳黄金、白银，所用衡制不同。其换算：1 巴比伦塔连特（Babylonian talent）= 30.3公斤；1 优波亚塔连特（Euboean talent）= 25.86公斤。[3]

大流士一世擅长敛钱，好像商人，奥姆斯特德称之为"唯利是图的国王"。[4]

---

[2] 希罗多德《历史》，III: 89。

[3] 塔连特（talent）是重量单位，各国不同。大流士一世采用两种标准，一种是巴比伦标准，一种是优波亚标准。优波亚是希腊的一个岛。

[4] 奥姆斯特德《波斯帝国史》，第230页。

## 三 波斯贡赋

波斯税收是以黄金和白银为主，实行银本位制。希罗多德讲波斯贡金制度，有所谓20省区。这20个省区，大体是从西往东讲。<5>

他是从沿海六省讲起，首先是小亚细亚半岛的西部四省（第1至4省），其次是地中海东岸（第5省），再次是埃及（第6省），基本上是从北到南，然后才是内陆十四省。

内陆十四省，排列有点乱，看不出规律。

第7省在印度河流域，上游是犍陀罗，下游是萨塔吉迪亚，一下子从最西跳到最东。

第8省是埃兰，第9省是巴比伦和亚述，第10省是米底，这是讲波斯帝国的核心区。

第11省是希尔卡尼亚，第12省是巴克特里亚，乃从伊朗东行，去中亚的交通要道。

第13省是亚美尼亚，乃从伊朗西行，去小亚细亚半岛的交通要道。

第14省是伊朗东部和南部。

第15省是饮豪麻汁的萨卡人和卡斯皮亚人，第16省是帕提亚、花剌子模、索格底亚那和阿里亚，俱属中亚地区。

第17省可能在伊朗西北，第18省可能在今土耳其东部，第19省可能在今土耳其中部。

最后一省讲印度。

下面分析一下。

第一省区：以爱奥尼亚人（Ionians）、亚洲的马格内西亚人（Magnesians in Asia）、埃奥利斯人（Aeolians）、卡里亚人（Carians）、吕西亚人（Lycians）、米利亚人（Milyans）和潘菲利亚人（Pamphylians）为一区。<6>

【案】上述七部在小亚细亚半岛的西南沿海，相当波斯铭刻的爱奥尼亚、卡里亚二省。爱奥尼亚人和埃奥利斯人是希腊北部两大族，移民小亚细亚后，各建12城邦。<7>埃奥利斯人在北（在特罗阿德南），爱奥尼亚人在南，都在西部沿海。亚洲的马格内西亚人是对希腊的马格内西亚人（属色萨利）而言，马格内西亚人亦属埃奥利斯人，移民小亚细亚，也在西部沿海。卡里亚人、吕西亚人、米利亚人是当地土著。卡里亚人在爱奥尼亚人的东南，吕西亚人和米利亚人在卡里亚人的东南。潘菲利亚人是多利斯人（Dorieis）的移民，则在吕西亚人以东的南部沿海。

第二省区：以美西亚人（Mysians）、吕底亚人（Lydians）、拉索尼亚人（Lasonians）、卡巴利亚人（Cabalians）和海腾尼亚人（Hytennians）为一区。<8>

<5> 希罗多德《历史》，III：89。
<6> 希罗多德20省区名，李铁匠译《波斯帝国史》与徐松岩译《历史》多有不同。爱奥尼亚人，李译如此，徐译伊奥尼亚人。马格内西亚人，李译如此，徐译马格涅西亚人。埃奥利斯人，李译、徐译俱作埃奥利亚人。吕西亚人，李译如此，徐译吕基亚人。米利亚人，李译如此，徐译米利阿伊人。潘菲利亚人，李译如此，徐译潘菲利亚人。
<7> 见希罗多德《历史》，I：142-150。
<8> 美西亚人，李译密细亚人，徐译美西亚人。拉索尼亚人，李译如此，徐译拉松尼伊人。卡巴利亚人，李译如此，徐译卡巴列耶斯人。海腾尼亚人，李译希格尼亚人，徐译海根涅斯人，但徐译索引作海腾尼亚人。

【案】上述五部在小亚细亚半岛的西北沿海，相当波斯铭刻的吕底亚省。美西亚人在特罗阿德东。吕底亚人在美西亚人南，首府萨第斯（Sadis）。拉索尼亚人、卡巴利亚人和海腾尼亚人都是吕底亚附近的部落。

第三省区：以赫勒斯滂海峡南岸的赫勒斯滂人（the people on the southern shore of Hellespont）、弗里吉亚人（Phrygians）、亚洲的色雷斯人（Thracians in Asia）、帕弗拉戈尼亚人（Paphlagonians）、马里安迪尼亚人（Mariandynians）和叙利亚人（Syrians）为一区。[9]

【案】上述六部在小亚细亚半岛的北部沿海，邻近上面的第二省区。赫勒斯滂海峡南岸的赫勒斯滂人是住在小亚细亚半岛一侧的赫勒斯滂人，属于小弗里吉亚（Lesser Phrygia，也叫 Hellespontine Phrygia）。弗里吉亚人属于大弗里吉亚（Greater Phrygia）。前一种弗里吉亚的首府是达希利乌姆（Dascylium，或译达斯基里昂），在今土耳其 Erjili。后一种弗里吉亚的首府是戈尔迪乌姆（Gordium），在今土耳其 Yassıhüyük。亚洲的色雷斯人是对欧洲的色雷斯人而言。欧洲的色雷斯人在今马其顿、罗马尼亚、保加利亚一带。帕弗拉戈尼亚人是当地土著，在黑海南岸。马里安迪尼亚人是帕弗拉戈尼亚人之一部。这里的叙利亚人，希腊人称卡帕多西亚人。[10] 波斯铭刻的吕底亚省可能包括这里的第二、第三省区。

第四省区：西里西亚人（Cilicians）的居住区。[11]

【案】此区在小亚细亚半岛南部沿海，邻近上面的第一省区。西里西亚人是当地土著。波斯铭刻的爱奥尼亚省和卡里亚省可能包括这里的第一、第四省区。

第五省区：从波赛底乌姆（Poseidium）到所谓河西地区（幼发拉底河以西），包括叙利亚、腓尼基、巴勒斯坦、塞浦路斯，但不包括阿拉伯半岛。[12] 阿拉伯半岛免税。

【案】此区在地中海东岸。波斯铭刻的海上行省名单似乎未及于此。波赛底乌姆在西里西亚和叙利亚的边境。

第六省区：埃及，以及邻近的利比亚东部，包括利比亚东北的沿海城市昔兰尼（Cyrene）和巴尔卡（Barca）。[13]

【案】此区在地中海的东南沿海，大体相当波斯铭刻的埃及省，并包括利比亚省东部。昔兰尼在今利比亚贝达以东的 Shahhat。巴尔卡，在今利比亚迈尔季。

第七省区：以萨塔吉迪亚人（Sattagydians）、犍陀罗人（Gandarians）、达狄凯人（Dadicae）和阿帕里泰人（Aparytae）为一区。[14]

[9] 帕弗拉戈尼亚人，李译帕夫拉戈尼亚人，徐译弗拉冈尼亚人。马里安迪尼亚人，李译如此，徐译玛里安迪尼人。

[10] 希罗多德《历史》I: 72："希腊人称卡帕多西亚人为叙利亚人。"

[11] 西里西亚人，李译如此，徐译奇里乞亚人。

[12] 波赛底乌姆，李译如此，徐译波西代昂。

[13] 昔兰尼，李译如此，徐译库列涅。

[14] 萨塔吉迪亚人，李译如此，徐译萨塔吉代人。犍陀罗人，李译如此，徐译冈达里伊人。达蒂卡人，李译如此，徐译达狄凯人。

【案】上述四部在印度河流域，相当波斯铭刻的萨塔吉迪亚省和犍陀罗省。萨塔吉迪亚人在印度河下游、犍陀罗人在印度河上游，其他部族也在印度河流域。

第八省区：苏萨和奇西亚人（Cissians）的居住区。<15>

【案】此区在今伊朗胡齐斯坦省，相当波斯铭刻的埃兰省。苏萨是埃兰首府（今胡齐斯坦省舒什），奇西亚人在苏萨附近。

第九省区：巴比伦尼亚和巴比伦尼亚以北的亚述地区。

【案】此区在今伊拉克，相当波斯铭刻的巴比伦省和亚述省。

第十省区：埃克巴坦纳和其他米底地区，并包括帕里卡尼亚人（Paricanians）和奥索科里班提亚人（Orthocorybantes）。<16>

【案】此区在今伊朗西北和里海南岸，相当波斯铭刻的米底省。埃克巴坦纳是米底六部的中心，也是波斯五都之一。帕里卡尼亚人，亦见下第十七省区。库尔特说，此部很可能即米底六部的帕列塔凯尼人（Paretaceni），<17>奥索科里班提亚人不详。

第十一省区：以卡斯皮亚人（Caspians）、保西凯人（Pausicae）、潘提马蒂人（Pantimathi）和达里提人（Daritae）为一区。<18>

【案】上述四部唯见于此，库尔特猜测，其位置可能在米底东北的希尔卡尼亚。希尔卡尼亚相当今里海东南，今伊朗的戈莱斯坦省。卡斯皮亚人即里海人。这里的卡斯皮亚人是里海东南的卡斯皮亚人。库尔特说，这里的卡斯皮亚人与下第十五省区的卡斯皮亚人不同。<19>

第十二省区：以巴克特里亚人（Bactrians）和邻近的埃格利人（Aegli）为一区。

【案】此区在今阿富汗北部，相当波斯铭刻的巴克特里亚省。

第十三省区：以帕克提伊卡人（Pactyica）、亚美尼亚人（Armenians）和黑海沿岸为一区。<20>

【案】上述二部在今土耳其东部、伊朗西北和黑海沿岸，相当波斯铭刻的亚美尼亚省。帕克提伊卡人又见希罗多德《历史》，III. 102，在伊朗高原东南隅，与此正好方向相反。库尔特说，这个词可能只是泛指边疆居民。<21>

第十四省区：以萨加提亚人（Sagartians）、萨兰盖人（Sarangians）、萨马尼

<15> 奇西亚人，李译如此，徐译基西亚人。

<16> 埃克巴坦纳，李译如此，徐译阿格巴塔纳。帕里卡尼亚人，李译如此，徐译帕里坎尼伊人。

<17> A. Kuhrt, *The Persian Empire*, p. 528, n. 31. Paretaceni, 见希罗多德《历史》, I. 101, 李译如此，徐译帕列塔凯尼人。

<18> 卡斯皮亚人，李译里海居民，徐译卡斯庇亚人。保西凯人，李译如此，徐译帕乌希凯人。潘提马蒂人，李译如此，徐译潘提马泰人。达里提人，李译如此，徐译达里泰人。

<19> A. Kuhrt, *The Persian Empire*, p. 676, n. 18.

<20> 帕克提伊卡人，李译帕克泰卡人，徐译帕克提伊克人。

<21> A. Kuhrt, *The Persian Empire*, p. 528, n. 29.

亚人（Thamaneans）、乌提亚人（Utians）、米西人（Myci）和红海（波斯湾）岛民为一区。⁽²²⁾

【案】上述六部，萨加提亚人是波斯十部中的游牧部落，三见希罗多德《历史》和大流士苏萨石刻铭文（DSe），是波斯27行省之一，推测可能在米底东部，第三章已经提到。萨兰盖人即波斯铭刻的德兰吉亚那人。德兰吉亚那人在今伊朗锡斯坦省，第三章也已提到。萨马尼亚人见希罗多德《历史》，III. 117，与花剌子模人、希尔卡尼亚人、帕提亚人、德兰吉亚那人、萨玛尼亚人为邻，当在今伊朗东部。乌提亚人，库尔特推测，可能在苏萨南部。米西人可能即波斯铭刻的马卡人（Maka）。⁽²³⁾

第十五省区：以萨卡人（Sacae）和卡斯皮亚人（Caspians）为一区。⁽²⁴⁾

【案】上述二部在里海东岸。这里的萨卡人指中亚斯基泰人，相当波斯铭刻的饮豪麻汁的萨卡人。这里的卡斯皮亚人指里海东岸的人。

第十六省区：以帕提亚人（Parthians）、花剌子模人（Chorasmians）、索格底亚那人（Sogdians，粟特人）和阿里亚人（Arians）为一区。⁽²⁵⁾

【案】上述四部在里海以东的中亚地区。帕提亚在今土库曼斯坦和伊朗呼罗珊省，首府尼萨（Nisa，在今阿什哈巴德）；花剌子模是阿姆河流注咸海的绿洲，位于今乌兹别克斯坦卡拉卡尔帕克斯坦共和国与土库曼斯坦交界处，首府凯丝（Kath，在今乌尔根奇市北的比鲁尼）。索格底亚那在今乌兹别克斯坦，首府马拉坎达（Marakanda，在今撒马尔罕）。阿里亚在今阿富汗西北的赫拉特省，首府赫拉特（Herāt，今名仍叫赫拉特）。此区相当波斯铭刻的帕提亚、花剌子模、索格底亚那、阿里亚四省。

第十七省区：以帕里卡尼亚人（Paricanians）和亚洲埃塞俄比亚人（Asiatic Ethiopians）为一区。⁽²⁶⁾

【案】帕里卡尼亚人，见上第十省。亚洲埃塞俄比亚人是非洲移民。

第十八省区：以马提恩尼亚人（Matienians）、萨斯皮列斯人（Saspires）和阿拉罗狄亚人（Alarodians）为一区。⁽²⁷⁾

【案】上述三部在土耳其东部。库尔特推测，马提恩尼亚人可能在里海西南、哈里斯河以东，萨斯皮列斯人和阿拉罗狄亚人可能在亚美尼亚。⁽²⁸⁾

第十九省区：以莫斯奇人（Moschi）、提巴列尼亚人（Tibarenias）、麦克罗尼斯人（Macrones）、摩西诺伊西人（Mosynoeci）和马列斯人（Mares）为一区。⁽²⁹⁾

⁽²²⁾ 萨加提亚人，李译如此，徐译萨迦提伊人。萨马尼亚人，李译如此，徐译萨玛奈伊人。乌提亚人，李译如此，徐译乌提伊人。米西人，李译米西亚人，徐译米基人。

⁽²³⁾ A. Kuhrt, *The Persian Empire*, p. 528, n. 27, 31.

⁽²⁴⁾ 萨卡人，李译塞种人，徐译萨迦人。

⁽²⁵⁾ 花剌子模人，李译如此，徐译乔拉斯米亚人。索格底亚那人，李译粟特人，徐译索格迪人。阿里亚人，李译如此，徐译阿里伊人。

⁽²⁶⁾ 帕里卡尼亚人，李译如此，徐译帕里坎尼伊人。

⁽²⁷⁾ 马提恩尼亚人，李译马提恩人，徐译玛提恩尼人。萨斯皮列斯人，徐译如此，李译萨斯佩雷斯人。阿拉罗狄亚人，李译阿罗蒂人，徐译阿拉罗狄伊人。

⁽²⁸⁾ A. Kuhrt, *The Persian Empire*, pp. 528, n. 38; 529, n. 59.

⁽²⁹⁾ 莫斯奇人，李译如此，徐译摩斯奇人。提巴列尼亚人，徐译如此，李译提尔巴雷尼人。麦克罗尼斯人，李译如此，徐译马克隆涅斯人。摩西诺伊西人，李译如此，徐译摩赛诺伊吉人。马列斯人，徐译如此，李译马雷人。

【案】上述五部在土耳其中部。库尔特推测,莫斯奇人即亚述文献中的Mushki,提巴列尼亚人即与亚述邻近的Tabal,其他两种人在黑海沿岸。[30]

第二十省区:印度人(Indians)居住的地区。

【案】此区在印度河下游,与萨塔吉迪亚为邻,相当波斯铭刻的印度省。

这20省区应当缴纳贡金的数字可以列成下表:

20省区贡金表

| 省区 | 贡金 | 省区 | 贡金 |
| --- | --- | --- | --- |
| 第一省区 | 400塔连特白银 | 第十一省区 | 200塔连特白银 |
| 第二省区 | 500塔连特白银 | 第十二省区 | 360塔连特白银 |
| 第三省区 | 360塔连特白银 | 第十三省区 | 400塔连特白银 |
| 第四省区 | 500塔连特白银 | 第十四省区 | 600塔连特白银 |
| 第五省区 | 350塔连特白银 | 第十五省区 | 250塔连特白银 |
| 第六省区 | 700塔连特白银 | 第十六省区 | 300塔连特白银 |
| 第七省区 | 170塔连特白银 | 第十七省区 | 400塔连特白银 |
| 第八省区 | 300塔连特白银 | 第十八省区 | 200塔连特白银 |
| 第九省区 | 1000塔连特白银 | 第十九省区 | 300塔连特白银 |
| 第十省区 | 450塔连特白银 | 第二十省区 | 360塔连特砂金 |

希罗多德说:

> 在这里,如果把巴比伦塔连特换算为优波亚塔连特,那么以上的白银总数就应当是9880塔连特;如果把黄金作为白银的13倍来计算,那么砂金就相当于4680优波亚塔连特。如果全部都加在一起,那么大流士每年总共可以收到14560优波亚塔连特的贡金,而且不足十的数目我是忽略不计的。[31]

上述数字,如果按1优波亚塔连特=25.86公斤折算,其岁入白银应为376521公斤。清代白银,1两=37.3克,这一数字约合清1009万两白银。

此外,希罗多德还提到一些其他形式的贡赋。如西利西亚每年要贡白马360匹;埃及每年要贡12万麦斗(Medimnus)军粮,巴比伦尼亚要贡500名阉童。

[30] A. Kuhrt, *The Persian Empire*, pp.53-54, 529.
[31] 希罗多德《历史》, III:95。

## 四　比较：中国食货制

中国古代财政分两大系统，一个系统跟农业有关，一个系统跟工商业有关。《汉书·食货志》，"食"指前者，"货"指后者。班固说"食谓农殖嘉谷可食之物，货谓布帛可衣，及金刀龟贝，所以分财布利通有无者也"。吃饭、穿衣、花钱，全都跟经济学有关。

经济学，西方有重农、重商之争，中国也有。比如孟子和许行就辩论过这类问题（见《孟子·滕文公上》）。郦食其有句名言，"王者以民为天，而民以食为天"（见《新序·善谋下》和《汉书·郦食其传》）。老百姓，吃饭最重要，穿衣其次。吃饭穿衣是天大的事。这件事搞不好，统治者混不下去。更何况，养官、养兵也离不开吃饭穿衣。货币与百工制作、交易互市有关，总是与贪欲、奢靡、豪华一类概念有关，跟王室消费关系大，跟老百姓关系小，在中国古代，重要性不能同前两样相比。

## 五　比较：中国货币

### 1. 贝币

中国货币，贝币最古老〔图5〕。<32> 汉字中，凡与财富有关的字，往往从贝，如《说文解字·贝部》有59字，很多字，如财、货、贿、赂、赏、赐、买、卖、贵、贱，现在还在用。

贝币，新石器时代就有，最初属于首饰类，后来用作交换的媒介。这类货币，二里头遗址和商代西周遗址多有发现〔图6〕，既有真实的海贝，也有用骨、石、玉和金属（青铜或铅）仿制者。商周时期，贝币十枚叫一朋。

东周以来，贝币衰，铜币兴。春秋时期，贝币仍流行于各国。战国时期，各地也有不少发现，但逐渐让位于铜币，即使贝币，也多为铜贝币，甚至用金银铸造，或以金银为饰。如平山中山王墓就出土过金贝币和银贝币〔图7〕，包金铜贝、鎏金铜贝和鎏银铜贝也时有发现〔图8〕。特别是楚国，古风犹存，通行货币是蚁鼻钱〔图9〕。所谓蚁鼻钱，其实是一种铜贝币。<33>

蚁鼻钱，有巽、全朱、全、君、行、忻、安等铭文。巽字币最多，全朱币次之。

巽，以音求之，疑读泉。或说，以泉称钱是王莽改制才有，不对。《周礼·地官·泉府》和《管子·轻重丁》都有这种用法的泉字。王莽复古，只是利用旧名。

5　〔图5〕
　　贝币
6　河南偃师市二里头遗址出土

7-1　〔图6〕
　　商代铜贝
7-2　山西保德县林遮峪出土

〔图7-1〕
战国金贝
河北平山县中山王墓出土

〔图7-2〕
战国银贝
河北平山县中山王墓出土

<32>　参看黄锡全《先秦货币通论》，第1—52页。
<33>　参看黄锡全《先秦货币通论》，第356—371页。

圣朱，疑读隆铢，说详上一章。
全，疑读铨，《说文解字·金部》："铨，衡也。"义同权。
折，疑同三晋货币的"釿"字。

## 2. 布币

商周时期，王臣赏赐，见于铭文，除赐贝，也赐金，包括铜锭、铜饼、铜版。赐金多以锊、钧为计量单位。[34]

东周以来，布币、刀币、圜钱最流行，也以青铜为主。

布币，铲形币。钱，本指这种币，但古之所谓布，却并非专指铲形币，而是以布帛之布代指所有货币。[35] 如古书所谓"钱布"即铲形币，"刀布"即刀形币，布犹币也。币，本指布帛，引而伸之，玉、马、圭、璧、皮、帛，一切可以用来送礼和作为交换的东西，皆可称币。

布币主要流行于三晋两周〔图10至14〕，空首布出现最早，春秋就有。平首布的出现晚一点。平首布有桥足布、锐角布、尖足布、方足布、圆足布、三孔布等不同形式，铭文以铸地为主，兼记币值。如魏有半釿布、一釿布、二釿布，赵三孔布用铢两制。[36]

燕国也有布币，所记铸地，多为赵地，主要是为了方便与赵国交往。[37]

楚国也有布币，大布一枚等于中布两枚、小布四枚〔图15〕。[38] 大布铭文，正面作"桡比当折"，背面作"七厚"。中币为上下两枚小币，四足相连，连体铸造，从中间掰开来就是两枚小币，小币铭文作"四比当折"。疑"桡比当折"指两枚中布相当一釿，"四比当折"指四枚小币相当一釿。"七厚"，下字见于齐衡制，介于镒、铢之间，我怀疑，相当锱。[39] 一锱合42铢，近于一釿（48铢）。

此外，河南扶沟县古城村还出土过楚国的银空首布〔图16〕。

## 3. 刀币

刀币〔图17〕，模仿环首刀。尖首刀与河北北部的戎狄文化有关，出现最早，直背刀和弧背刀次之。弧背刀流行于齐、燕，直背刀流行于与齐、燕邻近的赵国和中山。燕有燕明刀，齐有齐大刀，中山国有成白刀，赵有邯郸刀。刀币流行圈，多以刀为币值，中山国还以刀为衡制单位。[40]

## 4. 圜钱

圜钱，主要流行于三晋两周，以及齐、燕、秦。楚不用圜钱，但有一种代金铜牌，中间以圜钱为饰。三晋两周，以布币为主，兼用圜钱。齐、燕，以刀币为主，兼用圜钱。专用圜钱，只有秦。[41]

〔图8-1〕鎏金铜贝
〔图8-2〕鎏银铜贝
〔图9〕楚蚁鼻钱

[34] 参看黄锡全《先秦货币通论》，第53—61页。
[35] 参看黄锡全《先秦货币通论》，第81—85页。
[36] 参看黄锡全《先秦货币通论》，第80—198页。
[37] 参看黄锡全《先秦货币通论》，第166—170页。
[38] 参看黄锡全《先秦货币通论》，第371—379页。
[39] 参看李零《论西辛大墓的裂瓣纹银豆——兼论我国出土的类似器物》，收入氏著《万变》，北京：生活·读书·新知 三联书店，2016年，第107—131页。
[40] 参看黄锡全《先秦货币通论》，第199—302页。
[41] 参看黄锡全《先秦货币通论》，第303—335页。

|10|11|
|---|---|
|12|13|
|14|15|
|16|17|

〔图 10〕
空首布

〔图 11〕
尖足布

〔图 12〕
方足布

〔图 13〕
圆足布

〔图 14〕
三孔布

〔图 15〕
楚布币

〔图 16〕
银布币
河南扶沟县古城村出土

〔图 17〕
齐刀币

圜钱，中有圆孔或方孔，可系绺成串。三晋两周，圆孔；齐、燕，方孔；秦，早期用圆孔，后来用方孔。三晋两周是圜钱的制造中心，但秦国后来居上，最后用方孔圜钱一统天下。

三晋两周圜钱〔图18至20〕，铭文以记铸地为主，偶尔也记币值。如魏有半釿钱和一釿钱，赵有二锱钱。

齐、燕圜钱，铭文只记币值，以刀为单位。

秦圜钱，铭文只记币值。一种〔图21〕作"重一两十四一珠（铢）"，[42] 意思是重1两又1/14铢，币值约合15.64克，与实测重量（9.41–15.62克）的最高值相符。一种〔图22〕作"两甾（锱）"，币值约合7.8克，与实测重量（7.8克）相符。一种〔图23〕作"半睘（鍰）"，睘即鐶，字与鍰通。鍰重11铢又13/25铢，合7.67克。这个数值与实测重量（6.9–12.5克）的中间值相符。一种〔图24〕作"半两"。秦半两，与两锱等值，两锱约合7.8克，但实测重量（5.4克）不足此数。

鍰，西周金文未见。西周金文只有孚，孚即锊。许慎以鍰、锊互训，视为同义。《说文解字·金部》："锊，十一铢二十五分铢之十三也。从金孚声，《周礼》曰'重三锊'。北方以二十两为三锊。""鍰，锊也。从金爰声。《书》曰'罚百鍰'。"许慎引《书》指《吕刑》。《吕刑》"鍰"，《史记·周本纪》作"率"，应即"锊"。《小尔雅·广衡》也说"锊谓之两"。我怀疑，鐶、鍰二字，本来就与圜钱的概念有关。

### 5. 金版

楚国流行金版金币，一版多印，印在方形或圆形的金版或银版上，可视交易金额，随意切割。[43]

这种货币，跟蚁鼻钱不同，不是一般的流通货币，属于大额货币。印文有很多种，如"郢禹（称）""陈禹（称）""鄩禹（称）""羕陵""盐金"和"君""行"等〔图25至29〕。

### 6. 钱牌和聂币

出土发现，楚国还以铜制钱牌〔图30〕和布帛当代用币。钱牌是用特制的铜版折算黄金，[44] 聂币〔图31〕是用丝绸碎片当代用币。[45]

钱牌铭文，"视金一朱（铢）""视金二朱（铢）""视金四朱（铢）"，是说相当黄金一铢、二铢、四铢。"聂币"的"聂"，疑读摄，摄有代用之义。

《周礼·秋官·小行人》："合六币：圭以马，璋以皮，璧以帛，琮以锦，琥以绣，璜以黼。此六物者，以和诸侯之好故。"钱币的币，繁体作"幣"，本义正指布帛类的货币。这种货币，应即交子、宝钞、银票的前身。

[42] "重一两十四一珠（铢）"，黄锡全释"一珠重一两·十四"。

[43] 参看黄锡全《先秦货币通论》，第336–355页。

[44] 参看黄锡全《先秦货币通论》，第379–384页。

[45] 参看黄锡全《先秦货币通论》，第384–385页。

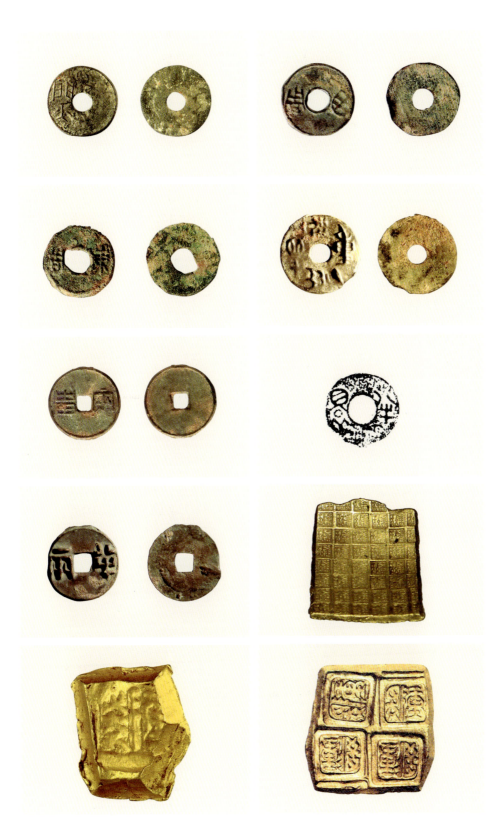

〔图 18〕
三晋圜钱

〔图 19〕
西周圜钱

〔图 20〕
东周圜钱

〔图 21〕
秦一两十分之一铢圜钱

〔图 22〕
秦两锱圜钱

〔图 23〕
秦半寰圜钱

〔图 24〕
秦半两圜钱

〔图 25〕
楚郢称金版

〔图 26-1〕
楚陈称金版

〔图 26-2〕
楚陈称金版

〔图27〕
楚郢称金版

〔图28〕
楚盐金金版

〔图29〕
楚菱陵金版

〔图30〕
楚视金钱牌

〔图 31-1〕
马王堆一号汉墓聂币签牌

〔图 31-2〕
马王堆一号汉墓聂币

第九章 统一货币与税收

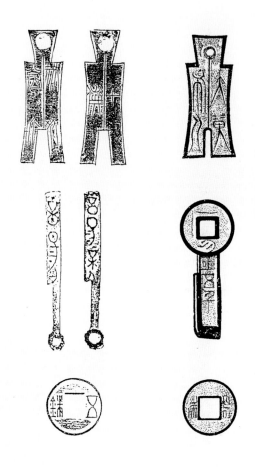

〔图 32〕
新莽货币

中国货币，自秦以下，有两大特点，一是以铜为主，而非以黄金、白银为主；二是以方孔圜钱为主，有文无像，文以年号、币值为主。王莽复古，虽一度恢复布币、刀币，与圜钱并行〔图32〕，试图回到战国时代，但终究不能改变这种局面。

西方也用圜钱，但中间无孔，以国王、王后像为主，文字在像外，即使现代纸币和现代硬币，照样遵用这一传统。<46> 我国鸦片战争后，受西方影响，纸币、硬币才印人像，先有袁世凯、孙中山，后有蒋介石、毛泽东。

这是两者的最大不同。

<46>《汉书·西域传》记罽宾"市列以金银为钱，文为骑马，幕为人面"，乌弋山离"其钱独文为人头，幕为骑马"，安息国"所有民俗与乌弋、罽宾同，亦以银为钱，文独为王面，幕为夫人面，王死辄更铸钱"。

# 第十章

# 统一宗教

[左页图]
薛西斯一世陵《授命图》
梁鉴 摄

中国古代，国家大一统，宗教多元化，除道教属本土宗教，很多都是外来宗教。中国没有宗教大一统，接纳外来宗教最多，简直是个世界宗教博物馆。

# 一　中国古代的外来宗教多与伊朗有关

中国古代，外来宗教分六种：佛教、火祆教、摩尼教、景教、回教、一赐乐业教，全都和伊朗有关。[1]

## 1. 佛教

佛教（Buddhism）出自印度，创教者释迦牟尼（Śākyamuni，前463—前383年）。一般认为，释迦牟尼是生活于公元前5世纪的人，比琐罗亚斯德晚，但汉武帝凿通西域（前139—前126年），汉明帝永平求法（64年），首先风靡中国，对中国影响最大，当推佛教。

佛教从印度传入中国，势必经过伊朗东北、阿富汗和中亚，即所谓大呼罗珊地区（Greater Khorasan）。汉代的伊朗是由帕提亚王朝统治，中国古代叫安息。安息是从今土库曼斯坦和伊朗的呼罗珊地区崛起，势力范围包括今阿富汗和中亚地区。南梁释慧皎《高僧传》为最早来华译经传法的西域高僧立传，安世高（名安清）名列第一，相传就是安息王太子。[2]

## 2. 火祆教

火祆教，西人叫琐罗亚斯德教（Zoroastrianism）。琐罗亚斯德教，顾名思义，就是琐罗亚斯德（Zoroaster）创立的宗教。一般看法，火祆教就是琐罗亚斯德教，琐罗亚斯德教就是火祆教，两者可以画等号，其实不然。

火祆教的产生可能相当早，琐罗亚斯德的年代恐怕比较晚。

火祆教是米底人和波斯人共奉的宗教，典型的伊朗宗教。这批雅利安人，大约公元前1500—前1000年就已进入伊朗高原。米底西邻亚述。亚述铭文提到米底，可以早到公元前9世纪上半叶。火祆教的祭司叫麻葛（单数叫Magus，复数叫Magi）。希罗多德说，麻葛是米底六部之一。[3]此部专出麻葛，可见居鲁士二世灭米底前，这种宗教就已存在。

琐罗亚斯德是什么时候人，学者有各种推测，早可以早到公元前1800年，晚可以晚到公元前6世纪，有人甚至怀疑，这只是个想象的人物，其实并不存在。[4]

年代偏早的估计，主要是据《阿维斯塔》的《伽萨》篇。有些学者相信，此篇是琐罗亚斯德亲作，韵律与《梨俱吠陀》接近，可能作于公元前1500—前1000年或公元前1200—前900年。很多研究《阿维斯塔》的学者

[1] 参看伯希和、沙畹《摩尼教流行中国考》，收入冯承钧译《西域南海史地考证译丛》，第二卷，北京：商务印书馆，1962年，第43—104页；陈垣《元也里可温教考》《基督教入华史略》《基督教入华史》《开封一赐乐业教考》《火祆教入中国考》《摩尼教入中国考》《回回教入中国史略》，收入氏著《陈垣学术论文集》，北京：中华书局，1980年，第1—56、83—92、93—116、255—302、304—328、329—397页。

[2] 关于安世高的身世，众说纷纭，多属猜测。参看马雍《东汉后期中亚人来华考》，《新疆大学学报》（哲学社会科学版），1984年2期，第18—28页；李铁匠《安世高身世辨析》，《江西大学学报》（社会科学版），1989年1期，第63—66页。

[3] 希罗多德《历史》，I: 101。

[4] M. Waters, *Ancient Persia*, pp. 152-153。

都相信，琐罗亚斯德是公元前1000年以前的人。⟨5⟩

年代偏晚的估计，主要是据希腊化时代的传说，即琐罗亚斯德比亚历山大灭波斯（前330年）早258年，该年琐罗亚斯德40岁，他一共活了77岁。据此推算，其生卒年代为公元前628—前551年，正好在居鲁士二世灭米底前。这就是与亚历山大纪年相对的琐罗亚斯德纪年。⟨6⟩

琐罗亚斯德是什么地方的人，也有争论。《阿维斯塔》只字未提米底、波斯。中古时期和伊斯兰时代，或说他生于乌尔米耶（在西阿塞拜疆省的乌尔米耶湖一带），或说他生于雷伊（在德黑兰东南），但现代学者多主东部说，或说他生于锡斯坦—俾路支斯坦，或说他生于帕提亚和与之邻近的阿富汗北部和乌兹别克斯坦。

有一种看法，《阿维斯塔》的维什塔斯帕就是大流士的父亲希斯塔斯普。琐罗亚斯德40岁那年，维什塔斯帕皈依了琐罗亚斯德教。他是琐罗亚斯德最早的追随者和庇护者。公元前520年，帕提亚和瓦尔卡纳（希尔卡尼亚）发生叛乱，大流士的父亲希斯塔斯普曾在帕提亚平叛。据贝希斯敦铭文，学者推测，他是帕提亚和希尔卡尼亚的总督，正好在这一带。⟨7⟩

我怀疑，琐罗亚斯德在波斯传教，恐怕是利用米底、波斯原来就有的宗教，就像基督教利用犹太教，他是耶稣式的人物，一位宗教改革家，大流士一世以来的波斯国教其实是经他改革，新立的宗教。宗教大一统与国家大一统匹配。

阿契美尼德时期，阿胡拉·马兹达崇拜流行于波斯帝国，但立为国教，恐怕在大流士一世时。大流士一世，铭文只呼阿胡拉·马兹达之号，可见处于独尊的地位。

居鲁士二世时，天下初定，情况好像还不是这样。他占领什么地方，总是尊呼当地的神名。如他征服巴比伦之后，铭文所呼神名为马尔杜克，并非阿胡拉·马兹达。冈比西斯二世征埃及，也是以法老自居，尊当地的教。

此教奉阿胡拉·马兹达为至尊之神，有如中国的太一、太极，下分善恶二神，代表光明黑暗，有如中国的阴阳、日月、水火。这种一分为二，并为三的宗教哲学，也见于摩尼教和景教，其实是一神教的共同思路。⟨8⟩汉武帝立太一、三一崇拜，虽有类似尝试，但受挫于王莽改制。宋儒援释济儒、援道济儒，借易学和道教再造儒家哲学，试图复兴此类设计，依然未能把儒家哲学改造成类似宗教。中国选择的是另一条道路：国家大一统，宗教多元化。

阿契美尼德时期，火祆教是国教。亚历山大灭波斯，其国虽亡，其教未绝，仍行于波斯故地。萨珊时期，波斯复兴，火祆教再度成为国教。伊斯兰时期，此教衰落，但伊朗仍有信徒，集中在亚兹德一带，还有人东逃，

⟨5⟩ 林悟殊《〈伽萨〉——琐罗亚斯德教的原始经典》（收入氏著《波斯火祆教与古代中国》，台北：新文丰出版公司，1995年，第31—42页）引M. Boyce说。又可参看扎林库伯《波斯帝国史》，第30—43页；丹尼尔《伊朗史》，第30—31页。

⟨6⟩ 奥姆斯特德《波斯帝国史》，第117—132页；林悟殊《〈伽萨〉——琐罗亚斯德教的原始经典》39页引A. V. Williams Jackson、W. B. Henning和R. C. Zaehner说。

⟨7⟩ 亚历山大征波斯，大流士三世是从米底逃往这一带，死在那里，帕提亚帝国就是从这里崛起。

⟨8⟩ 基督教，号称一神教，亦以"三位一体"说（Trinity）作为补充，上帝之下，不但有圣父、圣子、圣灵，还有圣母崇拜。《大秦景教流行中国碑》用中国的"三一"翻译三位一体说。中国的"三一"是对应于三才，天一、地一、太一代表天、地、人。

⟨9⟩ 陈垣引《魏书》卷一〇一、一〇二和《梁书》卷五四，提到高昌、焉耆、波斯、滑国事天神、火神，不及汉地。真正讲火祆教入中国内地只有《魏书》卷十三。

⟨10⟩ 荣新江《祆教初传中国年代考》，《国学研究》第3卷，北京：北京大学出版社，1995年，第335—353页。

⟨11⟩ 王素《魏晋南朝火祆教钩沉》，《中华文史论丛》1985年第2辑，第226—227页。

⟨12⟩ 林梅村《从考古发现看火祆教在中国的初传》，《西域研究》1996年4期，第54—60页。

[图1]
福建晋江市草庵遗址
梁鉴 摄

[图2]
草庵摩尼光明佛像
梁鉴 摄

集中在印度孟买一带。

陈垣考证，胡天之祀，始于北魏灵太后时（516—527年）。[9] 荣新江据敦煌出土粟特文书，把传入时间上推到西晋。[10] 王素引《高僧传·维祇难传》，认为至少三国之初，火祆教就为中国所知。[11] 林梅村则认为，从考古发现看，火祆教在汉代就已传入新疆。[12] 我想，敦煌地近西域，新疆遥通伊朗，皆过渡地带，传入西域或许比较早，但风行汉地则晚，中间当有时间差。[13] 萨珊既亡，此教托庇中国，大盛于唐，但融入中国、深入民众，不及佛教，也不及摩尼教。

## 3. 摩尼教

摩尼教（Manichaeism）兴起于萨珊王朝。萨珊王朝上承帕提亚王朝。帕提亚王朝，火祆教与景教、佛教并存。摩尼（Mānī，216—274年）在两河流域、伊朗和印度传教，试图折中三教，创建世界宗教。[14] 沙普尔一世（Sharpur I，240—272年在位）提倡宗教包容，摩尼事之，出入宫廷，得宣其教。但巴赫拉姆一世（Bahram I，273—276年在位）时，遭火祆教大祭司卡提尔（Kartir）迫害，人被杀，教被禁。摩尼死后，其说西传欧洲，东传中亚、印度，影响很大，传入中国也比较早。

唐延载元年（694年），拂多诞携二宗三际之说来朝，[15] 摩尼教大盛于唐。宋以来，此教也叫牟尼教或明教，流行于浙江、福建。[16] 明教之明，既谐摩尼之音，又含光明之义。这种教，融入中国，深入民众，比火祆教强，因此更有生命力。

福建晋江市的草庵遗址 [图1] 和摩尼光明佛像 [图2] 是宋元以来摩尼教在汉地传播的重要遗存，现在是全国重点文物保护单位。

[13] 参看林悟殊《火祆教始通中国的再认识》，收入氏著《波斯火祆教与古代中国》，台北：新文丰出版公司，1995年，第105—122页。

[14] 摩尼教是三教合一的世界宗教。伊朗人巴哈欧拉（Baháʼu'lláh，1817—1892）创立的巴哈伊教（Bahism）也是一种世界宗教。

[15] 见《佛祖统纪》卷三九。二宗是光明、黑暗，三际是过去、未来、现在。二宗说本火祆教。

[16] 陆游《渭南文集》卷五《条对状》："自古盗贼之兴，若止因水旱饥馑，迫于寒饿，啸聚攻劫，则措置有方，便可抚定，必不能大为朝廷之忧。惟是妖幻邪人，平时诳惑良民，结连素定，待时而发，则其为害未易可测。伏思此色人处处皆有，淮南谓之二桧子，两浙谓之牟尼教，江东谓之四果，江西谓之金刚禅，福建谓之明教、揭谛斋之类，名号不一。明教尤甚。"此教对明清两代的民间宗教（如白莲教）影响很大。

### 4. 景教

基督教（Christianity）分罗马天主教和拜占庭东正教。景教是从东正教分裂出来的聂斯脱利派（Nestorianism）。唐贞观九年（635年），此教始入长安，号称大秦景教，见《大秦景教流行中国碑》，大秦指拜占庭，景教指基督教。[17]

聂斯脱利（Nestorius, 386—450年）是叙利亚人，其学出自叙利亚教会，传经用叙利亚文，亦称叙利亚派。他主张耶稣亦神亦人，玛利亚是人母而非圣母，431年被东罗马皇帝狄奥多西二世（Theodosius II, 408—450年在位）裁定为异端，被迫东传，进入波斯，成立独立的东方教会，故亦称波斯教。

唐代，此教与火祆教、摩尼教，号称三夷教，三教皆自伊朗入，并存于中国，相互借鉴，相互传染，难免带有混合宗教的味道。《大秦景教流行中国碑》说"真常之道，妙而难明；功用昭彰，强称景教"，"明明景教，言归我唐"。景教一名，很对中国口味。[18]景可训明，引申为大，又可读影。语云如影随形，阴影是光明投射的结果。景从、景仰、景慕等词皆由此义派生，含有追慕光明之义。碑文景字，凡二十见，或训明（如景日、景宿），或指景教（如景教、景门、景寺、景尊、景士、景众），或为景教僧侣的名字（如景净、景通、景福）。景风是东南风，也与阳明之义有关。此说与火祆教、摩尼教相通。

元代，基督教风行蒙古，号也里可温教或十字教。也里可温指基督教传教士。[19]

### 5. 回教（伊斯兰教）

回教即伊斯兰教（Islam）。此教出现比较晚，公元7世纪才创教，但一经出现，迅即传入中国。海路：从阿拉伯半岛，出波斯湾，绕行印度，穿马六甲海峡，在广州、泉州、扬州登陆。陆路：从被它占领的伊朗出发，沿丝绸之路故道，经中亚各国，从新疆传入内地。唐宋时期，海路比陆路占优；元代，陆路比海路占优。伊斯兰教在中亚、新疆取佛教而代之，主要在元代。中国回教经堂语，很多词汇是阿拉伯语和波斯语，而波斯语尤多，亦可反映中国伊斯兰教与伊朗的关系。

### 6. 一赐乐业教（犹太教）

一赐乐业教即犹太教（Judaism）。据林梅村考证，"丝绸之路上的犹太人遗存以及有关文物大都集中在7世纪中叶至14世纪，也即我国历史上的隋唐至宋元时期"，[20]初入时间与伊斯兰教相近。宋金时期，犹太教建寺开封，号称一赐乐业教。"一赐乐业"是以色列之音译。因为海路经印度，又

---

[17] 景教泛指基督教，而非专指聂斯脱利派。当时的基督教都是天主教（Catholicism）。

[18] 或说景字是音译，如陈垣《基督教入华史》引敦煌经文发现之"景通法王"，谓景通即基督，景教即基督教。高本汉亦云，景读King，有光、大之义，声母与Christ（基督）或Chatholic（天主教）的第一个字母读音相同（说出Bernhard Karglren, Grammata Serica Recensa, Stochkhom, 1972, p. 200），见林悟殊《中古三夷教辨证》（北京：中华书局，2005年，第257—258页）转引。

[19] 其词源，有各种猜测。陈垣《元也里可温教考》有二说。一说为蒙古语，引《元史国语解》卷三："也里可温，蒙古语，应作伊噜勒昆。伊噜勒，福分也。昆，人也，部名。"卷二四："也里可温，有缘人也。"一说为阿拉伯语，认为也里可温即阿拉伯语Rekhabiun之变，即《大秦景教流行中国碑》的阿罗诃（景教的上帝）。

[20] 参看林梅村《犹太入华考》，收入氏著《西域文明——考古、民族、语言和宗教新论》，北京：东方出版社，1995年，第80—93页。案：此文虽主犹太入华分海陆两线，但更强调陆路。

称天竺教。[21] 因为宰杀牛羊必挑去其筋，又称挑筋教。其寺称清真寺，其僧称"蓝帽回回"，常被汉民误解，混同伊斯兰教。犹太教入华，海路走波斯湾，陆路走中亚，也与伊朗有关。

上述六教，传教策略不同。佛教、景教、回教，尊重中国礼教，扎根基层，最成功。火祆教，信众不如这三教广，亡于宋元。[22] 摩尼教带有"左道"色彩，危及国家安全，屡遭禁止，亡于明清。开封犹太人被中国同化，犹太教亦归消亡。[23]

中国传统，礼闻来学，不闻往教，各种宗教，来者不拒，只要尊重中国礼教，只要服从社会秩序，只要不煽动造反，爱信什么信什么，爱怎么信怎么信，甚至可以杂着拜，混着信，这是它们可以在中国落脚，长期待下来的原因。

## 二 火祆教释义

火祆教也叫祆教。祆字是中国人为此教特意创制的新字，读若显。《魏书·宣武灵皇后传》："后幸嵩高山，夫人、九嫔、公主已下从者数百人，升于顶中，废诸淫祀，而胡天神不在其列。"胡天神即祆教主神阿胡拉·马兹达（Ahura-Mazda），古书所见高昌、焉耆、波斯、滑国所事火神或天神，皆指此神。

"祆"字最早见于南梁顾野王的字书，《玉篇·示部》。该书对这个字的解释是："祆，阿怜切，胡神也。"比此书晚一点儿，《说文解字》新附字也有祆字，大徐本的解释是"胡神，从示天声，火千切"，小徐本的解释是"胡神也，从示从天，火千切"。辽希麟《续一切经音义》以"胡烟反，胡神官名"为解，行均《龙龛手鉴》同。旧说以为，胡天的胡指西域诸胡，祆即加注示旁的天字，胡天神即胡地的火神、天神。[24] 这些解释，多从字面含义理解。

我怀疑，"祆"字是火祆的省称，火祆类似火千，胡天类似呼烟，其实都是用反切方式翻译Ahura-Mazda。Ahura-Mazda，亦作Ohrmazd、Hourmazd、Hormazd、Harzoo、Hurmuz。阿怜切的阿是对应Ahura-Mazda的A或Ohrmazd的O，胡天、火祆、火千、呼烟切的上字是对应Hourmazd、Hormazd、Harzoo、Hurmuz的Hou、Ho、Ha、Hu，而怜、天、祆、千、烟则是对应mazda或rmazd。[25]

阿契美尼德时期以来，火祆教有五大要素。

第一，其造物主曰阿胡拉·马兹达，至高无上，阿胡拉的意思是"主"，

[21] 陈垣认为，"天竺"指中亚。林梅村赞同其说。

[22] 陈垣认为，祆教信众囿于波斯商人，不传教，不译经，是以先亡。林悟殊对此有异议，认为火祆教在唐代并非不向唐人传教，唐人对祆教也非格格不入。参看《唐人奉火祆教考辨》，收入氏著《波斯火祆教与古代中国》，第151–164页。

[23] 中国历史上也有禁教事件，被禁原因各不相同。如"三武灭佛"（三武是北魏太武帝、北周武帝和唐武宗）、会昌法难，殃及火祆教、摩尼教和景教。此类事件既与儒、道排佛有关，也与寺院经济膨胀、糜费国帑有关。但总体说来，中国对外来宗教比较宽容，这些被禁宗教不久又得到恢复。祆教之亡正在不能融入中国，摩尼教正好相反，亡在扎根底层，秘密结社，类似"左道"，危及国家安全。

[24] 丁福保《说文解字诂林》，北京：中华书局，1988年，卷二，第1172–1173页。

[25] 胡字，上古、中古音是匣母字。火、呼二字，上古、中古音是晓母字。天、千、烟三字，上古音为真部字，中古音为先部字。

第十章 统一宗教 263

马兹达的意思是"智慧",[26]两者是并列关系,可以拆开来叫,也可以倒过来叫。

第二,其教主曰琐罗亚斯德(Zoroaster)。琐罗亚斯德是希腊语的叫法,波斯语叫查拉图斯特拉(Zarathuštra),意思是"驯养骆驼的人",汉译为"苏鲁支"。[27]

第三,其祭司曰麻葛(Magi 或 Magus),汉译为"穆护"。麻葛是米底六部之一。此部擅长方术,西语魔法(Magic)一词即来源于"麻葛"。方术、幻术皆传教手段。

第四,其古经曰《阿维斯塔》(Zent Avesta),内容庞杂,既有雅利安人的神话传说,又有琐罗亚斯德的遗言遗教。

第五,其仪拜火,饮豪麻汁(Hauma),[28]围火跳舞,献祭牺牲。所谓拜火,不是把火当神来拜,而只是崇拜光明,把它当阿胡拉·马兹达的代用符号。

这五条都不是琐罗亚斯德的创造,他对火祆教的改革,可能集中在两条。[29]

第一,罢黜多神崇拜,独尊阿胡拉·马兹达。
第二,简化祭祀仪式,反对饮豪麻汁和献祭牺牲。
这两条都是为了配合国家大一统。

## 三 火祆教是否有像有庙有坛

希罗多德说:"据我所知,波斯人所遵守的风俗习惯是这样的:他们不供神像,不建神庙,不设祭坛。"[30]这是讲阿契美尼德时期。

火祆教,历史长,传播广,有许多不同"版本"。阿契美尼德时期、帕提亚时期和萨珊时期不同,波斯本土、中亚和中国也不完全一样。情况到底如何,恐怕值得探讨。[31]

### 1. 像

火祆教是一神教,从原则上讲,不拜偶像,而且出土发现,好像也没发现过阿胡拉·马兹达像。[32]但波斯石刻〔图3至图5〕,还有很多波斯滚筒印〔图6〕,到处都有一种舒展双翼悬在空中的神徽。这类神徽分两种样式:一种是双翼日盘,一种是双翼日环。有时分别出现,有时一起出现。前者无人像,可称简式;后者有人像,可称繁式。人像,探身环外,相貌衣冠酷似国王,有时手执圆环,有时手执莲花。这类神徽,最早见于大流士一世时,如贝希斯敦石刻就有这种徽。大流士一世以来,波斯宫室和波斯王陵,到处都有这种神徽。即使现代的琐罗亚斯德教,也奉此徽为标志。

---

[26] 松田重次郎创马自达汽车公司就是借用此名,以 Mazda 谐音其姓氏(英文拼写是 Matsuda)。

[27] 见宋释赞宁《大宋僧史略》卷下、释志磐《佛祖统纪》卷五四和姚宽《西溪丛语》卷上。

[28] 豪麻,一种致幻剂(hallucinogen),早期印欧语作 sauma,《吠陀》作 soma,《阿维斯塔》作 haoma,中古波斯语和现代波斯语作 hōm。或说麻黄(Ephedra sinica Stapf),或说大麻(Cannabis sativa L.)。这两种植物,中国都有。

[29] 扎林库伯《波斯帝国史》,第38—40页。

[30] 希罗多德《历史》,I.131。

[31] 阿契美尼德时期,琐罗亚斯德教是否有庙有像有坛,奥姆斯特德在《波斯帝国史》一书中的判断是"除了圣火之外,伊朗人觉得没有必要建立神庙和圣坛"(第36页)。他说,"尽管铭文中经常提到阿胡拉·马兹达,尽管他有翼的人形雕像,或简化的形象经常翱翔在波斯波利斯、苏萨宫廷、贝希斯敦铭文和大流士王陵的上空。但是,我们对于他的祭祀仪式知之甚少。我们甚至无法肯定地说出他的祭祀场所在什么地方。在三座门和大流士私人区域之间有二三个露台遗址,被认为是与帕萨迦达保存较好的圣坛相同的露天圣坛。在纳克西鲁斯泰姆的大流士王陵,浮雕表现了国王正在一个简约的火坛边献祭,而阿胡拉·马兹达飞翔在他的头顶。这暗示着祭祀仪式可能在露天进行。希罗多德就干脆说,波斯人是没有神庙的"(第243页)。他虽倾向阿契美尼德时期没有坛庙,但语存犹疑,留有余地,有些说法前后矛盾。比如他提到四个相关线索:(1)帕萨尔加德大平台西北角的"神祠",认为遗址中的两个石台是"最早祭祀部落神祇阿娜希塔和阿胡拉·马兹达的祭坛",围墙西南角的6层平台是模仿巴比伦塔庙,附近有阿娜希塔"神庙"(第78—79页);(2)波斯波利斯

[图 3]
阿尔塔薛西斯二世陵《授命图》
梁鉴 摄

[图 4]
双翼人像日环（大流士宫）
梁鉴 摄

[图 5]
双翼人像日环，下附双翼日盘（百柱宫）
梁鉴 摄

大平台西北有一处后阿契美尼德时期"祭祀阿胡拉·马兹达的场所"（第243页）；（3）苏萨东北方2.5英里的山下有一座据信是大流士时期的建筑，可能也是祭神的遗址（第243—244页）；（4）帕萨尔加德和纳克什·鲁斯塔姆有火祠（第244页）。

<32> ［唐］段成式《酉阳杂俎·物异》提到粟特火祆祠，"相传祆神本自波斯国乘神通来此，常见灵异，因立祆祠。内无像，于大屋下置大小炉，舍檐向西，人向东礼"。即使晚到此时，仍有祠有炉没有像。

第十章 统一宗教　　　　　　　　　　　　265

〔图 6-1〕
波斯滚筒印印纹中的双翼人像日环

〔图 6-2〕
波斯滚筒印印纹中的双翼人像日徽

这类神徽，目前有三种理解：[33]

第一种理解，此徽代表阿胡拉·马兹达，早期东方学家，几乎都这么看。后来，有人主张，还是要从《阿维斯塔》求解。

第二种理解，此徽相当《阿维斯塔》的 Faravahar（也叫 Faravashi、Farohar）。Faravahar 这个词，意思有点像灵魂。中国人讲灵魂，魂为阴，魄为阳。魂为人之神，魄为人之形，两者如镜像关系。说者以为，这是王在天上的魂。但沙赫尔巴茨说，上述神徽，目前所见，天上地上，并非都是镜像关系，Faravahar 是阴性名词，而此徽图像却是男相，此说也不可信。

第三种理解，此徽相当《阿维斯塔》的 Khavarenah。Khavarenah，字面含义是光荣，引申义是好运。这个词，今语叫 Farr。Farr 分两种，一种是 Farr-e Kyani，指王的光荣，相当西周金文"膺受大命"的"大命"，指王权神授，他的合法性；另一种是 Iranian Farr，指雅利安人的光荣，如同国祚。Khavarenah 往往有翅膀，作鹰隼形。沙赫尔巴茨说，只有此说才是正解。

双翼日盘，来源很古老，埃及、两河流域和小亚细亚，到处都有〔图7至图11〕。埃及的双翼日盘代表太阳神拉（Ré、Ra 和 Rah）或荷鲁斯（Horus），没有人像。其他地区的双翼日盘和带人像的双翼日环都是从这种神徽发展而来。

双翼日环，环中有像，总是悬在空中，护佑地上的王者。这类徽识，见于亚述石刻，应即波斯石刻所本。其形象好像王者在天上的投影，王举手致敬，神像亦举手致敬，王张弓搭箭，神像亦张弓搭箭。一般认为，这种神徽是代表阿舒尔神。

米底、波斯的双翼日环显然是学亚述的双翼日环，毫无疑问，全是代表上苍的眷顾与护佑，沙赫尔巴茨叫 God-given。

研究上述神徽，文献（《阿维斯塔》）、图像、铭文应当相互参校。

我的看法，阿契美尼德时期的这类图像即使不是阿胡拉·马兹达本身，也是代表阿胡拉·马兹达。这样，我们才能把图像与铭文协调一致。阿契美尼德时期的铭文，几乎毫无例外，都自称托庇于阿胡拉·马兹达。阿胡拉·马兹达才是最重要的保护神。

萨珊石刻，阿胡拉·马兹达手执象征王权的圆环，授环于王，仍然与阿契美尼德时期的图像保持连续性。[34] 这类画面，偶尔还有天使（Cherob）。天使只是沟通天人的媒介，并不是真正的保护神。当时，阿胡拉·马兹达是阿胡拉·马兹达，天使是天使，并不混淆。至少这一时期，我们不能说，琐罗亚斯德教完全无像，更不能说，早期带人像的双翼日环是什么天使。

[33] 参看 A. S. Shahbazi, "An Achaemenid Symbol, I: A Farewell to 'Frahvar' and 'Ahuramazda'", *Archäologische Mitteilungen aus Iran* 7, pp. 135-144; "An Achaemenid Symbol, II: Fanah," *Archäologische Mitteilungen aus Iran* 13, 119-147; A. S. Shahbazi, *The Authoritative Guide to Naqsh-e Rostam*, pp. 74-78; K. E. Eduljee, "Farohar/Fravahar Motif: What Does It Represent?" *Use of Icons & Symbols in Zoroastrianism*, West Vacouver: Zoroastrian Heritage Monographs, 2014。

[34] 详见下第十二章。

7

8

9-1

〔图7〕
比较：埃及墓碑上的双翼日盘
芝加哥大学东方研究所
梁鉴 摄

〔图8〕
比较：亚述石刻上的双翼日盘
不列颠博物馆

〔图9-1〕
比较：亚述石刻上的双翼人像日环
不列颠博物馆

〔图9-2〕
比较：亚述石刻上的双翼人像日环
（局部）
不列颠博物馆

〔图9-3〕
比较：亚述石刻上的双翼人像日环
梁鉴 摄

〔图9-4〕
比较：亚述石刻上的双翼人像日环
不列颠博物馆
梁鉴 摄

〔图 10-1〕
比较：亚述石刻上的双翼人像日环
不列颠博物馆
梁鉴 摄

〔图 10-2〕
比较：亚述石刻上的双翼人像日环
不列颠博物馆
梁鉴 摄

〔图 11〕
比较：萨姆阿尔石刻上的双翼日盘
帕加马博物馆
李零 摄

## 2. 坛

火祆教，祭祀仪式，照例有火。点火要有燃具，不管什么时期，阿契美尼德时期、帕提亚时期、萨珊时期，哪个时期都不可少。拜火仪式上的燃具，通常译为"火坛"。所谓"火坛"，或作 fire altar，或作 fireplace，这两个词都不合适。

第一，它跟通常说的 altar 完全不同，altar 是摆放牺牲、供品的台子。

第二，它跟通常说的 fireplace 也不一样，fireplace 是壁炉。

这种燃具，标准式样，上为火盆，中为方柱，下为基座，火盆和基座多作层级状，其实是一种炉子。沙赫尔巴茨译为 fire brazier（火盆），[35] 博伊斯译为 fire-holder（纳火器），都比 fire altar 好，其实，在我看来，译为火炉更好。[36]

下篇讲波斯王陵，我会提到 Qyzqapan 和 Eshaqvand 崖墓的《火祭图》，前图上的燃具皆由上中下三段组成，上为火盆，从上到下，逐层内收，共三层；中为方柱，用承火盆；下为方座，从下到上，逐层内收，用以支撑方柱。后者不是很清楚，火盆、底座似只有两层。这两个例子都是米底山区的发现，显然是波斯"火坛"的源头。我们不要忘了，麻葛本身就是米底六部之一。

阿契美尼德时期的"火坛"，见于纳克什·鲁斯塔姆和波斯波利斯的七座王陵，其墓门上方的浮雕，照例有"火坛"。当时，国王登基，照例要点火祭拜，火是长明火，死后才熄灭。国王是站在画面右侧的一个有三层台阶的方台上，面向"火坛"。"火坛"在左，形式同 Qyzqapan。

帕萨尔加德有个长方形的场子（图12、图13），场中有两座石坛（图14），一件有石刻台阶，一件没有。学者推测，前者是供国王站立的台子，后者是放上面说的"火坛"。[37]

帕萨尔加德出土过"火坛"残件（图15），一件发现于居鲁士陵西南约两公里处，一件发现于居鲁士陵附近的一个果园，一件发现于距 Tang-i Bulaghi 不远的河床上。第一件是火盆部分，其他两件是底座部分，形制与上面提到的方炉式"火坛"大体相同，只不过层数较多，不是三层，而是四层。[38]

萨珊"火坛"分两种，一种同上，仍作方炉，见萨珊银币（图16），另一种作四柱轩亭式，见纳克什·鲁斯塔姆西侧（图17）。沙赫尔巴茨认为，它们类似 Qeisariyeh Brazier（图18）和法尔斯王银币上的图像（图19）。[39]

[35] A. S. Shahbazi, *The Authoritative Guide to Naqsh-e Rostam*, p. 74.

[36] 上引 K. E. Eduljee 文转引 Mary Boyce 说。

[37] K. Galling, *Der Altar in den Kulturen des alten Orients*, Berlin 1925, Pl. 14, Fig.5, 见 D. Stronach, *Pasargadae*, p. 141 转引。

[38] D. Stronach, *Pasargadae*, p. 141; Pl. 107 and Fig. 72.

[39] 同上书，p. 157。

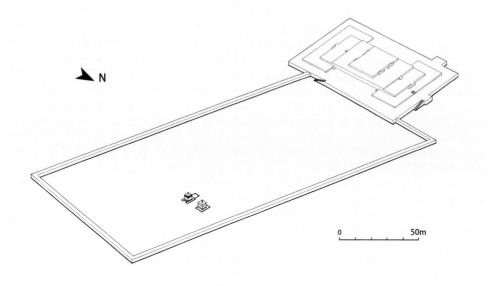

〔图 12-1〕
帕萨尔加德坛场

〔图 12-2〕
帕萨尔加德坛场

〔图 13〕
帕萨尔加德坛场

〔图 14-1〕
帕萨尔加德石坛
任超 摄

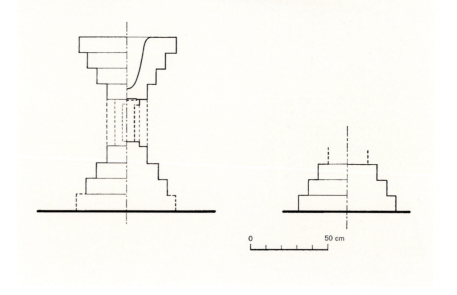

| 14-2 | 14-3 |
|---|---|
| 15-1 | 15-2 |
| 15-3 | |

〔图 14-2〕
帕萨尔加德石坛二
任超 摄

〔图 14-3〕
帕萨尔加德石坛二
任超 摄

〔图 15-1〕
帕萨尔加德"火坛"的火盆

〔图 15-2〕
帕萨尔加德"火坛"的底座

〔图 15-3〕
帕萨尔加德"火坛"（线图）

〔图16〕
沙普尔一世银币上的"火坛"

〔图17〕
纳克什·鲁斯塔姆的萨珊"火坛"
任超 摄

〔图18〕
土耳其 Qeisariyeh 出土的"火坛"

〔图19〕
法尔斯王银币上的"火坛"

### 3. 庙

萨珊时期，火袄教有庙，传入中国也有庙，但阿契美尼德时期和帕提亚时期未必有。阿契美尼德时期的祭祀遗址，只有帕萨尔加德大平台西北角的"神祠"比较沾边。但即使这一遗址，也更像野祭的坛场，而不是祠庙。

帕萨尔加德和纳克什·鲁斯塔姆有方塔〔图20〕，其功能，学者有各种猜测，或以为火庙，不一定可靠。类似发现，有法尔斯省努拉巴德（Nurabad）以西的 Mil-e Ezhdeha（意思是火坛）。这件石塔〔图21〕高7米，塔身每边宽3.4米，基

〔图20〕
纳克什·鲁斯塔姆石塔
任超 摄

〔图21〕
比较：努拉巴德石塔

座每边宽4米,希腊地理学家斯特拉波曾提到他在卡帕多西亚(在今土耳其中部)亲眼看见的火祆教仪式:

> 在卡帕多西亚(因为这里有一个很大的、被称为皮雷西人〔译者注:"点火者"〕的麻葛团体,这个地区还有波斯诸神的许多神庙),人们献祭时不使用刀剑,而是使用木棍,他们用木棍把牺牲打死。他们还有皮雷西亚,这是一些辽阔的、围起来的宗教圣地;在这些地方的中央有一个圣坛,圣坛上有大量燃烧过的灰烬,那里有麻葛保护圣火长燃不灭。麻葛每天进入这个地区,他们抱着一捆树枝,头上戴着高高的毡帽,帽子下垂到他们的脸部和嘴巴,在圣火之前念咒大约1小时。在阿娜希塔女神和奥马努斯的神庙之中,也可以看到同样的仪式;这些神庙也没有宗教圣地;在宗教庆典队伍之中,人们抬着奥马努斯的木质雕像。我曾经亲眼看见过这些仪式,至于下面所说的其他这些事情,则是历史学家的记载。[40]

上文"他们抱着一捆树枝",应指手执巴萨姆。很多表现这种场面的图像都有麻葛手执巴萨姆的形象。

与拜火仪式有关,还有一种法器叫巴萨姆(barsom),现在多用成捆的铜丝、铜棍或银丝、银棍为之,但直到16世纪,人们仍然是用成捆的树枝(红柳树、石榴树和香桃木的树枝)为之。出土发现,时见图像,如奥克苏斯宝藏就有麻葛手持巴萨姆像〔图22〕。[41] 波斯波利斯有个Faratadara Temple遗址〔图23〕,就在大平台附近。其石刻门道的两旁也有麻葛手持巴萨姆像〔图24〕。Faratadara Temple,意思是守燎者的庙,估计是阿契美尼德王朝灭亡后,当地人用早期石刻建造。萨珊王朝崛起,就是以波斯守燎者的身份自居。这座号称Temple的庙是不是庙,我不太清楚。

沙赫尔巴茨引用过一件波斯波利斯出土的封泥〔图25〕,其图像是表现火祭仪式,一位麻葛,头戴高帽,掩口,右手执巴萨姆,左手拄杖,面左立,面前有桌,桌上放着捣制豪麻的研钵,画面左边是个火坛,画面上方有双翼日盘。[42] 达西利乌姆出土的石刻,表现火祭场面,还有祭祀的牺牲〔图26〕。这些都可印证斯特拉波的描述。

斯特拉波当公元前64/63—公元23/24年,相当帕提亚时期,这段话提到波斯诸神有许多神庙,如阿纳希塔庙和奥马努斯庙,但未明说火祆教是否有庙。相反,他说的"圣坛"反而是被围在一个宽阔的"圣地"之中,更像是帕萨尔加德所见的那种坛场。

[40] 斯特拉博《地理学》,XV, iii, 15。案:皮雷西人(Pyraethi),索引注:"卡帕多西亚麻葛之中的一个派别。"皮雷西亚(Pyraetheia),索引注:"麻葛的宗教圣地。"林悟殊引用此节,作"他们有火庙,其四周显然有围墙,中间有祭坛,坛上有大量的火烬。麻葛们保持着火永燃不灭。他们每天都到里边祈祷一个小时……在火前,他们披戴头巾,头巾垂至面颊,遮住嘴唇",直接把Pyraetheia译为"火庙",恐怕不太合适。见氏著《波斯拜火教与古代中国》,台北:新文丰出版公司,1995年,第55页。

[41] 伊朗开山取石的传统方法,是用树枝插入石缝,燃烧之,使石头破裂。

[42] A. S. Shahbazi, *The Authoritative Guide to Naqsh-e Rostam*, p. 155.

〔图 22-1〕
奥克苏斯宝藏中的金箔

〔图 22-2〕
奥克苏斯宝藏中的金像

〔图 23〕
Faratadara Temple 遗址
任超 摄

[图 24-1]
Faratadara Temple 遗址的门道石刻
任超 摄

[图 24-2]
Faratadara Temple 遗址的门道石刻
《守燎图》

[图 25]
波斯波利斯出土印章上的祭祀场面

[图 26]
达西利乌姆出土石刻上的祭祀场面

第十章　统一宗教

## 四　歹瓦（Daiva）崇拜：一神教下的多神教

琐罗亚斯德教是一神教。这种一神教对犹太教和基督教都有影响，如末日审判说、天堂地狱说，以及很多宗教仪轨。

通常，大家讲一神教，总以犹太教和受犹太教影响的基督教和伊斯兰教为例，而不提琐罗亚斯德教。其实，琐罗亚斯德教是世界最早的一神教，未必比犹太教晚。有人推测，犹太教的一神教很可能是在居鲁士释巴比伦之囚的第二圣殿期才真正形成，或许正是针对琐罗亚斯德教的善恶二元论。这是两种完全不同的一神教。琐罗亚斯德教是与国家大一统配套的一神教，大国配大教。而犹太人无祖国，他们的一神教是没有国家依托的一神教。由此派生的基督教，曾被恩格斯称为古罗马的社会主义，[43] 同样具有超越国家的特点，伊斯兰教也是以整合部落社会为背景。越是没有国家大一统，才越要搞宗教大一统。

宗教史，一神教皆后起，背景都是多神教。前阿契美尼德王朝的雅利安宗教本来也是多神教。

火祆教，除至高无上的善神阿胡拉·马兹达，还有恶神安格拉·曼纽（Angra Mainyu），一个代表光明，一个代表黑暗，黑暗与光明总是如影随形，一元之下有二元。正合所谓"定黑白于一尊"。

此外，火祆教还有许多地位次之起辅助作用的神祇，众神林立，各有职司，同埃及、两河流域、小亚细亚和希腊、罗马有很多相似处，如太阳神或光明之神密特拉（Mithra）、水神或江河之神阿纳希塔（Anahita）、以及灵光之神弗拉法希（Fravashis）、白昼之神或胜利之神韦勒思拉纳（Verethraghna）、天狼星提什特利亚（Tishtrya）、风神瓦尤（Vayu）、火神阿塔尔（Atar）、强壮之神豪麻（Haoma）等。[44]

旧教，虽经琐罗亚斯德改造，仍然留下尾巴。更何况，同是一教，官方所倡和民间所行仍有区别。比如我国对祆教有两个印象，一个是拜火，一个是天葬。人死，弃尸山野、天葬台（Dakhma）、安息塔（Tower of Silence），任鸟兽食之，亲属拾其遗骨，纳骨于罐，可能只是萨珊以来的葬俗。阿契美尼德时期，它只是麻葛提倡的葬俗，百姓未必如此，波斯诸王的尸体是经防腐处理，以干尸入殓，有棺椁、墓室，更是完全不同。

历史上的宗教，往往上下通用，[45] 但官与民还是不能混为一谈。官于神，偏爱独尊，民于神，更喜杂拜。波斯帝国，一神只是官方独尊，杂祠淫祀，仍存于民间，官方称为歹瓦崇拜。薛西斯一世有《歹瓦铭文》（Daiva Inscription），就是强调禁歹瓦崇拜，类似汉律之禁"左道"。[46] 多神崇拜，官方禁归禁，民间照信不误。后来，就连国王本身也信。例如阿尔塔薛西

[43] 恩格斯《论早期基督教的历史》，《马克思恩格斯全集》（第二版），北京：人民出版社，2016年，第523—552页。

[44] 参看[伊朗]贾利尔·杜斯特哈赫选编《阿维斯塔——琐罗亚斯德教圣书》，元文琪译，北京：商务印书馆，2010年，第381—392页，附录一：《阿维斯塔》神话中的主要善神和恶魔。又奥姆斯特德《波斯帝国史》，第32—36页；V. S. Curtis, *Persian Myths*, pp.11-18.

[45] 宗教是苦难的象征，自古与群众运动有不解之缘。苦难众生揭竿而起，通常都以宗教为号召。统治者要平息造反，也要利用宗教。

[46] 中国禁旁门左道，不是西人理解的宗教迫害。中国没有宗教大一统，因此也无所谓正统、异端。禁是为了护国，不是为了护教。只要不是煽动叛乱、颠覆政府，国家往往并不禁止，这很符合现代社会的大趋势。

斯二世就特别崇拜密特拉和阿纳希塔。密特拉崇拜，远播以色列、埃及、希腊、罗马。可见实际情况是，一神之下仍有多神。

波斯帝国，教权靠王权而大，但教权与王权仍有矛盾和冲突。如大流士一世篡位后就曾屠杀麻葛，薛西斯一世也禁夭瓦崇拜。

## 五　与中国比较

波斯的宗教政策是"内外有别"，对异族的宗教信仰，比较尊重，比较宽容。波斯统一各国后，波斯人和米底人信他们的琐罗亚斯德教，其他地区则保留原来的宗教。埃及还是信埃及的教，两河流域还是信两河流域的教，犹太人和希腊人也各信各的教，其实是宗教多元化。宗教多元化，在欧洲是现代才有，经过宗教改革才有，即使经过宗教改革，基督教还是一教独大。

波斯的宗教宽容，特别体现在居鲁士大帝释"巴比伦之囚"，把尼布甲尼撒二世抢走的金银祭器还给他们，让他们重返以色列，再建耶路撒冷圣殿。这种政策，在一定程度上促成了后来的宗教融合。宗教大一统是以宗教宽容为前提。

阿契美尼德王朝之后，塞琉古王朝、帕提亚王朝和萨珊王朝，其实是个文化大融合的时期，各种宗教互相传染，彼此借鉴。正是以此为背景，才有摩尼倡导的混合宗教。[47]

波斯帝国对各种信仰兼容并包，强调国家对宗教事务要统一管理，这与中国的传统最接近。[48] 这很像我们喜欢说的"柔远能迩"，宣德教而柔远人。这对理解中国的大一统很有帮助。

中国大一统，分两步走：第一步是西周大一统，第二步是秦汉大一统。

西周大一统是小邦周克大邑商。小国灭大国，缺乏替代机制，往往整编原来的军队，起用原来的贵族，让他们出来做官，尽量维持原来的管理系统。有些国家，庙毁国亡，遗老遗少抱神器而逃，聪明的统治者一上台，先要访求遗逸，把这些落魄公子旧王孙找回来，重新封立，以续香火。孔子称之为"兴灭国，继绝世，举逸民"（《论语·尧曰》）。

秦汉大一统，有所不同，它是以编户齐民为特点，什么都强调法制化、标准化，追求整齐划一。制度大一统，秦做到了。学术大一统，汉做到了。唯独宗教大一统，中国始终没有做到。

秦代统一宗教，立过200多个祠时，汉代统一宗教，立过700多个祠时，都是强调国家对宗教的统一管理，但没有建立什么统一的国教。虽然汉武帝也曾设想，建立一种以太一为尊，三一为辅，五帝次之，统领诸神的祭祀系统，但最后被儒家出身的王莽推翻。[49] 中国有统一的国家，没有

[47] 摩尼教以三教合一（合琐罗亚斯德教、基督教和佛教为一）为特点。传入中国后，还吸收了道教和伊斯兰教的因素。

[48] 萨珊波斯中期，马兹达克运动（Mazdak Movement）提倡社会平等和财产公有、女人公有，被人称为proto-socialism，因而被镇压。奥姆斯特德《波斯帝国史》，第373页说，"波斯对各个民族的宗教采取宽容的态度，但坚持他们的宗教仪式必须由负责任的领袖精心组织。而且，宗教不应成为起义计划的伪装"。

[49] 王莽改制，人多以为"一风吹"，什么都没留下来，不对。汉代儒生虽好阴阳五行说，被顾颉刚先生称为"方士化的儒生"，但与秦皇汉武宠幸的方士仍有区别。王莽以复古为名，用小郊祀代替大郊祀，推翻汉武帝的宗教大一统，这是他对中国的最大贡献。从此，中国没有国家宗教。

统一的宗教，国家一元化，宗教多元化，世俗化极为突出。所以到了近现代，无须文艺复兴、宗教改革。

中国传统，只有皇帝，没有教皇，只有取经，没有传教，[50] 世俗政治占优，人文精神领先，[51] 这是中国的特点，也是中国的优点，非常符合现代化。

人统治人，主要靠两样东西，一样是政，一样是教。政是世俗管理，教是宗教信仰。宗教是统一的重要手段，特别对流落他乡、没有祖国，或居住分散、行政效力低下的地方。神是虚拟领导。虚有虚的用处。这种领导是金不换，不像世俗君王，有继承危机，闹不好，要改朝换代。但信仰有排他性，最难统一。

历史上的统一有好几种统法。一种是代替，强的太强，弱的太弱，直接取而代之。一种是混融，你化我，我化你，融为一体。还有一种，你化不了我，我也化不了你，只好和平共处。

最后这种，很难说统一。所谓统一，其实是统而不一。欧洲传统是小国传统。小国最喜欢讲自治，讲自治基础上的联合。如美利坚合众国是 United States，不列颠联合王国是 United Kingdoms，联合国是 United Nations，它们都靠 United。联合分三种：一种是只有众小，没有一大，大家平起平坐；一种是大在上，小在下，小大有序，呈金字塔结构。一种是一大众小，众生平等，唯我独尊。

大流士一世以来，琐罗亚斯德教是波斯帝国的国教。但波斯帝国的宗教，并不是铁板一块。政与教，官与民，本土和归化区，并不完全一致，仍然存在很多矛盾。

中国宗教，本土宗教是大杂烩，没有唯一性、排他性，国家领导宗教，只要不造反，都允许其存在，因此可以接纳各种宗教。

## 六 火井祠

最后说点题外话，也许并非题外。琐罗亚斯德教为何拜火，会不会与伊朗盛产石油、天然气有关？

伊朗是最早发现石油、天然气的地方。如希罗多德提到：

> 当波斯的舰队抵达亚细亚的时候，达提斯和阿塔佛涅斯就把从爱利特里亚带走的那些俘虏带到了苏萨。国王大流士在把爱利特里亚人变成阶下囚之前，是极其痛恨爱利特里亚人的，由于他们曾对他无端侵害；如今看到这些人被带到他的面前，已经成了他的臣民，他就不再追加惩罚，反而把基西亚境内的一块名叫阿德利卡的国王的直辖地

---

[50] 丝绸之路，互通有无，唯独宗教是单向传播。

[51] 中国三教，儒、释、道，儒居中心，释、道为两翼，乃人文领导宗教。儒教的教是教育的教，根本不是宗教，道教和佛教才是宗教。儒之用在培养读书人做官，管理国家。释、道之用在安抚劳苦大众和四裔之民，防止他们造反。

给他们居住。这块地方距苏萨210斯塔狄亚,距出产三种不同物品的矿井40斯塔狄亚。他们从这口井里取得沥青、盐和油。他们是用下面的方法取得的:他们用起重杆,而不用半个皮囊做成的桶从井底汲取;人们把这个工具沉到井底蘸满,然后把它提拉上来,倒入一个池子里,再从这个池子倒入另一个池子里,取上来的东西就成了三种形态。盐和沥青马上凝结成了固体,而他们把油舀出来装入桶里。这就是波斯人所谓的拉迪那凯,它是黑色的,并且散发着一股刺鼻的异味。国王大流士就把爱利特里亚人安置在那里,而他们到我这个时候依然居住在那里,并且还在使用他们原来的语言。这就是爱利特里亚人的遭遇。<52>

希罗多德提到的爱利特里亚人是希腊战俘。阿德里卡(Ardericca)在苏萨附近。徐松岩注说,210斯塔狄亚约合39公里,40斯塔狄亚约合7.4公里,拉迪那凯(rhadinace)即石油。当时,石油是和沥青、盐一起生产。<53> 苏萨所在的胡齐斯坦省正是今伊朗盛产石油、天然气的地方。

石油,中国古代叫"石脂水"或"石油"。天然气井,中国古代叫"火井"。中国七大盆地,<54> 现在看来,都出石油、天然气。它们当中,有三个地点,历史上早见端倪,两个在鄂尔多斯盆地(也叫陕甘宁盆地),一个在四川盆地。

一是西汉鸿门县:

《汉书·郊祀志下》:"(汉宣帝神爵元年,前61年)祠天封苑火井祠于鸿门。"

《汉书·地理志下》:"(西河郡)鸿门:有天封苑火井祠,火从地出也。"

《水经注·河水注》:"圁水又东迳鸿门县,县故鸿门亭。《地理风俗记》曰:'圁阴县西五十里有鸿门亭、天封苑火井庙,火从地中出。'"

圁水即今陕北无定河。圁阴在无定河南岸,古城遗址在今横山县党岔镇南庄村。圁阳在无定河北岸,大约今绥德四十里铺一带。鸿门在圁阴西,估计在今横山县境内。<55>

这一地点在今中国石油长庆油田公司的开采范围内。

二是西汉高奴县:

《汉书·地理志下》于上郡高奴下注:"有洧水,可蘸(燃)。"

唐段成式《酉阳杂俎》卷十《物异》:"石漆,高奴县石脂水,水腻,浮水上,如漆,采以膏车及燃灯,极明。"

宋沈括《梦溪笔谈》卷二四《杂志一》:"鄜延(案:宋鄜延路,今延安市)境内有石油,旧说'高奴县出脂水',即此也,生于水际,沙石与泉水相杂,惘惘而出,土人以雉尾裹之,乃采入缶中,颇似淳漆。然(燃)之如

<52> 希罗多德《历史》,VI:119。

<53> 沥青在伊朗,经常用于建筑。

<54> 中国陆上有七大沉积盆地:塔里木盆地、鄂尔多斯盆地、松辽盆地、渤海湾盆地、四川盆地、柴达木盆地、准格尔盆地。

<55> 参看李零《陕北日记(下)——〈读汉书·地理志〉》,收入《我们的中国·大地文章》,北京:生活·读书·新知 三联书店,2016年,第223—227页。

麻，但烟甚浓，所霑幄幕皆黑。余疑其烟可用，试扫其煤以为墨，黑光如漆，松墨不及也，遂大为之。其识文为'延川石液'者是也。此物后必大行于世，自余始为之。盖石油至多，生于地中无穷，不若松木有时而竭。今齐、鲁间松林尽矣，渐至太行、京西、江南，松山大半皆童矣。造煤人盖未知石烟之利也。石炭烟亦大，墨人衣。予戏为《延州诗》云：'二郎山下雪纷纷，旋卓穹庐学塞人。化尽素衣冬未老，石烟多似洛阳尘。'"

清光绪十年（1884）版《延安府志》（洪蕙编）卷八："（肤施县）县南二十五里有石油泉。"卷三六："火神庙在（肤施县）城中。"

汉高奴县在今延安东，今延长县在其东境。延长县有中国陆上的第一口油井，即"延一井"。1905年，清政府曾在此创办延长石油官厂，故址在今延长县西石油希望小学操场内。

这一地点在今陕西延长石油集团公司的开采范围内。

三是西汉临邛县：

汉扬雄《蜀都赋》："铜梁金堂，火井龙湫。"

晋左思《蜀都赋》："火井沈荧于幽泉，高焰飞煽于天垂。"刘逵注："蜀郡有火井，在临邛县西南。火井，盐井也。欲出其火，先以家火投之，须臾许，隆隆如雷声，焰出通天，光辉十里，以筒盛之，接其光而无炭也。煽，炽也。"

晋张华《博物志》卷二《异产》："临邛火井一所，从（纵）广五尺，深二三丈。井在县南百里。昔时，人以竹木投以取火，诸葛丞相往视之，后火转盛热，盆盖井上，煮盐得盐，入以家火即灭，迄今不复燃也。"<56>

晋常璩《华阳国志》卷三《蜀志》："临邛县，郡西南二百里，本有邛民，秦始皇徙上郡实之。有布濮水，从布濮来合文井江。有火井，夜时光映上昭（照）。民欲其火，先以家火投之。顷许，如雷声，火焰出，通耀数十里，以竹筒盛其光藏之，可拽行，终日不灭也。井有二，一燥一水。取井火煮之，一斛水得五斗盐；家火煮之，得无几也。"

南朝宋刘敬叔《异苑》卷四："蜀郡临邛县有火井，汉室之隆则炎赫弥炽，暨桓灵之际，火势渐微。诸葛亮一瞰而更盛，至景曜元年，人以烛投即灭。其年蜀并于魏。"

明宋应星《天工开物》卷五《井盐》："西川有火井，事奇甚。其井居然冷水，绝无火气。但以长竹剖开去节，合缝漆布，一头插入井底，其上曲接，以口近对釜脐，注卤水釜中，只见火意烘烘，水即滚沸。启竹而视之，绝无半点焦炎意。未见火形而用火神，此世间大奇事也！"

临邛县有火井，很有名，隋代曾置火井县。其地在今四川邛崃县西南60里火井镇。这一火井，同时也是盐井。

<56> 此条还提到"酒泉延寿县南山名火泉，火出如炬"。案：延寿县始置于东汉，北魏废，在今甘肃酒泉市东南石油沟，也是个出石油的地方。

北魏太和四年（480年），孝文帝曾两度行幸"火山"（《魏书·高祖纪上》）。这种火山不是大同火山群的火山。[57] 大同火山群是第四纪的死火山，与北魏孝文帝行幸的"火山"不是一回事。他去的"火山"是一座煤层自燃的"火山"。
《水经注·漯水》对这座"火山"有描述：

> 黄水右东注武周（州）川，又东，历故亭北，右合火山西溪水。水导源火山，西北流，山上有火井，南北六七十步，广减尺许，源深不见底，炎势上升，常若微雷发响。以草爨之，则烟腾火发……其山以火从地中出，故亦名荧台矣。火井东五六尺有汤井，广轮与火井相状，热势又同，以草内之则不然（燃），皆沾濡露结，故俗以汤井为目。井东有火井祠，以时祀祭焉。井北百余步，有东西谷，广十许步。南崖下有风穴，厥大容人，其深不测，而穴中肃肃常有微风，虽三伏盛暑，犹须袭裘。寒吹凌人，不可暂停。而其山出雏鸟，形类雅乌，纯黑而姣好，音与之同。绩采绀发，觜若丹砂。性驯良而易附，卯童幼子，捕而执之，曰赤觜乌，亦曰阿雏鸟。小而腹下白，不反哺者，谓之雅乌……其水又东北流，注武周（州）川水。武周（州）川水又东南流，水侧有石祇洹舍并诸窟室，比丘尼所居也。其水又东转，迳灵岩南，凿石开山，因崖结构，真容巨壮，世法所希（稀）。山堂水殿，烟寺相望，林渊锦镜，缀目新眺。川水又东南流，出山。《魏土地记》曰：平城西三十里，武周（州）塞口者也。自山口枝渠东出，入苑，溉诸园池。苑有洛阳殿，殿北有宫馆。一水自枝渠南流，东南出，火山水注之。水发火山东溪，东北流，出山，山有石炭，火之热，同樵炭也。

郦书"武周川水"即今十里河，"石祇洹舍并诸窟室"即今云冈石窟。"火山西溪水"在石窟西南，即今马脊梁沟河。"火山水"在石窟东南，即今口泉河。马脊梁沟和口泉乡皆同煤集团的重要矿区。唐李吉甫《元和郡县志》卷十四说云中县有"火山""火井祠"，在"县西五里"。唐云中县在今大同市，盖以口泉乡北的七峰山当之，与郦书不同。郦书所说"火山""火井""火井祠"应在马脊梁沟一带，而非七峰山。

郦道元说的"火井"并非火山口，而是煤层自燃的矿井。

石油天然气冒出的火是一种长明不熄的火。现代长明火多以天然气为之（如俄罗斯无名烈士墓的长明火）。值得注意的是，中国也有这种长明火，早就被人发现，而且立祠崇拜。[58]

中国传统，祭祀火神，有火神庙。传说燧人氏发明火，阏伯是负责祭祀火星的人，祝融居南方，五行配火。楚为祝融八姓之一，楚子鬻熊曾为

<57> 今大同市四周有三十多座火山，其中以大同市东的五座火山最有名。它们是昊天寺火山，以及金山、黑山、狼窝山、阁老山。案：昊天寺始建于北魏。

<58> 文献记载，还有很多火井，如今四川自贡、蓬溪、仪陇，还有云南开远的火井。

周成王守燎。这几位是中国的火神。

唐以来，火神庙和祆庙曾经并存。[59] 元以后，火祆庙衰，火神庙在。中国各地都有火神庙，如北京鼓楼大街西侧的火德真君庙就是一座有名的火神庙，传说唐代就有，现在还在。

[59] 姚崇新《"火神庙"非祆庙辨》，《世界宗教研究》2009年3期，第125—135页。

# 讨论一 《历史》中的历史

欧洲人讲希波战争，希罗多德〔图1、2〕的《历史》是代表作。此书与修昔底德的《伯罗奔尼撒战争史》形成对照。两书都讲希腊战史，哪本更好，史家有争论，情况有点像我国所谓的"班马异同"。议者云，《史记》大气磅礴，但错比较多，不如《汉书》平实可靠。《历史》和《伯罗奔尼撒战争史》，西人也有类似评价。[1]

希罗多德说："我的职责是报道我所听说的一切，但我并没有义务相信其中的每一件事情——对于我的整个这部历史来说，这个评论都是适用的。"[2] 他并不把还原历史真相当唯一目标（这很难做到），比较务实的是，他更强调报道的原始性和忠实性。一般人都说，只有艺术家才有风格，其实史家也有风格。你不理解这种风格，就不能理解他的说话方式，甚至他的"错误"。

〔图1〕
希罗多德像

〔图2〕
阿利卡纳苏斯的希罗多德像

[1] 希罗多德的《历史》有点像新闻采访、报告文学。他把历史当口述史，不是转录档案，而是转述人们对历史的不同说法，说有说的错，记有记的错，不能混为一谈。希罗多德对他采访的各种说法经常持怀疑批判的态度。

[2] 希罗多德《历史》，VII: 152。

希罗多德是哪里人？习惯上，大家都说，他是希腊历史学家，其实他是波斯帝国爱奥尼亚省人，[3] 老家哈里卡纳苏斯（在今土耳其博德鲁姆附近），类似我们现在说的老华侨，祖上移民小亚细亚半岛，已经不知多少代，何止祖宗八辈（差不多有500年）。你说他是波斯历史学家，也没什么不对。波斯那么大，他要不是生于波斯，长于波斯，游于波斯，怎么能把波斯写好？

希罗多德讲历史，是讲离他最近的历史，眼皮子底下的历史，前后不过百年。这种历史有这种历史的写法。他有点像司马迁，重视旅行，重视在旅行中考察风土人情，搜寻鲜活的历史记忆。[4] 他的书，同时兼具地理书和民族志的性质。波斯帝国非常大，他几乎走遍，晚年才移居雅典，最后定居于雅典的殖民城邦图里伊（Thurii，在今意大利）。[5] 他是晚年才认祖归宗，回希腊当希腊人。此人有双重身份、双重视角。波斯、希腊是仇人，国与国、族与族，谁说谁都没好词。他是两造之言都听，这是他所能够做到的客观中立。

希罗多德的《历史》，所谓"历史"，其实是"调查"（希腊语的"历史"，意思正是"调查"），很多记述都是采访当事人，或得之故老传闻。这些故事，不尽可靠，同一事件，立场不同，记忆不同，一人一个说法，怎么办？他的办法是兼采异说，疑以传疑，信以传信，跟太史公一样。风格，也是笔端熔铸感情，半文学，半历史，有点像新闻采访和报告文学。他是遗形取神，捕捉历史的灵魂。[6]

在《历史》中，他想坚守客观中立，就像很多新闻记者所标榜，但很难做到。此书开头有段声明。他说："不论是大邦还是小国，我在叙述的时候都是一视同仁的。因为先前强大的城邦，现在大都变得弱小了；而如今强大的城邦，在先前却是弱小的。我之所以要对大邦小国同样地加以论述，是因为我相信，人类的幸福不会长久驻足于一个地方。"[7] 当时的"大邦"是波斯，"小国"是雅典。历史都是强势话语，但他更同情雅典，就像司马迁同情李将军。弱者立场也是立场。无论如何，他的感情还是在雅典一方。族群认同，他认同爱奥尼亚人，政治立场是雅典民主派。

公元前445年，希罗多德到访雅典，当众讲他的故事，小雅典打败大波斯的故事，绘声绘色。他的听众是雅典人，这样的故事当然大受欢迎。其效果正如宋时"涂巷小儿听说三国语"，"闻刘玄德败，颦蹙有出涕者；闻曹操败，即喜唱快"（《东坡志林·怀古》）。这种历史演义，他要传递的信息，不仅是历史，也有情感，既有文学渲染，也有政治宣传，很难讲是纯客观。这种情感，经文艺复兴，后来被放大为所有欧洲人的阅读快感，直到今天仍激动人心，以为自己就是雅典人。

<3> 哈里卡纳苏斯一度属于卡里亚省，希罗多德时并入爱奥尼亚省。
<4> 我国的史学传统也是史、地不分家。
<5> 希腊向东发展，受阻于波斯，只能向西发展。
<6> 他的书的确多"道听途说"，有点像我们的稗官野史、小说家言。但早期历史，历史和小说很难分。
<7> 希罗多德《历史》，I: 5。

此书一上来有个楔子，话题是抢女人。四个女人：伊奥、欧罗巴、米底亚、海伦。战争起于仇恨，仇恨起于女人，这是老生常谈。亚细亚和希腊，都说对方抢了自己的女人。波斯人以亚细亚自居，他们老是说，我们跟希腊有仇，从特洛伊战争就开始了，亚细亚没打希腊之前，希腊先侵略了亚细亚。这种情结，对方也有。薛西斯征雅典，要在特洛伊献祭，亚历山大征波斯，也在特洛伊献祭。

亨廷顿（Samuel Huntington，1927—2008年）的"文明冲突"论，这是古代版。

接下来，言归正传，作者把话题转到吕底亚。希罗多德说，"阿尔亚特斯之子克洛伊索斯，吕底亚人，是哈利斯河以西所有民族的主人……据我们所知，这位克洛伊索斯，在异族人当中是第一个征服希腊人的"。⟨8⟩第二是谁呢？居鲁士大帝。他是从吕底亚接收希腊移民的土地。由此展开后面的故事，讲希腊和波斯为什么会打起来。

它的九卷是以波斯四王为纲目，框架是波斯史。头一卷讲居鲁士二世，第二卷讲冈比西斯二世，下面四卷讲大流士一世，最后三卷讲薛西斯一世。这九卷，只有后一半才是讲波斯打希腊，波斯走麦城，前面全是铺垫。

希罗多德是个故事大师。他怎么讲故事，我们不妨做个简单回顾。

## 一 第一次希波战争：大流士一世时的战争

见第五、第六卷。战争起因是爱奥尼亚叛乱。波斯西境的爱奥尼亚城邦是公元前1000年左右（大约在我国的西周时期）希腊移民所建，中心是米利都（Miletus，在今土耳其瑟凯以南）。雅典人也是爱奥尼亚人，与他们同文同种，宗教信仰也一样。雅典入侵波斯，借口是解放同胞，还爱奥尼亚人以自由，其实是为海上贸易。爱琴海两岸是个传统贸易区，一半被波斯垄断。

公元前512年，米利都僭主希斯提爱奥斯（Histiaeus）被大流士一世扣留在苏萨，大流士一世委任他的女婿阿里斯塔哥拉斯（Aristagoras）代行政务。这两人，本来类似美国人说的 our son of bitch（类似巴蒂斯塔、诺列加或李承晚、蒋介石、吴庭艳），后来却谋反。

公元前499年，阿里斯塔哥拉斯到希腊游说，寻求外国武装干涉，遭斯巴达驱逐，但得到雅典支持。

公元前498年，雅典派20艘战舰到米利都，发动叛乱，攻克萨第斯（Sardis，吕底亚旧都，在今土耳其萨利赫利以西），将萨第斯付之一炬。萨第斯是大流士一世控制波斯西境的军事重镇。该城被毁，对波斯来说是奇耻大辱。大流士一世发誓报仇，命左右每日三戒之，让他勿忘此仇。"⟨9⟩后来波斯焚

⟨8⟩ 希罗多德《历史》，I: 6。
⟨9⟩ 勾践卧薪尝胆，也是每天告诫自己，勿忘会稽之耻。

毁雅典，即报此仇。雅典入侵，被波斯挫败，仓皇撤军，但叛乱并未平息。

公元前497-前495年，失去雅典支持的爱奥尼亚叛乱相继被平定，阿里斯塔哥拉斯被杀。希斯提爱奥斯逃归，被米利都拒绝。

公元前494年，拉德战役（Battle of Lade）后，米利都陷落，希斯提爱奥斯被杀。雅典人把此事编成悲剧上演，曰《米利都的陷落》，观者无不泪下（后来被禁演）。

公元前492年，波斯首次出兵征讨雅典。出师前，先以舰队巡海，废除爱奥尼亚城邦的所有僭主，改行民主制，借以安顿后方。波斯劳师远征，正如阿塔班努斯（Artabanus）所言，有两个死对头，陆地和海洋。一是隔着爱琴海，沿途缺少避风港，容易遭暴风袭击，于海军不利；二是陆行迂远，陆军只能穿赫勒斯滂海峡（Hellenium，今达达尼尔海峡），北上西行，顺海边溜，取道色雷斯、马其顿、色萨利，兜一大圈，才能到雅典，战线太长，难以补给。[10] 更何况，希腊多山，地形破碎，海岸曲折，难以展开大规模的军事行动。波斯海军在阿索斯山（今希腊圣山）遭遇风暴，船毁人亡；[11] 陆军遭色雷斯人袭击，也死伤惨重，果如阿塔班努斯所言。[12]

公元前490年，波斯再征雅典，两军相遇于马拉松（Marathon，在雅典东北），波斯小败，是为马拉松战役，还是不成功。

这以后，波斯备战三年（前488-前486年），准备第三次远征，但未及动手，而埃及叛，大流士卒。

## 二 第二次希波战争：薛西斯一世时的战争

见第七至第九卷。薛西斯一世继位，先平埃及，再征希腊。平埃及，他用了一年（前485年）。征希腊，他备战四年（前484-前481年）。一是在阿索斯半岛（即今希腊圣山半岛）开凿运河（薛西斯运河），辟为海军基地；二是在赫勒斯滂海峡上建跨海浮桥，以利陆军通行，保障后勤线路的畅通。他组建了一支庞大的军队，号称几百万，[13] 屯兵萨第斯，依托北希腊的色雷斯、马其顿，准备第三次远征。希腊这边，很多小国都准备投降，不肯投降者，以雅典、斯巴达为首，组建反波斯同盟。他们开了个会（前481年），一致决定，立即停止城邦内斗（如雅典和埃吉那的战争）和党派纷争，谁也不许乱掐。

公元前480年，波斯大军开拔，[14] 海军和陆军齐头并进，沿海边走，相互策应，很快席卷北希腊，占领色萨利，逼近阿提卡。斯巴达国王列奥尼达（Leonidas）提步兵数千，北上御敌，在德摩比利山口（Thermopylae，或据文义译作温泉关）阻击波斯，血战三天，全军覆没，但也重创了波斯陆军，

[10] 希罗多德《历史》，VII:49。
[11] 有如蒙古大军征日本，遭遇日本人所说的"神风"。
[12] 第二次希波战争，波斯舰队在培里昂山附近再次遭风暴。参看希罗多德《历史》，VII: 188-191。
[13] 薛西斯一世的大军到底有多少人，希罗多德的数字是：来自亚洲的兵员2317610人（包括海军517610人、步兵1700000人、骑兵80000人、骆驼兵和战车兵20000人），从欧洲招募的兵员324000人，共2641610人，如果加上勤杂人员，可达5283200人。见希罗多德《历史》，VII: 184-186。案：现代学者认为，他的数字过于夸大，估计只有几十万人，但第七卷：VII. 228提到温泉关烈士碑铭文，其文曰"来自伯罗奔斯之地的四千战士在这里奋勇抗击三百万敌军"，所谓"三百万"是约数，却与这里的2641610人接近，并不像现代学者估计，只有几十万人。
[14] 希罗多德描写波斯大军开拔，不厌其烦，有如现代的游行彩排。薛西斯一世之所以耀武扬威，主要是想用威慑的办法，不战而屈人之兵。参看希罗多德《历史》，VII: 53-100。

是为德摩比利战役。美国样板戏《三百壮士》就是表现这一战役。⁽¹⁵⁾ 海战，波斯舰队从塞尔马（Therma）南下，行至培里昂山（Pelion）附近，再次遭遇风暴；绕航优波亚岛（Euboea）西侧，也遭遇风暴。风暴再次帮助了希腊。几乎与德摩比利战役同时，双方在阿尔特密西昂角（Artemisium，位于优波亚岛的北端）激战，损失都很惨重，是为阿尔特密西昂战役。接着，波斯陆军占领阿提卡，焚雅典卫城。斯巴达在科林斯地峡修长城，唯恐雅典不守（或与波斯单独媾和），波斯南下伯罗奔尼撒。为了防止盟军作鸟兽散，雅典海军统帅地米斯托克利（Themistokles）不惜暗通波斯，故意传话给波斯，让波斯海军四面合围，把盟军的所有舰船围困在萨拉米斯岛（Salamis，在雅典西南）一带。谁也想不到，这是"置之死地而后生"，盟军背水一战，反败为胜，是为萨拉米斯战役。此役结束后，薛西斯返回萨第斯，唯恐爱奥尼亚有变。

公元前479年，雅典拒降，波斯再焚雅典卫城。为了找一块利于骑兵驰骋的平地，也有后退之路，波斯故意从阿提卡后撤，屯兵底比斯，等待同盟军前来会战。两军决战于普拉蒂亚（Plataea，在雅典西北），奇迹再次发生。波斯居然又被绝地求生的同盟军打败，是为普拉蒂亚战役。而海上，同盟军更出奇兵，派舰队沿雅典以东岛链，以提洛岛为跳板，直扑爱琴海对面的萨摩斯岛（在该岛有内应），再次逼近米利都，直接抄了波斯的后路。最后，几乎与普拉蒂亚战役同时，双方激战于米卡列山（Mycale，在萨摩斯岛以东，今土耳其瑟凯以西的海岬上），⁽¹⁶⁾ 波斯再次战败，是为米卡列战役。这以后，同盟军率舰队循海北上，想去拆毁赫勒斯滂浮桥，不想浮桥已被波斯拆毁，于是攻陷海峡对岸的塞斯托斯（Sestos，在今土耳其埃杰阿巴德附近），凯旋。

这是希罗多德笔下的希波战争。它正应了一句老话，"一支人数众多的大军常常会败在一支人数较少的军队的手下"。⁽¹⁷⁾ 波斯战败，不是日本在"密苏里"号上受降的那种败，而是美国在朝鲜战争或越南战争中的那种败。战争结局是两败俱伤，顶多是个平手，根本伤不到波斯本土。

大流士一世是一代雄主，薛西斯一世也霸气十足，都是武功赫赫的强人，但他们对希腊的围剿并不成功。围剿反而促成了希腊世界的联合。

此役之后，波斯吸取教训，改变策略，武力作盾，金钱作剑，伐谋伐交，"不战而屈人之兵"，效果奇佳。一是利用雅典和斯巴达的矛盾（两国为宿敌，一旦停战，必掐），二是利用其国内的党争（僭主派和民主派，也是一向死磕），在敌人内部制造"革命"，很像美国的冷战策略。

当初，有个底比斯人早就说过，"只要希腊人像过去那样同心协力，只要他们今后一如既往地团结抗战，那么即使全世界的人想以武力征服他们，也是一件相当困难的事"。"但如果你按照我们的建议去做，你就可以很容易地掌握他们的各种行动意向。派人到各邦的当权者那里去送礼，这样将

⁽¹⁵⁾ 列奥尼达率领的同盟军，希罗多德说有5700人，其中来自伯罗奔尼撒3600人（包括斯巴达重装步兵300人），来自其他地方者2100人。这个数字与波斯大军肯定不能比，但并非只有"三百壮士"。温泉关烈士碑铭文讲得很清楚，所谓"来自伯罗普斯之地的四千战士"，是说来自伯罗奔尼撒的战士有4000人。"四千"是约数，实为3600人。参看希罗多德《历史》，VII: 202-203。

⁽¹⁶⁾ 公元前498年，雅典海军来米利都，可能就是走这一路线。

⁽¹⁷⁾ 阿塔班努斯（Artabanus）语，见希罗多德《历史》，VII: 10。案：古代战例，以少胜多、以弱胜强的事很多。现代战争虽不一定看重人数，更强调综合实力，特别是武器和技术的优势，但照样有很多以弱胜强的例子，比如抗日战争、朝鲜战争和越南战争。

造成希腊内部的分化。之后，依靠站在你一边那些人的帮助，要想制服那些和你作对的人，那就是轻而易举的了。"[18]

波斯采用的正是"底比斯之谋"：假装和事佬，拉偏手，分化瓦解，各个击破。他们的利器是"弓箭手"（波斯金币），不中不发，发即应弦而倒。

希波战争后，雅典搞了个小联合国，合众小为一大，号称提洛同盟。他们把各自的黄金凑一块儿，搁在刚才提到的提洛岛上，选举雅典当老大，结果是雅典称霸。

雅典称霸，后来怎么样？斯巴达不服，引起伯罗奔尼撒战争，雅典战败，霸主地位被斯巴达取代。它们反波斯，但得的都是波斯病，称王称霸的病。

鹬蚌相争，渔翁得利。表面上，波斯是渔翁。波斯说，你要民主，我给你，所有小国都实行民主制；你要自由，我也给你，所有小国都实行自治。前提是只许独立，不许联合，除了波斯，谁也不许干涉他国事务。这种民主、自由是在大国的掌控之中，闹来闹去，正中波斯下怀。在后来的《大王和约》中，波斯又掌握了主动，雅典还是在下风头。奥姆斯特德说了，"阿尔塔薛西斯（案：指阿尔塔薛西斯二世）现在可以夸耀，在大流士和薛西斯失败的地方，他成功了"。[19]

波斯真的成功了吗？也不是。

螳螂捕蝉，黄雀在后。它的背后还有黄雀。黄雀笑在最后。

读《历史》，我有个感觉，波斯是魏，斯巴达是蜀，雅典是吴，它们斗了半天，谁也不是胜利者。三分归一统，一统是马其顿。

马其顿灭波斯有三大战役。

格拉尼卡斯战役。公元前334年，发生于格拉尼卡斯河（Grannicus River）。此河流经今土耳其比加城（Biga）附近，北注马尔马拉海，即今科贾巴什河。亚历山大东征，是穿赫勒斯滂海峡，从伊利乌姆（Ilium，或译伊利昂）登陆。伊利乌姆即特洛伊旧址，在今土耳其库姆卡莱南。比加城在特洛伊遗址东北。此役使亚历山大顺利进入小亚细亚。亚历山大东征和薛西斯一世西征，方向不同，但出发点一样。

伊苏斯战役。公元前333年，发生在今奥斯曼尼耶南的海岸上，具体地点在一条名叫皮纳鲁斯（Pinarus River）的小河旁。此役背景是：亚历山大夺取弗里吉亚后，从该省省会戈尔迪乌姆（Gordium）进军西利西亚省。西利西亚是个群山环绕的沿海平原，西有西里西亚关（Cilician Gate），东有阿马努斯关（Amanus Gate，也叫Amanian Gate），出口和入口都很狭窄。亚历山大攻破西里西亚关，占领塔苏斯（Tarsus），从塔苏斯出发，沿梅尔辛湾和伊苏斯湾（今伊斯肯德伦湾）往东再往南，想从阿马努斯山（今加武尔山）南面的

---

[18] 希罗多德《历史》，IX: 2-3。

[19] 奥姆斯特德《波斯帝国史》，第474页。

叙利亚关（Syrian Gate）出，进军索契（Sochoi）。大流士本来守在索契，知亚历山大已前突到叙利亚关外，反而循山北上，逾阿马努斯关，占领伊苏斯（Issus），绕到亚历山大背后，切断他的退路，逼迫他掉头北上。两军决战于皮纳鲁斯河旁。索契在叙利亚关外、阿勒颇西。伊苏斯在今奥斯曼尼耶附近。此役使亚历山大顺利进入叙利亚，并打通了通往腓尼基、巴勒斯坦和埃及的道路。

高加美拉战役。公元前331年，发生在尼尼微和埃尔比勒之间的高加美拉（Gaugamela）平原上。Gaugamela的意思是"放骆驼的地方"。此役不但使亚历山大占领两河流域，还打开了通往波斯腹地的大门。不久，他就占领了巴比伦和苏萨。尼尼微在今伊拉克摩苏尔，埃尔比勒在摩苏尔东。

亚历山大走的路，全是波斯帝国预备好的路。他是踏着波斯帝王征战四方的足迹，接收他们曾经统治过的广大领土。征服者往往也是被征服者。后面的故事还很长很长。

历史总是"事后诸葛亮"。

希罗多德的《历史》，后面还有历史。

他说，"请你记住那句古老的至理名言吧：'任何事情在一开始的时候，并不总是能够看清其结果的'"。[20]

[20] 希罗多德《历史》，VII:51。

# 讨论二　大波斯为什么败于小希腊

文艺复兴以来，欧洲人认祖归宗，把希腊当欧洲历史的源头。其实，现代欧洲是中世纪基督教世界的遗产，中世纪基督教世界是罗马帝国解体的遗产。它跟罗马的关系要比希腊更直接。20世纪80年代，大家以为，欧洲先进，全靠民主，民主的摇篮是希腊，民主的基因在雅典。这很符合那个时代的思潮，但跟实际历史对不上号。

希腊是在现代背景下被发现，被解读，被美化。

薛西斯败绩欧洲，被看似弱小根本不堪一击的希腊打败，是个希腊人自己都纳闷，做梦都想不到的事，因此很有文学效应。这事常被西方人渲染为"民主打败专制"。近年，美国拍了两个样板戏，《三百壮士》《亚历山大》，更把这类神话吹破了天。

下面讲一点感想：

1. 地理上的希腊是一堆半岛、小岛的统称，从地图上看，简直像一堆碎片。它并不是古代世界的中心，而是僻处其西隅。整个环境，不是山，就是海。希腊有农业，但农业不发达，粮食要从外面进口（从黑海沿岸和其他地方进口），出口产品是橄榄油、葡萄酒和图绘精美的陶器。他们靠山吃山，靠海吃海，拿这些东西换吃喝。海上贸易和海上劫掠是他们的传统生活方式。他们像骑马民族一样，流动性很强，只不过不是逐水草而居，而是哪儿有买卖上哪儿去，四海为家，到处移民。这很容易让人联想到近代欧洲的海外殖民。它跟波斯的关系，主要是从海上挖墙脚，侵扰小亚、河西和埃及。

2. 希腊分亚洲希腊和欧洲希腊，好像一条裤子有两个裤管。欧洲希腊在巴尔干半岛的南部，是左边的裤管；亚洲希腊在小亚细亚半岛的西端，是右边的裤管。色雷斯和马其顿是连接两者的裤裆。这两个希腊，隔海相望，中间散落着很多岛屿。岛屿分属两个希腊。当时的海上分界线是赫勒斯滂海峡。波斯西征，要穿越这个海峡；马其顿东征，也要穿越这个海峡。

荷马史诗中的特洛伊就在海峡南口的右岸。欧洲希腊是亚洲希腊的母国，亚洲希腊是欧洲希腊的子国，两者同文同种，宗教信仰一样，有历史认同感。但亚洲希腊是波斯帝国的一部分，在波斯境内；欧洲希腊不归波斯管，在波斯境外。

3. 欧洲希腊是波斯帝国境外的一批自治城市，并不是一个统一的领土国家，勉强称为国家，也多是一城一国的蕞尔小国，即所谓城邦，苟无敌国外患，往往钩心斗角（如雅典和斯巴达，雅典和埃吉那，斯巴达和阿哥里斯），而且特别吃贿赂。这群小国，早先是南强北弱。[1] 马其顿在北，雅典在中，斯巴达在南，是三个大家最熟悉的名字。这三个国家，起初斯巴达最强，雅典其次，马其顿最弱，但后来怎么样？是北方统一南方。[2] 它们，斯巴达是双王制，雅典是僭主制或民主制，马其顿是君主制。其共同点只是自治，而不是民主。民主制不仅不是希腊唯一的制度，也不是雅典唯一的制度。

4. 亚洲希腊是波斯帝国的西境，主要指爱奥尼亚。大流士一世曾于小亚细亚半岛设五大行省，卡帕多西亚、亚美尼亚在东，爱奥尼亚、吕底亚、卡里亚在西。爱奥尼亚在西三省中最靠西。这一地区是希腊世界中最富裕、最繁荣也最先进的地区，很多优秀的哲学家、科学家、文学家、艺术家和历史学家都出生于此。如希腊哲学，雅典哲学（苏格拉底、柏拉图和亚里士多德）是后起，苏格拉底以前，哲学家多来自小亚细亚半岛及其邻近地区，即东部希腊。凡讲哲学史，首先都会提到米利都三杰：泰勒斯、阿那克西曼德和阿那克西美尼，赫拉克里特也是爱奥尼亚人。其实，亚洲希腊曾比欧洲希腊发达。

5. 希腊世界，山海阻隔，小国林立。希腊城邦的自治传统和岛民政治有关，和民主不民主无关。这种小国的君长，可能是世袭，[3] 可能是自立，可能是选举。选举不选举，并不是关键，关键是谁选、选谁、谁代表谁。希腊曾经有六种政体，君主制—贵族制—共和制是一系，僭主制—寡头制—民主制是一系。前者是贵族政治，后者是富人政治，都不是平民政治。僭主制、寡头制和民主制都反对贵族统治，区别只是在于，打倒贵族用什么方法：一人专政，少数专政，还是多数专政？所谓民主，只是扩大选举范围，寻求民意支持罢了。当家做主的还是富贵人家。当时，僭主并不等于专制暴君，民主也不等于平民主政。

6. 早期城邦去氏族制未远，政体仍以族群为背景。当时的族群有土著、外来之分，有山地、平原、沿海之分，并跟职业传统有关。如贵族多是能自备甲盾、马匹的武士，富人主要是工商业主。斯巴达尚武，一直是军人专政，当然推行贵族制。雅典重工商，才提倡僭主制或民主制。表面

---

[1] 希腊文明是从克里特岛传迈锡尼，由南向北传，但征服者，一波接一波，却多半来自北方。

[2] 波斯打希腊，必须穿越赫勒斯滂海峡，越色雷斯、马其顿，从北往南攻，先打雅典。马其顿曾被波斯兼并，跟色雷斯拼一块儿，设为斯库德拉省，是最先臣服的国家，但统一希腊反而是它。

[3] 世袭制在历史上曾经是一种很普通的制度。不仅君权可以世袭，教权可以世袭，就连各种手艺和技能也往往世袭。这种制度与分工和专业化有关，与权力集中和财富集中有关，与战争威胁和国家安全有关，唯独与道德无关。现代老板难道就不世袭，难道就不专制吗？

上，君主制和僭主制是一人说了算，贵族制和寡头制是少数说了算，共和制和民主制是多数说了算，好像君主和僭主是一码事，其实不然，僭主不是世袭君主，只是权重一时的执政官，他是因平民弱而贵族强才独断专行，但势单力薄，又不得不寻求平民的支持，有时甚至出自民选。在古人看来，反而和民主制是一路。

7. 雅典政制，早先也有过王政时代和贵族统治，后来行僭主制。希波战争前，整个希腊世界流行的是僭主制，而非民主制。如梭伦改革的梭伦就是僭主。他提倡法制，不是为民主。[4] 僭主制，无论在雅典，还是在工商业发达的爱奥尼亚，到处都是从贵族制到民主制的过渡，而且是内忧外患的产物。当时的民主制不是多党制，也不是两党制，而是一党制。保守派上台，一定驱逐民主派；民主派上台，一定驱逐保守派，斗争很激烈。选举者可以是平民，但女子、小人（奴隶）除外。被选举者，有些人是贵族，有些人是富人，有些是既富且贵人。无论哪一派上台，都出自名门望族。

8. 希腊各国，小国要受制于大国，国内关系要屈从于国际关系。如雅典党争，无论僭主派，还是民主派，都借重外部势力，真正的派别划分是在对波斯的态度。[5] 民主派和僭主派，都可能亲波斯，也可能反波斯，全看是否有利。反过来，波斯也一样，僭主派，它支持过；民主派它也支持过。支持不主持，也取决于利益。雅典民主派为了阻止被驱逐的僭主回国，曾向波斯俯首称臣，但得不到波斯支持，又派兵入侵，支持爱奥尼亚的僭主叛乱。波斯境内的希腊城邦，早先多是僭主制。但爱奥尼亚叛乱后，波斯把所有僭主都废了，一律改行民主制。[6] 可见我们不能用"民主、专制二分法"来解释一切。[7]

9. 波斯是大国，大国靠兼并而立。它分五大块，小亚细亚是第一块，地中海东岸是第二块，埃及是第三块，两河流域是第四块，伊朗和伊朗以西是第五块。两河流域，农业背景最深，是帝国的中心。西边三块环地中海，有航海背景。东边一块有游牧背景。三种生态环境，它都有。这五大块，包含种族、语言、宗教、文化不同的许多国家，硬捏一块儿，免不了有裂痕，加之税负很重，叛乱此起彼伏，往往"按下葫芦浮起瓢"。其边患主要来自沿海各省，特别是小亚细亚和埃及，伊朗以东也有乱子。波斯控制着从黑海沿岸到地中海东岸和埃及的广大海域，断了希腊的财路。希腊跟波斯过不去，那是理所当然。

10. 希腊世界都是小国，小国无力抗衡大国。抗衡大国，只能靠联合。波斯打希腊，反而促进了希腊的联合。[8] 中国古代有会盟，盟主是霸主。[9] 比如春秋五霸，都是通过会盟当霸主。雅典有提洛同盟，斯巴达有伯罗奔

[4] 法制用以齐民，主要与世俗管理有关，不像现在理解，一定与民主有关。

[5] 奥姆斯特德《波斯帝国史》，第53页。

[6] 《历史》，VI. 43："翌年初春，大流士解除了其他所有将领的职务，而委派戈布里亚斯的儿子玛尔多纽斯，率领着一支庞大的军队抵达沿海地带……在行军过程中，玛尔多纽斯沿着亚细亚的海岸航行，进入伊奥尼亚地区。这里我要叙述一件奇事，它将使不相信波斯'七人帮'当中的奥塔涅斯建议波斯实行民主制的那些希腊人大为震惊。原来玛尔多纽斯废黜了伊奥尼亚诸邦所有的僭主，而在这些城邦中建立起民主制。"奥姆斯特德《波斯帝国史》，第193—194页："大流士下令马多尼奥斯废黜所有的僭主，他们显然已经没有多大用处了。同时，将爱奥尼亚的城市国家改组为民主制政体。在历史上，民主制破天荒地征服了希腊世界大片重要地区。一个坚强的婴儿，竟然要依靠'蛮族'君主的保护！"

[7] 希波战争的大功臣，地米斯托克利（Themistocles）和葆萨尼阿斯（Pausanias），一个是民主派，一个是贵族派，全都投了波斯。

[8] 雅典和斯巴达是宿敌，有如春秋时代的吴、越。但《孙子·九地》说："夫吴人与越人相恶也，当其同舟济而遇风，其相救也如左右手。"

[9] 《左传》昭公四年："椒举言于楚子曰：'……夏启有钧台之享，商汤有景亳之命，周武有孟津之誓，成有岐阳之蒐，康有酆宫之朝，穆有涂山之会，齐桓有召陵之师，晋文有践土之盟……'"

尼撒同盟，盟主也是霸主。小国如何变大国，按我国讲法，是由邑而国，由国而霸，由霸而王，由王而帝。西人所谓的"雅典帝国""斯巴达帝国"，[10]只是霸，不是帝。马其顿统一希腊，也只是王，还不是帝，吞并波斯才是帝。国家形态演进，由小到大、由分到合是主流，非把小国寡民当最高形态，肯定不对，不仅不符合古代大趋势，也不符合现代大趋势。[11]

11．国家，大点儿好，还是小点儿好，古今颇有争论。现代欧洲，直到今天，还是小国林立，这是蛮族入侵的结果，属于倒退。近代，历史上的大国被西方肢解，那是殖民时代造成，除了便于分而治之，毫无道理可言。国家形态演进，从全世界的历史看，城邦是原始形态，帝国是发达形态，绝对不能倒过来讲。否则，欧洲就不该有马其顿帝国和罗马帝国。而没有罗马帝国，也就没有基督教世界。没有基督教世界，也就没有今天的帝国主义，更不可能有欧洲统一和全球化。我们不能说，天下国家，小必好，大必坏，俄罗斯、中国太大，大必须解体。如果真是那样的话，我看美国、加拿大和澳大利亚也应该解体。

12．希波战争，希腊打败波斯，怎么看怎么像《三国演义》中的赤壁之战。真的，谁能想到呀，曹操，舳舻千里，旌旗蔽云，怎么反让孙、刘联手，借东风，用火攻，打了个落花流水。其实，在人类军事史上，这种冷门是家常便饭。即使现代，以小胜大，以弱胜强，也有不少例子。它丝毫不能证明，蜀、吴比魏国有什么优势。奥姆斯特德说，"对于这个帝国而言，希腊从来就不是一个严重的政治威胁。因为希腊并不是一个政治实体，而是许多的希腊国家"，[12]"传统的说法必须纠正……我们所积累的全部知识，只能证明当波斯帝国在进攻独立、弱小而又分散的希腊城邦时，具有压倒性的优势力量"。[13]

13．西方史学有所谓"希腊化时期"，通常指亚历山大东征到托勒密灭亡（前334—前30年）。这个概念是1836年德国历史学家德罗伊森（J. G. Droysen）提出来的，它要强调的是西方化东方。奥姆斯特德说，这个化早在亚历山大东征之前一个多世纪就已开始，大约在阿尔塔薛西斯二世时。[14]但这样的化，只是万邦来朝的一部分。波斯何止这一化，它还有埃及化、亚述化、巴比伦化、吕底亚化。比如波斯波利斯出土，亚历山大部下打碎的潘尼洛普像，[15]就是典型的希腊作品。这就像罗马帝国解体前，罗马化带动日耳曼化；罗马帝国解体后，日耳曼化带动罗马化，是个互相补充的过程。

14．历史上的同化经常是相互同化，征服者被被征服者征服。希腊都是小国，没有治理大国的经验。亚历山大征波斯，"他占领的地区是仿照波斯行省机构来组织的"，"他梦想把波斯和希腊两个民族和文化融合成一体，

[10] 奥姆斯特德说，公元前454年，雅典成为帝国。参看氏著《波斯帝国史》，53页。但此时的雅典，不过是我们说的霸。
[11] 欧洲虽小国林立，但现代国家的建立靠绝对主义，现在更推行欧洲一体化。其殖民地，如美国是多种族多文化的联邦制大国。美国反而是欧洲的榜样。
[12] 奥姆斯特德《波斯帝国史》，第53页。
[13] 同上书，第186页。
[14] 同上书，作者序，第8页；正文，第479—480页。
[15] 潘尼洛普（Penelope），奥德修斯（Odysseus，或译尤利西斯）的妻子，见《奥德赛》。

东方征服了这位凶猛的征服者"，[16] 在国家制度的层面上，他是效仿波斯，所谓"希腊化"，其实也可以说是"波斯化"。"后希腊化时期"，我们可以看得更清楚。从帕提亚到萨珊波斯，我们看到的是，希腊的影响在逐渐消退。希腊城、希腊语、希腊雕像都没能扎根波斯。波斯还是波斯，顽固地信自己的教，说自己的话，用自己的制度管理自己的国家。我们从元史和清史，很容易理解这一点。

15. 人生，谁都是从生龙活虎走向老态龙钟，武功全废，连生活自理都成问题。国家也如此。居鲁士当年，兵锋所向，席卷近东，他怎么也不会想到，后来的波斯会堕落到靠金钱外交和武力恫吓过日子，饭来张口，衣来伸手，打仗全靠雇佣兵，让这些雇佣兵看出其腐朽虚弱（参看色诺芬《长征记》）。其实，很多历史上的大帝国都如此。罗马重装步兵，当年多厉害，最后打仗，靠日耳曼雇佣兵，灭亡罗马的正是这批雇佣兵。中国也如此，蒙古铁骑，打遍天下无敌手，说垮就垮了。满族八旗，以骑射取天下，最后提笼架鸟，逛戏园子，打仗全靠曾胡左李。民国初年的北洋军阀就是曾胡左李的遗产。[17]

16. 有人说，亚述帝国是世界第一帝国。其实，它只是波斯帝国的铺垫。波斯才是第一个世界性的大帝国。研究帝国主义史，这是很好的借鉴。希腊，以小国胜大国，也是今天还有的事。波斯帝国的陨落，有很多负面经验值得探讨。比如它的苛捐杂税，比如它的穷兵黩武，比如它的地方分裂，几乎可以说是所有大帝国的通病。现代西方人读这段历史，往往认同希腊，而诋毁波斯，以为自己是"当代希腊"，伊斯兰世界是"当代波斯"。其实这是读反了。他们完全忘了自己所处的历史位置，历史已经大翻盘。其实，当时的波斯才是"帝国主义"，希腊反而是"亚非拉"，跟现在的东西方，地位正好相反。

最后，让我从奥姆斯特德的《波斯帝国史》抄几段话，作为结束：

> 经过这么多年，阿契美尼德时期的东方资料慢慢收集齐全了。它们的贡献特别宝贵，因为它们恢复了至今为止一直严重倾向于希腊作家的平衡。[18]
>
> 现在，我们已经认识到，当我们仅仅通过希腊作家的眼光来观察问题的时候，即使有最优秀的历史学家帮助，自己对帝国的了解仍然是多么的不完整。在这个时期的绝大部分时间之中，东方都过着自给自足的生活。直到这个时期结束的时候，上流社会可能采用了某些希

[16] 奥姆斯特德《波斯帝国史》，第629页。

[17] 现代社会的顶端，以美国为榜样，是以金融、科技和军工生产为三大支柱。脏活累活苦活，什么都往落后国家转移，就连打仗都想找替死鬼，正是走在这条路上。其他国家，亦步亦趋，也在跟进。

[18] 奥姆斯特德《波斯帝国史》，作者序言，第6页。

腊文化表皮的东西。但是，这种模仿是肤浅的。希腊雇佣兵为了报酬受雇于宫廷、叛乱者或相互对立的王国，他们并不是优秀文化的传播者。因为他们对希腊文化的敌视，超过了对希腊文化的忠诚。

我们前所未有地认识到，对于这个帝国而言，希腊从来就不是一个严重的政治威胁。因为希腊并不是一个政治实体，而是许多的希腊国家。在这些国家出现之后不久，帝国就征服了这些国家之中最强大、最富裕和文化上最先进的国家。而且，他们大部分留在了这个帝国之内。现代考古发掘证明，由于他们完全处于波斯人统治之下，生活受到了深刻的影响。我们可以看到，大流士和薛西斯是如何征服少数仍然保持自由的希腊国家的。但是，我们也可以分析波斯人所犯的一些严重的错误。尽管由于不断的内战使他们遭到削弱，但当这些自由的国家实力增长之后，我们可以描绘出波斯在军事实力方面的衰落，同时在外交手腕方面有所改进的过程。不论是内部的腐败，还是总督和各地国王汹涌的革命浪潮，这个过程一直在继续着，直到波斯人用波斯"弓箭手"——钱币——进行贿赂，使他们获得了自由希腊仲裁者这样令人羡慕的地位为止。

由于希腊雇佣兵、商人日益深深地渗透到这个帝国境内，由于雇用希腊医生、运动员、雕刻家和厨师，由于希腊哲学家、文学家和科学家的访问，希腊化时代的曙光已经出现。当亚历山大以武力侵略消灭了这个帝国之后，东方暂时丧失了自己的世界地位。东方如何迅速地恢复了自己了不起的统治地位，则是必须留待下一卷解决的问题。[19]

如果说希波战争多少有点像个老掉牙了的故事，但它对我们仍然具有很大的吸引力。在说到这个故事时，我们自然会把自己认同于希腊人。因为我们的叙述几乎完全是建立在希腊人希罗多德叙述的基础之上的。我们完全忘记了我们离开市民大会的舞台已经很久了。那时，我们就像雅典人一样，自己管理自己。而且，我们现在已经变成了一个强大的世界帝国，我们也有波斯帝国一样的问题。我们不仅应当反复阅读希罗多德那些令人愉快的故事，我们还应当正视今日美国遇到的困难。[20]

[19] 奥姆斯特德《波斯帝国史》，作者序言，第9–10页。
[20] 同上书，第186页。

他说得多好。

Copyright © 2019 by SDX Joint Publishing Company.
All Rights Reserved.
本作品版权由生活・读书・新知三联书店所有。
未经许可,不得翻印。

**图书在版编目(CIP)数据**

波斯笔记:上下/李零著. — 北京:生活・读书・新知三联书店, 2019.9(2020.8 重印)
 ISBN 978-7-108-06695-4

Ⅰ.①波… Ⅱ.①李… Ⅲ.①波斯帝国-古代史 Ⅳ.①K124.4

中国版本图书馆 CIP 数据核字(2019)第 181885 号

# 波斯笔记

## 下

李 零

生活·讀書·新知 三联书店

纳克什·鲁斯塔姆
汪悦进 摄

# 波斯笔记

## 下篇

考古 — 艺术

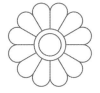

第十一章

# 波斯王宫

〔左页图〕
波斯波利斯百柱宫门兽
任超 摄

波斯帝国有五个王都，上篇有简短介绍，已经讲过的就不再重复，这里着重讲一下波斯五都的宫室布局和建筑特点。

# 一 巴比伦

巴比伦是波斯五都之一。此城很早就有，可以上溯到公元前2300年，当时只是一座不出名的小城。汉谟拉比（Hammurabi，前1792—前1750年在位）时，此城是两河流域最著名的古城，新巴比伦时期（前626—前539年）仍以此为都。公元前539年，居鲁士二世攻占的巴比伦是新巴比伦的首都〔图1-1〕。

此城先后由英、法、意、德等国发掘（1818—1914年），尤以德国东方学会的发掘（1899—1914年）收获最大，主持人是科尔德威（Robert Koldewey，1855—1925）。巴比伦的伊什塔尔门（Ishtar Gate）被拆卸，在柏林的帕加马博物馆（Pergamon Museum）重装，很多遗物都保存在这一博物馆。

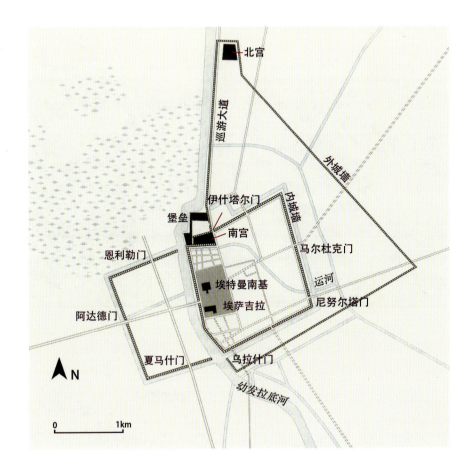

〔图1-1〕
巴比伦遗址分布图

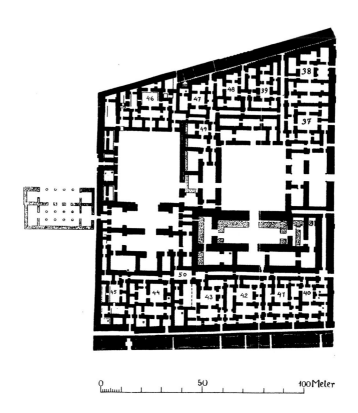

[图1-2]
巴比伦南宫西侧的阿契美尼德建筑

科尔德威清理的地层止于新巴比伦时期，大约相当我国的春秋时期。该城依河而建，地下水位高，很难继续往下挖，更早的古城并未揭露。

新巴比伦时期的古城遗址分内城、外郭，并包括若干晚期遗址，如南宫遗址西的阿契美尼德建筑〔图1-2〕。

## 1. 内城

长方形，横长竖短。幼发拉底河故道纵贯全城，把它一分为二，河东是旧城，河西是新城。城内的河段，中间有座桥，桥有五个桥墩，连接新旧二城。二城各引一渠，经城中。今幼发拉底河在遗址西，与古代地貌不同。

城门：城开九门，南北各三，东二西一。伊什塔尔门为北墙第二门，有南北大道，穿门而入，纵贯旧城，即所谓巡游大道（Processional Way）。伊什塔尔门的门楼，巡游大道两边的墙壁，皆用釉砖贴墙，十分华丽，十分壮观。

街道：旧城有经道、纬道若干，而以巡游大道最重要；新城有经道、纬道各一。

宫殿：分南北二宫，北宫在伊什塔尔门外，南宫在伊什塔尔门内。北

<1>《三辅黄图》卷三《建章宫》："奇华殿在建章宫旁。四海夷狄器服珍宝，火浣布、切玉刀、巨象、大雀、狮子、宫马，充塞其中。"西安市博物馆藏奇华殿铜炉即其遗物。

<2> Ziggurat，一种层层内缩向上高耸的方形建筑。这种建筑主要流行于两河流域，如伊拉克纳西里耶的乌尔塔庙（Great Ziggurat of Ur）和巴格达的杜尔·库里加尔祖塔庙（Ziggurat of Dur-Kurigalzu）。伊朗也有这种建筑，如舒什附近的乔加·赞比尔塔庙（Ziggurat of Chogha Zanbil）和卡尚附近的锡亚勒克塔庙（Ziggurat of Sialk）。

宫有珍宝馆，类似汉长安城建章宫的奇华殿，[1] 用以陈设战利品，如从亚述掳获的石狮（图2）就是放在这个珍宝馆，现在是北宫遗址的地标。南宫遗址是尼布甲尼撒二世（Nebuchadnezzar II，前605—前562年在位，新巴比伦最著名的国王）所居。有些学者怀疑，南宫东南角的一座层级式建筑即传说中的"空中花园"（Hanging Gardens，"世界七大奇迹"之一）。这座建筑，样子类似塔庙（ziggurat），[2] 据说有提水设备，可以灌溉每一层的花草树木，每一面，看上去有点像远高近低每层摆花的西班牙建筑。

祠庙：南宫以南有两个著名建筑的废墟，一个是埃特曼南基（Etemenanki），[3] 一个是埃萨吉拉（Esagila）。[4] 两者都是祭祀马尔杜克（Marduk）的庙。其他祠庙，大大小小，遍布全城。埃特曼南基，在埃萨吉拉北，原共八层，长宽高皆91米，帕加马博物馆有复原模型（图3）。学者怀疑，这座塔庙可能就是《圣经·创世记》提到的巴别塔（Babel）。

其主体建筑在幼发拉底河以东，巡游大道以西，南北成一线。

## 2. 外郭

旧城外有三角形外郭。东北、东南两道墙，长各4公里。墙外有护城河，宽20—80米不等，两端与幼发拉底河相通，把旧城围在里面。郭城北端的夹角内有所谓夏宫。

此城与中国战国时代的大城相比，规模差不多，[5] 人口据说可以达到20万。

〔图2-1〕
北宫狮子

〔图2-2〕
比较：亚述牙雕
不列颠博物馆
梁鉴 摄

[3] Etemenanki，苏美尔语，意思是"作为天地基础的庙"。
[4] Esagila，苏美尔语，意思是"屋顶高耸的庙"。
[5] 如齐临淄城，大城南北4.5公里，东西3.5公里；小城南北2公里，东西1.5公里。楚纪南城，东西4.5公里，南北3.5公里。燕下都东西8.3公里，南北4公里（中有河道，分东西二城）。灵寿古城，东西4公里，南北最长处达4.5公里。

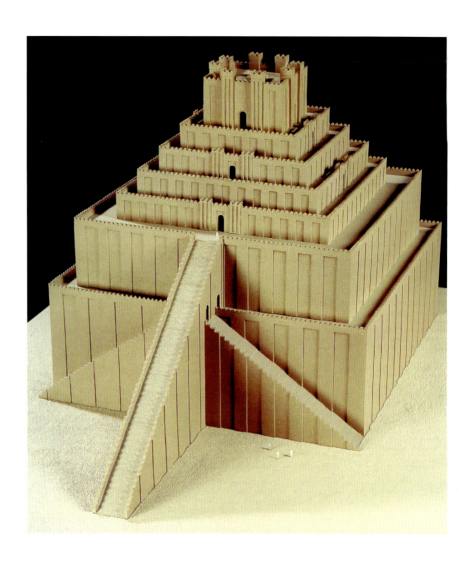

[图 3]
埃特曼南基塔庙模型
帕加马博物馆

### 3. 晚期遗址

阿契美尼德时期的建筑：初在北宫遗址内，后在南宫遗址西。

希腊剧场：在内城东北。

萨达姆以尼布甲尼撒之后自居，对修复遗址很上心。遗址以东有博物馆（Nebo Museum Take Nasr），以西有总统宫（Presidential Palace）。

2003年，美国发动伊拉克战争，巴比伦古城被美军占领（后移交波兰军队）。当时，指挥入侵的康维将军（General James Terry Conway），干脆把美军基地 Camp Alpha，直接设在巴比伦遗址上，公然把部分遗址推平，建直升机停机坪和重型车辆的停车场。入侵美军告诉伊拉克人，你们自由了，想拿什么就拿什么吧，遗址和博物馆遭到疯狂破坏。

2015年1月，伊拉克政府为巴比伦古城申遗，不知结果如何。

## 二 苏萨

苏萨是埃兰旧都〔图4〕，亚历山大入侵，古城被劫掠一空，地面上什么也没留下，一切靠考古揭露。

从1885年起，苏萨遗址一直由法国人发掘，很多遗物保存在巴黎的卢浮宫。

1885—1886年，主持人是迪厄拉富瓦夫妇（Marcel-Auguste Dieulafoy, 1844—1920；Jane Dieulafoy, 1851—1916）。

1897—1911年，主持人是摩根（Jacques de Morgan, 1857—1924）。

1911—1914年和1918—1940年，主持人是麦克尼姆（Roland De Mecquenem, 1877—1957）。

1946—1967年，主持人是吉尔什曼夫妇（Roman Ghirshman, 1895—1979；Tania Ghirshman, 1900—1984）。

1969—1979年，主持人是帕罗特（Jean Perrot, 1920—2012）。大流士无头像就是由他发现。

〔图4〕
苏萨遗址分布图

2015年7月，苏萨被列入《世界遗产名录》。

古城遗址在沙乌尔河（Shaur River，卡尔黑河的支流）两岸。

## 1. 河东遗址

遗址在37号公路和沙乌尔河之间。遗址西侧有三个大土丘。主要建筑分布在这三个大土丘上。

阿帕丹（Apadana）：在景区北面的土丘上。前为朝堂（Audience Hall），后为寝宫，即大流士宫（Palace of Darius）。Apadana是古波斯语，指朝堂类的柱厅。其中保留最好的一件双牛柱头，现藏卢浮宫〔图5〕。阙门开在东南角，朝东，宫殿在阙门西。阿帕丹在北，寝宫在南，呈东北-西南向，与帕萨尔加德类似。苏萨博物馆在宫殿的西南角。

〔图5〕
双牛柱头
卢浮宫
李零 摄

[图6]
哈马丹

[图7]
哈格巴塔纳遗址

卫城（Acropole）：在景区西南的土丘上。Acropole 是法语，英语作 Acropolis，皆指卫城。摩根堡（Chateau de Morgan，原法国考古队的工作站）在卫城北，但以理墓（Tomb of Daniel）在卫城西。

皇城（Ville Royale）：在景区东南的土丘上。Ville Royale 是法语，直译是皇城，盖指大流士宫以外的离宫别馆。[6]

## 2. 河西遗址

阿尔塔薛西斯二世宫（Palace of Artaxerxes II）：当地叫沙乌尔宫（Shaur Palace）。此宫亦东北—西南向，与大流士宫方向一致。

# 三 埃克巴坦纳

埃克巴坦纳 [图6] 是米底旧都，遗址被现代的哈马丹市区覆盖，难以大面积揭露。

1913 年，法国考古学家查尔斯·福塞（Charles Fossey）首先在此发掘。

此城有三个土丘：Tell Hagmatana、Sang-ē Šīr 和 Moṣallā。三个土丘是三处遗址。

## 1. Tell Hagmatana 遗址 [图7]

在城区北部和东北，有围墙，埃克巴坦纳广场和哈马丹考古博物馆皆在遗址范围内。

<6> 景区东侧，北边还有村庄遗址，南边还有工匠区遗址。

## 2. Sang-ē Šīr 遗址

在城区东南，那里有个桑什尔广场（Sangshir Square），中间立着哈马丹石狮。石狮原本一对，立于旧城西门（狮子门）外，现在位于城区东南，附近是个帕提亚墓地。石狮残失四肢，只有身首，年代不明，有阿契美尼德、亚历山大和帕提亚三说。

## 3. Moṣallā 遗址

在 Parvaneh-ha Square 和 Ferdowsi Square 之间，位于城区东南，第一道环路外，年代可能晚于帕提亚时期。

过去，有不少阿契美尼德时期的金器都传出哈马丹，包括一些有铭文的金器，如阿萨美斯（Arsames）金版（AsH）和阿尔塔薛西斯二世（Artaxerxes II）金版（A2Hc），大流士一世奠基金版、银版（DH）和阿里亚拉姆尼斯（Ariaramnes）金版（AmH）。

## 四 帕萨尔加德

帕萨尔加德〔图8〕是大流士一世以前的旧都，比波斯波利斯早。

1928年，赫茨菲尔德（Ernst Emil Herzfeld, 1879–1948）发掘过这一遗址，但未出报告。

1934年，斯坦因（Sir Marc Aurel Stein, 1862–1943）调查过帕萨尔加德的史前遗址。

1935–1939年，施密特（Erich F. Schmidt, 1897–1964）发掘波斯波利斯时，对帕萨尔加德做过航拍。

1949–1954年，阿里·萨米（Ali Sami, 1910–1989）再次发掘帕萨尔加德。

最近一次，也是最重要的发掘是1961–1963年英国波斯学研究所考古队的发掘，主持人是斯特罗纳克（David Stronach, 1931–  ）。

2004年7月，帕萨尔加德被列入《世界遗产名录》。

这座古城坐落在一个群山环抱的小平原上，除坛场在景区外，所有建筑，沿东北－西南轴线，排成一长溜，全都建在平地上，远远望去，全都看得见。

景区从南入，一条大道，自西南到东北，串联六个景点。景区外面还有一个景点。

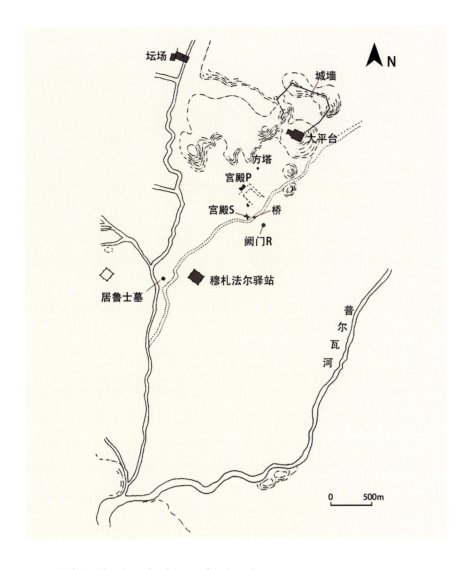

〔图8〕
帕萨尔加德遗址分布图

## 1. 居鲁士陵 (Tomb of Cyrus the Great)

在景区入口不远处,路左。这座陵墓,跟后来的波斯王陵不同,不是崖墓,而是建在平原上,非常开阔。据说,墓室内原有金棺、宝座、武器和珍宝,器物上有铭文,劝后世造访者勿扰其墓。[7]然而亚历山大东征,此墓被洗劫一空,什么文字也没留下来。现在只有墓门右下角有字,乃伊斯兰时期的题记。墓室内也有伊斯兰时期的题记。

此墓旧称"苏莱曼之母陵"(Mashhad-e Madar-e Soleyman),[8]四周有回廊,原来是个清真寺,叫"苏莱曼之母清真寺"(Qabr-e Madar-e Soleyman),1820年才确认为居鲁士陵。回廊所用石料,据说取自宫殿P,1971年,巴列维在帕萨尔加德举行盛大仪式,庆祝伊朗建国2500年,才把这批石料搬回宫殿P。

[7] 阿里安《亚历山大远征记》,VI:29;斯特拉博《地理学》(下),XV.3:70。

[8] 阿拉伯人入侵后,伊朗人已逐渐忘掉自己的历史,很多古迹的名字都是穿凿附会。下面提到的古迹往往都有这类名字。

## 2. 穆札法尔驿站（Muzaffarid caravanserai）

在居鲁士陵背后约100米，路左。驿站是个方形院落，乃穆札法尔王朝（Muzaffarid dynasty）的Shah Shoja（1358—1364）所建。遗址是晚期遗址，但石料用早期石料，据说取自宫殿P。

从穆札法尔驿站，继续往前走，路右有一组建筑。

## 3. 寝宫（Private Palace，也叫宫殿P）、花园和凉亭

在路边不远，位于阿帕丹北，平面呈"工"字形，背对西北，面向东南。前面的柱廊，双排各20柱。中间的大厅，五排各6柱。后面的柱廊，双排各12柱，左右侧室二，各2柱。壁柱四，只剩其一。壁柱和门道有以居鲁士二世口吻撰写的三体铭文（CMa-c）。石柱多为短柱，上接木柱。

花园在寝宫前，有田字格曲水环绕，水渠中，每9米一个小池，左前为凉亭A，右前为凉亭B。1963年，凉亭B发现过一个埋宝物的窖藏，估计是亚历山大入侵，波斯贵族逃跑时所遗。

## 4. 阿帕丹（Apadana，也叫宫殿S）

在寝宫东南，背对西南，面向东北。前面的柱廊，双排各24柱。中间的大厅，双排各4柱。左右的柱廊，双排各8柱。后面的柱廊，双排各14柱，左右侧室二。壁柱四，缺其一，有以居鲁士二世口吻撰写的三体铭文（CMa）。遗址所见石柱多为短柱，长柱二，只剩其一〔图9〕，高12米，从前有个鸟窝在上面。

Apadana，本指多柱式大厅，今多译为"觐见厅"（Audience Palace）。觐见，我国古代叫"朝"，当动词用指朝见，当名词用指朝见的地方。"朝"跟"寝"不同。"寝"是住人的地方，在宫殿区的后面。"朝"是国君听政、群臣议政的地方，在宫殿区的前面。这叫"前朝后寝"。所谓Apadana，如果译为"朝堂"，也许更合适。

## 5. 居鲁士阙（Gatehouse of Cyrus the Great，也叫宫殿R）

在宫殿区的东南角，是个双排各四柱的大厅，柱高16米，主门开在东西两侧。此阙有一著名浮雕，为居鲁士二世像，旧有短铭（CMa）在上，1874年后缺佚。

上述建筑，阙门在东南，阿帕丹在其左，寝宫在西北。来访者自阙门入，往左走，先去阿帕丹，然后到花园，寝宫在最后面。

斯特罗纳克认为，这组建筑尽管有以居鲁士名义题刻的短铭，但实际上完成于大流士一世时。

〔图9〕
宫殿 S 独柱
任超 摄

### 6. 石桥（Stone Bridge）

在宫殿区以北，由两面石墙和15个石柱（三排各五柱）构成。

斯特罗纳克认为，此桥缺乏对比材料，不易判定其准确年代，估计有可能是阿契美尼德晚期或后阿契美尼德时期。

### 7. 残破的方塔（Zendan-e Soleyman）

离开宫殿区，继续前行，路右有个方塔，现已残破，只剩邻近道路的一面墙，即朝着西北方向的一面墙，后用钢架支撑。后人称之为"苏莱曼的监狱"（Zendan-e Soleyman）。纳克什·鲁斯塔姆也有这种建筑，盖仿此而建，下面还要讲。

1952年，阿里·萨米在方塔西南发现过一块带铭文的石块，铭文同CMa，后来移藏于波斯波利斯博物馆。斯特罗纳克认为，方塔可能是居鲁士二世晚年的建筑。

### 8. 未完工的大平台（Unfinished Terrace）

大平台是景区内最后的景点，也在路右。此台是居鲁士二世始建，大流士一世续修，始终没有完工。帕提亚时期和伊斯兰早期，这个大平台曾被利用，扩建为把守路口的障塞。斯特罗纳克把这一遗址分为四期，第一期是公元前546—前530年，属居鲁士二世时；第二期是公元前500—前280年，属大流士一世以来的阿契美尼德时期，并包括马其顿帝国统治时期和塞琉古时期；第三期是公元前280—前180年，属塞琉古时期和帕提亚时期；第四期只是临时一小段，属伊斯兰时期。大平台的北面，山上有城圈包围，类似波斯波利斯善心山上的城圈。1961—1963年，斯特罗纳克在排水沟K发现过薛西斯一世时的古波斯文石版。

遗址位于宝座山（Tall-e Takht）上。此山是个高约50米的小丘，所谓"宝座"，是指"苏莱曼的宝座"。大平台，台阶在西面，登台回望，整个遗址尽收眼底。其长边为西北—东南向，里面乱石堆砌，外面用方石包边。方石有统一规格，整整齐齐，每一块四面留边（中间凸，四边凹），石块与石块错缝拼接，用铁钳固定，铁钳抠走后，留下密密麻麻很多半圆形空洞。斯特罗纳克把其工艺特点归为吕底亚式和爱奥尼亚式。这种建筑手法与波斯波利斯不同。波斯波利斯的大平台，所用石块，大小不一，四面不留边，铁钳留下的空洞不是完全没有，但非常少。

这种大平台不是波斯人的发明，学者推测，可能是从乌拉尔图学来。胡齐斯坦省的马斯吉德·苏莱曼也有这种大平台。[9] 只不过，后者是用乱石堆砌，不用方石包边。

[9] R. Ghirshman, *The Art of Ancient Iran*, pp.130-131.

## 9. 坛场（Sacred Precinct）

在景区之外，Abolvardi 村东，西北—东南向，面对一组小山。[10] 这个遗址是用矩形围墙围起的空场，空场东面有两座祭坛，空场西面，围墙外有块高地，地面上散落着很多黑色的石块，其实是个层台式基址。Sacred Precinct 这个词，或译"圣区"。其实，Sacred 的意思是"神圣的"，Precinct 的意思是"场子"或"区域"，按中国古书的概念，译为"坛场"更合适。我国古代，坛场的范围也叫"兆"。

两座祭坛，南北各一，围在矩形围墙内。

南面的祭坛，地上部分是用白色石灰石，祭坛在前，石阶在后。地下部分是用黑色石灰石，祭坛基础在前，石阶基础在后。祭坛和石阶，石阶和石阶基础，用榫卯衔接。这种不用铁钳衔接的方式，在建筑学上叫 Anathrosis 式。石阶七层，在前。祭坛中空，无底，顶部雕成三层，在后。

北面的祭坛，中空，无底，同前，亦为白色石灰石，前面没有石阶，只有踏步石。祭坛平顶，上扣石板，石板缺东北角，顶部有裂痕。基础由两层巨石铺垫，深埋土中，亦为黑色石灰石。

过去，学者对上述祭坛有各种推测，奥姆斯特德说，它们是用来祭阿纳希塔和阿胡拉·马兹达。吉尔什曼说，它们是用来祭阿胡拉·马兹达、密特拉、阿纳希塔。戈达德说，它们是用来祭水、火。[11]

K. Galling 曾把这两个祭坛与大流士陵的画面联系到一块儿。[12] 斯特罗纳克则进一步推测，画面上的大流士或许就是站在坛场南面那种祭坛上，他对面的火盆或许就是放在坛场北面那种祭坛上。他还提到，帕萨尔加德发现的三件火盆残件跟大流士陵画面上的火盆恰好相同。[13]

## 10. 露台

在矩形围墙西侧，与西墙相接。用泥砖修筑，包括上下五层，六个平台（第二层有两个小平台，一左一右，压在第一层上）。每层都有台阶，可以循阶而上，登临台顶。其中第三层，右侧有个窖藏，内藏若干金片。这一建筑，并非庙宇的台基，只是一个露台。

斯特罗纳克认为，这座坛场属于阿契美尼德时期或后阿契美尼德时期。

我对帕萨尔加德有三个印象：

第一，它很疏朗，不是所有东西挤在一块儿。

第二，它很开放，建筑工艺、雕刻手法是杂糅外国风格，如居鲁士陵是吕底亚风格，居鲁士像是埃及冠、亚述衣。外国的东西，拿来就是了，不拘一格。

第三，它很朴素，一切从简，不尚繁华。

对比波斯波利斯，这三个特点很突出。

[10] 1977 年 10 月 24 日，夏鼐曾访问帕萨尔加德，他说大平台附近，"隔山丘尚有寺宇遗迹，闻有拜火坛遗迹，以公路未修好，我们没有去"，就是指此。见《夏鼐日记》，王世民整理，上海华东师范大学出版社，2011 年，卷八，第 134 页。

[11] 参看 D. Stronach, *Pasargadae*, p. 140。

[12] K. Galling, *Der Altar in den Kulturen des alten Orients*, Berlin 1923, pl. 14, fig. 5. 转引自 David Stronach, *Pasargadae*, p. 141。

[13] D. Stronach, "Urartian and Achaemenian Tower Temples," *JNES* 26, 1967, p.287. 转引自 D. Stronach, *Pasargadae*, p. 141。

〔图10〕
波斯波利斯大平台模型

## 五 波斯波利斯

波斯波利斯是大流士一世以来的新都〔图10、11〕，在波斯五都中，最宏伟，最漂亮。亚历山大一把火，房倒屋塌，只有几根柱子还立在地面，其他都被坍塌的土墙埋在下面，只是通过长年累月的考古发掘和保护性修复，才有现在这副模样。

遗址主要由美国芝加哥大学东方研究所的考古队发掘。

1931—1934年，主持人是赫茨菲尔德。

1935—1939年，主持人是施密特。

1939年后，发掘保护的工作才移交给伊朗考古学家。

1964—1979年，意大利的蒂利亚夫妇（Giuseppe Tilia, 1931—2001; Ann Brit Peterson Tilia, 1926—1988）参加指导过遗址复原。

1979年12月，波斯波利斯被列入《世界遗产名录》。

遗址出土物，除个别东西散见于欧美各大博物馆，主要保存在伊朗国家博物馆、波斯波利斯博物馆和美国芝加哥大学东方研究所。

这座古城是一座台城，所有建筑不是建在用城墙围成的城圈里，而是建在一个高出地平面的大平台上。中国也有台城，如黄土高原和西北山区。比如我的老家，山西武乡县的老县城（故县）就是一座台城，但台城不是中国城市的主流，规模也没这么大。<14>

大平台〔图12〕在善心山西麓。它是利用山形水势而建。山前原来就有个缓坡，几乎是个天然的大石台，这里去一去，那里垫一垫，大体找平，

<14> 我国城邑多建于高山之下、广川之上，适于农耕的地区的平地，四四方方，与希腊不同。希腊多山，所谓卫城，多因山势而建，形状不规则。

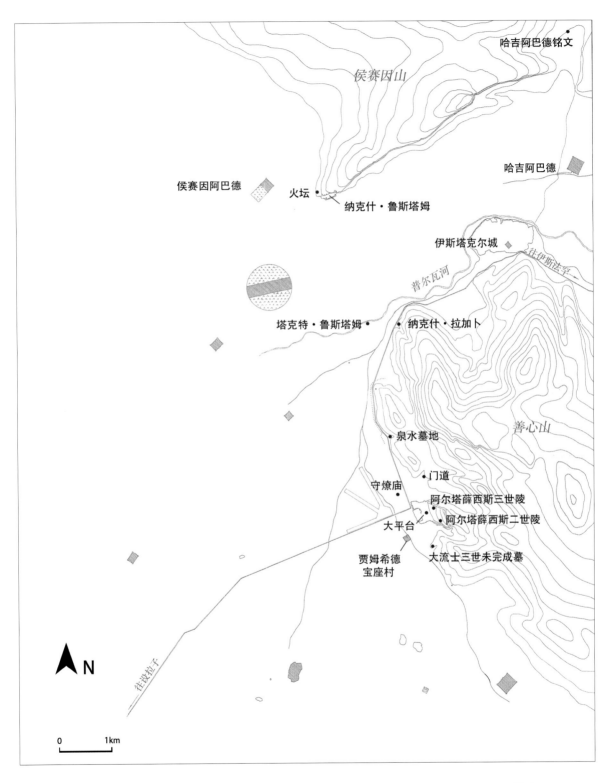

〔图 11〕
波斯波利斯遗址分布图

〔图 12-1〕
波斯波利斯遗址
任超 摄

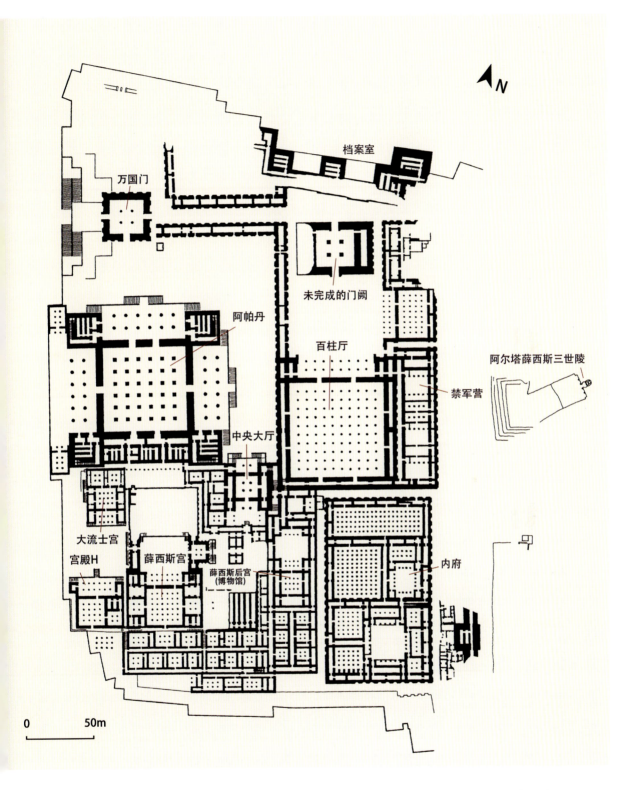

(图 12-2)
波斯波利斯大平台平面图

就是地基。水从山上往下流,正好作台城的生活用水。

大平台,修建宫室前,先在山脚下挖一道壕沟,用以蓄水。然后在台上开凿暗渠,让水流经台上的各个宫室。这条暗渠,宽1.2米,深2米,用泥砖砌壁、沥青勾缝,很结实,入口在善心山西麓,出口在大平台的南北两端。[15] 我们从施密特的航片看,大平台下还有很多坎儿井。[16]

大平台是长方形,南北长,东西短。南北轴线偏于西北和东南。西长455米,北长300米,东长430米,南长290米。它的东面,依托山势,其他三面是用整齐的方石砌边。伊朗是个地震频发的国家,台石的拼接十分讲究。[17] 这个大平台和帕萨尔加德的大平台不同,大部分墙面不是用铁钳固定(只有西南面有一段墙,部分用铁钳固定),但严丝合缝,非常整齐。西面是绝壁(高12米),北面和南面也各有一段绝壁,现在修了玻璃护栏,可以保障游客的安全。

为了防止敌人从南北两翼攀缘或从山背偷袭,当初在台上起城,特意在山上山下各修了几道城墙。山下的墙,只有三道,北墙、东墙和南墙,西临绝壁,不用墙。山上的墙,从卫星地图看,大体作菱形,北墙和南墙平行,东墙与西墙平行。西墙与山下共用。城墙用泥砖砌筑,又高又厚,每道城墙有雉堞、城楼。墙体中空,可以藏兵,墙上开箭孔。

波斯波利斯作为一座都城,不可能光这么一个大平台,还包括周围的很多遗址,而考古学家在周围发掘,果然找到了很多居住遗址。

我把这个大平台分成三区。

(甲)北区

1. 登台台阶 (Entrance Stairway)

台分左右阶,二阶为double-flight,即双向回转的台阶。登台者立于台下,或从左阶登台,先趋左而再趋右,复归于中;或从右阶登台,先趋右而再趋左,复归于中。中国有没有这种台阶?也有。比如游颐和园,登佛香阁,上的就是这种台阶。波斯波利斯的这个大台阶为什么要分左右?或说,左阶是供外族蕃臣登降,右阶是供本族官员登降。[18] 我怀疑,这是从阿帕丹台阶的浮雕推想,不一定可靠。因为阿帕丹北阶,其画面固然是本族在右、外族在左,但东阶正好相反,下面还要讲。

2. 万国门 (Duvarthim Visadahyum, Gate of all Nations)

此门是登台可见的第一道阙门。Duvarthim visadahyum,意思是万邦来朝的大门。这道阙门,上端刻有薛西斯一世的三体铭刻(XPa),说明此阙建

---

[15] 大平台毁弃后,水道一度湮塞,致使山洪暴发,泥石俱下,覆盖平台,反而保护了平台上的石刻。

[16] 1935年,施密特对苏萨、埃克巴坦纳、帕萨尔加德和波斯波利斯的有关遗址进行过航拍,至今仍有参考价值。

[17] 伊朗地处欧、亚、非三大板块结合部的断裂带上,地震频发,每100年中就会有一次7.2级左右的大地震。如2003年12月26日,《世界遗产名录》中的巴姆古城即毁于地震。

[18] A. S. Shahrbazi, *The Authoritative Guide to Persepolis*, p.33.

于薛西斯一世时,故也叫薛西斯阙(Gatehouse of Xerxes)。Gatehouse 不是一般的门,而是带门道和柱廊的建筑,类似我国的阙门。此阙三门四柱。西门用公牛守阙,东门用拉马苏守阙,这是学亚述。上面说的禁军大道就是穿这两座门,向东延伸。南门开在右手,向右转是去阿帕丹的路。四柱,只剩三根柱子和一个柱础,其中一件相对完整〔图13〕。阙门东南角有个方形水槽(cistern,图14),长5.68米,宽4.85米,高2米,深浅不一,浅可0.46米,深可1.2米,似乎是半成品。此物干什么用,学者有各种猜测,或说朝见前,供来访者盥洗。遗址说明牌的最新解释是,这块巨石本来可能是打算破开,作柱子用("It is possible that originally this block was intended to be cut into two pieces and used as architrave corner pillars but fractures made them unusable and were abandoned here."),并说波斯波利斯和帕萨尔加德都有这种柱子。它说的柱子是 corner pillar。柱子分两种,殿内圆柱叫 column,不是这种柱子,四隅壁柱叫 anta 者才是这种柱子。波斯波利斯和帕萨尔加德确实都有中间开槽竖起来放的壁柱构件,但好像没有这么巨大,而且开槽也是做成长方形。我怀疑,还是以水槽说更为合理。波斯波利斯山上有口深井,附近就有两个类似的方形水槽。

〔图13〕
万国门石柱
梁鉴 摄

### 3. 禁军大道(Garrison Street)

循阶登台,有一条东西大道。这条大道,往东走,走到头,是大平台的东墙(上文所说三道城墙之一),右手是禁军营。走到这儿,向右转(即向南转),沿东墙西侧,还有一条大道,是南北大道。这两条大道,都有禁军巡弋,负责警戒。东西大道,路上有两道阙门,第一道阙门在西,是通往宫殿区西路的大门;第二道阙门在东,是通往宫殿区东路的大门。遥想当年,群臣朝贺,禁军夹道,场面一定非常壮观。

### 4. 禁军大道以北的建筑遗迹

万国门以北,地势较高,有些建筑遗迹和石构件,如柱础之类。1952—1954年,这里发现过一对格利芬(Griffin)柱头,伊朗航空公司(Iran Air)的标志就是取自这对柱头。

### 5. 未完工的阙门(Unfinished Gate)

此阙在万国门以东,不是跨在禁军大道上,而是位于禁军大道以南。这一区域,乱石堆砌。一对门兽,头朝南,只是粗具轮廓,好像现代艺术馆的展品。门兽背后有个石柱础。复原图作二门四柱。二门,出北门,越禁军大道,对面是档案室。穿南门,可去百柱厅。南门有门兽,北门没有。四柱,现存柱础一,在东北隅,其他三柱阙如。此外还有未完成的柱头一。

[图 14-1]
万国门大水槽
李零 摄

[图 14-2]
万国门大水槽
任超 摄

我怀疑，这组建筑是阿尔塔薛西斯三世所遗。他的陵墓离这儿最近，也许石料就是凿墓所得。他死后，这个烂尾工程留给大流士三世，由于马其顿入侵，始终未完工，就像大流士三世的陵墓。

### 6．档案室（Archive）

在未完工的阙门以北。这里出土过3万件泥版文书，都是用埃兰文书写。这个遗址很重要，相当汉代的金匮石室、清代的皇史宬。

## （乙）西南区

在万国门以南，占整个宫殿区的西半，但不包括薛西斯宫以南。

### 1．阿帕丹

上面说过，阿帕丹的意思是富丽堂皇的建筑。在整个大平台上，这座建筑，确实规模最大，装饰最华丽。苏萨也有这种建筑，布局相似，连石柱的数量都一样。它的北面和东面是由一道曲尺形的宫墙围拢，宫墙用泥砖砌筑，双层夹墙，中空有门，可以藏兵。宫墙与阿帕丹之间有个庭院，地面是山体原石。大殿，四隅有方塔，泥砖砌筑，外贴釉砖。北面和东西两侧为柱廊，各12柱（6×2），南面由许多狭窄的门廊组成，结构复杂。主厅六门，南北各二，东西各一，支撑屋顶，有36柱（6×6）。所有柱子加起来，共72柱，今剩33柱，都是高大石柱。此宫是国王接见群臣的地方，相当北京故宫的太和殿。或说内臣走西路，在阿帕丹见；蕃臣走东路，在百柱厅见，不可信。百柱厅，修建晚，盖阿帕丹时，还没这个殿。波斯石刻，具有写实性。这座建筑是供朝见，台阶浮雕也是表现朝见。其场面，确实是一左一右，内外有别。北阶是内臣在右，外臣在左，东阶是内臣在左，外臣在右，两种排列见于同一建筑，可见都是在这里朝见。此宫年代，可据三种铭文而定。第一种为三体，出土于主厅四隅，是大流士一世的奠基铭文（DPh）。第二种也是三体，见于北阶和东阶，是薛西斯一世的铭文（XPc）。第三种为一体（古波斯文），见于四隅方塔的釉砖，也是薛西斯一世的铭文（XPg）。后面两种铭文，自称秉神意、承父命，续修此宫，可见此宫是大流士一世奠基而薛西斯一世续修。

阿帕丹以南是个建筑群，布局有点像中国的九宫格。这个"九宫格"是住人的，用咱们的话说，相当"前朝后寝"的"寝"。西边三格：第一格是大流士宫，第二格是个庭院，第三格是宫殿H；中间三格：第一格是宫殿G，第二格是个庭院，第三格是薛西斯宫；东边三格：第一格是中央大厅,第二格是庭院,第三格是宫殿D。

这三组宫室,两边低,中间高。中间三格,西边有大台阶,可以登阶上。下面是六个宫殿。

### 2. 大流士宫 (Tachara, Palace of Darius)

所用石材多为黑色石灰岩,打磨后,据说光可鉴人。Tachara的意思是"镜宫",就是指这种装饰效果。

此宫以南阶为正面。南阶铭文分三区,按左、中、右排列,每区各为一体。台上,东西壁柱也有铭文,铭文分三段,按上、中、下排列,每段各为一体,两种铭文都是薛西斯一世的铭文(XPb),可见建于薛西斯一世时。西阶有阿尔塔薛西斯三世的铭文(A3Pa),只有古波斯文一体,应是后来增修此阶时所刻。[19]

### 3. 宫殿H

这个遗址出土过很多铭刻残片,都是阿尔塔薛西斯一世时的(A1Pa)。铭文内容可以证明,此宫始建于薛西斯一世时,而竣工于阿尔塔薛西斯一世时。其北阶有阿尔塔薛西斯三世的铭文(古波斯文),有人推测是从宫殿G搬来,原来是宫殿G的南阶。此宫南,大平台的东南角,有个阿契美尼德王朝以后的小亭子。

### 4. 宫殿G

这个遗址是个大土丘,在整个大平台上,地势最高。遗址干什么用,学者有争论,或说坛庙,或说花园(小山上面立亭子)。上面提到,有人推测,宫殿H的北阶可能是此宫的南阶,因而把它定为阿尔塔薛西斯三世的建筑。

### 5. 薛西斯宫 (Hadish, Palace of Xerxes)

地势比周围高,南面下临绝壁,有两个向下的台阶,一个在东南角,为砖阶;一个在西南角,为石阶,通往下面的平台。下面是薛西斯后宫的西翼。其北阶和台上的东西壁柱各有三体铭刻(XPd-e),可以证明此宫是薛西斯一世的建筑。

### 6. 中央大厅 (Tripylon, Central Palace)

这一建筑,残存三座门,故人呼Tripylon。其主厅中央埋有一块方石,正好在大平台的中央,故人呼"中央大庭"。学者推测,此宫是阿尔塔薛西斯一世的建筑,很合理,但主要根据是浮雕风格,而不是铭文。此厅做什

[19] 此宫南墙还有萨珊王朝加刻的铭文。

么用，一直不清楚，有人说是会议厅，有人说是宴会厅，未必。我们从复原图看，它似乎是个右堂左寝的建筑。右半，主厅开四门，前后有柱廊，北面的柱廊还有台阶。左半，有四个带柱的小房间，类似寝宫。此宫比大流士宫和薛西斯宫略大，规模相近。

### 7. 宫殿 D

是个废墟，有柱础、柱身和泥砖长墙，性质不明。

## （丙）东南区

在第二道阙门以南，占有整个宫殿区的东半。

### 1. 百柱厅（Sadsetoon，Hundred Column Hall）

因主厅有100根柱子（10×10），故名百柱厅。百柱厅在东路最北，和阿帕丹相似，也是个群臣朝见的地方，但建于平地，无台阶。它的四面，只有北面有柱廊。柱廊原有16根柱子（8×2），现在只剩一根，其他都是柱础。柱廊两侧有公牛守门，只剩西边一座。东边一座的公牛头被搬走，今在芝加哥大学东方研究所的展厅。主厅，四壁各开二门。北面，五窗两壁龛。其他三面，两窗九壁龛。此宫有用阿卡德文书写的奠基铭文（A1Pb），可以证明是兴建于阿尔塔薛西斯一世时。

### 2. 禁军营（Garrison Camp）

在善心山下，百柱厅的东侧。前面说过，禁军负责安全，主要沿两条大道巡逻，兵营就在东西大道的尽头，南北大道的西侧。兵营设在大平台的东侧，有两大好处，一是可以依托山势，居高临下，瞰制全境，防止外敌入侵；二是可以控制水源，保证饮水安全。此山的半山腰上，凿大井一，设水槽二，可收集雨水和流水，供人饮用。山下东墙外有壕，既可疏导山上的流水，避免山洪暴发，淹及宫室，又可提供生活用水。大平台的暗渠，入口就在营区内。

### 3. 内府（Treasury）

东路南部，左为后宫（在西），右为内府（在东）。Treasury，既藏珍宝，也藏档案，还有其他东西，一般译为"国库"，我觉得，译成"内府"更好。[20] 这片遗址，面积很大，分上、中、下三区，柱础密密麻麻。北区是单独一块，有百柱（20×5）。中区分左右两块，左边一块有90柱（9×10），

[20] 我国古代，放粮食的地方叫仓，放武器的地方叫库，仓是粮仓，库是武库，并不混淆。藏物之所，最笼统的叫法是府。内府管宫廷消费，清代也叫内务府。

柱础和柱础，间距非常小，好像秦汉的仓储遗址。遗址出土泥版文书750枚，绝大多数（656枚）都在这一块发现。这些文书都是用埃兰文书写，年代从大流士一世末年到阿尔塔薛西斯一世初年，各个时期都有，但绝大多数属于薛西斯一世时。伊朗国家博物馆有四件石版（XPh），号称"歹瓦铭文"（Daeva Inscription），内容是禁旁门左道。两件古波斯文，一件埃兰文，一件阿卡德文，都是薛西斯一世的铭文，即出自于此。另外还有两件浮雕，则在它的右边发现，靠近东墙，宝座上的国王是薛西斯一世，可见这组建筑是三代共用。

### 4. 薛西斯后宫（Seraglio，Harem of Xerxes）

包括两组建筑，一竖一横，平面布局如曲尺形，包在西路宫室的东南角外。我说的一竖是所谓主翼（Main Wing），一横是所谓西翼（West Wing）。后宫与内府，中间有一条街，是薛西斯后宫的宫巷（Harem Street）。

主翼在内府西侧，是后宫的主体。它分上、中、下三段：

（1）北面是仆人居住区（Service Quarters of Harem）。

（2）中间是个院落。

（3）院落以南是经过复原的主体建筑，20世纪30年代曾被美国芝加哥大学东方研究所的考古队当作考古工作站，现在是波斯波利斯博物馆。这组建筑，用咱们的话讲，属于"前堂后室"。前堂，门前有8柱，大厅有12柱。后室，是左右相对的小隔间，一共6间，每间四柱。遗址东南角出土石版五件（XPf），四件为古波斯文，一件为阿卡德文，可以证明此宫是薛西斯一世的建筑。

西翼在薛西斯宫和宫殿D以南的绝壁下，是东西二路以外的建筑，无论从地势看，还是从建筑看，都是薛西斯后宫主翼的延伸。它分左、右两段：

（1）东段，有上下两排六个小房间，结构、大小与主翼后室简直一模一样。

（2）西段，有上下两排七个小房间，结构、大小与主翼后室也大同小异。

另外，这两组小房间的南面还有一排房子，包括三个小房间，形式、大小类似前者。这排房子，面向东南，是个适合观景的"大阳台"，王与王后坐在中间的门廊下，山下的景色一览无余。

大平台上的建筑，台阶、台基、壁柱、墙脚、门框、窗框，凡是框架性的东西，多半是石制。墙壁是用泥砖砌筑，已毁。梁柱和屋顶是用黎巴嫩雪松铺盖，也被烧掉。柱子，柱础肯定是石制，但柱子不能一概而论，有些顶天立地，通体为石柱，有些是短石柱接木柱，还有一些通体为木柱。承梁、檩的柱头（capital）也不一定都是石制。今大平台上，只有阿帕丹有石柱33根，百柱厅有石柱1根，其他只剩柱础。

这批建筑，最早建于公元前513年，从兴建到废弃，前后有183年。它们主要是大流士一世、薛西斯一世和阿尔塔薛西斯一世所为。大流士一世只是开个头，主要完成于薛西斯一世，阿尔塔薛西斯一世有所续修，以后的波斯王，热衷的是陵墓。

其年代顺序是：

大流士一世的建筑最早。他始建大平台，台阶在东南角。当时，工程人员上下平台和运送土石木料，都是走这个口子。大平台修好，才把它堵死，另修出入口。阿帕丹，也是他开的头。两者都有大流士一世的奠基铭文，年代很清楚。档案馆、内府和禁军营，也是大流士一世时就有。

其次是薛西斯一世的建筑。万国门有薛西斯一世的铭文，当然是他的建筑。新台阶修在万国门下，与万国门配套，或许是同时。阿帕丹北阶和东阶、大流士宫、薛西斯宫和薛西斯后宫，也都有铭文佐证，肯定是他的建筑。大平台上，他的建筑最多。

其次是阿尔塔薛西斯一世的建筑：中央大厅和百柱厅，以及宫殿H。

其次是阿尔塔薛西斯二世的建筑：阿尔塔薛西斯二世陵。

其次是阿尔塔薛西斯三世的建筑：阿尔塔薛西斯三世陵，以及大流士宫西阶、第二道阙门。

最晚是大流士三世的建筑：大流士三世陵。

这里有三点值得评说：

第一，大平台的布局是东北依托山势，西南面对平原。我国早期的形法家（风水家的前身）强调，地势选择要"右背山陵，前左水泽"，意思是北面和西面要高，依托山势；东面和南面要低，面向水泽。大平台虽不尽符合这一要求，但还是属于背阴向阳。

第二，宫殿区的两路都是"前朝后寝"。我们的"前"是南，"后"是北。帕萨尔加德是把阿帕丹放在东南，寝宫放在西北；苏萨是把阿帕丹放在北，寝宫放在南；波斯波利斯也是把阿帕丹放在北，寝宫放在南。后面两种布局，跟我们正好相反。

第三，波斯王宫的艺术风格是兼收并蓄。阙门学亚述。万国门，前用公牛，后用拉马苏守门。未完成的阙门，用公牛守门。宫室，百柱厅以公牛守门〔图15〕，大流士宫，门窗学埃及〔图16〕。柱子，有双狮柱头、双牛柱头和双格里芬柱头〔图17至20〕。

此外，大平台南还有若干建筑，与大平台属于同一时期〔图21、22〕。

〔图 15〕
百柱厅门兽
苏荣誉 摄

〔图 16〕
大流士宫的埃及式门
梁鉴 摄

| | | 〔图 17〕 双狮柱头 阿帕丹出土 李零 摄 | 〔图 19〕 双牛石柱 百柱厅出土 伊朗国家博物馆 |
|---|---|---|---|
| 17 | | | |
| 18 | 19 | | |
| 20 | | 〔图 18〕 双牛柱头 未完成阁门附近出土 梁鉴 摄 | 〔图 20〕 格里芬柱头 禁军大道北出土 梁鉴 摄 |

第十一章 波斯王宫

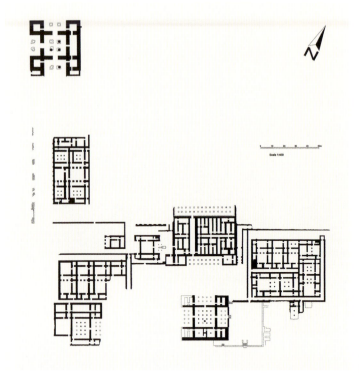

〔21-1〕
台南遗址分布图

〔21-2〕
台南遗址
任超 摄

(22-1)
台南遗址
任超 摄

(22-2)
台南遗址
任超 摄

〔22-3〕
台南遗址
任超 摄

〔22-4〕
台南遗址
任超 摄

〔22-5〕
台南遗址
任超 摄

〔22-6〕
台南遗址
任超 摄

22-7
———
22-8
———
22-9

〔22-7〕
台南遗址
任超 摄

〔22-8〕
台南遗址
任超 摄

〔22-9〕
台南遗址
任超 摄

〔22-10〕
台南遗址
任超 摄

〔22-11〕
台南遗址
任超 摄

附：纳克什·拉贾卜的萨珊石刻（在波斯波利斯北，善心山麓）〔图23至26〕

《授命图》与《庆功图》简表

| 世系 | 在位时间 | 石刻 | 位置 |
| --- | --- | --- | --- |
| 阿尔达希尔一世（Ardashir I） | 224—242年 | 《授命图》 | 正中，附卡提尔半身像 |
| 沙普尔一世（Shapur I） | 240—270年 | 《授命图》 | 右侧 |
| 沙普尔一世（Shapur I） | 240—270年 | 《庆功图》 | 左侧 |

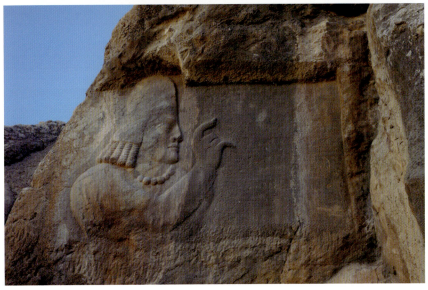

23

24

〔图23〕
阿尔达希尔一世《授命图》（正右）
任超 摄

〔图24〕
卡提尔半身像和铭文（正左）
任超 摄

第十一章　波斯王宫　　　　349

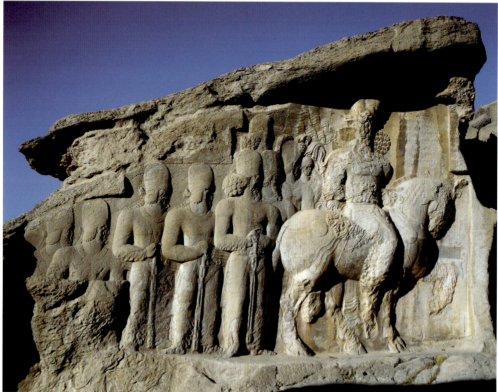

〔图 25〕
沙普尔一世《授命图》(右侧)
任超 摄

〔图 26〕
沙普尔一世《庆功图》(左侧)
任超 摄

# 第十二章

# 波斯王陵

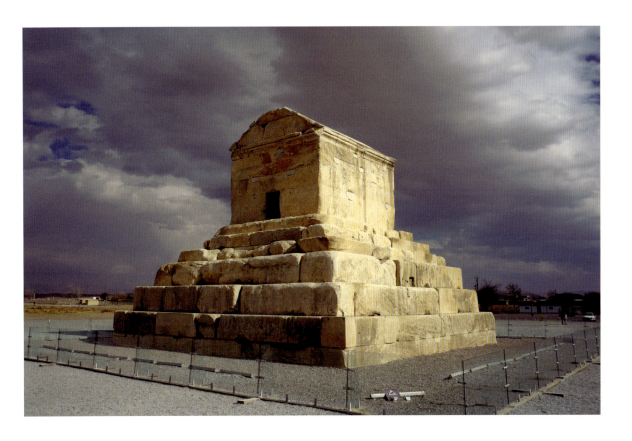

阿契美尼德王朝一共有13个王。这13个王，照理应该有13个陵，但满打满算，实际只有九个陵。这九个陵都在波斯故地，今法尔斯省。帕萨尔加德是单独一个地点，靠北，其他地点比较近，都在波斯波利斯一带，偏南。

波斯九陵，形制分两种，一种是吕底亚塔庙式，一种是米底崖墓式，居鲁士系的王陵是用前一种形式，大流士系的王陵是用后一种形式。

## 一 帕萨尔加德

帕萨尔加德只有一个陵，居鲁士大帝陵〔图1〕。此陵旧名"苏莱曼之母陵"（Mashhad-e Madar-e Soleyman 或 Tomb of Solomon's mother）。[1] 乃穿凿附会。

此陵建于平地，通高11.1米，分上下两截。台基高5.475米，四四方方，一层一层往上收，共六层，最下一层高1.65米，倒数第二、第三层，每层高1.05米，上面三层，每层高0.575米，占地面积13.35米×12.3米。墓室高5.625米，上面有个两面坡的屋顶，墓门开在山墙一侧，朝西北，高1.39米，宽78厘米，非常小，墓室内部也很狭小，门道长1.20米，墓室长3.17米，宽度和高度均为2.11米。

〔左页图〕
纳克什·鲁斯塔姆
任超 摄

〔图1〕
帕萨尔加德：居鲁士二世陵
任超 摄

[1] 苏莱曼是伊斯兰先知。

第十二章 波斯王陵

〔图2〕
苏莱曼之母清真寺

<2> 这种陵墓流行于吕底亚，即后来的爱奥尼亚地区。它与吕底亚王陵中的阿里亚特陵非常相似。世界七大奇观中的摩索拉斯陵（Mausoleum）早已毁灭，后人凭想象复原，把它画成类似这种风格的建筑。

<3> 这里有没有可能，这批石柱并非从1.4公里外的宫殿P搬来，而是就地取材。比如说，居鲁士陵东北，会不会本来就有一座宫室，后来倒塌，成为废墟，到了13—14世纪，上述石柱，废物利用，一部分就近搬到居鲁士陵，修了苏莱曼之母清真寺，一部分留在原地，修了穆扎法尔驿站（距居鲁士陵只有150米）。当然，这只是猜想，实际情况不知道。

它的建筑方法是用石块拼砌，不施泥浆，上下错开排列，左右用铁钳固定。铁钳早就被人抠走，留下很多半圆形空洞，现在用水泥填塞，和墓壁的颜色不一样。上一章说过，这种建筑方式叫 Anathrosis。

这一陵墓，从建筑风格看，应属吕底亚式，与后来的王陵截然不同。居鲁士大帝灭吕底亚，吸收了这种风格。有人推测，此墓可能是由吕底亚的工匠修建。<2>

我们从老照片看，此陵周围原来有许多石柱，现在已经消失，这是怎么回事？原来13世纪，这里有座清真寺，旧名"苏莱曼之母清真寺"，它用方形回廊（portico）把所谓"苏莱曼之母陵"围在里面，所谓"苏莱曼之母陵"只是这座清真寺的一部分。有一幅铜版画就是表现这座清真寺〔图2〕。

虽然这是一种误会，但对陵墓起了保护作用。

清真寺的石柱与宫殿P相同，都是只有最下一截，上面有孔，可以上接木柱。因此学者推测，它们是从宫殿P搬来，一部分重新利用，修了它背后的穆扎法尔驿站，一部分留在陵前。1971年，为了庆祝伊朗君主国建国2500年大典，这批留在陵前的石柱被搬到宫殿P〔图3〕，只剩陵墓本身。<3>

〔图3-1〕
搬走的石料
任超 摄

〔图3-2〕
搬走的石料
任超 摄

第十二章　波斯王陵　　355

〔图4〕
比较：萨尔·马什哈德处女墓

阿契美尼德时期，类似建筑有二：

一是"处女墓"（Gur-e Dokhtar，图4）。墓在伊朗法尔斯省卡泽伦市南39公里的萨尔·马什哈德村（Sar-Mashhad）。所谓"处女"，指阿纳希塔。此墓是用石板而非石块搭建，整个建筑只有4米高，台基三层，比居鲁士大帝陵小很多。四壁的石板是立接，顶部的石板是横铺，顶部加一石券，石券前后用三角形山墙遮蔽，上开盲窗，下开墓门。石板与石板衔接处，不用铁钳固定。斯特罗纳克曾拿此墓与居鲁士陵做比较。[4] 学者推测，此墓可能是小居鲁士（Cyrus the Younger，前424—前401）的陵墓。

二是塔克特·鲁斯塔姆大石台。斯特罗纳克讨论居鲁士陵，也曾拿它做比较，详下。[5]

三是所谓"希拉姆一世墓"（Tomb of Hiram I）。墓在黎巴嫩艾因巴勒镇西约半公里的Hannaouiye村，相传为腓尼基王希拉姆一世（前980—前947年在位）墓，但从形制判断，可能是阿契美尼德时期的陵墓。[6]

[4] D. Stronach, *Pasargadae*, pp. 300-302.
[5] Ibid, pp. 302-304.
[6] Jona Lendering, "Hannaouiye 'Tomb of Hiram'," Livius.

〔图5-1〕
塔克特·鲁斯塔姆
任超 摄

## 二 塔克特·鲁斯塔姆（Takht-e Rostam）

从帕萨尔加德，沿普尔瓦河（Pulva River），过伊斯塔克尔城，普尔瓦河南岸有个大平台，这个遗址叫Takht-e Rostam〔图5〕。

Takht-e Rostam是伊斯兰时期的名字，当地人也叫Takht-e Gohar。Takht-e Rostam，意思是"鲁斯塔姆宝座"。鲁斯塔姆是菲尔多希《列王纪》中的传奇英雄。Takht-e Gohar，意思是"宝石宝座"。伊朗、印度的宝座喜欢镶嵌珠宝。

上述大平台是用方形大石块拼砌，石块之间用铁钳固定。平台只有两层，上面的建筑尚未完成，第一层约12米×12米，第二层约11米×11米，每一层的高度约为1米。这一尺寸与居鲁士陵六层台阶的最下两层几乎一样大小。

大平台东面约100米，田野中有四块大石头。从卫星地图看，是个宫殿遗址。

赫茨菲尔德最早提出，这个台子是模仿居鲁士大帝陵，但没有完成，最大可能是冈比西斯二世陵。[7] 斯特罗纳克也指出，这个台子与大流士一世以来的王陵有根本区别，大流士一世以来的王陵都是崖墓。他认为，此墓具有帕萨尔加德风格，绝非大流士一世陵，不是冈比西斯二世陵，就是巴尔迪亚陵。[8]

[7] E. Herzfeld, *Iran in the Ancient East*, p. 214; *Archaeological History of Iran*, p.36. 转引自 E. F. Schmidt, *Persepolis*, vol. I, p. 56, f. 24。

[8] D. Stronach, *Pasargadae*, pp. 302-304.

〔图5-2〕
西南
李零 摄

〔图5-3〕
东南
李零 摄

〔图5-4〕
西北－西南
李零 摄

〔图5-5〕
东南－东北
李零 摄

上述遗址正好在纳克什·拉贾卜（Naqush-e Rajab）对面约500米。纳克什·拉贾卜是善心山南麓的一组萨珊石刻。往北走，不到3公里，就是纳克什·鲁斯塔姆，往南走，3公里多，就是波斯波利斯。

这一带的萨珊石刻都是围绕伊斯塔克尔城。纳克什·鲁斯塔姆的萨珊石刻在伊斯塔克尔城的东北，纳克什·拉贾卜的萨珊石刻在伊斯塔克尔城的西南。伊斯塔克尔城的北面有个哈吉阿巴德村（Haji Abad），它北面有个崖洞，洞里有沙普尔一世的铭文。

〔图5-6〕
俯视
任超 摄

## 三 纳克什·鲁斯塔姆（Naqsh-e Rustam）

这一墓地是大流士一世到大流士二世的墓地〔图6〕。大流士一世到大流士二世，共有六王，墓地只有四陵。这四座陵墓，一般认为，大流士一世陵最早，居中；薛西斯一世陵次之，在其右；阿尔塔薛西斯一世陵又次之，在其左；大流士二世陵最晚，在阿尔塔薛西斯一世陵左。

阿尔塔薛西斯一世有三子，太子薛西斯二世立仅45日，死后与父母合葬，没有陵。次子塞西迪亚努斯立仅六个半月，也没有陵。只有第三个儿子大流士二世在墓地有陵。

这个墓地和波斯波利斯大平台都是大流士一世登基后特意选址营建。前面已经说明，它在设拉子东北侯赛因山（Hosain Mountain）的南麓，离波斯波利斯大平台很近，南北相距只有6公里。

Naqsh-e Rustam，意思是"鲁斯塔姆浮雕"，墓地有八幅萨珊岩画，所谓"鲁斯塔姆浮雕"就是指这批岩画，而不是波斯王陵。[9]

这一墓地有12个景点，有些在景区围墙内，有些在景区围墙外。

### 1. 方塔（Bon-Khanak 或 Ka'ba-ye Zartosht）

此塔〔图7〕形制与帕萨尔加德的方塔同，一般认为是大流士一世仿建。

方塔位于大流士二世陵前，原来只有上半截露出地面，后经发掘，才再现原貌。原来它立在一个大方坑中，半截在上，半截在下。

此塔为正方柱形，用白色石灰石构建，立于三层台基上，通高14.12米，台基最下一层为7.3米×7.3米，前面有30级台阶，通向方塔顶部的小门，四壁有盲窗。方塔底部，四壁有萨珊时期加刻的铭文，出自沙普尔一世和他的大祭司（Mobadan Mobad）卡提尔（Kartir Hangirpe）之手。

Ka'ba-ye Zartosht是俗称，意思是"琐罗亚斯德的天房"。天房即卡尔白（阿拉伯语Al-Ka'bah），这是借用伊斯兰教的名称。学者据方塔四壁的萨珊铭文，方知萨珊时代其名为Bon-Khanak。Bon-Khanak，意思是"主要的房屋"或"基础的房屋"。[10]

这一建筑是干什么用？前人有三说，或说火祠，或说墓葬，或说宝库，都是猜测。[11]

这三种说法，火祠说最流行。沙赫尔巴茨反对此说。他认为，阿契美尼德时期，祆教仪式是用露陈的火盆，野祭，没有庙，此塔不是拜火的遗迹（Fireplace）。他主张，帕萨尔加德的方塔是冈比西斯二世陵，纳克什·鲁斯塔姆的方塔是斯美尔迪斯（即巴尔迪亚）陵。理由是：大流士一世跟斯美尔迪斯关系极为密切，他的王后和夫人都是斯美尔迪斯的姊妹，斯美尔迪

[9] 这里提到的波斯石刻和萨珊石刻，为了称引方便，我都根据内容起了中文名字，下同。

[10] A. S. Shahrbazi, *The Authoritative Guide to Persepolis*, pp.40-41.

[11] A. S. Shahbazi, *The Authoritative Guide to Naqsh-e Rostam*, pp. 48-63.

〔图6〕
**纳克什·鲁斯塔姆全景**
任超 摄

〔图7〕
**方塔**
任超 摄

斯只有一个女儿，也嫁给了他儿子，他把斯美尔迪斯葬在这个墓地，很合适。另外他还认为，萨珊铭文所谓的Bon-Khanak（主屋）其实是当时藏宝的建筑（Ganj Khaneh），方塔里面可能藏有波斯人的宗教典籍，阿拉伯入侵，塔中之物被盗。至于塔克特·鲁斯塔姆的大石台是什么性质，我不知道他有什么看法。

### 2. 大流士一世陵（左起第三陵）

此陵〔图8-1〕外壁刻大流士一世《授命图》，附铭文（DNa-e）。铭文证明，此陵确为大流士一世陵。墓室内有三穴九棺，穴各三棺，空无一物。

陵墓高悬，下有萨珊石刻：巴赫拉姆二世《克敌图》（Bahram II in the Battlefield）和巴赫拉姆三世《克敌图》（Bahram III in the Battlefield）。其左侧有沙普尔一世《受降图》（Shapur Victory Over the Roman Emperors），附三体铭文（希腊文、帕提亚文和阿拉美文）。

此陵与薛西斯一世陵之间有一幅留白未刻的石刻，面积甚大，上面凿有三个方孔，并加刻了哈吉阿巴德村（Haji Abad）的地契。其右侧又有纳塞赫王《授命图》（Anahita Crowns Narsah）。纳塞赫王《授命图》，左侧有两幅小浮雕，一幅为人像，一幅为奔兽，不留心，很容易漏掉。

### 3. 薛西斯一世陵（左起第四陵）

此陵〔图8-2〕在大流士一世陵右。外壁刻墓主《授命图》，无铭文，推测是薛西斯一世陵。墓室内有一穴三棺，空无一物。

陵墓高悬，下面没有萨珊石刻。

### 4. 阿尔塔薛西斯一世陵（左起第二陵）

此陵〔图8-3〕在大流士一世陵左。外壁刻墓主《授命图》，无铭文，推测是阿尔塔薛西斯一世陵。墓室内有三穴三棺，空无一物。

陵墓高悬，下有霍尔木兹二世《克敌图》（Hormozd II in the Battlefield）。此图右上有一头戴王冠的头像，未完成，沙赫尔巴茨推测，此人即霍尔木兹二世的儿子Azar Nercy。[12]

### 5. 大流士二世陵（左起第一陵）

此陵〔图8-4〕在阿尔塔薛西斯一世陵右。外壁刻墓主《授命图》，无铭文，推测是大流士二世陵。墓室内有三穴三棺，空无一物。

陵墓高悬，下有沙普尔二世《克敌图》（Shapur II in the Battlefield）。

[12] A. S. Shahrbazi, *The Authoritative Guide to Persepolis*, pp. 252-253.

〔图 8-1〕
左三:
大流士一世陵
任超 摄

第十二章 波斯王陵　　　363

〔图 8-2〕
左四:
薛西斯一世陵
任超 摄

〔图8-3〕
左二：
阿尔塔薛西斯
一世陵

任超 摄

第十二章 波斯王陵 365

〔图 8-4〕
左一：
大流士二世陵
任超 摄

上述四陵和帕萨尔加德相反，宫在南而陵在北。但墓门朝南，指向波斯波利斯大平台。

这四座陵墓都是崖墓。此类崖墓可能起源于乌拉尔图和米底山区。学者多以伊朗卡泽伦市以南39公里的"处女墓"为此类崖墓的祖型，其实并不合适。斯特罗帕克指出，该墓年代约当公元前5世纪晚期到公元前3世纪晚期，并不比大流士一世墓早，因此不可能是此类崖墓的祖型。[13]

真正与上述崖墓相似，有两个可以比较的例子。

一个例子是齐兹恰潘崖墓（Qyzqapan rock tombs，图9），墓在伊拉克库尔德山区苏莱曼尼亚附近。墓门在崖壁上方。墓门旁有两个爱奥尼亚式柱。两柱之间，墓门上方，有《火祭图》，火坛左右，二人挂弓，相向立。墓室内有长方形竖穴，被盗，空无一物。《火祭图》上方，左、中、右各有一徽。日徽在右，有四射的光芒11道。月徽居中，下为月牙，上为满月形圆弧，月中有王者像，左手执杯，面左立。四翼日环徽在左，有王者像，探出日环，右手执杯，面左立。有人推测，此墓为米底王基亚克萨雷斯二世（Cyaxares II，公元前625–前585年在位）的王陵，缺乏依据。类似图像见于波士顿美术馆的一件耳环（图10）。

另一个例子是伊沙克万德崖墓（Eshaqvand rock tombs），墓在伊朗克尔曼沙阿东南哈尔辛村（Harsin）东北。其中较大的一座，墓门上方也有《火祭图》，一人（可能是国王）面右立，右边有火坛二，火坛右侧有一小人，作托举状。

琐罗亚斯德教有一种葬俗，死后多暴尸山顶或沙漠，任鸟兽食之，拾其余骨，置于陶制或石制的纳骨器（astodan）中，但波斯列王不同，死后要做成木乃伊，以木乃伊入葬。[14]

## 6. 障塞（Fortification）

陵区较四周为高，长约200米，宽约70米。陵区有障塞环绕，设于高地边缘。障墙厚约10米，每隔21米设一堡垒。南面七堡，西面一堡，东面二堡，共10堡。堡垒突前，半圆形，径约9米。高地前面有一串坎儿井。

## 7. 水井（Water Well）

在障塞外，位于悬崖西部的一个夹角内，形状为五边形，现已埋塞，长满绿草（图11）。

水井右上有一块留白未刻的石刻。

## 8. 阿尔达希尔一世《授命图》（Ahuramazda Appoints Ardeshir as the King）

在水井西，见附表。

[13] 参看 D. Stronach, *Pasargadae*, p. 304。

[14] A. S. Shahrbazi, *The Authoritative Guide to Naqsh Rostam*, pp. 40-41.

| 9-1 | 9-2 |
|---|---|
| 9-3 | 9-4 |
| 9-5 | 9-6 |

〔图 9-1〕
比较：齐兹恰潘崖墓

〔图 9-2〕
比较：齐兹恰潘崖墓

〔图 9-3〕
火坛和祈祷者

〔图 9-4〕
日徽

〔图 9-5〕
月徽

〔图 9-6〕
四翼人像日环

〔图10〕
有类似图像的耳环
（上）波士顿美术馆
（下）大都会博物馆
梁鉴 摄

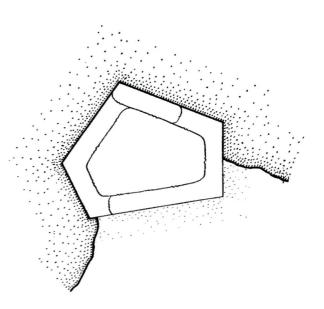

11-1

11-2

〔图 11-1〕
水井和留白未刻的石刻
任超 摄

〔图 11-2〕
水井(线图)

[图12]
纳克什·鲁斯塔姆西侧山顶的石柱
任超 摄

9. 巴赫拉姆二世《庆功图》(Bahram II and His Courtiers)

在阿尔达希尔一世《授命图》西。此图利用埃兰浮雕改制，留有旧图痕迹。其右侧并有埃兰浮雕人像一幅。

以上景点在景区围墙内，见附表。

10. 石柱 (Stone Column)

在西部山顶上，为伊斯兰时代的遗迹〔图12〕。

11. "火坛" (Fire Altar)

出旅游景区往左走，悬崖走到头，右转，转到悬崖西侧，路边有两个"火坛"。一般认为，属于萨珊时期。这对"火坛"是利用山石雕刻，顶上有凹槽，南边一件高175厘米，北边一件高155厘米。[15]

12. 其他

上述"火坛"背后，山上有采石场〔图13〕。路边有块巨石，顶部开圆形石槽〔图14〕，功能可能类似上述"火坛"。

纳克什·鲁斯塔姆，绕山而行，是古代驿道。我怀疑，山顶石柱是白天指路的路标，圆形石槽和"火坛"是夜里指路的路标。

从"火坛"再往前走，山洼间有块空地，崖壁凿满石龛，内有晚期题刻，崖壁下方有火烧痕迹。

[15] 参看本书上篇第十章。

第十二章　波斯王陵　　371

〔图 13〕
纳克什·鲁斯塔姆
西侧山上的采石场
李零 摄

〔图 14〕
纳克什·鲁斯塔姆
西侧的圆形石槽
李零 摄

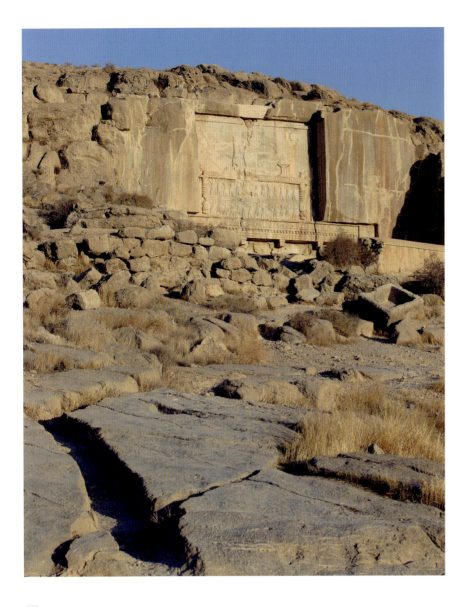

〔图15〕
阿尔塔薛西斯二世陵
任超 摄

## 四 波斯波利斯

波斯波利斯王陵是波斯帝国最后的三座王陵。这三座王陵,作"凸"字形,前两座在大平台的东侧、善心山的西麓,后一座在大平台以南,善心山拐向西南的另一地点。山为石山,气候干燥,只有少数耐旱的植物存活。[16]

### 1. 阿尔塔薛西斯二世陵

此陵〔图15〕墓门上方浮雕有蕃臣朝贡的题榜,推测是阿尔塔薛西斯二世陵。陵在阿尔塔薛西斯三世陵以南,三穴九棺,空无一物。陵前有水槽二〔图16、17〕。

[16] 我游此山,有蝇频频扑嘴,或曰天旱无雨,唯人唇上有水汽,蝇必渴极,故挥之不去。它使我想起波斯波利斯石刻中王仆手中常见的蝇拂。

〔图16〕
水槽一
李零 摄

〔图17〕
水槽二
任超 摄

## 2. 阿尔塔薛西斯三世陵

此陵〔图18〕无铭文,推测是阿尔塔薛西斯三世陵。陵在阿尔塔薛西斯二世陵北,一穴双棺,空无一物。此陵在北,阿尔塔薛西斯二世陵在南。

〔图18〕
阿尔塔薛西斯三世陵
梁鉴 摄

19-1

19-2

〔图19-1〕
大流士三世陵

〔图19-2〕
大流士三世陵
李零 摄

### 3. 大流士三世陵

此陵〔图19〕在大平台南,山的背面,未完成。左侧二卫士只粗具轮廓,"火坛"未刻火焰,右侧二卫士未刻。阿里安说,大流士三世死后,"亚历山大命令把大流士的尸体送到波斯波利斯,埋葬在皇陵里,跟大流士以前的帝王埋在一起"[17]。

上述王陵,三个地点,三种风格:

居鲁士大帝陵和冈比西斯陵是建在平地,属于吕底亚式,比较特殊。其他七座墓都是崖墓。这种崖墓,或说是乌拉尔图式。[18] 但米底也流行崖墓,波斯与米底同源,直接继承,还是米底。

纳克什·鲁斯塔姆的四座王陵是开凿于直立的崖壁,难以攀缘,墓口作"十"字形。波斯波利斯的三座王陵是开凿于相对平缓的山坡,可以登

[17] 阿里安《亚历山大远征记》,第123页。

[18] R. Ghirshman, *The Art of Ancient Iran*, pp. 87-90. 案:乌拉尔图是小亚细亚半岛以东的古国。

376　　　　　　　　　　　　　　　　　　　　　　　　　　波斯笔记

〔图 20-1〕
大水井
任超 摄

〔图 20-2〕
大水井
任超 摄

临，墓口作"口"字形。

这里还应提到的是，善心山上，阿尔塔薛西斯二世和三世的两座陵墓间，有口4.7米×4.7米、深26米的大水井〔图20〕。阿尔塔薛西斯二世陵前和它西北的山坡上各有一个底带泄水孔的石刻水槽，器形类似万国门附近的大水槽，只不过没有那么大。

## 五 总结

波斯宫室的废墟，剩下的都是石头。我们不要以为，这些建筑，通体都是石头。其实波斯建筑跟中国建筑有别，区别有限。他们也是以墼（土坯砖）、砖（烧制的砖）为墙，木材为梁为架。大家不要以为，石头一定代表先进，土坯一定代表落后，石头建筑比土坯建筑一定住着更舒服。

伊朗的现代建筑，无论普通民居，还是宫室寺庙，很多还是砖墙或土坯墙，有些土坯墙还抹一层墙皮，看上去总是黄黄的一片。他们和我们有一点不同，只是喜欢用石柱。但即使这一点也不能一概而论。他们的柱子，石柱只是一部分，除去通体的石柱，还有石柱接木柱，或纯用木柱，外面涂石膏，然后彩画。当然，使用釉砖，他们比我们早。

上述遗址是波斯建筑的代表作，既是考古遗址，也是艺术杰作。它们见证了这个庞大帝国由盛而衰的全过程。

波斯十三王，由盛而衰，可以分为三段。

第一段是居鲁士二世、冈比西斯二世和巴尔迪亚，共三王。居鲁士大帝肇造帝国，开疆拓土，名气最大。他死后，冈比西斯二世远征埃及，王弟巴尔迪亚守国，二人俱死于难。这两代人，忙于打仗，顾不上建设，留下的是帕萨尔加德。

第二段是大流士一世到大流士二世，共六王。大流士一世以篡弑立，东征西讨，完成大一统，不但代表波斯王系的另一支崛起，而且也标志着一个新时代的开始。此六王，薛西斯二世、塞西迪亚努斯短祚，长一点只有四王，即纳克什·鲁斯塔姆王陵所葬。波斯波利斯是大流士一世选址、奠基，盖第一批建筑（大平台、阿帕丹、档案室、禁军营和内府）。后来扩建，主要是薛西斯一世所为（登台台阶、万国门、阿帕丹东西阶、大流士宫、薛西斯宫和薛西斯后宫）。阿尔塔薛西斯一世也有所贡献（中央大厅、百柱厅、宫殿H）。波斯波利斯和纳克什·鲁斯塔姆主要是这三位的贡献。

第三段是阿尔塔薛西斯二世以下，共四王。这四王，主要住苏萨和埃克巴坦纳。阿尔塔薛西斯二世在位时间最长（46年）。阿尔塔薛西斯一世时，苏萨的宫殿一度毁于火，是他重建。埃克巴坦纳，他也修了新的阿帕丹。但在波斯波利斯，他什么宫殿也没盖。阿尔塔薛西斯三世，其修盖也集中在苏萨和埃克巴坦纳。波斯波利斯的宫殿G可能和他有关，这有一定可能，但说宫殿H和大流士三世有关，则没有根据。他们四位对波斯波利斯基本没什么贡献，贡献只是自己的陵墓。阿尔塞斯短祚，没有陵，其他三王，陵在波斯波利斯。他们埋葬的不仅是自己，也是波斯帝国。特别是大流士三世，陵都没修好，就死于非命，更标志着这个帝国的终结。

最后，亚历山大来了，就像项羽入咸阳，放了一把火。[19] 烈焰下，木制的梁架、屋顶顿时化为灰烬，泥砖砌筑的宫墙也轰然倒塌。大平台上的建筑，统统被埋在下面。我们从各种老照片和早期造访者的绘画还能看到它的遗容，荒烟衰草，遍地牛羊，到处是帐篷，难怪被人叫作"鬼城"。

亚历山大火烧波斯波利斯，原因是什么？历来有争论。[20] 前人有失火说、醉酒说、情绪失控说和赌气报复说等，多归之于偶然原因。我想，他根本就没想住在波斯波利斯，就像项羽急着回老家，留着咸阳干什么，还不是留给别人。与其留给别人，还不如把它烧了。他把波斯波利斯烧了，最后，住在巴比伦，死在巴比伦。

现在，经考古发掘和细心复原，波斯波利斯的废墟又破土而出，惊现于世。泥土、灰烬反而保护了遗址。夕阳西下，来此凭吊，我能想到什么？五个字，"火烧圆明园"。

奥姆斯特德说，"正是由于这场大火"，波斯波利斯才"一直屹立到现在，遗留给了子孙后代"，相反，"马其顿历代统治者的陵墓从未被发现，他自己的首都培拉，已经变成一堆不像样的废墟"。[21]

世事无常，谁都想不到。

这个结尾写得真好。

附：纳克什·鲁斯塔姆萨珊石刻表〔图21至30〕

| 世系 | 在位时间 | 石刻 | 位置 |
| --- | --- | --- | --- |
| 阿尔达希尔一世（Ardashir I） | 224—242年 | 《授命图》 | 水井以西第一图 |
| 沙普尔一世（Shapur I） | 240—270年 | 《受降图》 | 大流士一世陵下左侧 |
| 霍尔木兹一世（Hormozd I） | 270—271年 | —— | —— |
| 巴赫拉姆一世（Bahram I） | 271—274年 | —— | —— |
| 巴赫拉姆二世（Bahram II） | 274—293年 | 《庆功图》 | 水井以西第二图 |
| 巴赫拉姆二世（Bahram II） | 274—293年 | 《克敌图》 | 大流士一世陵下（中下） |
| 巴赫拉姆三世（Bahram III） | 293年 | 《克敌图》 | 大流士一世陵下（中上） |
| 纳塞赫王（Narseh） | 293—302年 | 《授命图》 | 大流士一世陵下右侧 |
| 霍尔木兹二世（Hormozd II） | 302—309年 | 《克敌图》 | 阿尔塔薛西斯一世陵下 |
| 沙普尔二世（Shapur II） | 309—379年 | 《克敌图》 | 大流士二世陵下 |

[19] 我国古代，宗庙社稷、祖宗陵墓存则国家存，宗庙社稷、祖宗陵墓亡则国家亡。希腊入侵波斯，曾火烧萨第斯。薛西斯一世入侵希腊，曾火烧雅典卫城。亚历山大火烧波斯波利斯，有强烈的象征意义。

[20] A. Mousavi, *Persepolis: Discovery and Afterlife of a World Wonder*, pp. 57-71.

[21] 奥姆斯特德《波斯帝国史》，第629—630页。

〔图 21〕
左一：
阿尔达希尔一世
《授命图》
梁鉴 摄

〔图 22〕
左二：
巴赫拉姆二世
《庆功图》
梁鉴 摄

〔图23〕
左三:
水井右上方留白未刻的石刻
梁鉴 摄

〔图24〕
左四:
大流士二世陵下的沙普尔二世《克敌图》
梁鉴 摄

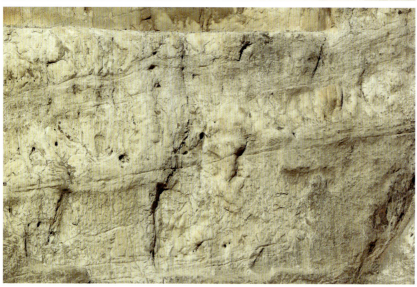

25-1

25-2

25-3

〔图 25-1〕
左五：阿尔塔薛西斯一世陵下的两幅石刻
梁鉴 摄

〔图 25-2〕
左五上：未完成的石刻
梁鉴 摄

〔图 25-3〕
左五下：霍尔木兹二世《克敌图》
梁鉴 摄

26-1 〔图 26-1〕
———— 左六：大流士一世陵左下的沙普尔一世《受降图》
26-2 梁鉴 摄

〔图 26-2〕
沙普尔一世《受降图》左侧留白未刻的石刻
苏荣誉 摄

〔图 27〕
左七：大流士一世陵下的石刻
梁鉴 摄

〔图 28〕
左八：薛西斯一世陵左下的纳塞赫王《授命图》
梁鉴 摄

| 29 | 〔图 29〕 |
| --- | --- |
|  | 纳塞赫王《授命图》左侧的石刻 |
| 30-1 | 苏荣誉 摄 |

〔图 30-1〕
左九:留白未刻的石刻
梁鉴 摄

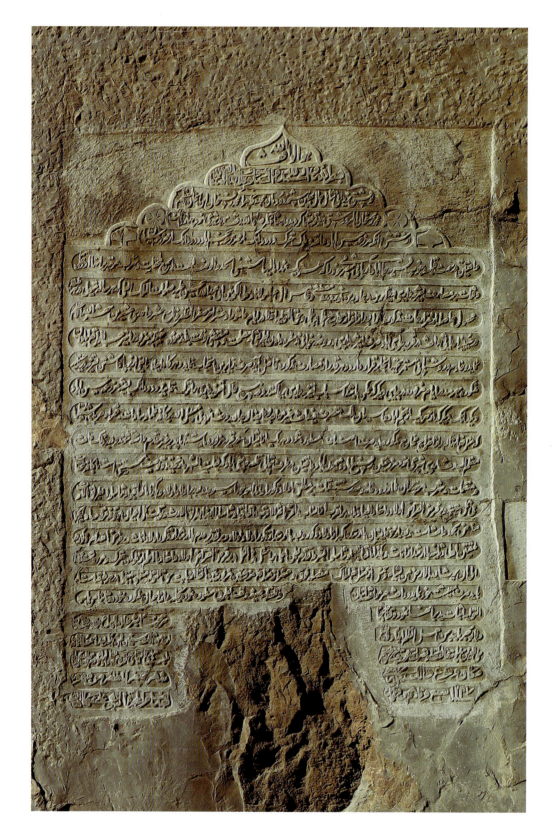

[图30-2]
哈吉阿巴德村
的土地契约
梁鉴 摄

第十三章

# 波斯石刻

波斯艺术以大型石刻最突出，非常壮观。这批石刻，现存遗物，圆雕比较少，浮雕非常多，皆附属于建筑。圆雕以门兽和柱头为主，浮雕刻于台阶和门道（门洞两侧）。下面按地点分别述之，为称引方便，都加了我拟的图名。

〔左页图〕
拉马苏柱头
任超 摄

## 一　帕萨尔加德石刻

帕萨尔加德是居鲁士大帝的陵墓所在，与波斯波利斯相比，给人的印象是疏朗开阔、简约质朴，对各种外来艺术，兼收并蓄，既有吕底亚、爱奥尼亚的影响，也有两河流域和埃及的影响，把各种外来元素杂糅在一起。

### 1．阙门遗址（Gate R）

亚述建筑用拉马苏（Lamassu）守宫门、庙门是一大特点。波斯波利斯万国门背面有拉马苏守阙，显然是受亚述影响。赫茨菲尔德推测，帕萨尔加德的阙门也有拉马苏守阙，但没有发表有关照片。斯特罗纳克在阙门附近发现过一些刻有羽毛的碎石，不知是否有关。[1]

帕萨尔加德的浮雕以《居鲁士像》最有名。此像作四翼羽人，同时糅合了三种元素：亚述羽人、埃及三羽冠和埃兰长袍。[2]

### 2．阿帕丹遗址（Palace S）

圆雕，有三种柱头残石，见赫茨菲尔德的老照片。[3] 他所谓的狮子，确实是狮子；所谓牛、马，只剩眼睛和眼睛周围。波斯波利斯的柱头只有狮、牛、格里芬三种，未闻有马。

浮雕，有三组门道石刻，皆为残石。

西北门的门道石刻，前为人足，后为鸟爪，前后相随，仅存腿部，见赫茨菲尔德的老照片。[4] 波斯波利斯的门道石刻有《英雄搏杀狮怪图》，图中狮怪，后脚多作鹰爪。薛西斯后宫的门道石刻（在今波斯波利斯博物馆内）亦有作狮爪者，但狮怪与国王面对面，并非跟在身后。

东南门的门道石刻〔图1〕，前为鱼服人，后为牛人，仅存腿部，仍在遗址中。鱼服人即阿普卡鲁（Apkallu）。阿普卡鲁为美索不达米亚七圣，司智慧，传说他是把道德、技巧和艺术带给人类的神。

西南门的门道石刻，为两组牵牛人，前后相随，仅存人足和牛蹄，见赫茨菲尔德的老照片。[5]

[1] D. Stronach, *Pasargadae*, p. 44, Pls. 47c-d.

[2] 参看上篇第一章。

[3] D. Stronach, *Pasargadae*, p. 44, Pl. 55.

[4] 同上书, Pl. 58。

[5] 同上书, Pl. 61a。

〔图1〕
宫殿 S 石刻
帕萨尔加德

〔图2〕
宫殿 P 石刻
帕萨尔加德

### 3. 寝宫遗址（Palace P）

圆雕，废墟中只有柱础、柱身，未见柱头。

浮雕，西北、东南二门，门道皆有人像残石，画面上有两人，前后相随，仅存腿部〔图2〕。前行者，衣褶上有三体短铭，铭文作"居鲁士，伟大的王，冈比西斯之子，王，阿契美尼德人"，可见前行者为居鲁士大帝，后面是随行的仆人。整个建筑，年代晚于阙门遗址和阿帕丹遗址，约在公元前510年。[6]

## 二　贝希斯敦石刻

贝希斯敦石刻是大流士一世的政治宣传品，属于摩崖石刻，我在上篇第六章已经做过简短介绍，并据画面内容把它题为大流士《平叛图》。[7]

这一石刻有五点值得注意：

第一，大流士一世以来的波斯王陵，其墓门上方的图像与此图相比，既有共同点，也有差异。此图左下有大流士像，身高172厘米，可以视为大流士的标准像。

第二，大流士脚踏高墨达，有点类似萨珊波斯石刻中马踏罗马皇帝的画面。后面有九个叛王，双手绑在背后，脖子拴成一串，鱼贯而入，等待处死。贝希斯敦石刻说，其处死方法包括割耳鼻、剜眼和刺刑。刺刑是用木棍从肛门插入，直贯上身，悬尸示众。波斯石刻很少表现血腥征服的恐怖画面，此图可能是唯一的一幅。贝希斯敦石刻提到的事件，本来属于历时性，[8]现在却出现在同一画面上。

[6] D. Stronach, *Pasargadae*, pp. 97-99.

[7] 这一石刻有巴比伦简易复制本。参看 A. Kuhrt, *The Persian Empire*, p. 158, fig. 5.4。

[8] 艾米莉·库尔特对有关事件做了编年考证，参看 A. Kuhrt, *The Persian Empire*, pp. 140-158。

第三，此图右上有双翼人像日环，一般认为代表阿胡拉·马兹达。大流士左手执鸭头弓，右手向上，向悬在空中的双翼人像日环致敬，这种形象也见于大流士一世以来的波斯王陵。

第四，与大流士一世以来的波斯王陵相比，此图没有月盘。

第五，与大流士一世以来的波斯王陵相比，此图没有火坛，即点燃长明火的"火坛"。

## 三 苏萨石刻

主要出土于大流士宫一带，除大量柱础、柱头（体量很大），下面两件最有名。

### 1. 大流士残像

缺头部和双肩，只有胸部以下。铭文刻在腰带、基座上，除古波斯文、埃兰文和阿卡德文，还有埃及文，1972年帕罗特发掘，出土于大流士宫东面的阙门，现藏伊朗国家博物馆。遗址所在土丘，同时出土过五件有关残片，一件是面部的残片，三件是衣服的残片，一件是鞋的残片。学者推测，这种雕像，不止一件，至少是一对。[9]

### 2. 双牛柱头

出土于大流士宫，最精美的一件，现藏卢浮宫。

## 四 波斯波利斯石刻

波斯石刻以台阶、门窗和墓门的浮雕最精美，主要图像有九种。

### （甲）台阶浮雕

波斯建筑，以波斯波利斯最有代表性。波斯波利斯，以阿帕丹最有代表性。阿帕丹，以台阶浮雕最有代表性。阿帕丹的浮雕，年代很清楚，是薛西斯一世时的石刻。

波斯波利斯的阿帕丹有两个大台阶：北阶和东阶。它们形式相同，各有前后二阶，外阶短，内阶长。两阶各有左右翼。这两个台阶都是薛西斯一世时所作，浮雕内容大同小异，但左右正好相反。

[9] P. O. Harper, J. Aruz, and F. Tallon eds., *The Royal City of Susa*, pp. 219-221。

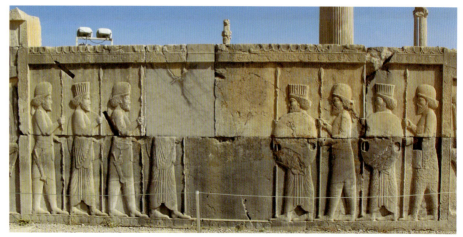

〔图 3〕
《禁军图》之一
今在阿帕丹北阶
李零 摄

〔图 4〕
《禁军图》之二
今在阿帕丹东阶

## 1. 外阶外壁

正中有新旧两套浮雕。新刻在阿帕丹,旧刻被撤换,移送内府。

（1）新刻〔图3、图4〕

分别在北阶、东阶外壁的正中。画面以"十二瓣花"为框饰。[10] 画面上方有横楣,东阶还在,北阶缺佚。东阶横楣,以双翼日盘居中,斯芬克斯在两旁,左右相向,前后以棕榈树补白。横楣下方有禁军侍卫八人,左右各四人,相向立。波斯人,身穿长袍,头戴波斯雉堞冠,右手执矛,左手执盾。米底人,短打扮,上身衣襦,下身衣裤,头戴米底球形帽,右手执矛,腰佩斯基泰式短剑。这类武士像也见于苏萨大流士宫的釉砖画,两组"不死军",中间有铭文,但这两件石刻却留白未刻。这里的侍卫,与内壁所刻,风格不同,所执圆盾,仅见于中央大厅和百柱厅。中央大厅和百柱厅是阿尔塔薛西斯一世时的建筑,与此同时,可见是后来换上去的。此图可称《禁军图》。

[10] 案：近东艺术和希腊艺术流行植物类纹饰。花分三种,各有名称,只代表纹饰类型。lotus 指侧视的裂瓣花,不必视为写实的莲花；rosette 指俯视的裂瓣花,不必视为写实的玫瑰；palm 指 rosette 之半,如竖立的手掌,不必视为写实的棕榈。这里的十二瓣花属于 rosette。

(2) 旧刻〔图5、图6〕

发现于内府，一幅留在原地（在中区东部），一幅移藏伊朗国家博物馆。画面也以"十二瓣花"为框饰，但缺横楣，只有横楣下的浮雕，不是表现禁军，而是表现朝觐。画面正中有个台子，台子上放着国王的宝座，宝座为直背狮腿椅。国王穿长袍，王冠作圆筒形，左手执莲花，右手执权杖，端坐宝座上，脚下踩着个脚凳，前面有两个香炉。〈11〉沙赫尔巴茨说，大流士的王冠是雉堞形，与此不同，此人不是大流士一世，而是薛西斯一世。国王身后，前立者为王储，装束相似，左手执莲花，右手前伸，似在介绍觐见者。旧说是薛西斯一世，其实是薛西斯的王储大流士，阿尔塔薛西斯一世的哥哥。他身后，前立者，身穿长袍，头戴波斯风帽（bashlyk），遮住下巴，嘴上无须，执巾侍，显然是宦官；后立者，上身衣襦，下身衣裤，头戴米底球形帽，肩负弓韬（内藏鸭头弓，可能还有箭），腰佩斯基泰式短剑，手执斯基泰式战斧，显然是武臣。〈12〉二臣身后有屏幕，屏幕后面有侍卫二人，执矛立。觐见者，装束同武臣，俯身捂嘴，谦恭有礼。〈13〉他身后也有屏幕，屏幕后也有侍卫二人，执矛立。此图可称《觐见图》。

这两幅图，为什么要调换，有一个认识过程。

<11> 罗森（Jessica Rawson）教授对这对香炉有考证，认为汉式博山炉就是以这种香炉为原型。参看杰西卡·罗森《中国的博山炉——由来、影响及其含义》，陈谊译，收入氏著《祖先与永恒——杰西卡·罗森中国考古艺术文集》，北京：生活·读书·新知三联书店，2011年，第463—482页。

<12> 这种短剑屡见于波斯波利斯的浮雕，奥克苏斯宝藏（Oxus Treasure）曾出土过这种短剑的金鞘，现藏不列颠博物馆。

<13> 通常认为，这是觐见者为了遮挡口气，表示尊敬，但库尔特则以礼仪性的飞吻（ceremonial kiss offered to the King）为释，见 A. Kuhrt, *The Persian Empire*, p. 536。

5
—
6

〔图5〕
《朝觐图》之一
原在阿帕丹北阶正中
李零 摄

〔图6〕
《朝觐图》之二
原在阿帕丹东阶正中
任超 摄

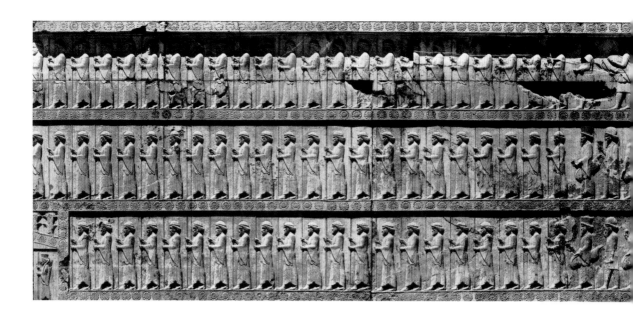

[图7]
《内臣进谒图》前半
阿帕丹东阶

<14> 参看 A. S. Shahrbazi, *The Authoritative Guide to Persepolis*, pp. 99-101。案：旧说出自 E. F. Schmidt，新说见 A. S. Shahrbazi, "The Persepolis 'Treasury Reliefs' Once More," in *Archaeologische Mitteilungen aus Iran*, N. F. IX (1976), pp. 151-56。1977年10月15日和22日，夏鼐在德黑兰和波斯波利斯访古，是由同样毕业于伦敦大学的沙赫尔巴茨陪同。他在日记中说，这两件浮雕，"原以为大流士一世像，现以为 Xerxes [薛西斯一世] 像，原有一对，分别镶嵌于大殿的东面及北面大台阶正面，后来薛西斯一世被刺，大流士王子被杀，两个大臣后来亦以谋叛伏诛，阿尔塔薛西斯乃将这两块移置仓库中，另以雕刻四大臣像代替之"。其说应即出于沙赫尔巴茨。参看《夏鼐日记》，王世民整理，上海：华东师范大学出版社，2011年，卷八，第125、132页。

<15> 过去，大家以为，阿帕丹是大流士一世所作，因而断定阿帕丹浮雕也是他的作品，不对。其实，大流士一世只是阿帕丹的

旧刻，过去都以为，宝座上的国王是大流士一世，身后的王储是薛西斯一世。现在真相大白：坐者才是薛西斯一世，立者是他的长子大流士，<14> 浮雕是薛西斯一世时的作品。这一修正太重要。大平台上的石刻，只有靠这一修正，才能把年代关系理顺。<15>

我们都知道，薛西斯一世是死于宫廷阴谋。弑君者是两个离他最近的人，一个是太监总管阿斯帕米特雷斯（Aspamitres），一个是禁军统领阿尔塔班（Artabanus）。他们把国王杀死在床上，反诬太子是凶手，立薛西斯一世的幼子阿尔塔薛西斯一世为君。新王即位，不察其诬，误杀太子，后来真相大白，才知太子无辜，令他追悔莫及。沙赫尔巴茨说，史书上的阿斯帕米特雷斯和阿尔塔班，不是别人，就是画面上的两个宠臣，很合理。但沙赫尔巴茨认为阿尔塔班是画面上的觐见者，我看是阿斯帕米特雷斯身后的武臣。他们后来都不得好死，阿尔塔班战死，阿斯帕米特雷斯伏诛。这幅画，四个主要人物，两个是凶手，两个是受害人，太可怕。新王不忍见之，将旧刻撤下，移藏内府，秘不示人，目的是掩盖这段难言的隐痛。<16>

这两幅浮雕，顺序不一样，留存原地者，以薛西斯居右，觐见者居左；移藏伊朗国家博物馆者，以薛西斯居左，觐见者居右，方向相反。一般都以为，伊朗国家博物馆所藏原在北阶，留存原地者原在东阶。我看，情况相反，留存原地者才出自北阶，移藏伊朗国家博物馆者才出自东阶。因为画面上的觐见者，从装束看，是米底人，属于本族。而北阶内壁，本族在左，外族在右；东阶内壁，外族在左，本族在右。我们只有把两者的顺序调过来，才能与内壁图像保持一致。

[图8]
《内臣晋谒图》后半
阿帕丹东阶

## 2. 内阶外壁

画面分左右两大段。北阶、东阶,左右相反。北阶是本族人在左,外族人在右;东阶是本族人在右,外族人在左。

今以东阶为例:

(1)《内臣晋谒图》[图7、图8]

分上、中、下三列,在内阶外壁的右面,三列皆以禁军侍卫居前。他们排列整齐,是当时的仪仗队,从装束看,不是波斯人,就是米底人,职责是在前面开路,引导后面的队列进宫。禁军的后面,也分上、中、下三列,上一列是皇家车队和随队的服务人员,下两列是晋谒的文武百官、达官贵人。后者,从衣冠看,不是波斯人,就是米底人。两种人,总是一前一后错开来。他们面带微笑,手执鲜花,前呼后拥,左顾右盼,谈笑风生,轻松愉快。每个人的姿态、表情都不一样,非常生动。这两部分合在一起,可称《内臣晋谒图》。

(2)《藩臣职贡图》

也分上、中、下三列,在内阶外壁的左面,三列皆外族藩臣。他们来自波斯帝国的23个行省,各携方物,前来朝贡。每个代表团和每个代表团,以松树为隔。[17] 波斯行省到底有多少,学者有争论,讨论见上篇第三章。其实,贝希斯敦石刻讲得很清楚,大流士一世登基之初,波斯行省是23个。此数与之吻合,绝非偶然。此图可称《藩臣职贡图》。[18]

(接上页)奠基者,并不是完成者。现在,我们知道,阿帕丹浮雕是薛西斯一世时的作品。这里讨论的两套石刻,旧刻与阿帕丹其他浮雕同时,是薛西斯一世时的作品;新刻与中央大厅、百柱厅同时,是阿尔塔薛西斯一世时的作品。

[16] 另一种看法,这只是泛泛表现王位继承的场面,如库尔特以Dasylium出土表现觐见场面的封泥为例,说明这种图像传播之广。但这件封泥有阿尔塔薛西斯一世名,显然是仿造上述石刻,同样的浮雕也见于波斯波利斯的中央大厅和百柱厅,都是阿尔塔薛西斯一世的东西,它们与上述石刻不同,身后并无太子,只有执蝇拂的宦官。参看 A. Kuhrt, The Persian Empire, pp. 536-537。

[17] 这种树,沙赫尔巴茨以为是柏树(Cypress),见 A. S. Shahrbazi, The Authoritative Guide to Persepolis, p.101。

[18] 夏蒲称之为《职贡图》,见《夏蒲日记》,卷八,第132页。

## 3. 外阶外壁的两翼和内阶外壁的两翼

阿帕丹台阶，外阶外壁的铭文是一块，内阶外壁的铭文是两块。前者缺而未刻，后者刻埃兰文和阿卡德文。它们的两翼都是以狮子啃公牛〔图9〕，外加棕榈树作装饰。这一主题在大平台的各个台阶上反复出现，是个流行主题。其象征意义到底是什么？学者有各种解释，或说象征阳胜于阴，冬去春来。狮子啃公牛，也见于吕底亚末代国王克罗伊斯铸造的金币，可见借自吕底亚。此图可称《狮搏公牛图》。

上述四图是台阶浮雕的代表作。大流士宫、薛西斯宫和中央大厅也有台阶浮雕，[19] 基本上都是节选和模仿这四种图。

## （乙）门道浮雕

大平台上的建筑，除台阶有浮雕，门窗也有浮雕。阿帕丹，门窗已毁，除了台阶，只有柱子。内府，只有柱础。门窗，要看大流士宫、薛西斯宫、中央大厅和百柱宫。两者，门比窗更复杂、更精美，这里只谈表现波斯国王的门道浮雕。[20]

### 1.《君临天下图》

国王总是高高在上，坐在宝座上，临治天下，可称《君临天下图》。

这类图，只见于中央大厅和百柱厅，主要是阿尔塔薛西斯一世时的作品。它分三种，三种都是从阿帕丹台阶的浮雕翻出。

第一种，见百柱厅北门〔图10〕。画面上方，最上端是双翼人像日环加双翼日盘，其次是华盖，饰游行狮纹和十二瓣花纹，其次是简化的《朝觐图》，国王面对朝觐者，身后立太监一、武臣一，太监执蝇拂侍，省太子，左右侍卫二换成侍卫一、太监一。画面下方，是五排小人，乃禁军侍卫。第一排，五矛五盾，下面四排，五矛五韬（弓韬），分列左右，相向立，五排各10人，共50人，两壁相加，共100人，相当我国的"卒"。图上的盾，也见于中央大厅，两者属于同一时期。

第二种，见百柱厅南门〔图11〕。画面上方，最上端也有日环、日盘等装饰，但国王面前没有人，背后只有一个太监，太监执蝇拂侍，更加简化。画面下方，是波斯帝国28行省的藩臣，共举大宝座，藩臣分上中下三排（4+5+5），两壁相加，共28人，类似波斯王陵墓门上方藩臣共举宝座的画面。只不过后者通常作30人。

第三种，见中央大厅东门〔图12〕。画面上方，最上端是双翼人像日环，下面的图像与第二种相似，但国王背后，不是太监，而是太子，抬宝座的

[19] 大流士宫、薛西斯宫的台阶是单阶，比较短。中央大厅的台阶是双向回转式，也比较短。浮雕内容与阿帕丹相似。

[20] 此外还有若干种，如大流士宫有一种浮雕是表现把门的侍卫：二人，执矛，前后立；薛西斯宫有一种浮雕是表现随行的仆从：二人，一人执手巾、香水，一人执水罐、香水，前后立。

〔图 9-1〕
《狮搏公牛图》
阿帕丹东阶

〔图 9-2〕
松树,阿帕丹东阶
梁鉴 摄

〔图 9-3〕
比较:帕萨尔加德景区门口的松树
李零 摄

第十三章　波斯石刻　　397

| 10-1 | 11-1 |
| --- | --- |
| 10-2 | 11-2 |

〔图10-1〕
百柱厅北门
任超 摄

〔图10-2〕
《君临天下图》之一
梁鉴 摄

〔图11-1〕
百柱厅南门
梁鉴 摄

〔图11-2〕
《君临天下图》之二
梁鉴 摄

藩臣是两边各28人，分上中下三排（9＋10＋9）。

## 2.《王杀狮怪图》

见薛西斯后宫和百柱宫侧门。表现国王与狮怪搏斗〔图13〕，狮怪有翼有角，前足狮爪，后足鹰爪（偶尔也有前后脚皆作狮爪者），蝎尾，国王一手执其角，一手握利刃，猛刺其腹部。这种图与驱避邪魅、禳凶于外有关，可称《王杀狮怪图》。亚述石刻有类似图像〔图14〕。

| 12-1 | 12-2 |
|---|---|
| 13 | 14 |

〔图 12-1〕
中央大厅东门
李零 摄

〔图 12-2〕
《君临天下图》之三
任超 摄

〔图 13〕
《王杀狮怪图》
百柱厅门道
梁鉴 摄

〔图 14〕
比较：亚述浮雕《阿舒尔杀狮怪图》

第十三章　波斯石刻　　399

### 3.《王杀牛怪图》

见百柱厅侧门。构图类似前者，唯所杀为牛怪〔图15〕。

### 4.《王抱幼狮图》

见大流士宫。王一手握匕首，一手抓住幼狮的前爪，把它搂在怀里〔图16〕。亚述石刻有类似图像〔图17〕。

### 5.《国王出行图》

这种图很流行，早晚各期的宫殿都有。画面上的国王比较大，在前面走；仆从二人比较小，跟在身后，并排走。一人两手撑伞，一人左手搭着手巾，右手高举，拿着蝇拂在国王头上赶苍蝇〔图18〕。此类浮雕可称《国王出行图》。

〔图15〕
《王杀牛怪图》
百柱宫门道
梁鉴 摄

〔图16〕
《王抱幼狮图》
大流士宫
梁鉴 摄

### 6.《进奉酒食图》

这种图多见于台阶。表现太监手捧小羊、小鹿、酒肉、食盒,循阶而上〔图19〕。

### 7. 潘尼洛普像

波斯波利斯内府出土过一件白色大理石潘尼洛普(Penelope)像〔图20〕。这是一件希腊风格的雕像,现藏伊朗国家博物馆。

17 | 18

〔图17〕
比较:亚述浮雕《男人抱幼狮图》
卢浮宫
李零 摄

〔图18〕
《国王出行图》
中央大厅南门门道
梁鉴 摄

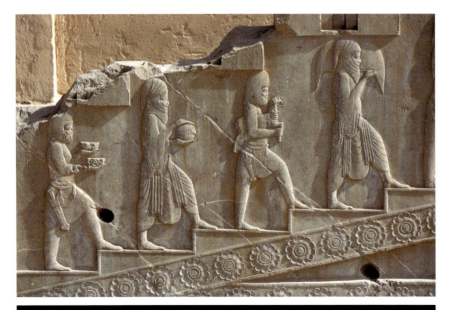

[图 19]
《进奉酒食图》
大流士宫
任超 摄

[图 20]
潘尼洛普像
白色大理石
波斯波利斯薛西斯后宫出土
伊朗国家博物馆
任超 摄

## 五 纳克什·鲁斯塔姆石刻

纳克什·鲁斯塔姆的波斯王陵与居鲁士陵不同，不是平地起陵，而是改用崖墓，墓门上方有浮雕。这种浮雕，从大流士一世到波斯灭亡，有固定模式。今以大流士一世的墓门浮雕为例，说明这种模式。

大流士一世的墓门浮雕是表现大流士一世的授命登基，画面分上、中、下三层。此图可称《授命图》，功能类似萨珊石刻的《授命图》。

此图分上下两半。上半表现国王授命登基。国王在左，"火坛"在右。国王，形象、姿态均模仿贝希斯敦石刻的浮雕。他身穿长袍，头戴雉堞形王冠，站在三层小台上，面对"火坛"，左手执鸭头弓，象征征伐之权，右手前举，若有所语。"火坛"，烈焰熊熊。上面的火盆，层层内缩，分三层，下面的基座，层层外扩，也分三层，中间为方柱。波斯诸王，授命登基，照例要点长明火，到死才熄灭。"火坛"上方有双翼人像日环和月徽。月徽由上弦的月牙和象征满月的圆弧构成。下半是大宝座，椅面宽，椅腿短。椅腿，上有双角狮头，中有五层螺纹和狮腿，下有菌帽式装饰和两层螺纹。宝座下面有两排小人，每排14人，共28人，每人代表一个省，共28省。他们装束各异，佩刀剑，双手高举，托宝座，象征四方来服，大有天下。椅腿下方，靠近外侧，各有一小人，手扶椅腿。加上这两个小人，一共30人。这30人，脸皆朝右，跟王的脸一顺儿。画面下方有一排狮子，也是右行。整个浮雕立面，两侧有六大功臣像，六大功臣像的外侧有禁军侍卫像。六大功臣，即参与大流士政变的六个波斯贵族。

此墓有大流士一世的铭文，自称上得神授，下得民心，大有天下，正与图像相配。

## 六 与亚述石刻比较

我说的"亚述石刻"主要是后亚述帝国（前9—前7世纪）的宫室浮雕。时间相当我国的西周晚期和春秋早期，比波斯石刻早。亚述浮雕，类似汉代画像石，但不是用于墓室，而是用于宫殿。亚述宫殿，其内部装饰，上为石膏画，下为画像石。画像石用雪花石（alabaster）裁制，[21] 高约两米，上下拼接。画面作卷轴式，有如动画慢放，当初施彩，有些还能看到痕迹。

亚述浮雕，以两类主题最突出：

一是战争。画面上，步兵、骑兵、车兵、水师，兵种齐全，什么武器都有，除野战、攻城，还有水战，场面宏大，细节逼真，让人如临现场。征服者，烧杀抢掠，无所不为。俘虏被虐杀，枭首，剁手足，抽筋扒皮，

[21] Alabaster 是一种硬度较小，雪白色，适于雕刻的石头，也叫摩苏尔大理石。亚述浮雕多取材于摩苏尔。

甚至把人插在尖桩上，用火烧烤，种种酷刑，全都搁在画面上，给人的印象是"杀气腾腾"。亚述是波斯帝国前幅员最大的帝国，穷兵黩武是它的一大特点。

二是田猎。打猎和打仗有关。亚述国王，喜欢乘田车，驰骋田猎。其猎杀对象主要是狮子，也包括公牛和野驴。你可以像镜头慢放，眼睁睁看着，一只狮子怎样从笼中放出，奔突而前，跃起扑人，被人射杀，气绝伏地。这些画面，也充满血腥。

亚述浮雕，前后不一样，早期比较疏朗，比较写实，晚期比较密集，比较简化，近似剪影。

波斯浮雕是学亚述，两者有继承关系，毫无问题。如：

亚述浮雕中的帝王像，画面正中的上方，经常有双翼人像日环，一般认为，人像是阿舒尔神（亚述的主神和战神）。天上的神与地上的王长得一模一样，有如镜像关系。波斯学亚述，意匠相似。[22]

亚述浮雕中站在帝王身后的保护神，经常是四翼羽人，帕萨尔加德的四翼羽人就是模仿这种保护神，前面已经提到。

亚述浮雕有国王与狮怪搏斗的画面，以及类似《出行图》的画面。波斯浮雕的这两种门道浮雕，也是学亚述。

波斯石刻，普遍施彩，原来很华丽，和亚述石刻一样。

同亚述浮雕相比，波斯浮雕缺乏叙事性的主题。它的特色是什么？我想，可以用四个字概括，这就是"万邦来朝"。它的各种浮雕，始终围绕这一主题，基本没有打仗、打猎，血淋淋的场面。

## 七 与萨珊石刻比较

萨珊崛起于伊斯塔赫尔，即设拉子东北的纳克什·鲁斯塔姆附近，自称绍继阿契美尼德王朝。阿尔达希尔一世（Ardashir I）在菲鲁扎巴德（Firuzabad）建古尔城（Goor city），起兵灭帕提亚，杀帕提亚国王阿尔达班五世（Artabanus V），建萨珊王朝。沙普尔一世继之，又建比沙普尔城（Bishapur）。菲鲁扎巴德在设拉子南，比沙普尔在设拉子西，都在设拉子附近。难怪很多萨珊石刻和波斯石刻会凑在一起。

萨珊石刻，主要是岩画（浮雕），不是用于宫室和陵墓。萨珊是帕提亚的继承者。帕提亚以骑射名天下，萨珊也非常尚武。萨珊石刻，主要表现萨珊国王的赫赫武功。

《克敌图》，表现枪挑敌酋。代表作是菲鲁扎巴德的阿尔达希尔一世《杀敌图》。画面分三组，第一组是阿尔达希尔一世枪挑阿尔达班五世于马

[22] 如亚述纳西尔帕二世（Ashurnasirpal II）的一件画像石（约前865年）和萨尔曼纳萨尔三世（Shalmaneser III）的一件画像石（约前825年）上就有这种徽识。参看Julian Read, *Assyrian Sculpture*, p.37, fig.33, and p.62, fig.66。

下，第二组是王储沙普尔（即后来的沙普尔一世）枪挑敌将。第三组是二马并驰，双方在马上厮打。⟨23⟩阿契美尼德时期的石刻缺乏此类主题。

《授命图》，表现王权神授。代表作是阿尔达希尔一世的《授命图》（在纳克什·鲁斯塔姆，大流士二世陵下）。授命是"马上授命"。阿胡拉·马兹达在右，左手执棍（barsom，象征神性），右手执环（farshiang，象征权力），把环递给对面的阿尔达希尔一世，马蹄下是恶神阿利曼（Arriman）。阿尔达希尔一世在左，右手接环，左手上扬，伸食指，向神致敬，身后一人，执蝇拂侍。马蹄下是阿尔达班五世。⟨24⟩此图与纳克什·鲁斯塔姆的《授命图》意匠相似，但神、王并列，不是一个在天上，一个在地上。

《受降图》，表现敌酋乞降。代表作是沙普尔一世的《受降图》（在比沙普尔）。沙普尔一世身穿马裤（有点像美国牛仔的皮裤），骑在马上，马下是三个战败的罗马皇帝。戈尔狄安三世（Gordian III）战死，踩在马蹄下；阿拉伯人菲利普（Philip the Arab）乞降，张开双臂，单膝下跪；瓦莱里安（Valerian）被俘，手腕被抓在沙普尔手中。⟨25⟩左右是欢庆胜利的将士。左边骑马者左手上扬，伸食指，作弯钩状，向王致敬。⟨26⟩阿契美尼德时期的石刻缺乏此类主题，但贝希斯敦石刻上的浮雕，有大流士脚踩高墨达、高墨达求饶的画面，有点类似。

《挂剑图》，表现凯旋场面。代表作是巴赫拉姆二世（Bahram II）的《挂剑图》（在纳克什·鲁斯塔姆，大流士二世陵以西）。画面上，巴赫拉姆二世挂剑立台上，左右是欢庆胜利的将士，左手上扬，伸食指，向他致敬。⟨27⟩阿契美尼德时期的石刻缺乏此类主题。

《射猎图》，表现围猎。代表作是塔克伊·布斯坦（Taq-e-Bustan）的《射猎图》。此图年代有三说，一说卑路斯一世（Piroz I, 459–484年在位），一说库思老二世（Khusrow II, 590–628年在位），⟨28⟩一说阿尔达希尔三世（Ardashir III, 628–630年在位），画面上，猎手骑象（或乘舟），围猎野猪。射猎，在萨珊金银器上，也是流行主题。阿契美尼德时期的石刻缺乏此类主题。

萨珊是"马上取天下"。石刻上的国王，总是一身戎装，威风凛凛，骑在马上。阿契美尼德时期的石刻缺乏这种形象。要说相似，主要是三点：第一，授命之神，与王相似（唯冠不同。神冠为雉堞形，王冠有球形饰）；第二，萨珊王冠上的球形饰（korymbos）作日月合抱像，波斯王陵的墓门浮雕，火坛上方也有日月合抱像（薛西斯一世墓最清楚）；⟨29⟩第三，萨珊授命的圆环，通常有两条飘带，这种圆环和波斯翼环也有相似之处。

⟨23⟩ 纳克什·鲁斯塔姆有三幅年代偏晚的《杀敌图》，画面相对简单。

⟨24⟩ 沙普尔一世的《授命图》见比沙普尔。纳塞赫王（Narsah）的《授命图》见纳克什·鲁斯塔姆。前者是"马上授命"，后者是"马上下授命"。

⟨25⟩ 戈尔狄安三世战死于249年，当时，阿拉伯人菲利普是他的侍卫长，随后才当皇帝。瓦莱里安被俘在260年。此图把时间不同的皇帝放在了同一画面中。画面上方，有手执圆环的丘比特（受希腊影响）。

⟨26⟩ 纳克什·鲁斯塔姆也有这种图，画面上只有瓦莱里安、菲利普，没有戈尔狄安三世。

⟨27⟩ 巴赫拉姆二世的《挂剑图》又见纳克什·巴赫拉姆（Naqsh-e-Bahram）。比沙普尔有沙普尔二世的《挂剑图》。二图中，挂剑之王为坐像。

⟨28⟩ 库思老，或译霍斯劳。

⟨29⟩ 萨珊银币有各种王冠，可据以断代。

## 八 与中国石刻比较

1995年,巫鸿教授出过一本书,《中国古代艺术与建筑中的"纪念碑性"》。[30] 他想换个角度,重写中国艺术史。此书所谓"中国古代",主要指先秦两汉;所谓"艺术",主要指青铜器和石刻;所谓"建筑",主要指宗庙、宫殿、墓葬和城市。有趣的是,此书用来串联各艺术门类和构成其章节过渡的核心概念,即所谓"纪念碑性"(Monumentality),不仅体现在闾阎扑地的大城市上,也体现在宏伟建筑和大型石刻上,还暗藏在青铜礼器中。他的叙事模式是由小到大,从金到石,从器物到建筑。

此书一出,引起争论。很多汉学家都不理解,青铜器那么小,怎么能跟monument扯一块儿?觉得这是亵渎英语。最近,巫鸿有一个解释,礼器是"微型纪念碑"。[31]

美国研究波斯帝国史的专家奥姆斯特德曾提到,居鲁士大帝征服巴比伦后,曾把尼布甲尼撒抢来的神器归还耶路撒冷,重建耶路撒冷圣殿。他说,"由于犹太教没有偶像,取代被流放的神像的,就是神庙的器皿"[32]。我觉得,以色列人,庙毁国亡,抱神器而逃,以为器在即神在,或许最接近他的理解。

中国艺术,特点是偏爱玉器、青铜器、丝织品和瓷器,这四项,不仅起源很早,而且长盛不衰,非常发达。相反,西方人更偏爱宝石、金银器和大型石刻。大型石刻,中国早期并不发达。发达是汉以来,估计背后有外来刺激。

中国的爱好转移是个漫长而复杂的过程,既不能用简单的本土说来抹杀,也不能用简单的传播说来解释,而是要从授受双方的相互作用来分析。其中既有接受,也有模仿,甚至包含"中国化"的改造。巫鸿教授没有就此展开全面讨论,但他讨论了汉代大型石刻的突如其来。他指出,大型石刻,汉以前几乎看不到,到了汉代,突然大爆发,从此到处都是。这个现象的确值得注意。

西亚、北非,整个中近东,石刻艺术很发达。无论埃及、两河流域、小亚细亚半岛,还是伊朗境内的埃兰、米底、波斯,石刻艺术都是强项。希腊、罗马也是后来居上。论石刻艺术,他们是先进,咱们是后进,这点不用争。

西亚、北非的石刻多属建筑石刻,体量巨大,让你看一眼就忘不了。他们的石刻,非常壮观,就连废墟都很壮观。这些建筑,即使毁于兵燹、水火或地震,总有一些石头的东西留下来,让凭吊者大发思古之幽情。

中国建筑,其实也曾壮观,但我们的建筑是以木制梁柱为框架,落架

---

[30] 巫鸿《中国古代艺术与建筑中的"纪念碑性"》,李清泉、郑岩译,上海:上海人民出版社,2009年。

[31] 巫鸿《全球景观中的中国古代艺术》,北京:生活·读书·新知三联书店,2017年,第一讲:礼器:微型纪念碑(第15—70页)。

后,再砌墙,不管砖墙还是土坯墙,墙倒屋不倒。这种建筑,除了地基、台阶和柱础,很少用石头,甭管原来多壮观,一旦倾圮,梁摧柱折、土崩瓦解,该拆的拆,该搬的搬,立刻夷为平地。顶多剩点残砖碎瓦,也淹没于荒烟衰草之中。早期废墟,斗转星移,几千年过去,全都消失在历史地平线。晚期废墟,只有圆明园有点像,那是外国人设计。

西人所谓Monument,汉语很难翻,不一定都能翻成"纪念碑"。但有一条很清楚,凡叫Monument的东西,一般都是庞然大物,让你仰首称叹,"巍巍乎壮哉",小玩意儿,不能叫Monument。中国学者,在咱们的地面上找这种东西,怎么找也找不着,别提多着急。中国艺术史,从青铜器怎么过渡到石刻、建筑,跳跃性的确太大。

过去,讲石刻艺术,大家马上想到的是石窟寺和佛道造像,讲石窟寺和佛教造像,大家马上想到的是印度。在中国大型石刻的起源问题上,巫鸿教授的书,基本上还是顺着这个思路。[33]

现在,我的看法是,大型石刻,起源最早,艺术水平最高,恐怕还是中近东(赫梯、亚述、巴比伦和埃及),以及与中近东邻近的希腊、罗马和伊朗。汉代石刻受外来影响,不光是印度,也包括伊朗、阿富汗和中亚。[34]

波斯艺术,特点是兼收并蓄。但杂糅是杂糅,波斯艺术还是有自己的特点。比如石刻艺术,它的成就就很突出。

中国石刻,早期有,很少很小。守丘刻石,见于战国,到目前为止,还是孤例。秦代混一海内,大告天下,刻石只有六件,有点像贝希斯敦铭文和阿尔万德铭文,也是大告天下的文告。这些例子,全是铭文,没有图像。艺术性的石刻是突然兴起于两汉。特别是汉武帝凿通西域,石刻大爆发,令人耳目一新。

中国石刻大爆发,突出表现,凡五事,第一是崖墓,第二是石阙,第三是神道石刻,第四是画像石,第五是碑刻(后来还有墓志)。这些全都出现在汉代。主要不是用于宫室,而是用于墓葬。

这五样,都可与波斯艺术作比较。

第一,崖墓,西汉就有。如汉文帝霸陵,就是"因山为藏,不复起坟"(《史记·孝文本纪》集解引应劭说)。满城汉墓也是崖墓。崖墓是米底-波斯传统。波斯王陵有八个,除居鲁士大帝陵,全是崖墓。

第二,中国古代的阙门、城门、宫门、庙门,多为土木结构,早期是否有石阙,目前不太清楚。中国有石阙,文献记载,出土发现,集中在东汉时期。嵩山三阙是祠庙之门,四川石阙多为神道之门。波斯有石阙,阙门是立于宫殿区的入口处。

第三,墓上石刻,西汉就有。如霍去病墓有一批石刻,就是散布在墓

[32] 奥姆斯特德《波斯帝国史》,第67—68页。
[33] 巫鸿《中国古代艺术与建筑中的"纪念碑性"》,第154—182页。
[34] 丹尼尔说,伊朗高原,只能顺边溜,不能横跨,因此不是重要的商贸中心,只是地方市镇,这话有点夸大。参看氏著《伊朗史》,上海:东方出版中心,2010年,李铁匠译,第12—13页。

冢四周。这类石刻可能启发了后来的神道石刻，但还不是后来的神道石刻。首先，它是孤例，与后来的神道石刻连不起来。其次，这批石刻，有圆雕，也有浮雕，随意而作，并无定制。此墓有所谓"马踏匈奴"，过去以为学巴比伦，不对。尼布甲尼撒宫的狮子，身下有人，那是狮子吃人，不是马踏敌酋。马踏敌酋是草原部落的传统，南俄草原也有这类图像。[35] 这种艺术风格当与骑马民族有关。

第四，西亚艺术，守庙守墓，都是成对动物。汉代石刻，如何从零散、随意的创作，发展成有固定种类、固定形象、固定组合、固定位置的神道石刻，是个值得研究的问题。这种制度，就目前所知，是从东汉光武帝陵才开始。它既包括普通动物，如马、羊、虎，也包括珍禽异兽，如辟邪、大象、狮子、骆驼。其中辟邪、狮子最值得注意，绝对是外来因素。这些外来因素的源头，无疑是伊朗，下面还要谈。

第五，中国的神道石刻，除去动物，还有人像。东汉翁仲多作守门吏，双手拄剑。庙门也有这种守门吏。年代一般在公元2世纪左右。过去，我曾怀疑，这种形象可能与草原石人有关，但草原石人很少有拄剑形象。相反，萨珊石刻，人像分两种，一种骑在马上，一种立在地上。立在地上者，倒是经常拄剑。这种拄剑的姿势，跟东汉翁仲颇为相似。帕提亚时期是否也有这种形象，还需要进一步了解。

第六，亚述石刻，原本施彩。波斯石刻，也用各种颜色彩画，甚至镶金带银嵌宝石。中国的画像石，不但原本施彩，和亚述、波斯一样，构图也有很多相似之处。波斯石刻多列队群像，人物左右相向，辐辏于中央。东汉画像石，《孔子见老子》图，也有这种构图法。

第七，碑刻，西亚、北非很流行。波斯的奠基铭文，有点像咱们的墓志。

第八，波斯艺术讲究左右对称，石刻艺术尤为突出。[36] 台阶浮雕，雕刻面是横着的，视觉效果是两翼向中间推进，左右对称是聚焦式。门道浮雕不一样，它是把图像刻在门道内侧的两壁，一边一幅，两个雕刻面是竖起来的，左右对称是镜面反射式。其实，中国石刻也有这种现象，如六朝陵墓前的仿多立克石柱，对称石柱上的铭文就是左右反书。[37]

亚述石刻的主题，战争和田猎，中国也有。战国铜器上就有，汉画像石上也有，但中国的表现手法，不太写实，更像图案。

阿契美尼德时期，万邦来朝是主旋律。这种主题，中国也有。早在西周时期，中国就讲"柔远能迩"。这种艺术，很对中国口味，但在艺术上有所表现，却晚了许多。中国早期的石刻艺术，不太表现人。神道石刻，主要是动物。万邦来朝，来朝的不是远人，而是远方的动物，如南有大象，北有骆驼，西有狮子和鸵鸟。我国，藩臣携方物以见，唐陵、宋陵才有。

[35] R. Ghirshman, *Persian Art*, p. 133.

[36] 西亚艺术流行对马、对狮纹，也与讲究对称有关。这种特点，也见于欧洲徽识。俄国的双头鹰就属于这一类。

[37] 巫鸿教授有专门讨论，称之为"透明之石"，认为它标志着"一个时代的终结"，以此作全书结尾。见巫鸿《中国古代艺术与建筑中的"纪念碑性"》，第五章（第325–362页）。案：此说似求之过深，我怀疑，这只是一种装饰手法。

# 附：阿契美尼德时期的宝座

〔图 21〕
波斯波利斯阿帕丹东阶：背负宝座者
任超 摄

波斯王陵的《授命图》，无论哪个王的墓，照例都有藩臣托举宝座的图像，波斯波利斯的《君临天下图》，第二、第三种改横图为竖图，也有这种图像。

阿契美尼德时期的宝座分两种，一种有椅背，是国王坐的小宝座；一种无椅背，是藩臣共举的大宝座。大宝座虽无椅背，但椅子腿几乎一模一样。

无椅背的宝座，曾见于波斯波利斯阿帕丹东阶〔图21〕，无论椅腿的造型，还是椅腿横撑上的花纹，都如出一辙。

卢浮宫藏有这种椅腿的残件〔图22〕。

〔图 22〕
狮腿椅残件
卢浮宫
李零 摄

第十三章 波斯石刻　　　409

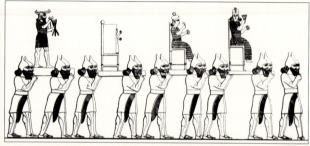

| 23 | 24 | 〔图23〕比较：亚述王辛纳赫里布的宝座 |
| | 25 | 〔图24〕比较：亚述士兵抬神像，尼姆鲁德西南宫石刻（线图）|
| | | 〔图25〕比较：库尔利·法拉赫峡谷的石刻 |

<38> 参看 Julian Read, *Assyrian Sculpture*, p.69, fig.77。

<39> Julian Reade, *Assyrian Sculputure*, p.69, fig.71。

<40> 参看下篇第十三章。

我发现，就连这类宝座，也与亚述石刻有共同点。<38>

第一，不列颠博物馆有一件辛纳赫里布（Sennacherib）的画像石〔图23〕，年代在公元前701年，画面上的宝座，不仅椅腿横撑的花纹一样，而且有小人托举宝座的图像。<39>

第二，西亚步辇〔图24〕，与我国不同，是把椅子腿固定在抬杆上，可见小人托举宝座，其实就是我们说的"抬轿子"。

另外，值得注意的是，埃兰一带也有类似"抬轿子"的图像，如伊朗库尔利·法拉赫（Kul-e Farah）峡谷的埃兰石刻〔图25〕。<40> 这件石刻，年代有争论，早可早到公元前1100年，晚可晚到公元前550年，上面既有群臣趋谒像，也有小人托举大人像。

第十四章

# 波斯釉砖画和金银器

〔左页图〕
苏萨釉砖画《禁军图》
李零 摄

波斯艺术，除去石刻，还有两类东西，不能不提，一是釉砖画，二是金银珠宝。这里凑在一起，简单讲一下。

# 一 釉砖画

世界各国，盖房多就地取材。北极，冰天雪地，因纽特人盖冰屋；北欧、俄罗斯，高寒多树，往往盖木屋；热带雨林，流行杆栏式建筑，茅屋或竹楼。山区多用石材，平原多用土坯，也在情理之中。

中国人到西亚、北非和欧洲旅游，看古代建筑的废墟，柱廊林立，全是石头，不免慨然兴叹，自愧不如，说你看，人家的建筑多宏伟，多漂亮，中国只会用土坯砌墙，太寒碜、太落后。这是妄自菲薄。

我们要知道，西亚、北非和欧洲的建筑，照样有很多用泥砖砌墙。用不用泥砖，端视环境如何。泥墙与石墙相比，无论从人力消耗还是资源消耗讲，都更经济，不是代表落后，而是代表先进。我们跟他们比，差别恐怕在于，西方多用石柱，中国多用木柱，石材用得相对少一些。我们的古建，原来也巍巍乎壮哉，一旦墙倒屋塌，木材也好，石料也好，该拿的拿，该搬的搬，地面上什么都瞅不见。[1]

砖分三种，一种是泥砖（mud-brick），一种是焙烧砖（fire-brick），一种是釉砖（glazed brick）。泥砖是用泥土与沙砾混合，掺上谷糠、草茎，加水搅拌，放进模子里，制成方方正正的土坯，然后放在阳光下暴晒，使之坚硬，因此也叫日晒砖（sun dried brick）。焙烧砖是把泥砖放在砖窑里，用火烧制的砖。釉砖是表面施釉再入火焙烧的砖。釉砖的釉是器物表面的玻璃涂层，glaze 跟 glass 是同源词，作名词讲是釉，作动词讲是施釉或镶玻璃。

泥砖，中国古代叫墼。《说文解字·土部》："墼，瓴适（甋）也，一曰未烧也。"瓴甋也叫瓴甓，二者皆指砖。砖，字本作"塼"或"甎"，本指抟泥成形的方砖。现代汉语，砖指经过焙烧的砖，没有烧过的砖，一般叫土坯。今北方农村仍称土坯为墼。比如我的家乡，就把垒墙的土坯（长方形，比较小）叫土墼，把覆盖炕洞的土坯（正方形，比较大）叫水墼。[2]

表面施釉的砖，西亚很早就有。如公元前13世纪的乔加·赞比尔塔庙就有这种砖。釉砖按设计好的图样分别烧制，最后按图样拼在一起，用以装饰墙面，便是所谓釉砖画。[3] 釉砖画，亚述建筑有之，巴比伦建筑也有之。波斯釉砖画，以苏萨大流士宫的发现最有名。苏萨离巴比伦很近，历史上，你征我伐，你来我往，关系最密切。它的工艺和画风受巴比伦影响最大。

[1] 波斯波利斯焚毁后，只有若干石柱没倒，还矗立在废墟之中，很多造访者曾以为，原来的建筑完全是用石材建成。然而经考古发掘，事实证明，这完全是错觉，其墙体也是泥砖，只不过亚历山大一把火，房倒屋塌，早已化为灰土。波斯建筑，多用石柱，没错，但即使这一点，也不能一概而论。如波斯建筑也用木柱，即使是石柱，有些也上接木柱，并非通体都是石制。

[2] 中国的土墙不止这一种，还有夯筑墙和版筑墙。另外，内蒙古河套地区，地下水位高，当地有所谓"坷垃垒墙墙不倒"之说。所谓"坷垃"，是用碌碡滚地，让草皮地出水变软，然后用西锹切割从底部翘起的方砖。这种砖经阳光暴晒，非常坚硬。

[3] 帕提亚和萨珊建筑，受希腊、罗马影响，还流行马赛克画。

## 二 苏萨釉砖画

以黄、绿为主，他色为辅，五彩斑斓。这类釉砖画，按题材划分，大致有六种。

### 1.《双翼人像日环和斯芬克斯图》

这种釉砖画〔图1〕，双翼日盘在上，斯芬克斯在下，左右相向，头戴雉堞冠。类似图像见于波斯波利斯，一是阿帕丹东阶《禁军图》的横楣，二是大流士宫以南那个南北向大台阶的横楣，三是中央大厅和百柱厅的门道浮雕。

### 2.《禁军图》

这种釉砖画〔图2〕也见于波斯石刻，频繁出现。波斯禁军以万人为固定编制，遇死伤减员，必马上补齐，号称"不死军"。画面上，两组士兵左右相向，中间是铭文。

〔图1〕
苏萨釉砖画：
阿胡拉·马兹达徽和斯芬克斯
卢浮宫
李零 摄

〔图 2-1〕
苏萨釉砖画《禁军图》
卢浮宫
李零 摄

〔图 2-2〕
苏萨釉砖画:《禁军图》中的铭文
卢浮宫
李零 摄

第十四章 波斯釉砖画和金银器

3-1 | 3-2

〔图 3–1〕
比较：波斯波利斯阿帕丹釉砖铭文
伊朗国家博物馆
梁鉴 摄

〔图 3–2〕
比较：波斯波利斯阿帕丹釉砖铭文
芝加哥大学东方研究所

类似构图也见于波斯波利斯石刻，但两者不太一样。苏萨釉砖画上的"不死军"，肤色偏黑，疑自当地征募。他们手执长矛，肩背弓韬，属于弓箭手，头上无冠，以带束发，衣分两种，一种作山字形花纹，一种作八瓣玫瑰花纹，两种皆以圆圈纹饰缘，穿不同衣服的人两两相错。而波斯波利斯石刻上的"不死军"则由波斯人和米底人组成，或两两相错，或各为一组，左右相向。两者帽子不同：波斯士兵，头戴雉堞冠，米底士兵，头戴球形冠，不难分辨。

波斯波利斯阿帕丹也出土过用釉砖拼成的铭文，伊朗国家博物馆和芝加哥大学东方研究所各藏一件〔图3〕。

### 3.《狮怪图》

这种釉砖画〔图4〕是模仿亚述狮怪。图中狮怪，臀部有表现肌肉的弧形标志，双钩填色，一道为黄色，在内，较短；一道为绿色，在外，较长。这种标志也见于欧亚草原的动物形象。[4]

### 4.《狮子图》

这种釉砖画〔图5〕是模仿巴比伦巡游大道的狮子。波斯波利斯的石刻也经常以成列的行狮作装饰，如波斯波利斯善心山麓的两座王陵，墓门上方就有这种檐饰（但纳克什·鲁斯塔姆的四座王陵没有这种檐饰），百柱厅的门道浮雕也有。

[4] S. J. Rudenko, "The Mythological Eagle, the Gryphon, the Winged Lion, and the Wolf in the Art of Northern Nomads," *Artibus Asiae*, 1958, vol. 21, pp. 101-122.

〔图 4-1〕
苏萨釉砖画：狮怪
卢浮宫
李零 摄

〔图 4-2〕
苏萨釉砖画：狮怪
卢浮宫
李零 摄

〔图 5〕
苏萨釉砖画：狮子
卢浮宫
李零 摄

## 5.《翼牛图》

这种釉砖画〔图6〕是模仿巴比伦伊什塔尔门和巡游大道的公牛。

## 6. 花叶装饰

苏萨出土的釉砖画〔图7至9〕，还有一些是用于装饰宫室的台阶，台阶上有雉堞，以玫瑰花、圆涡状翻卷的叶纹和三角形几何纹为装饰。这类装饰也见于波斯波利斯台阶外壁的横楣（如阿帕丹东阶的外壁和大流士宫以南那个南北向大台阶的外壁），同样带有巴比伦釉砖画的特点。

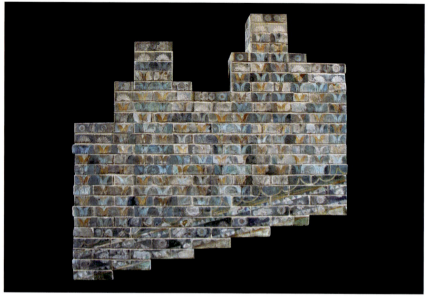

6
———
7

〔图6〕
苏萨釉砖画：翼牛
卢浮宫
李零 摄

〔图7〕
苏萨釉砖画：雉堞、台阶和花叶装饰
卢浮宫
李零 摄

8
—
9

〔图 8〕
苏萨釉砖画：圆涡纹
卢浮宫
李零 摄

〔图 9〕
苏萨釉砖画：雉堞和花叶装饰

第十四章 波斯釉砖画和金银器　　419

## 三 与巴比伦比较

苏萨釉砖画主要是模仿巴比伦伊什塔尔门和巡游大道。

### 1.《蛇龙图》

见伊什塔尔门〔图10〕。蛇龙（mušḫuššu），美索不达米亚神兽，小头，长颈，口吐蛇一样的信子，身有鳞，前脚为狮爪，后脚为鹰爪，有点像巨蜥类的动物。此兽代表巴比伦的保护神马尔杜克（Marduk）。

### 2.《公牛图》

见伊什塔尔门〔图11〕。公牛代表风雨雷电之神哈达德（Hadad）。

### 3.《狮子图》

见巡游大道〔图12〕。狮子代表丰产神和爱神伊什塔尔（Ishtar）。

### 4.《花树图》

见伊什塔尔门侧〔图13〕，图中花树纹也见于苏萨和波斯波利斯的石刻和釉砖画。阿契美尼德时期的柱式就是模仿这种花树。此图下方有行狮一列。

### 5.《铭文墙》

见伊什塔尔门左侧〔图14〕。

〔图10-1〕
比较：巴比伦釉砖画的蛇龙
帕加马博物馆

〔图 10-2〕
比较:巴比伦釉砖画的蛇龙
帕加马博物馆

〔图 11〕
比较:巴比伦釉砖画的公牛
帕加马博物馆

〔图 12〕
比较:巴比伦釉砖画的狮子
帕加马博物馆

第十四章  波斯釉砖画和金银器　　421

| 13 | 14 |

〔图13〕
比较：巴比伦釉砖画的花树

〔图14〕
比较：巴比伦釉砖画的铭文墙

## 四 亚述和阿塞拜疆也有釉砖画

　　釉砖画不仅见于巴比伦和邻近的苏萨一带，也见于巴比伦和苏萨以北。如伊拉克国家博物馆有一件釉砖画〔图15〕，出自沙尔马纳塞尔三世（Shalmaneser III，前859—前824年在位）在尼姆鲁德的宫殿，用釉砖拼砌，画面表现一对公牛，年代在公元前9世纪。而伊朗国家博物馆有一件釉砖画〔图16〕，出自伊朗西阿塞拜疆省布坎县（Bukan）的Qalachi遗址，只是单独一块砖，画面表现拉马苏，年代在公元前800—前700年。这些都比上述釉砖画更早。

〔图15〕
比较：尼姆鲁德出土的釉砖画

〔图16〕
比较：西阿塞拜疆出土的釉砖画

第十四章 波斯釉砖画和金银器 423

[图 17–1]
云冈窟顶遗址 T510 ④出土北魏釉瓦
李零 摄

[图 17–2]
云冈窟顶遗址 T510 ④出土北魏釉瓦
李零 摄

<5> 这类器物应该叫釉陶还是原始青瓷、原始瓷，学者有争论。参看王昌燧等《"原始瓷器"概念与青瓷起源再探讨》，《考古》2014年9期，第86—92页。

<6> 出土北魏琉璃瓦，见云冈石窟研究院等《云冈石窟窟顶西区北魏佛教寺院遗址》，《考古学报》2016年4期，第533—562页。案：该文第560页提到，2008年大同操场城北 3 号遗址古井内还出土过几件琉璃砖，发掘者张庆捷先生告，材料尚未发表。

<7> 参看 Jebrael Nokandeh ed., *A Survey of the History of Iran on the Basis of Iran National Museum Collections*, Tehran: Iran National Museum, 2017, p. 123.

<8> 章鸿钊说："玻璃与琉璃，渊源似甚近。《妙法莲华经》（鸠摩罗什译）《授记品》云：'其土平正，玻璃为地。'《正法华经》（竺法护译，与《妙法》同本）则云：'国土严净，平等无邪，琉瑠为地。'是玻璃与琉璃昔人每同视之。"见氏著《石雅·宝石说》，上海：上海古籍出版社，1993年，第19页。又章鸿钊说："水精一称玻璃。玄应《一切经音义》（卷二、卷六等）云：'颇梨，此云水玉。'引《大论》云：此宝出山石窟中，过千年冰化为颇梨珠。《本草拾遗》云：此西国之宝，玉石之类，生土中，一种水玉，或云千岁冰所化。《西阳杂俎》亦云，玻璃千岁冰所化。是玻璃与水精初无异也。乃云西国之宝，又云千岁冰所化，愈知冰化之说，为彼域之所自出矣。"见上引章书，第44页。

## 五　中国的釉砖和釉砖画

中国，釉陶工艺很发达。商周秦汉，釉陶类的器物就已流行。有些标本，胎、釉、火候都已达到较高水准，但多数并不如此，学者称为"原始青瓷""原始瓷"。<5>

釉陶技术，中国早就有，但主要用于器物，而不是建筑。用于建筑，目前最早，是大同出土的北魏釉陶砖和釉陶板瓦[图17]。<6>这种砖瓦，后世叫琉璃砖、琉璃瓦。

南朝墓葬，南京、丹阳有《竹林七贤图》，属于砖砌壁画。这种画事先有整体设计，每块砖只是画面的一部分，类似西亚釉砖画，但不施釉彩。

唐修定寺塔，以方形、长方形和菱形的浮雕墙板为饰，每块墙板各自独立，没有统一的画面，也不施釉彩。

宋开宝寺塔（俗称"开封铁塔"），以单色釉砖为饰，但每块砖自成单元，也没有统一的画面。

金元建筑，山西最多，多琉璃屋脊，有些纹饰由几截拼成，但没有更复杂的画面。

明清以来，有琉璃影壁，倒是类似西亚釉砖画，如大同代王府、平遥太子寺的明代九龙壁和故宫、北海的清代九龙壁。大同代王府的九龙壁是明洪武年间的遗物[图18]，最有代表性。有趣的是，伊朗国家博物馆伊斯兰馆藏塔克提·苏莱曼（Takht-e Soleyman）出土伊尔汗国龙纹琉璃砖[图19]，很明显是中国风格，年代相当于14世纪，比中国的九龙壁年代更早。<7> 九龙壁或有更早的祖型。

琉璃与玻璃、水精有关，古人视为同一类东西，<8> 如《魏书》《北史》《隋书》《旧唐书》之《波斯传》，所列宝物，皆以玻璃、琉璃、水精并举，可见三者有关，但还不能画等号。

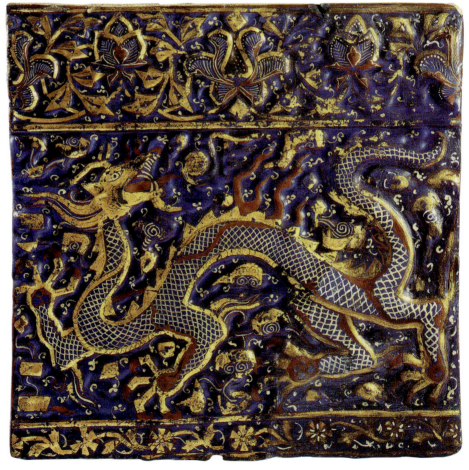

〔图 18〕
山西大同市代王府九龙壁

〔图 19〕
伊尔汗国龙纹釉砖
伊朗国家博物馆

玻璃，亦作颇黎、颇梨、玻瓈。这个词是随西域方物和佛经翻译传入中国，[9] 初义与水精相近，当指石英类矿物（quartz）。石英，不仅包括无色透明的水精（crystal），也包括紫水晶（amethyst）、黄水晶（citrine）、蔷薇石英（rose quartz）、烟水晶（smoky），以及发晶（quartz rutilated）等。玻璃本指天然矿物，不是人造玻璃。

琉璃，亦作流离、流璃、瑠璃，古书又有作三字者，如璧流离、吠琉璃、毗琉璃、鞞头梨。学者认为，这类词也是随西域方物和佛经翻译传入中国，[10] 初义似指印度出产的一种青色宝石，但在中国的实际用法，却指人工烧造的玻璃，并包括釉陶。[11] 前者通体透明，器壁有一定厚度，后者施釉于器表，只有薄薄一层。[12] 釉即玻璃涂层也。

水精，今作水晶，古人也叫水玉。《广雅·释地》："水精谓之石英。"可见水晶和石英是一类东西。水晶和石英，主要成分都是二氧化硅（$SiO_2$）。但二者仍有区别，石英泛指石英石，种类很多，丹书医籍恒言紫石英、白石英，以为石药上品，水晶则指石英中纯净度较高，无色透明，可作饰物的东西。古人多视为玉石之一种。

这三样东西，既有共同点，也有区别。共同点是，都与石英类矿物有关。区别是，古人所谓玻璃和水精相近，乃天然矿物，他们所谓琉璃是人工烧造。

玻璃，今指人造玻璃，跟古代不同。古人说的琉璃是今语玻璃，并包括釉陶。由于人造玻璃大量出现，日以透明为尚，后世乃以玻璃专指人造玻璃，反以琉璃另指釉砖、釉瓦。

尽管古今词义变化，人们往往把玻璃和琉璃混为一谈，但有个区别不容忽视。玻璃，无论指天然矿物，还是人造玻璃，从不指釉砖、釉瓦，所以直到今天，这两个词仍有区别。

古书所谓琉璃，哪些是人工烧造的玻璃，哪些是釉陶，应具体分析。

## 1. 器物或器物装饰

文献记载，有琉璃碗、琉璃盘、琉璃壶、琉璃瓶等，名目繁多。古人所谓琉璃器，不是釉陶，而是人工烧造的玻璃器，如西晋潘尼有《琉璃碗赋》。出土发现，有不少琉璃碗，很多是蓝色或绿色，就是人工烧造的玻璃碗。又《西京杂记》提到"高帝斩白蛇剑，剑上有七彩珠、九华玉为饰，杂厕五色琉璃剑匣"，汉代玉具剑，出土发现很多，的确有以人工烧造的玻璃为剑首、剑镡、剑璏、剑摽，装饰剑身、剑鞘者。此外，礼璧以玉居多，但也有以水晶、玛瑙为材者。长沙楚墓和当地的秦汉墓，随葬玉璧，很多是琉璃璧，即人工烧制的玻璃璧，颜色以黄白居多，兼有翠绿者，十分美丽。

[9] 学者多以玻璃为外来语，但对音尚无定论。

[10] 学者多以璧流离等词为外来语，琉璃为这类词的省音，并以吠流离相当梵语的吠努离耶（vaidūrya）。吠努离耶的意思是青色宝。

[11] 人造琉璃有五色十种之说，晚近也叫料器。《汉书·西域传》讲罽宾出璧流离。孟康注："流离，青色如玉。"似主初义。颜师古注引鱼豢《魏略》云："大秦国出赤、白、黑、黄、青、绿、缥、绀、红、紫十种琉璃。"认为孟康专主青色说未安，不能概括琉璃的多种颜色。他说："此盖自然之物，彩泽光润，踰于众玉，其色不恒。今俗所用，皆销冶石汁，加以众药，灌而为之，尤虚脆不贞，实非真物"。慧琳《一切经音义》亦以琉璃为青色宝，同孟康说，并引帝释髻珠说，以琉璃为"天生神物，非是人间炼石造作，焰火所成琉璃也"。章鸿钊存二说，一说据劳费尔，劳费尔以璧琉璃为绿宝石或青金石，章鸿钊取青金石说，以琉璃为《禹贡》之璆琳、《顾命》之天球，盖本初义；另一说以琉璃为人造玻璃和釉砖、釉瓦，则是颜师古所谓的"今俗所用"，见上引章书第1-26页。案：绿宝石或青金石皆外来珍稀之物，固然可能与印度有关，但这种概念与琉璃在中国的实际用法不符。中国的实际用法显然还是后者。

[12] 章鸿钊尝区分玻璃与琉璃："《夷门广牍》谓玻瓈与琉璃相似；《稗史类编》谓玻瓈与琉璃相类，亦分五色，但质颇厚，则似犹有所分别。窃谓琉璃常杂采为之，玻瓈则质较纯，至近世而愈以明透为尚矣。"见上引章书，第19页。

## 2. 室内陈设

文献记载，古代宫室，或设琉璃屏风、琉璃帐。如西晋崔豹《古今注》卷下提到"孙亮作流离屏风，镂作《瑞应图》，凡一百二十种"，当时所谓的琉璃屏风，不大可能是人工烧造透明的玻璃板，估计是以料器或釉陶饰件镶嵌在漆木板上。又东晋王嘉《拾遗记》提到"董偃常卧延清之室……因上设紫琉璃帐，火齐屏风"。当时所谓的琉璃帐，大概是以料珠或费昂斯珠作帘子。

## 3. 建筑构件和建筑装饰

古代宫殿或以琉璃为构件，装饰屋脊、屋顶、门窗、墙壁。如东汉郭宪《别国洞冥记》卷二提到"元鼎元年起招贤阁于甘泉宫西……青琉璃为扇（扇指窗扇——零案）"，又《汉武故事》"帝起神台，其上扉牖屏风，悉以白琉璃作之，光照洞澈"（《北堂书钞》卷一三二引），《海内十洲记》"金玉琉璃之宫"，《西京杂记》"赵飞燕女弟居昭阳殿……窗扉多是绿琉璃，亦皆达照，毛发不得藏焉"。建筑所用琉璃构件，不大可能是天然水晶或人造玻璃，当是釉陶。

中国固有石英、水晶和人造玻璃和釉陶。[13] 但古书提到它们，或云出自大秦，或云出自波斯，或云出自印度，以及月氏、罽宾等国，并非土产。可见中国技术，既有本国传统，又受外来影响。

研究中国琉璃史，《魏书·西域传》有段话，经常被大家引用：

> 大月氏国，都卢监氏城，在弗敌沙西，去代一万四千五百里。北与蠕蠕接，数为所侵，遂西徙都薄罗城，去弗敌沙二千一百里。其王寄多罗勇武，遂兴师越大山，南侵北天竺，自乾陀罗以北五国尽役属之。世祖时，其国人商贩京师，自云能铸石为五色瑠璃，于是采矿山中，于京师铸之。既成，光泽乃美于西方来者。乃诏为行殿，容百余人，光色映彻，观者见之，莫不惊骇，以为神明所作。自此中国瑠璃遂贱，人不复珍之。

这段话讲得很清楚，所谓"铸石为五色瑠璃"者，既然说是"诏为行殿，容百余人"，肯定是用于建筑，而不是器物。这种用于建筑的彩色琉璃，当是釉陶构件。有趣的是，大同发现的釉砖、釉瓦正属这一时期。虽然，大同的发现是素釉，彩釉尚未发现，但《魏书》离北魏最近，又是专讲北魏史的专书，古书有此记载，还是不容忽视。

北魏相当伊朗史上的萨珊王朝。当时的月氏琉璃，不仅把中国琉璃比

[13] 西方的玻璃是钙钠玻璃，中国古代的玻璃是铅钡玻璃。

了下去，也把其他西域国家的琉璃比了下去，可见技术高超。

中国的釉砖、釉瓦出现比较晚，彩釉出现更晚。北齐三彩和唐三彩之前，中国只有单色釉。彩色釉，西亚比我们早得多。我们是不是受到过他们的影响，恐怕值得注意。

朱彝尊考北京琉璃厂，说"今厂中所炼，大约本月氏人遗法也"（《日下旧闻考》卷三八补遗）。他说的月氏遗法就是指北魏引进的彩釉技术。大月氏离中国最近。其法只是流，而不是源，真正的源头还要往西追。

## 五　金银珠宝

爱美之心，人皆有之。古代各国，谁都喜欢漂亮的东西，艺术缘此而生。这些漂亮的东西被赋予昂贵的价值，便是所谓奢侈品。金银珠宝是奢侈品。

过去，学者讲丝绸之路，除讲动物、植物和矿物的两地交换，也讲金银珠宝的进口。金银珠宝，主要是从波斯传中国。如劳费尔和薛爱华都提到这类东西。[14]

波斯人喜欢金银珠宝是出了名的。德黑兰中央银行有个珍宝博物馆，他们的宝座、皇冠和首饰，真是让人眼花缭乱。

说到金银珠宝，有个问题不容忽视。欧亚大陆，东部和西部，对"珍宝"的观念，打根儿上就不一样。

中国的"珍宝"，分金、石两大类。

"金"有青赤黄白黑五金，[15] 中国人最看重青铜、黄金、白银，最初不太上心，上心是战国秦汉以来。中国金银器受外来影响很大，唐以来非常明显，比如何家村窖藏出土的金银器，谁都承认，受萨珊波斯影响很大。但年代更早怎么样，恐怕还要讨论。

"石"，中国人最看重玉。爱玉是整个东亚地区，甚至环太平洋地区的特点。[16] 中国所谓的玉，不是辉玉（Jadeite），而是闪玉（Nephrite），以及色泽与闪玉类似，而硬度不及闪玉的美石（古人叫玟或珉），如蛇纹石（Serpentine）、汉白玉（Marble）。[17]

二里头遗址和商周时期的宝石镶嵌工艺是以绿松石为主，秦汉时期的宝石镶嵌是以绿松石、玛瑙和玻璃为主。[18] 世界著名的五大顶级宝石，钻石（Diamond）、红宝石（Ruby）、蓝宝石（Sapphire）、祖母绿（Emerald）、猫眼石（Chrysoberyl），输入中国比较晚，主要在汉通西域之后。人们是从两汉魏晋南北朝的《西域传》和佛教典籍才知道这些宝物的名字。[19]

阿契美尼德时期的金银器，名气最大当属大流士一世金筐罍〔图20〕、薛西斯一世金筐罍〔图21〕和阿尔塔薛西斯一世银筐罍〔图22、23〕。

[14] 劳费尔《中国伊朗编》；薛爱华《撒马尔罕的金桃——唐代舶来品研究》。

[15] 《说文解字·金部》以金为黄金，银为白金，铅为青金，锡在青白之间，铜为赤金，铁为黑金。

[16] 中亚夹处欧亚之间，不但出产玉料，也制造玉器，不但往中国出口，自己也用。参看邓淑萍《探索历史上的中亚玉作》，《故宫学术季刊》第33卷第3期（2016年春季），第1—78页。

[17] 中国的汉白玉是白色大理石，属方解石类（Calcite），化学成分为碳酸钙（$CaCO_3$）。近ackson年雕刻多用雪花石膏（alabaster），雪花石膏属石膏类（gypsum），化学成分为硫酸钙（$CaSO_4 \cdot 2H_2O$）。西方博物馆常常标注为alabaster的器物其实分两类，埃及的oriental alabaster其实是大理石，亚述的Mosul marble反而是雪花石膏。

[18] 章鸿钊《宝石说》列宝石15种，翡翠、金刚、红宝石、祖母绿、璧玺、酒黄宝石、猫睛、青金石、琥珀之类多为外来，即使中国有产，亦非主流，真正属于本地出产者，只有玉、绿松石、水精、玛瑙、孔雀石、珊瑚。绿松石、孔雀石之名后起，似是清以来的叫法，可能与古书中的璆琳、琅玕有关。玛瑙是汉译佛经的用语，中国本名，当即琼瑶。

[19] 章鸿钊《石雅》以中国词汇中的璆琳为青金石，琅玕为绿松石、琼瑰、琼瑶为玛瑙，水玉为水晶，水碧为紫水晶，玫瑰为云母，火齐珠为水晶球，琥珀为琥珀，瑟瑟为蓝宝石，金刚为钻石，靺鞨为红玛瑙，猫精为猫眼。案：璆琳为青金石说未必可靠，瑟瑟乃西藏天珠，即饰花肉红石髓珠之一种，起源于印度，均与蓝宝石无关。中国的饰花肉红石髓珠，主要见于西藏、青海、新疆和云南、两广，近有赵德云《中国出土的饰花肉红石髓珠研究》，《考古》2011年10期，第68—78页，可参看。

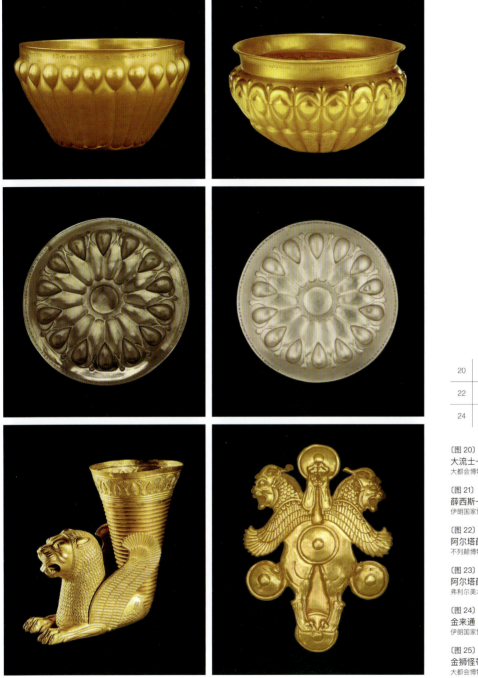

| 20 | 21 |
| 22 | 23 |
| 24 | 25 |

〔图20〕
大流士一世金筐罍
大都会博物馆

〔图21〕
薛西斯一世金筐罍
伊朗国家博物馆

〔图22〕
阿尔塔薛西斯一世银筐罍
不列颠博物馆

〔图23〕
阿尔塔薛西斯一世银筐罍
弗利尔美术馆

〔图24〕
金来通
伊朗国家博物馆

〔图25〕
金狮怪带扣
大都会博物馆

  此外，阿契美尼德王朝的金银器，还有金来通（Rhyton，〔图24〕）、银安弗拉罐（Amphora），小件饰品还有金带扣〔图25〕、金耳环、金项链、金臂钏〔图26〕、金饰件〔图27〕和金剑鞘，以及装饰漆木器的金箔。这些器物，制作精美，有些还镶嵌各种宝石。

第十四章 波斯釉砖画和金银器 429

26
—
27

〔图 26〕
金饰件

〔图 27〕
奥克苏斯宝藏：
格里芬金手镯
不列颠博物馆

研究波斯波利斯《藩臣职贡图》，很多学者都指出，上述器物，有些即见于图中。如米底人和饮豪麻汁的斯基泰人进贡的短剑，与奥克苏斯宝藏的金短剑相似；亚美尼亚人进贡的安弗拉罐，与索菲亚博物馆的金安弗拉罐相似；吕底亚人和两种斯基泰人进贡的臂钏，与奥克苏斯宝藏的金臂钏相似；图中进贡的碗很多，[20] 也与奥克苏斯宝藏的金碗相似。

伊朗出土的金银器，除发掘出土，还有采集品，最著名者，当推下面两大宗。

## 1. 基维叶窖藏 (Ziwiye Hoard)

1947年，传出伊朗西北库尔德斯坦省的基维叶 (Ziwiye，亦作Ziviyeh)。[21] 出土器物很复杂，除一批前阿契美尼德的金银器，还有象牙制品、洛雷斯坦式的青铜器和陶器。这批东西并非发掘品，而是古董商把一批来源不明的东西混在一起，给它起个名字，叫"基维叶窖藏"，就像我们说的"洛阳金村所出"。这个大杂烩，混杂着亚述、斯基泰、前阿契美尼德王朝和伊朗西北的东西，如今散藏于不列颠博物馆、卢浮宫和大都会博物馆，年代在公元前700年左右。今欧美各大博物馆、伊朗国家博物馆和德黑兰阿巴斯博物馆都有伊朗出土前阿契美尼德王朝的金银器。其常见器物有两种，一种是筒状杯，一种是羊头饰大口来通。1958年哈桑卢遗址 (Teppe Hassalu) 出土过一件gold bowl，曾轰动一时，就是属于筒状杯，学者或译gold beaker。羊头饰大口来通，跟阿契美尼德时期和帕提亚时期的来通不一样，口很大，不拐弯。

## 2. 奥克苏斯宝藏 (Oxus Treasure)

1877—1880年，塔吉克斯坦塔赫提·库瓦德地区 (Takht-i Kuwad) 出土。[22] 学者怀疑是大流士三世出逃，流失在外的细软。这批东西，包括180件金银器，200枚货币，主要是阿契美尼德时期的文物，现藏不列颠博物馆、维多利亚—奥尔波特博物馆。这批金银器非常精美，尤以一对羊角格里芬〔图27〕最为精美。

波斯宝石，除去人们常说的顶级宝石，还有几样东西值得注意。

一是青金石 (Lapis Lazuli)，古代最著名的青金石矿是阿富汗巴达赫尚省的Sar-e Sang，位置在阿富汗的东北角。

二是仿青金石的埃及蓝 (Egyptian Blue)，是一种仿青金石，用石英、石灰石、铜、碱等材料人工合成的材料，化学成分是$CaCuSi_4O_{10}$。单从外表看，与前者酷似。中国不产青金石，也没有埃及蓝，但战国时期有汉蓝 ($BaCuSi_4O_{10}$)、汉紫 ($BaCuSi_2O_6$)。[23]

三是绿松石 (Turquoise)，中国有绿松石，产地有湖北竹山、郧西、安徽马鞍山、陕西白河、河南淅川、新疆哈密、青海乌兰等，其中以湖北竹山、郧西一带的绿松石最有名，旧称"襄阳甸子"。伊朗呼罗珊省的内沙布尔是古代绿松石的重要产地，品相最好。

四是玛瑙 (Agate)，伊朗盛产玛瑙，中国也有玛瑙。玛瑙，古称琼、瑶。琼本作"璚"，与"璇"同。玛瑙有树轮式花纹，正有旋义。

[20] 图中各族，很多都是贡碗，而以帕提亚人所贡最为精美。

[21] André Godard, *Le Trésor de Ziwiyè (Kurdistan)*, Publication du Service Archéologique Del'iran 1950; Charles K. Wilkinson, *Ivories from Ziviye and Items of Ceramic and Gold*, Abegg-Stiftung Bern 1975.

[22] O. M. Dalton, *The Treasure of Oxus with Other Examples of Early Oriental Metal-work*, London: Trustees of British Museum, 1964; John Curtis, *Oxsus Treasure*, London: the British Museum Press, 2012.

[23] 关于蓝色和紫色颜料的研究，参看 Heinz Berke, "The Invention of Blue and Purple Pigments in Ancient Times," *Chemical Society Reviews*, (2007)36, pp. 15-30. 关于马家塬战国墓出土汉蓝、汉紫的研究，参看林怡娴等《张家川马家塬战国墓地出土玻璃与相关材料研究》，《文物》2018年3期，第71—83页。

## 六　中国的金银器

中国的金银制品，商代西周，数量很少，如与北方草原地区邻近，陕北、晋北和冀北出土金耳环、金臂钏；与青海、西藏邻近，四川三星堆出土金饰件和金箔片。有关发现很零散。

中国的金容器，目前发现最早，有两个例子，一个是绍兴306号墓出土的玉耳金舟，一个是曾侯乙墓出土的金盏、金杯和金器盖。前者是春秋末年的器物，后者是战国初年的器物。

银器，年代晚一点，主要流行于战国中晚期，则以盘、匜为多。

中国金银器，战国以来突然增多，特别是汉以来，更加明显，不仅有掐丝焊珠，宝石镶嵌，错金银、鎏金银、鋄金银等工艺也流行开来。这种现象，不能说与外来影响无关。中国的金银工艺，即使有本土起源，也不排斥受外来影响。比如，中国的金银器，汉以来，多出土于北方草原或与北方草原邻近的地方，特别是戎狄墓葬。其出土物，有带扣、带钩和各种动物造型的饰件（所谓饰牌，多为带扣）。这些金银制品，情况很复杂，不能一概而论。有些纯属进口，有些是汉族工匠按对方要求定做，还有些是模仿加改造，用以满足内地居民对异国情调的想象。后者，即使中国制造，风格亦属外来。[24]

这里值得注意的是，中国沿海和去海不远的地区，历年出土过八件"裂瓣纹"银豆〔图28〕和两件"裂瓣纹"铜豆，大云山江都王墓还出土过一件裂瓣纹银盘。其盒体部分的"裂瓣纹"（lobed decoration），也叫"凸瓣纹"（fluted decoration），是模仿花瓣绽放，从古代的埃及、西亚一直到近代欧洲，一直是高级餐具最典型的装饰手法。[25]

它们，大小相近。一般只有11—12厘米高，很小，多与汉式的银盘、银匜同出，在功用上，可能属于古人所谓的"弄器"。这些样品，广州所出最典型，出土时盒内尚存一些直径3毫米的药丸，似乎是做药盒用。盒是裂瓣纹，但盖钮、圈足是由中国工匠后配，铜铸焊接。整个器物，是按中国样式改造，有如盖豆，属于"中西合璧"。而且有趣的是，各地所出，都经过类似改造。

这批出土物，从墓葬年代考虑，相当于伊朗的帕提亚王朝，即安息帝国时期。中国和伊朗密切交往，是始于这一时期。[26]

这批器物，它的盒体部分，无论自外输入，还是中国仿造，我们都无法否认，它的艺术风格，肯定不属于中国传统，而属于西方传统。因为中国的器物，在此之前，从未使用过裂瓣纹，即使出于定做或仿制，也要有依仿对象。

[24]　交流往往都是双向。中国外销瓷也有这几种情况。

[25]　李零《论西辛大墓的裂瓣纹银豆——兼谈我国出土的类似器物》，收入氏著《万变》，第107—131页。

[26]　塞琉古王朝，统治中心在两河流域和叙利亚，跟中国关系比较小。帕提亚王朝崛起于伊朗东北，跟中亚、中国关系比较大。它始于秦王政即位的前一年（前247年），终于魏文帝卒年（226年），上起战国晚期，下抵三国初年，可覆盖整个秦汉时期。中国和伊朗的交往主要开始于这一段。

〔图 28-1〕
比较：淄博市临淄区窝托村出土的裂瓣纹银豆
齐国历史博物馆

〔图 28-2〕
比较：大云山汉墓出土的裂瓣纹银豆
南京博物院

现在，由于临淄西辛战国墓的发现，我们又有了新的认识。这座大墓，是战国末年的齐国墓，银盒与银盘同出，皆有铭文。我在青州市博物馆目验，毫无疑问，是战国文字。可见这两件银盒的实际年代要早于秦汉时期。

上述银盒，或许有早有晚，有些还可能是仿制，稳妥起见，似称为"被改造的波斯风格的银豆"更合适。

波斯金银器，原料从哪儿来？也是个值得研究的问题。

黄金的来源，一个是西边，一个是东边。

西边，前有吕底亚，后有色雷斯。吕底亚盛产黄金。世界最早的金币和银币（图像作狮子啃公牛）据说是吕底亚制造，比波斯金币大流克（Daric）早。吕底亚，首都萨第斯，在小亚细亚半岛西端。色雷斯是最古老的金器制造中心，世界最早的金器发现于保加利亚瓦尔纳，年代在公元前4000年。波斯设斯库德拉省（Skudra），包括色雷斯和马其顿，但薛西斯一世在波斯波利斯修阿帕丹台阶时，波斯还没有这个省。

东边，来源是巴克特里亚和印度。

苏萨阿帕丹的铭文说，建造宫殿的黄金是从萨第斯和巴克特里亚运来的。巴克特里亚在阿富汗北部。[27]

波斯波利斯《藩臣职贡图》，贡纳黄金者是印度人。白银的来源是埃及。苏萨阿帕丹的铭文也说，白银是从埃及运来。[28]

[27]《古代伊朗史料选辑》，李铁匠译，北京：商务印书馆，1992年，第57—58页。

[28] 同上。

## 七 波斯小狮

阿契美尼德时期，出土发现，有一种狮形饰件：

1. 1904年苏萨卫城出土的玛瑙小狮〔图29〕，现藏卢浮宫，长4.5厘米、高2.5厘米，年代：公元前1200年。[29]

2. 1961—1963年帕萨尔加德出土的三件小狮〔图30〕。一件用玛瑙雕刻，长1.9厘米、宽0.6厘米、高1.0厘米，有孔可系绳；一件用紫水晶雕刻，长1.7厘米、宽0.5厘米、高1.0厘米；一件用青金石雕刻，大小同第二件。[30]

另外，波斯波利斯还出土过一件玛瑙印章〔图31〕，器形同上。[31]

中国汉墓经常出土一种小狮子或小辟邪，腹部有小圆孔，可以穿绳。其材质多样，有黄金、琥珀、水晶、煤精、玛瑙、绿松石等〔图32〕。孙机尝考此物，称之为系臂辟邪。[32]

这种小兽，各地均有出土，而以定州汉中山王墓所出数量最多。

〔图29〕
玛瑙小狮
苏萨出土

〔图30〕
小狮
帕萨尔加德出土

[29] P. O. Harper, J. A., and F. Tallon eds., *The Royal City of Susa*, pp. 152-153.

[30] D. Stronach, *Pasargadae*, pp. 169-170; Pls. 152c-d and Fig. 88, 14.

[31] E. F. Schmidt: *Persepolis II*, Pl. 17: PT5 1.

[32] 孙机《汉镇艺术》，《文物》1983年6期，第69—72页。

〔图 31〕
**玛瑙小狮印章**
波斯波利斯出土

〔图 32-1〕
**黄金小狮**
河南孟津平乐乡金村西晋墓出土
洛阳博物馆

〔图 32-2〕
**绿松石小狮**
河北定州汉中山王墓出土
定州中山博物馆

〔图 32-3〕
**水晶小狮**
山东临沂盛庄镇李白庄南出土
临沂市博物馆

〔图 32-4〕
**琥珀小狮**
广西合浦堂排出土
广西壮族自治区博物馆

〔图 32-5〕
**煤精小狮**
山东临沂洗砚池晋墓出土
临沂市博物馆

〔图 32-6〕
**肉红石髓小狮**
广西合浦堂排出土
广西壮族自治区博物馆

第十四章　波斯釉砖画和金银器　　　435

〔图33〕
曾侯乙墓出土的蜻蜓眼
湖北省博物馆

〔图34〕
甘肃张家川县马家塬西戎墓出土的蜻蜓眼
甘肃省考古所

## 八 蜻蜓眼

蜻蜓眼是一种貌似蜻蜓复眼的玻璃珠〔图33〕，工艺奇特，形式多样。[33]

这种工艺品，最早出现于埃及第18王朝（前1575—前1308年）。一经发明，很快传遍北非、西亚、南欧，甚至东传到中亚和东亚。

这种玻璃珠最早引起关注，是20世纪30年代怀履光等人在洛阳金村的发现。此物不仅用作佩饰，而且用来装饰带钩、镜鉴和刀剑。人们发现，它在中国也很流行。

现已发表的蜻蜓眼，最粗略统计，也有上千例，出土地点分布于新疆、甘肃、陕西、内蒙古、山西、河北、山东、四川、重庆、河南、湖北、湖南、安徽、上海、浙江、广东、云南，几乎覆盖中国全境。

这些发现，年代最早主要集中在新疆地区，如轮台群巴克IM27，年代可以早到西周中期到春秋中期。内地的发现，年代要晚一些。如河南固始M1和山西太原赵卿墓所出，可以早到春秋晚期，在内地已经算较早的例子。绝大多数发现，主要集中在战国秦汉时期。

蜻蜓眼在国内再度引起关注，主要是在曾侯乙墓发掘之后，因为该墓出土的蜻蜓眼〔图33〕，有些是钙钠玻璃，而不是铅钡玻璃。人们发现，上述例子，最初可能是进口，后来才大规模仿制、改制，有中国自己的再创造。

另一个例子是甘肃张家川马家塬的发现。该墓出土的蜻蜓眼包括两种，一种是"地中海式蜻蜓眼玻璃珠"〔图34〕（所谓地中海式是指两河流域以西靠近地中海的地区），另一种是"铅钡玻璃蜻蜓眼珠"。前者是进口，后者是国产。此外，出土物中还有钙钠玻璃蜻蜓眼镶嵌，以及以眼纹为装饰的釉陶杯。最近，学者有科学检测和比较研究，[34]关于中国蜻蜓眼的来源和传播路线，学者有各种推测，也许不止一个方向。但伊朗地区至少是一个值得考虑的方向。阿契美尼德时期，伊朗的吉兰地区是蜻蜓眼的制造中心，中国的蜻蜓眼和伊朗的蜻蜓眼是什么关系，今后值得关注。

[33] 赵德云《中国出土的蜻蜓眼式玻璃珠研究》，《考古学报》2012年2期，第117—216页。

[34] 参看林怡娴等《张家川马家塬战国墓地出土玻璃与相关材料研究》，《文物》2018年3期，第71—83页。

第十五章

# 波斯艺术中的动物

〔左页图〕
波斯波利斯出土的狗化狮
伊朗国家博物馆
任超 摄

人类交往，有两样最重要：一样是战争，一样是商贸。

战争是"不打不成交"，通过征服，互相学习。比如亚历山大征波斯，就主要是征服者向被征服者学习。他死后，有所谓"希腊化时代"（Hellenistic Age）。所谓"希腊化"，马其顿、托勒密、塞琉古，每个王朝都是你化我，我化你，互相化，并不是单向的希腊化。

商贸是互通有无，最能反映彼此的有无。比如中国和伊朗，丝绸之路上，你来我往，两边的物产有什么不同，一下子就能看出来。[1]

这里，我想谈谈波斯艺术中的动物。动物也能反映交流。

## 一 写实的动物和想象的动物

艺术中的动物分两大类：一类是写实的动物，一类是想象的动物。

写实的动物（realistic animals）是自然界本来就有，人类能够观察到的动物，比如野生的狮、虎、狼、熊、鹰、鹿，以及家养的马、牛、羊、鸡、犬、豕。

想象的动物（imaginary animals）是现实不存在，靠想象虚构出来的动物。其特点是东拼西凑，四不像，比如把人跟动物拼一块儿，把飞禽、走兽拼一块儿，本来不长角，给它加上角，肩上没翅膀，给它插上翅膀。

埃及艺术，动物形象特别多。这些动物，很多都是写实的动物，但同时又是神。比如狮子、胡狼、河马、狒狒、瞪羚、鳄鱼、朱鹭、鹰隼、眼镜蛇、青蛙、甲虫、蝎子，以及公牛、山羊、猫、鹅。

埃及的神祇有三种形象，不光流行于埃及本土，而且对整个近东世界都有影响。一种是双翼日盘，乃拉（Ra）的象征；一种是鹰隼，乃荷鲁斯（Horus）的象征；一种是狮身人面像，即大家熟知的斯芬克斯（Sphinx）。拉是太阳神，双翼日盘代表太阳，像鹰隼一样插上翅膀，飞在空中。[2]这种神，后来与荷鲁斯合一，荷鲁斯作鹰隼状。鹰隼是自然界固有的动物，比日盘更形象。斯芬克斯不一样，它是人狮合一，属于想象的动物。双翼日盘、鹰隼和斯芬克斯在西亚艺术中也很流行。

西亚艺术，三种动物最流行：老鹰、狮子、公牛。这些都是自然界固有的动物。想象的动物，则是用这三种动物和人，两两拼凑而成。三种形象最典型：斯芬克斯，狮身人首；拉马苏（Lamassu），牛身人首；格里芬（Griffin），狮身鹰首。类似的拼凑还有很多种，如长翅膀的翼狮（winged lion）和狮怪（demon lion）。狮怪不光长着鹰的翅膀，而且前脚为狮爪，后脚为鹰

[1] 参看劳费尔《中国伊朗编》，薛爱华《撒马尔罕的金桃——唐代舶来品研究》。
[2] 中国也有这种带翅膀的太阳。《易·明夷》讲金乌西落，有所谓"明夷于飞，垂其翼"。明夷就是长翅膀的太阳，后世叫金乌。

爪，甚至有蝎子状的尾巴。它们都是用老鹰、狮子、公牛拼凑而成。这种设计，推而广之，所有走兽都可加翅膀。如萨珊艺术和草原艺术，马、牛、羊、驼、鹿，都可加翅膀。

此外，巴比伦艺术还有一种蛇龙，见于巴比伦古城的伊什塔尔门，上一章已经介绍。

## 二 波斯艺术中的动物

（甲）想象的动物

### 1．拉马苏

亚述的宫室和神庙常以成对的拉马苏守门。波斯波利斯大平台的万国门也以成对的拉马苏守阙〔图1〕，这是学亚述。亚述的拉马苏分两种，一种是狮爪，一种是牛蹄。作狮爪者类似斯芬克斯。

### 2．斯芬克斯

波斯的斯芬克斯，多为男相，头戴王冠，长大胡子，与埃及不同，与希腊也不同。希腊的斯芬克斯多为女相。前面提到，苏萨大流士宫的釉砖画，上方是双翼人像日环，下边是一对蹲坐的斯芬克斯，左右相向。波斯波利斯也有这种图像，见阿帕丹东阶外壁横楣，大流士宫以南的大台阶也有类似图像〔图2〕。

### 3．格里芬

波斯波利斯的三种柱头，其中一种是格里芬〔图3〕。乔加·赞比尔出土过一件陶格里芬，年代可以早到公元前13世纪。

### 4．狮怪

亚述石刻有狮怪，苏萨大流士宫的釉砖画也有狮怪。波斯波利斯的门道有《英雄搏杀狮怪图》〔图4〕，左右对称各一幅。王与狮怪面对面，一手在上，紧紧抓住狮怪的角，一手在下，操匕首猛刺狮怪腹部。

### 5．牛怪

波斯波利斯，除去《王杀狮怪图》，还有《王杀牛怪图》〔图5〕，图中牛怪和狮怪一样，也是作站姿，与王搏斗。

〔图1〕
**拉马苏**
万国门

〔图2〕
**斯芬克斯**
大流士宫以南的台阶
梁鉴 摄

第十五章 波斯艺术中的动物　　441

〔图3〕
**格里芬**
禁军大道北侧
梁鉴 摄

〔图4〕
**狮怪**
薛西斯后宫
梁鉴 摄

〔图5〕
**牛怪**
百柱厅
梁鉴 摄

（乙）写实的动物

可以波斯波利斯阿帕丹的台阶浮雕为例。这批浮雕，北阶和东阶，大体相同，但又不完全一样。

1. 马

米底人、卡帕多西亚人、萨塔吉迪亚人和三种斯基泰人（戴尖顶盔的、饮豪麻汁的和欧洲的斯基泰人）进贡马〔图6至11〕。

吕底亚和利比亚进贡马车。

当时，良马主要产自北方，一是黑海、里海沿岸斯基泰人的活动区，二是小亚细亚、米底山区和中亚一带。

2. 驴

印度人进贡驴〔图12、13〕。

3. 牛

巴比伦尼亚人、埃及人、犍陀罗人、德兰吉亚那人进贡牛〔图14至16〕。

〔图6〕
卡帕多西亚人进贡的马
阿帕丹北阶
李零 摄

〔图 7〕
戴尖顶盔的斯基泰人进贡的马
阿帕丹北阶
李零 摄

〔图 8〕
饮豪麻汁的斯基泰人进贡的马
阿帕丹北阶
李零 摄

〔图 9〕
萨塔吉迪亚人进贡的马
阿帕丹东阶
任超 摄

〔图 10〕
亚美尼亚人进贡的马
阿帕丹东阶
任超 摄

〔图 11〕
戴尖顶盔的斯基泰人进贡的马
阿帕丹东阶
任超 摄

〔图 12〕
印度人进贡的驴
阿帕丹北阶
李零 摄

〔图 13〕
印度人进贡的驴
阿帕丹东阶
任超 摄

14

15

16

〔图 14〕
犍陀罗人进贡的牛
阿帕丹北阶
李零 摄

〔图 15〕
巴比伦人进贡的牛
阿帕丹北阶
李零 摄

〔图 16〕
德兰吉亚那人进贡的牛
阿帕丹东阶
任超 摄

第十五章 波斯艺术中的动物

4. 羊

亚述人进贡绵羊〔图17、18〕。

利比亚人进贡山羊〔图19〕。

5. 骆驼

阿里亚人、阿拉霍西亚人、巴克特里亚人和帕提亚人进贡双峰骆驼〔图20至22〕。

阿拉伯人进贡单峰骆驼〔图23、24〕。

6. 狮子

埃兰人进贡狮子〔图25〕。

7. 长颈鹿

埃塞俄比亚人进贡长颈鹿〔图26〕。

〔图17〕
亚述人进贡的绵羊
阿帕丹北阶
李零 摄

〔图 18〕
亚述人进贡的绵羊
阿帕丹东阶
任超 摄

〔图 19〕
利比亚人进贡的山羊
阿帕丹东阶
任超 摄

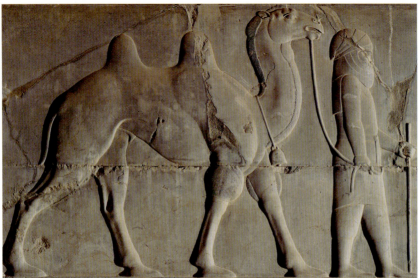

〔图 20〕
帕提亚人进贡的双峰驼
阿帕丹北阶
李零 摄

〔图 21〕
阿里亚人进贡的双峰驼
阿帕丹东阶
任超 摄

〔图 22〕
巴克特里亚人进贡的双峰驼
阿帕丹东阶
任超 摄

〔图 23〕
阿拉伯人进贡的单峰驼
阿帕丹北阶
李零 摄

〔图 24〕
阿拉伯人进贡的单峰驼
阿帕丹东阶
任超 摄

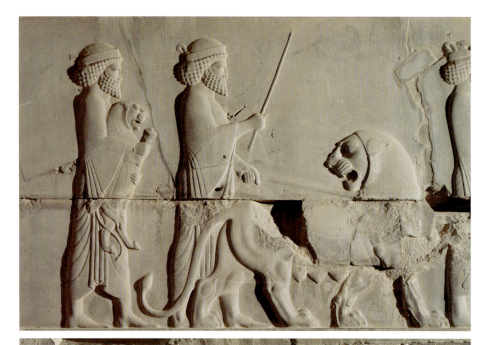

〔图 25〕
**埃兰人进贡的狮子**
阿帕丹东阶
任超 摄

〔图 26〕
**埃塞俄比亚人进贡的长颈鹿**
阿帕丹东阶
任超 摄

[图27]
颐和园仁寿殿前的铜龙、铜凤
李零 摄

[图28]
颐和园仁寿殿前的铜麒麟
李零 摄

## 三　与中国比较

中国艺术中的动物，也分写实和想象两种。但这两类动物，有时会混在一起。

比如四象，青龙、白虎、朱雀、玄武，四分天宇，青龙代表东方七宿，白虎代表西方七宿，朱雀代表南方七宿，玄武代表北方七宿，除龙是想象的动物，其他三种，似乎都是普通的动物。但白虎不是普通的虎，朱雀不是普通的雀，玄武不是普通的龟蛇，同时是天上的星官群。

又十二生肖，除龙是想象的动物，其他都是写实的动物。马、牛、羊、鸡、犬、豕是家养，虎、兔、蛇、鼠、猴是野生，都是现实存在的动物。它们在功能上是一样的，同样代表十二支，用于推算历日，跟西方的黄道十二宫功能相似。

（甲）中国的瑞兽

中国古代，动物分羽、毛、鳞、介、臝五类。羽虫是飞禽，凤为之长；毛虫是走兽，麟为之长；鳞虫有鳞，龙为之长；介虫有甲，龟为之长；臝虫无毛，人为之长。<3>

什么是瑞兽？瑞兽的瑞是祥瑞。所谓祥瑞，往往具两面性，既可祈福迎祥，又能驱凶辟邪。如汉武帝以来的西汉年号，元狩、元凤、神爵、五凤、黄龙之类，就是以这类动物的出现为祥瑞。

上面说的龙、凤、龟、麟，号称四灵（见《礼记·礼运》），就是最典型的中国瑞兽。

中国的瑞兽，多是想象的动物。如颐和园仁寿殿前的铜瑞兽，龙、凤、麟〔图27、28〕，就是想象的动物。

<3>　用现代动物学的分类概念，大体上讲，羽虫是鸟类，毛虫是哺乳动物类，鳞虫是鱼类和爬虫类，介虫是甲壳类，臝虫是这四类之外，从肉虫到人类，一切无羽、毛、鳞、介覆盖躯体的动物。

29-1 | 29-2

〔图 29-1〕
陕西扶风海家村出土的铜爬龙

〔图 29-2〕
商代甲骨文中的"龙"字

但情况也有例外。如太和殿前的铜瑞兽，龟、鹤，就是写实的动物，但神龟和普通的龟不一样，仙鹤和普通的鹤也不一样。龟、鹤象征长寿。明清以来，有龙首龟，号称赑屃（龙生九子之一），用以驮碑，鹤亦口含仙草，有时站在龟背上，叫"龟鹤齐龄"。

龙、凤、麐（同麟），三字见于商代甲骨文，很古老，说明它们都是中国人的创造，并非自外输入。这三种瑞兽，几千年来，变化很大，但万变不离其宗，仍有形象上的连续性。

## 1. 龙

龙的形象〔图29-1〕是由多种动物拼凑而成，但仍有现实依据，主要参考的是蛇类和蜥蜴类的爬行动物，特别是鳄鱼（*Crocodylus siamensis*）。甲骨文的龙字〔图29-2〕正像头上长角，张血盆大口，露尖牙利齿，摇头摆尾的鳄鱼。中国古代，北方也有鳄鱼。相传夏有豢龙氏，就是擅长养鳄鱼的人。商周铜器，纹饰分两大类，一类是动物纹，一类是几何纹，唯独缺少植物纹。动物纹，最主要就是龙纹。我写过一篇文章，专门考证通常说的饕餮纹或兽面纹，说明这类纹饰只是正视的龙首纹。[4]

## 2. 凤

凤的原形〔图30-1〕是雉科动物，主要参考的是锦鸡（*Chrysolophus*）、孔雀（*Pavonini*）一类动物，特点是尾巴很长，头上有冠，颜色鲜艳。甲骨文的"凤"字〔图30-2〕正像长尾有冠的鸟类。商周铜器，除去龙纹，鸟纹最流行。鸟纹中的长尾戴冠者，就是凤纹。凤，汉以来也叫凤凰，雄曰凤，雌曰凰。

[4] 李零《说龙馆，兼说饕餮纹》，《中国国家博物馆馆刊》2017年3期，第53—71页。

〔图 30–1〕
西周铜器上的凤纹

〔图 30–2〕
商代甲骨文中的"凤"字

〔图 31–1〕
河南偃师寇店乡李家村出土的
鎏金麒麟
洛阳博物馆
李零 摄

〔图 31–2〕
商代甲骨文中的"麐"字

## 3. 麟

麟的原形〔图31-1〕是鹿科动物。麟,亦作麐,二字皆从鹿。甲骨文有"麐"字〔图31-2〕。《诗·周南·麟之趾》提到麟。麟的形象,后世有很多变形,有点像龙,但龙是五爪,麟是偶蹄,仍然不难区分。这种动物,因哀公获麟,孔子绝笔《春秋》而大出其名,但到底属于哪一种鹿,谁也说不清。麟是独角鹿。自然界,鹿科动物都是双角,独角是出于想象。与麟类似,欧洲有独角兽(unicorn),形象是独角马。[5] 马没有角,有角是出于想象。这种马的角长在头顶,很长很尖,表面有螺纹。自然界,只有加拿大北部和格陵兰岛西部海域的一角鲸(Monodon monoceros)有这种角。[6] 中国的独角马,见于呼伦贝尔市满洲里市扎赉诺尔区出土的鎏金带扣〔图32〕,不但鼻子上长着独角犀似的角,而且有翅膀。河西走廊,魏晋墓也经常出土独角兽〔图33〕,也有欧洲独角马似的长角。[7] 汉以来,麟也分雌雄,雄曰麒,雌曰麟。西人是以unicorn翻译我们的麒麟。

[5] 或说,欧洲独角兽,原形是印度的独角犀。犀牛是奇蹄目,与牛关系远,与马关系近。

[6] 一角鲸活动于加拿大北部和格陵兰岛西部的海域。17世纪初,欧洲人曾把这种角当作独角兽的角。

[7] 非洲犀分白犀和黑犀,亚洲犀分印度犀、爪哇犀和苏门答腊犀,非洲犀和苏门答腊犀是双角,印度犀和爪哇犀是独角。三种亚洲犀,中国古代都有,但出土发现的犀形器物都是双角犀。自然界只有犀牛的角是长在鼻子上,或独角,或双角。双角是一前一后,一大一小。

32

33-1

33-2

〔图 32〕
鎏金带扣
内蒙古博物院

〔图 33-1〕
铜独角兽
甘肃省博物馆
李零 摄

〔图 33-2〕
木独角兽
甘肃省博物馆
李零 摄

## （乙）中国的外来动物

波斯，东为伊朗高原，西为两河流域，北为小亚，南为埃及。它的地理位置很特别，中国的东西往西传，欧洲、西亚、北非的东西往东传，它是中转站，两边的东西都有。如伊朗既有老虎，也有狮子，既有单峰驼，也有双峰驼，同时有本地出产和周边进贡的各种马。狮子、单峰驼和所谓天马，对中国而言，都是外来动物。

### 1. 狮子 [8]

中国艺术有狮子〔图34〕，不但有，而且很流行。舞狮是汉唐时期随佛教艺术从西域传入，从此扎根中国，久而久之，完全被中国化。中国人往往忘了，中国本无狮子。狮子是从伊朗和印度进口。

狮子原产非洲。亚洲西部有狮子，皆自非洲传入。狮子传入亚洲，有两个亚种：一个是波斯亚种（Panthera leo persica），一个是印度亚种（Panthera leo goojratensis）。狮子在亚洲扩散，除北上小亚细亚半岛，主要是伊拉克传伊朗，伊朗传阿富汗，阿富汗传印度。如上述波斯波利斯的《藩臣职贡图》，狮子就是从苏萨进贡，而苏萨的狮子又来自伊拉克。

中国没有狮子，但战国时期，中国人就已经听说过这种动物，比如《穆天子传》讲穆王西征，就提到狮子，当时叫"狻猊"。《尔雅·释兽》也提到"狻猊"。狻猊是译自伊朗、印度和中亚，发音以S打头。上博楚简《三德》还提到"豼貌"，则是以L打头，估计是希腊文和拉丁文的拼法。狮子作为外来动物，最初充满神秘感。中国人是靠他们熟悉的老虎来认识狮子。如《尔雅》郭璞注说，狻猊是一种毛色浅淡的老虎，就是如此。上博楚简《三德》篇说，"豼貌飤（食）虎，天亡不从"，《尔雅》也有这种说法。

汉以来，西域各国常遣使进贡狮子，被中国人当作珍禽异兽，养在宫廷苑囿。《史记·大宛列传》说，西域各国，安息"最为大国"，"其西则条支，北有奄蔡、黎轩"。《汉书·西域传》说"（安息国）北与康居、东与乌弋山离、西与条支接"，"安息东则大月氏"。安息是帕提亚。汉代的伊朗属于安息。安息是西域的中心。[9]

狮子输入中国，史籍可考，至少可以追溯到东汉时期。材料最早有三条，一条是汉章帝章和二年（88年），安息遣使献狮子，见《后汉书·章帝纪》；一条是汉和帝永元元年（89年），月氏遣使献狮子，见《后汉书·和帝纪》；一条是汉和帝永元十三年（101年），安息王满屈献狮子，见《后汉书·西域传》。可见狮子输入中国，最初是从伊朗。[10] 满屈，以年代考之，相当帕克罗斯二世（Pacorus II, 78—105年在位）。

[8] 李零《"国际动物"：中国艺术中的狮虎形象》，收入氏著《万变》，北京：生活·读书新知三联书店，2016年，第329—387页。

[9] 安息是帕提亚，国力最盛时，不但覆盖整个伊朗，还包括两河流域的一部分。条支是塞琉古（以叙利亚为中心），在安息西。康居是粟特，在安息北。奄蔡是阿兰，在康居西北。黎轩可能是奄蔡附近的某个亚历山大城。乌弋山离是亚历山大—普洛夫达西亚（Alexandria-Prophthasia），在阿富汗的法拉（Farah），位于安息东。大月氏也在安息东。

[10] 古书提到的狮子产地和进献国还有许多，大体皆在丝路沿线，特别是伊朗、阿富汗一带。另外，《新唐书·孙璙传》提到"大食使者献师子"，《新唐书·西域传》提到天竺产狮子。有些狮子还来自阿拉伯和印度。

〔图 34〕
武梁祠石狮
武氏墓群石刻博物馆

〔图 35〕
河南孟津油磨坊村出土石辟邪
洛阳博物馆
李零 摄

　　汉以来，中国习惯以"师子"称呼这种动物，今作"狮子"。"狮子"是外来语，跟很多西域方言有对应关系，但追根溯源是伊朗语。

　　波斯艺术受西亚影响，既有写实的狮子，也有想象的狮子。后者有各种变形，比如头上长角，肩上插翅膀。中国的天禄、辟邪〔图35〕也是以狮子为原形，加上翅膀加上角，类似波斯艺术的翼狮和狮怪。古人认为，狮子吃老虎，既可祈福迎祥，又可驱凶辟邪，故这种怪兽又有"天禄""辟邪"的美称。我国瑞兽，只有这种是外来。

## 2. 单峰骆驼

骆驼分两种，一种是单峰骆驼（Camelus dromedaries），也叫"阿拉伯骆驼"，特点是毛短身瘦，耐热；[11] 一种是双峰骆驼（Camelus bactrianus），也叫"巴克特里亚骆驼"，特点是毛长身壮，耐寒。前者主要分布在北非、阿拉伯半岛和印度，后者主要分布在伊朗东北和阿富汗，以及我国新疆和内蒙古草原。我国的双峰骆驼，体型壮硕，毛发甚长。

这两种骆驼，波斯波利斯阿帕丹台阶的浮雕都有。

双峰骆驼，米底艺术中也有。[12]

中国的骆驼是双峰骆驼，和巴克特里亚骆驼属于一大类。司马迁在《匈奴列传》中描述过北方草原的各种动物，其中就有骆驼，当时叫橐驼。[13] 东汉牟融引古谚曰："少所见，多所怪，睹橐驼言马肿背。"（牟融《理惑论》）尽管中国与北方草原邻近的地方，人们早就看见过骆驼，但中国内地对骆驼却一直很陌生。他们是以他们熟悉的马来解释他们不太熟悉的骆驼。

早在战国时期，骆驼的形象〔图36〕就已出现。

汉代诸侯王墓，骆驼的形象也时有发现，如大云山汉江都王墓出土的承虡铜驼〔图37〕。

〔图36〕江陵望山二号墓出土人骑骆驼灯
李零 摄

〔图37〕大云山汉墓出土的骆驼钟虡
李零 摄

[11] 当然，这些单峰骆驼也有可能从海路传入。

[12] R. Ghirshman, *The Art of Ancient Iran from Its Origins to the Time of Alexander the Great*, p.75, fig.99. 案：此器年代为公元前8—前7世纪。

[13] 橐驼和骆驼拟音是dada、tata 或 lata，有可能是匈奴语。我很怀疑，中国北方的滹沱河，也许就是骆驼河。参看拙作《滹沱考》，《黄盛璋先生八秩华诞纪念文集》，北京：中国教育文化出版社，2005年，第345—347页；《再说滹沱》，《中华文史论丛》2008年4期，第25—33页。

[图38]
唐三彩单峰骆驼
咸阳博物馆

[图39]
北周彩陶骆驼
陕西历史博物馆

唐三彩，表现西域商旅，经常有胡商骆驼俑出现，瞩目者几乎都是双峰驼，单峰驼也偶尔发现[图38]。

中国的双峰驼，真正特色在体型壮硕，毛发浓厚[图39]。

## 3. 天马 [14]

汉武西征，求取大宛的汗血宝马，号称"天马"。这种马，即世界著名的阿克哈·塔克马（Akhal-Teke），也叫马萨革泰马、尼萨马、安息马、波斯马、土库曼马，大宛并非原产地。

马萨革泰人是活跃于伊朗高原的游牧民族，居鲁士大帝就是死于马萨革泰人之手。尼萨是安息崛起的地方，即今土库曼斯坦的首都阿什哈巴德。阿什哈巴德才是原产地。

汉代出土的铜马、陶马，唐代出土的三彩马，其中体型高大者多是表现西域良马，可能就是天马。

[14] 李零《说马》，收入氏著《万变》，第389—401页。

## 四 世界遗产

西亚艺术和波斯艺术给当今世界留下三样东西。

### 1. 以鹰、狮为国徽

今欧美各国，对鹰、狮和鹰、狮合一的格里芬情有独钟。如英国的国徽就是以狮子和独角兽为标志，德国的国徽是黑老鹰，美国的国徽是白头海雕，俄国的国徽是双头鹰〔图40〕。

### 2. 航空标志

双翼日盘在埃及代表太阳神拉，在两河流域和伊朗变成双翼日环，有当地的神祇穿环而立。现在，双翼日盘是世界各国的航空标志〔图41〕。

〔图40〕
美、俄、德、英四国的国徽

〔图41〕
国际航空运输协会标志

〔图42〕
彼得堡经济学院（原为银行）门前的翼狮
李零 摄

<15> 希罗多德《历史》，III：116："欧罗巴的北部地区有比任何其他地方多得多的黄金；但是他们是如何获得的，我也一无所知。有一种说法，认为是所谓阿里玛斯皮即独眼族人从格里芬那里盗取来的。"

<16> 希罗多德《历史》，IV：79："他在波利斯提尼人的城里的那栋房屋，就是我刚刚提到的那处住宅，是一座豪华的大宅，在它的周围矗立着许多由白色大理石雕成的斯芬克斯像和格里芬像。"

<17> 土耳其、巴基斯坦等国，以金星抱月为国旗图案，来源也很古老。

## 3. 用成对的狮子或格里芬守门

西亚艺术，狮子是流行主题。亚述和巴比伦都喜欢狮子，常以石狮镇守宫门、庙门和陵墓，亚述宫殿的画像石，猎狮也是常见画面。

希罗多德两次提到格里芬，一次是把格里芬描写成看守黄金的神奇动物，<15> 一次是说斯基泰王斯库拉斯在波利斯提尼人的城里有一座豪宅，在它的周围有白色大理石雕成的斯芬克斯像和格里芬像。<16>

欧洲各国喜欢用狮子或格里芬为各种建筑特别是银行和博物馆把门，这个习俗已经变成世界文化〔图42〕。我国早在东汉时期，就已经用狮子和天禄、辟邪守阙，这是中国艺术与西方艺术的"国际接轨"，很有象征意义。<17>

第十六章

# 德国日记

2012年11月28日—12月10日，去过一趟德国，任务是到埃朗根开会，但我的目标却是德国的博物馆。巴比伦古城的文物主要在柏林，不可不看。

# 11月28日—12月3日，柏林

一年将尽，电视里的消息：埃及大乱，逼出宪法公投；叙利亚硝烟弥漫，又一个中东政权摇摇欲坠；朝鲜发射卫星，平壤热烈庆祝；纽顿枪击案，奥巴马使劲擦眼角；日本大选结束，自民党上台，有些日本人感到无所适从。

这正应了那句老话：无可奈何花落去，似曾相识燕归来。冬天我们盼望春天，夏天又惦记秋天，每一年都很相似，一切很新，一切也很旧。

这个世界像一堆脏衬衫。

夏天，大汗淋漓，旅行在外，箱子里的衬衫全都穿过了，怎么办？上策当然是洗，掏点儿就掏点儿呗，填个单，交旅馆洗，但很多人说不值，过两天不就回家了，脏就脏点吧，谁也不会把你的领子翻过来看。刚脱下的难免有汗味，赶紧丢一边儿，早一点儿脱下的，闻一闻还行。心理作用，搁得越久越干净。

这叫"有选择总比没选择强""坏办法里挑好办法"。

法兰克福，一下飞机，先坐火车奔柏林，订好的旅馆就在博物馆岛旁。

德国，圣诞将至，到处张灯结彩，熙熙攘攘，卖吃喝的满大街都是，七滋八味，热气腾腾，但天是阴的，地是湿的，不是雨，就是雪。

第二天上新博物馆（Neues Museum），先看埃及的东西。埃及画像石，五彩斑斓。画像石，亚述、波斯也有，原来有彩，但很少能保存这么好，即使留下痕迹，也没这么鲜艳。波斯波利斯和帕萨尔加德，宫门和墓门都是学埃及，门楣上方有个弧形檐板，互相比较，很清楚。展厅中有一件埃及第27王朝的男子雕像〔图1〕，很像我认识的某个人。埃及第27王朝属于波斯统治时期，相当冈比西斯二世时。过厅有一组石人，出自乌克兰哈尔科夫，年代为12世纪〔图2〕。

〔左页图〕
帕加马博物馆
李零 摄

1
—
2

〔图1〕
埃及无名男子雕像
柏林新博物馆
李零 摄

〔图2〕
乌克兰石人
柏林新博物馆
李零 摄

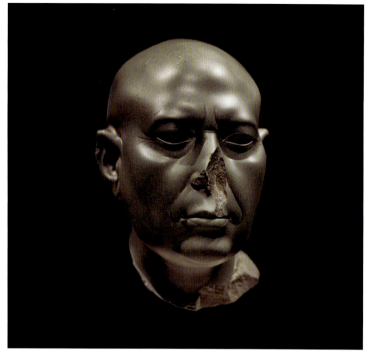

[图3]
伊什塔尔门
帕加马博物馆
任超 摄

第三天上帕加马博物馆（Pergamon Museum）。它的正厅是帕加马祭坛，希腊化时期的代表作。左翼是西方古典艺术，右翼是近东艺术。左翼在修，不开放，没关系。我想看的主要是右翼。

右翼有个过厅，主要是罗马时期的东西。

穿过这个过厅，第一个大厅是著名的伊什塔尔门（Ishtar Gate，图3）。此门原在巴比伦古城，居然被搬到这里。它是用600多箱釉砖碎块拼复，整个墙面的基调是蓝色，但纹饰和花边是五彩。正面以《蛇龙图》《公牛图》为饰，左侧有《铭文墙》，右侧有《花树图》，年代为尼布甲尼撒二世（Nebuchadnezzar II，前605—前562年在位）时。

穿过这个大厅，有个走廊，走廊两侧是亚述铭年碑〔图4〕，碑首作圆弧形，下有"口"字形或"凸"字形凹槽，里面刻铭文，乍看很像中国的碑，但年代比中国早很多。左边是国王登基的铭年碑，右边是高官就职的铭年碑，原来立在亚述城外。这种纪年，大约在公元前1400—前630年。中国纪年，先秦时代，王有王年，即位之年为元年，官员莅政之年，齐国铭文有"立事岁"，是两者相似之处。

再往前走是巴比伦城的巡游大道（Processional Way，图5），也是用碎砖拼复。两边的墙裙是以成列的狮子为饰。

第十六章 德国日记

467

〔图 4〕
**亚述铭年碑**
帕加马博物馆
李零 摄

〔图 5〕
**巡游大道**
帕加马博物馆
任超 摄

〔图6〕
萨姆阿尔内城的门狮
帕加马博物馆
李零 摄

再往前走，有个展厅，主要是萨姆阿尔城（Sam'al）的遗物。萨姆阿尔城在今土耳其加济安泰普省的Zincirli Höyük，是新赫梯时期的古城。最近，美国为了帮叙利亚反对派，在土叙边境部署爱国者导弹防御系统，就在这一带。展厅门口有两对石狮〔图6〕，是此城内城的看门狮子，年代约为公元前10—前8世纪。它们前腿是圆雕，后腿是浮雕，一前一后，口鼻之间长胡子的地方，特意刻成裂瓣形。亚述、巴比伦的狮子是这样，波斯波利斯的狮子（如双狮柱头和狮子扑食公牛的浮雕）亦如此。这是西亚艺术的特点。展厅里还有一对石狮，风格相似，但雕工粗糙，比较小。哈达德神像的基座也有两个狮子头，口鼻之间也是刻成裂瓣形。

走廊左侧是亚述展厅。我的最大收获是发现一个大水槽〔图7〕。大水槽在左侧第二个展厅的中央，据说发现于阿舒尔神庙的前庭，乃辛纳赫里布二世（Sennacherib II，公元前705—前681年在位）的东西。它让我想起波斯波利斯万国门旁的那个大水槽。那件大水槽，底不平，可能是半成品，素无纹饰，只有一道阳线围在腰间，尺寸5.68米×4.85米×2米，比这件更大。

此器外壁有八组浮雕人物，每组三人。四正四隅各一人，双手合于胸前，作受洗状，其左右上方各有一倒置的水罐，水从罐口出，斜着流，在他胸前交叉而过，最后流到两边的地上。他的左右各一人，身披鱼服，相向立，一手提小水桶，下垂，一手执筒状器，上扬，朝居中者洒水。据说明牌，居中者是水神（water gods），两旁是祭司（two priests）。其实，穿鱼服者是阿普卡鲁（Apkallu，图8至10），乃美索不达米亚七圣。

〔图 7-1〕
亚述大水槽
帕加马博物馆
李零 摄

〔图 7-2〕
亚述大水槽
帕加马博物馆
李零 摄

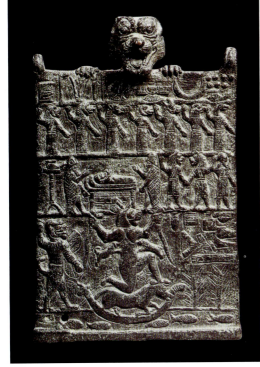

8

9

10

〔图 8〕
比较：亚述阿普卡鲁神像

〔图 9〕
比较：青铜护身符，以阿普卡鲁为饰

〔图 10〕
比较：帕萨尔加德宫殿 S 浮雕

〔图 11〕
喀西特砖雕
帕加马博物馆
李零 摄

这件大水槽，底部无孔，与波斯波利斯万国门旁的大水槽类似；鱼服人与帕萨尔加德宫殿S门道浮雕的鱼服人（只剩下半身）相似。看来波斯是学亚述。万国门旁的大水槽是干什么用的，学者有多种猜测，或说是供朝觐者斋戒沐浴的器具，就像清真寺前供礼拜者做大小净的大水池，这件大水槽，从四周的浮雕神像看，确实与用水有关。

比这件大水槽早，展厅还有一段喀西特王朝的砖墙〔图11〕。此墙是用事先设计好成批模制的焙烧砖拼砌而成。男神女神捧水罐，男神有须，女神没有，水从此罐流入彼罐，回环相连，与亚述大水槽的浮雕意匠相似。此墙是乌尔伊南娜神庙的墙，乃Kara-indash王所建，时间为公元前1413年。

这一侧的展厅走到头，还有一批亚述出土帕提亚移民的东西。

从这里向右转，转到走廊另一侧，头一个展厅是阿契美尼德王朝的东西，东西不多，其中有一小段苏萨宫殿的釉砖墙〔图12〕，表现不死军（Immortals），颜色特别鲜艳。还有一件银质的安弗拉罐〔图13〕，年代为公元前5—前4世纪，当阿契美尼德王朝时，造型与波斯波利斯阿帕丹台阶浮雕所见相似，可资比较。

这一侧，楼上是伊斯兰艺术。我发现一个水槽〔图14〕，比亚述大水槽小得多，系用白色大理石雕刻而成，年代为公元6—7世纪。它的外壁刻有左右相向的骑马人像，内底一侧雕有泄水孔。它的样子，让我想起善心山上的两件大水槽。那两件水槽也有泄水孔。

〔图12〕
苏萨：大流士宫釉砖墙饰
帕加马博物馆
李零 摄

〔图13〕
银安弗拉罐
帕加马博物馆
李零 摄

〔图14〕
伊斯兰时期的水槽
帕加马博物馆
李零 摄

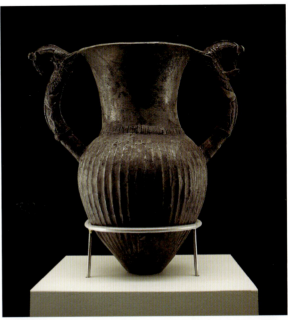

第四天上达勒姆博物馆（Dahlem Museum）。这是个博物馆群，在柏林自由大学内。东亚艺术博物馆有著名的邵王之諻簋，我更关心那件"鸟兽纹有銴戚"〔图15〕。印度艺术博物馆有勒柯克从吐鲁番用狐尾锯割取的五彩壁画。人类学博物馆展印第安艺术和非洲艺术。

第五天看老博物馆（Altes Museum）。展品主要是希腊、罗马的东西。一是石刻，二是瓶画，三是金银珠宝，四是甲盾武器。这些展品，跟头两天看的不同，真是大异其趣。小亚细亚和两河流域，东西比较像，波斯受它们影响，也比较像。希腊、罗马不一样，主要跟地中海沿岸关系比较大，包括埃及，而与内陆国家差别比较大。它的雕刻，很多是圆雕，特别擅长表现人体曲线、肌肉质感和衣服褶皱。石材用白色大理石，雪白雪白，不像亚述石刻用雪花石膏（alabaster），本来还是白的，日久天长，变成黄色。它的瓶画，喜欢用红、黑二色画各种故事，中国漆器，战国秦汉也这样配色。还有马赛克画，非常精致、华丽。这跟波斯的东西可大不一样。波斯有希腊的东西，没错。亚历山大灭波斯前和灭波斯后，波斯都有希腊的东西，比如波斯波利斯内府发现的那件无头雕像，就是很好的例证，但这样的东西，伊朗太少。

金银器，有件安弗拉罐鋬手〔图16〕，铜胎，鎏金银，作带翼野山羊形，蹄下踩一面具，或说西勒诺思神（Silenus），或说萨提尔神（Satyr），时代为公元前4世纪，与阿契美尼德王朝有关。

斯基泰金银器有两批，一批出自 Treasure of Vettesfelde，1882年发现，出土地点在 Witaszkowo，属于今波兰西北的卢布斯卡省，据说在斯基泰文物的发现地点中最西，其中有一种鱼形饰〔图17〕很精美；一批出自迈科普（Meikop），属于俄罗斯南部的阿迪格共和国（Adygeja），多为衣物上的饰件〔图18〕。

展品SK1257、1258是用火山凝灰岩（tuff）雕刻的狮子〔图19〕，一件只有脑袋，缺身子，一件只有身子，缺脑袋，身上长翅膀，很像中国的天禄、辟邪，说明牌称翼狮（Winged Lion），出土地点为意大利的Vulci，年代为公元前570—前550年。翼狮的叫法是对的，但又称斯芬克斯（Sphinx）则误。斯芬克斯是人首狮身，不是带翅膀的狮子。

看完老博物馆，再回新博物馆，看剩下的东西。新博物馆有特洛伊宝藏的东西。

楼上有个特展：德俄千年展，也不错。东西借自俄国，前面是文物，最后是老照片。有张老照片，朱可夫骑大白马，在柏林受降。下楼，恍然大悟，咱们新修的国家博物馆，由德国装修，台阶那一块儿，显然是学这个博物馆。

〔图 15〕
青铜管銎斧
柏林东亚艺术博物馆
李零 摄

〔图 16〕
鎏金银安弗拉罐錾手
柏林老博物馆
李零 摄

〔图 17-1〕
斯基泰金饰
柏林老博物馆
李零 摄

〔图 17-2〕
斯基泰金饰
柏林老博物馆
李零 摄

第十六章　德国日记

〔图 18-1〕
**斯基泰金饰**
柏林老博物馆
李零 摄

〔图 18-2〕
斯基泰金饰
柏林老博物馆
李零 摄

〔图 19-1〕
Vulci 翼狮头
柏林老博物馆
李零 摄

〔图 19-2〕
Vulci 翼狮躯干
柏林老博物馆
李零 摄

〔图20〕
柏林墙博物馆
李零 摄

〔图21〕
查理检查站
李零 摄

第六天看柏林墙博物馆（Mauermusem，图20），主题是"东方不亮西方亮"：北约伟大，苏联邪恶，东德人如萤赴火，投奔西德。墙上有画，列宁与斯大林接吻，勃列日涅夫与昂纳克接吻。旁边是查理检查站（Checkpoint Charlie，图21）。街头有用柏林墙构件做成的波普组画〔图22〕，共八幅，题目是"更多应该拆掉的墙"，不是亚洲首脑，就是非洲首脑。再往前走，有一段特意保留的柏林墙〔图23〕，墙下的地基被挖开，观说明牌可知，原来是盖世太保总部的地下室。遗址显然在暗示：斯大林跟希特勒是一拨。勃兰登堡门下有三人〔图24〕，一人扮列宁，手中旗，一面是苏联国旗，一面是德国国旗，两个扮东德军人（或警察？），其中一人，手中旗，一面是东德国旗，一面是美国国旗，旄头挑着苏军大檐帽，故作丑态，供游人留影。寒风中，有人在卖苏联红军帽和苏联纪念章，也是恶心俄国人。即使在这一时间、这一地点，你也可以读出希罗多德的老故事：西方代表自由，东方代表专制。

〔图22〕
柏林墙波普艺术
李零 摄

〔图23〕
柏林墙遗址
李零 摄

〔图24〕
勃兰登堡门前
李零 摄

## 12月4—10日,海德堡、埃朗根、纽伦堡

剩下几天,奔南方。

海德堡两天,在海德堡大学汉学系演讲,讲中国竹简。这所大学,建校六百多年,德国最古老。但大学在哪儿,看不见,你看到的只是一座小镇。帕拉廷博物馆(Kurpfälzisches Museum)是专讲海德堡历史的博物馆,值得细看。展品中有与密特拉崇拜有关的文物。密特拉崇拜来自希腊、罗马,源头是伊朗,可惜不让照相。海德堡大学有个研究埃及古文字和两河流域古文字的中心,也有个小博物馆,正在试展。雷德侯(Lothar Ledderose)教授帮忙联系,我也看了一下。

在埃朗根开会两天。会议讨论中国日书。最后两位的发言,很有意思。一位介绍巴比伦日书,一位介绍欧洲中古日书。[1] 讲巴比伦日书的那位是研究巴比伦泥版文书的专家。[2] 巴比伦的泥版文书,绝大多数都没公布,据他说,很多都是日书。他的PPT有一件石刻,画面上有两个穿"鱼服"的人,正在给人看病,形象与亚述大水槽同。据他解释,"鱼"在两河流域代表智慧,"鱼服"代表知识传承。我想,大概就跟现在的博士服差不多吧。网上说美军拿巴比伦古城当军事基地,造成大破坏。他说,伊什塔尔门被坦克撞坏了。

会议结束后,到纽伦堡和班贝格参观,各一天。

纽伦堡,"二战"夷为平地,所有建筑都是重建。它有个日耳曼国家博物馆(Gemanisches National Museum),什么叫日耳曼,全摆在展柜里,内容很丰富。马雍翻译过塔西佗的《日耳曼尼亚志》,罗马人笔下的日耳曼,就像司马迁笔下的《匈奴列传》,是个野蛮荒凉,离天子很远的地方。

班贝格(图25),跟纽伦堡不同,居然逃过轰炸,完好如初,现在成了世界遗产。这里有条河,水流湍急,哗哗作响。城堡、皇宫、教堂,全在水边或小岛上。镇上有座楼,为黑格尔故居(图26)。你到这里玩,最能体会什么叫"天高皇帝远"。这个小镇,拢共只有几万人,不仅离教皇远,国王也够不着。这里的主人,班贝格骑士,同时是主教,他有两个族徽,僧俗事务一肩挑。此人盖个皇宫(图27),没人住,只有拿破仑来住过几天。我在沈阳故宫和北京故宫看过中国皇宫用的马桶,为了做比较,我说我想看看他们的马桶(图28)。他们说行,拿出一个四四方方的木箱,里面盛着个白瓷罐,有裂纹。

[1] 此人名László Sándor Chardonnens,任教于Radboud University。

[2] 此人名Alasdair Livingstone,任教于University of Birmingham。

附近有贵族宅邸和商人会馆。贵族宅邸，除门上有族徽，跟普通民宅差不多。商人会馆是都铎风格（Tudor style），外墙露梁架，横一根、竖一根、斜一根。这种建筑，德国很常见。

人都是远亲近恨。马克（Marc Kalinowski）教授说，当地商人最讨厌这些眼跟前的小贵族，他们欢迎的是国王。欧洲革命第一步，为什么要尊王，原因在这里。咱们的秦始皇，头一步也是打击贵族。我到此地，全部印象加

〔图 25〕
班贝格
李零 摄

〔图 26-1〕
黑格尔故居
李零 摄

〔图 26-2〕
黑格尔故居
李零 摄

第十六章 德国日记　　481

〔图27〕
班贝格王宫
李零 摄

〔图28〕
班贝格王宫的马桶
李零 摄

一块儿,可以归纳为一个字——小,与其说是小国寡民,不如说是小镇寡民。

看欧洲文物,的确是汤姆森三分法,石器、铜器、铁器各一段。铁器给人的印象是黑乎乎。光彩夺目,主要是金银器。所谓欧洲,主要是铁器时代以来。他们的历史跟希腊没多大关系,有也是间接的,关系最大,其实是罗马。欧洲是罗马的遗产。它所继承的东西,不是大一统,而是大分裂。罗马帝国解体后,欧洲没有国家大一统,只有宗教大一统。希腊是文艺复兴以来,欧洲人认祖归宗,自个儿给自个儿续上去的。他们的传统,并非来自希腊,而是来自四分五裂、小国林立的基督教世界,既有罗马因素,也有蛮族因素。展览说明牌,基督教才叫religion,希腊宗教只叫cult。

读欧洲历史,总觉得太乱。乱的原因是什么?关键是罗马帝国解体后,欧洲有如五胡十六国,什么都不统一。你到这些小镇走一走,就能强烈感受到,他们的自治传统太强烈。你从任何一个地方总结出来的东西,搬到另一个地方,马上不适用。

过去读欧洲中古史,觉得很奇怪,西方学者怎么越讲越乱,有人说封建制只是某一时期某一地方的制度,有人说干脆就没什么封建制。现在想想,其实很简单。封建的特点就是不统一,你用统一的定义讲根本无法统一的东西,怎么也说不圆。难怪公孙龙说,天下只有白马黑马,根本没有马。

我手头有一本2009年三联版的德国旅游手册,译自2007年第5版的

*Lonely Planet*，上面有几个数字。德国，全部领土加起来，只有356866平方公里，陕西加河南都比它大。它的城市多半是小城镇。我到过的这几个城市，柏林最大，339万人；纽伦堡，49万人；海德堡，14万人；埃朗根，10万人；班贝格，7万人。但就这么一点儿大，它的香肠有1500多种，啤酒厂有1200多家，和美国形成鲜明对照。美国虽分州自治，但高度一致。他们的吃喝（如肯德基、汉堡包和可口可乐），不但全国一样，全世界都一样。

德国有罗马长城，从科布伦茨到雷根斯堡，据说有800多公里，号称赖米茨防线（Der Limes），没看。特利尔有罗马大黑门（Porta Nigra），也没看。那里有马克思故居，马克教授说，他开车路过那里，游客多为中国人，可惜没时间去。

欧洲人喜欢讲自治，认为只有说一种话，信一种教，拥有相同历史文化传统的人群才能叫一族。一族的人最好聚一块儿。不是一族的人如果聚一块儿，他得帮着拆；是一族而不在一块儿，他得帮着合。想一块儿过的一块儿过，不想过了，该分就分，千万别绑一块儿。殖民时代，两次大战，民族自治，解散大一统，一直是营造世界秩序的好借口。[3]

比如印第安保留地，
比如印巴分治，
比如以色列复国，
比如南斯拉夫解体，
……
据说都是自觉自愿。
这是他们的思维习惯。这种习惯从哪里来？

本尼迪克特·安德森讲Nation，说现代国家都是打乱重组之"想象的共同体"。[4]他更强调建构，而非历史承袭。欧洲造族造国，英、法、德、俄、意等国，据说不够典型，美国的独立建国才是更早的范例。其实，中国的现代国家，除了推翻帝制，大地域、多民族，皆承自历史，并非都是建构。

黑格尔讲历史，东方世界（中国、印度、波斯）的历史只是欧洲历史的序曲，欧洲历史是以希腊–罗马–日耳曼为三段式。再下来是尾声：宗教改革、启蒙运动和欧洲革命。[5]这是欧洲中心论的基本叙事模式。

马克思讲历史，"亚细亚"指东方世界，"古代"指希腊、罗马，"日耳曼"指中世纪欧洲，仍然留有黑格尔的思想痕迹。[6]

[3] 一个美国汉学家给中国人下定义，"只有说中国话的人才是中国人"。

[4] 本尼迪克特·安德森《想象的共同体——民族主义的起源与散布》（增订版），上海：上海人民出版社，2011年。

[5] 黑格尔《历史哲学》，北京：生活·读书·新知 三联书店，1956年。案：黑格尔说的"波斯"包括埃及、亚述、巴比伦和米底，其实是指整个中近东。

[6] 马克思《费尔巴哈》（《德意志意识形态》第一卷第一章，写于1845年）、《经济学手稿（1857–1858年）》和《政治经济学批判》序言（写于1859年），见《马克思恩格斯全集》，北京：人民出版社，2016年，第3卷，第19–87页；第13卷，第7–11页；第46卷上，第18–50、53–520页；第46卷下，第5–412页。

希腊传统是小国寡民，打打闹闹多少年，一直捏不到一块儿，只是到亚历山大出，才有希腊统一。德罗伊森说的希腊化时期，有人以为是古代的全球化。其实，亚历山大的丰功伟绩，只是把一盘散沙的希腊捏到一块儿。他的马其顿帝国只是一次成功的军事占领。他是趁波斯衰落，三战克之，现现成成，照单全收。他所接收的是波斯帝国。他一死，这个帝国就四分五裂。所谓希腊化时期，其实是个分裂时期，真正被肢解，其实是波斯帝国。

罗马倒是名副其实的大一统，但内部仍有分离倾向。希腊还是希腊，罗马还是罗马。罗马帝国解体后，中世纪欧洲也是四分五裂。他们重归小国寡民，只是凑巧与希腊有点相似而已。民主自由，更是欧洲革命以后的事，跟希腊八竿子打不着。

欧洲的自治传统并非来自希腊。相反，来自长城那方，来自日耳曼的部落传统，来自罗马帝国的解体。

德国统一很晚，晚于大部分欧洲国家。

欧洲统一，至今还是梦。

世界上的任何大一统，内部都有裂痕。中国人说了，分久必合，合久必分，分合互为补充。民国，推翻帝制，走向共和，遗产是军阀混战、四分五裂，重整河山是靠共产党。

中国传统是大一统，大一统底下照样有小分散。即使今天，部落长老制也还顽强地生存于地球的各个角落，与德法主导的欧洲一体化，与美国主导的全球化，相映成趣。"落霞与孤鹜齐飞，秋水共长天一色。"

国际资本全球化，这是如今的大一统。

部落长老制，见诸每天的新闻报道，则被渲染为"国际恐怖主义的温床"。

西人成说，"小必民主，大必专制"，[7] 放到这事怎么讲，就是巧舌如簧，恐怕也难自圆其说吧？

[7] 欧洲中世纪，只有宗教大一统，没有国家大一统。宗教大一统就不专制吗？封建制下的小贵族就不专制吗？现代社会，选战固行民主，但老板就不专制吗？

第十七章

# 美国日记

2013年5、6月间，应夏德安（Donald Harper）教授邀请，去过一趟美国，主要任务是在芝加哥大学图书馆看柯强（John H. Cox）外孙女捐献的柯强遗物，跟他和马克（Marc Kalinowski）教授讨论楚帛书。芝加哥大学有个东方研究所，赫茨菲尔德和施密特在波斯波利斯发掘的东西，有些被他们带走，就藏在这个研究所。这个研究所的展品，跟一般欧美博物馆不同，很多是发掘品，比较有系统，以前看过三遍，这次又看了三遍，重点看波斯波利斯的东西。洛杉矶县立博物馆、芝加哥艺术博物馆、纳尔逊—阿特金斯美术馆、宾夕法尼亚大学考古人类学博物馆，也顺便看了一下。

〔左页图〕
芝加哥大学东方研究所
李零 摄

## 5月18—23日　洛杉矶

5月18日，到洛杉矶，罗泰来接。罗泰的新家有两座小楼。他住里面那座，楼上有一架钢琴，墙上有他的列祖列宗像，最后一幅像是刘晓东画的，长发，下巴铁青。

5月19日，尚红科来。张瀚墨带他儿子来，一起改PPT。

5月20日，上午，罗泰带我见两位伊朗学者〔图1〕，在UCLA的教工食堂吃午饭。一位年纪大一点，叫Rahim Shayegan，是UCLA的教授，一位比较年轻，叫Ali Mousavi，在洛杉矶县立博物馆近东部工作，我有他的书。

〔图1〕
与两位伊朗学者见面

〔图2〕
波斯波利斯阿帕丹东阶残石
洛杉矶县博物馆
李零 摄

〔图3〕
波斯波利斯大流士宫南阶残石
洛杉矶县博物馆
李零 摄

下午，参观洛杉矶县立博物馆。这个博物馆，以前看过，跟他们要过照片。这次主要看近东部分。

近东部分，展品不太多，主要是伊拉克、伊朗和阿富汗的东西，有个角落，还有几件南西伯利亚的东西，不属于近东。伊朗早期的东西和南西伯利亚的东西多为 Nasli M. Heeramanneck 藏品，萨珊的东西多为匿名捐献。

伊拉克，只有几块亚述石刻。

伊朗早期，有几件洛雷斯坦管銎斧、一件黑陶靴形罐、一件青铜箭箙、几件青铜桶形杯和 Disc-headed Pin。

阿契美尼德时期，有两件 phiale 和两块出自波斯波利斯的残石。两件 phiale，一件青铜制，Nasli M. Heeramanneck 藏品；一件银制，借自盖蒂博物馆。两件残石，出自波斯波利斯，一件出自阿帕丹东阶〔图2〕，一件出自大流士宫〔图3〕，Karl Houlmes 捐赠。

帕提亚时期，有一件银来通。

萨珊时期，有两件银盘、一件银瓶、一件铜胄和一件铜马胄。

南西伯利亚的东西，除一件定为公元前7—前5世纪，多定为公元前9—前8世纪，太早。这类器物，我国所见，都是战国或秦汉时期的东西。

5月21日，中午，李旻请饭，在校园里，扬之水住他家。下午4:00—5:30，在中国研究中心演讲，题目是"International Animals: Images of Lion and Tiger in Chinese Archaeological Findings"。演讲完了，大家到一家伊朗餐馆吃饭，很好吃，最后的甜点是开心果冰激凌。饭后，大家去罗泰家，参观他的藏书。

5月22日，罗泰开车，送我和扬之水去盖蒂博物馆。他去办事，我们俩看博物馆，直到闭馆。

盖蒂博物馆〔图4〕，以前来过，印象不深，只记得都是希腊罗马的东西。这次，我最感兴趣的展品是：

1．一件阿契美尼德时期的银筐罍〔图5〕，公元前500—前400年。

2．一件阿契美尼德时期的银安弗拉罐〔图6〕，公元前350—前325年。

3．一组帕提亚金银器，包括杯、碗、来通，公元前100—前1年。

4．一件罗马水晶维纳斯像〔图7〕，仿大型石雕，公元前100—前1年。

5．一件罗马《奥德赛》纸草残片〔图8〕，埃及出土，公元前100—前1年。

6．一件罗马石版残片〔图9〕，大理石，Tabula Iliaca出土，公元16—20年，铭文提到薛西斯一世。

晚饭在Darya（伊朗餐馆）。

5月23日，去芝加哥。同机邻座是一位女士，怀里抱个小笼子，里面装条小狗。

〔图4〕
盖蒂博物馆
李零 摄

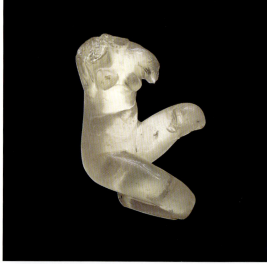

〔图 5〕
银筐罍
盖蒂博物馆
李零 摄

〔图 6〕
银安弗拉罐
盖蒂博物馆
李零 摄

〔图 7〕
水晶维纳斯
盖蒂博物馆
李零 摄

〔图 8〕
罗马残石
盖蒂博物馆
李零 摄

〔图 9〕
《奥德赛》纸草书残片
盖蒂博物馆
李零 摄

## 5月23日—6月2日　芝加哥

5月23日，到芝加哥，夏德安来接，发现把笔记本电脑丢在洛杉矶机场安检处，赶紧打电话给李旻，请他帮忙。

我跟马克住同一套公寓，两间卧室，一人一间，一个厨房，一个大客厅，非常舒适。这座大楼离密歇根湖不太远，想不到，寒风袭人。打电话给小孟，查笔记本电脑的型号。

5月24—25日，在芝加哥大学图书馆看柯强的材料，有书，有照片，有书信。夏德安安排了一个小房间，我把所有材料看了一遍。他还帮我借了施密特的 *Persepolis*，三大本，上面有 Schmidt 的批改。李旻发来申请表。多亏 UCLA 的简苏珊（Susan Jain）亲自跑机场，丢失的笔记本电脑才被要回，装在一个包装很好的大盒子里寄过来。

5月26日，与马克、夏德安一起看东方研究所。
这个研究所是1919年建，1920年开始发掘。展品分四部分：
（一）伊拉克
主要是巴比伦和亚述的东西。如：
1. 釉砖《行狮图》，两件，出自巴比伦古城。
2. 拉马苏，一件，豪尔萨巴德出土，原来碎成十来块，运到芝加哥，把研究所的西墙掏个大洞，搬进室内拼装。
3. 青铜门饰，豪尔萨巴德的 Shamash Temple 和 Nabu Temple 出土。
4. 铭文石版，铭文朝内、背面朝外，反砌在墙上。展板说，亚述喜欢到处刻铭文，这篇铭文是写给神看的，不是给人看的，所以把铭文藏在里面。
（二）土耳其和叙利亚
20世纪20年代和30年代，东方研究所主要在两个地点做工作，一个地点是土耳其中部的 Alishar Höyük，一个地点是叙利亚与土耳其交界处的 Amuq Valley。20世纪90年代，东方研究所又重返 Amuq Valley。
（三）以色列
有个展板提出一个问题，以色列人从哪儿来？答案是：据埃及碑文，法老麦伦普塔赫（Merneptah）最早提到以色列人，可见以色列人住在黎凡特南部，年代约当公元前1200年。
展品多出自 Megiddo 遗址，如展柜中有一件象牙 phiale，与欧洲中世纪流行的浅腹裂瓣纹 phiale 相似，属 Megiddo 遗址 VIIA，年代为公元前1300—

前1200年,是这种器形中比较早的例子。此外,展品中还有一小片死海文书残片。

(四)埃及

展品包括埃及的纸墨笔砚。时段下及托勒密时期和拜占庭时期。

(五)伊朗

主要是波斯波利斯的东西。早于阿契美尼德时期,有苏什安那的东西,晚于阿契美尼德时期有伊斯兰早期的东西。东方研究所的伊朗藏品有10500件,展出的是1000件,十分之一不到。

回忆过去,现在的展陈有个大变化,以前埃及在两河流域前,现在两河流域在埃及前。

5月27日,演讲《楚帛书的故事》。

这些天,晚饭多半在外面吃,夏德安请客。偶尔在家做饭,夏德安会带点东西来,马克掌厨,三人聚餐。马克有一道法国菜,煎香蕉,加美酒。

巫鸿请我到中国城吃过一顿饭。他说他明年离休,让我吃了一惊,仔细一问,原来他说的"离休"是休 sabbatical year。上帝创造世界,第七天要休息一下,或译安息日。当教授的,每七年也可休息一年。我说这不叫离休,他说那叫什么,我说好像叫安息年,他说那多不吉利呀。的确,中国墓园多用这个词,甘肃安西县,2006年改称瓜州县,就是这个缘故。

5月28日,马克回巴黎,李忱从 St. Paul 开车来,住马克的房间。
陪李忱看东方研究所。

5月29日,参加夏德安的日书讨论课。

5月31日,第三次看东方研究所。
最后一个展厅,以波斯波利斯的发掘品为主,三天看下来,总结一下。

1. 双牛石柱(图10),出自阿帕丹西侧的柱廊,石灰石。柱头下留有柱身最上一截。

2. 公牛巨头(图11),出自百柱厅,石灰石。展厅有老照片,可见发掘现场和入藏东方研究所时的情况。百柱厅门口原有两件公牛,这是左边那件的头,身子仍在波斯波利斯。

3. 公牛耳和公牛角(图12),出自大平台上,石灰石。波斯建筑的双牛柱头,角、耳都是插在方孔内,发现时早已脱落,这是保留较好的配件。公牛耳,大小各一对;公牛角,仅一件。

〔图10〕
阿帕丹石柱
芝加哥大学东方研究所
李零 摄

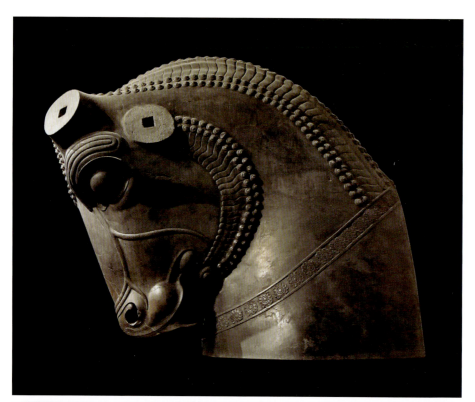

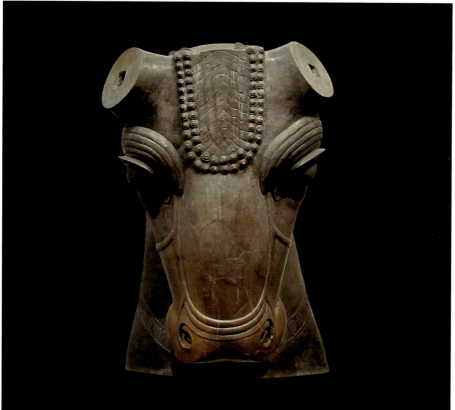

〔图 11-1〕
**百柱厅大门东侧的公牛**
芝加哥大学东方研究所
李零 摄

〔图 11-2〕
**百柱厅大门东侧的公牛**
芝加哥大学东方研究所
李零 摄

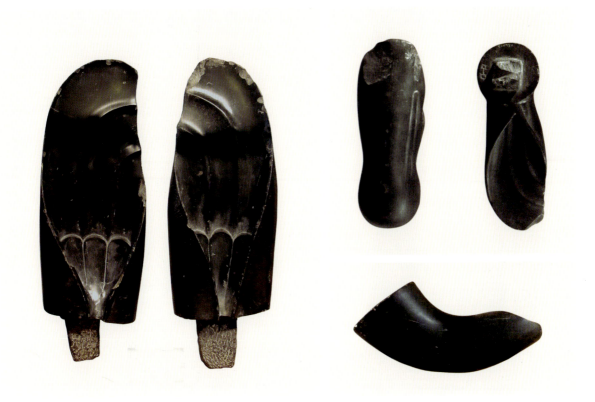

4. 拉马苏柱头〔图13〕，出自中央大厅，石灰石。人首牛身，原本双头，只剩一头。

5. 拉马苏柱头残件〔图14〕，出自中央大厅，石灰石。残，只剩口鼻部分。

6. 狮头残件〔图15〕，出自中央大厅南，石灰石。不知是双狮柱头的残件，还是门道石刻的残件。据说明牌，同出还有一件，未在展厅。

7. 卧狮残件〔图16〕，出自大平台南某宫殿的东侧，石灰石。缺头，侧卧，从尾巴有穗看，似是狮子，说明牌称 Reclining feline（猫科动物）或 cat（猫），并谓与梵蒂冈博物馆藏品中的一对石狮（用闪长岩雕刻）相像。后者是埃及法老奈科坦尼布二世（Nectanebo II，公元前360—前342年）的东西。

8. 建筑构件〔图17〕，石灰石，两件。埃及式窗檐在上，出薛西斯后宫；列狮带饰在下，出宫殿G。

9. 玫瑰花石版〔图18〕，花形作十二瓣。这种石版也见于波斯波利斯博物馆。

10. 大流士石权〔图19〕，出自内府，闪长岩（diorite）。形状类似馒头，但前后两面平，有三体铭文（DWd）。古波斯文和埃兰文注其重量为60卡萨，巴比伦文注其重量为10米纳，实测重4930克。

| | 12-2 |
|12-1|---|
| | 12-3 |

〔图12-1〕
大牛耳
芝加哥大学东方研究所
李零 摄

〔图12-2〕
小牛耳
芝加哥大学东方研究所
李零 摄

〔图12-3〕
小牛角
芝加哥大学东方研究所
李零 摄

| 13 | 14 |
|---|---|
| 15 | 16 |

〔图 13〕
拉马苏柱头
芝加哥大学东方研究所
李零 摄

〔图 14〕
拉马苏柱头残件
芝加哥大学东方研究所
李零 摄

〔图 15〕
狮头残件
芝加哥大学东方研究所
李零 摄

〔图 16〕
狮身残件
芝加哥大学东方研究所
李零 摄

〔图17〕
建筑构件
芝加哥大学东方研究所
李零 摄

〔图18〕
玫瑰花石版
芝加哥大学东方研究所
李零 摄

〔图19〕
石权
芝加哥大学东方研究所
李零 摄

11. 薛西斯一世罗瓦石刻〔图20〕，石灰石。有三体铭文（PXh），原在内府，后移置禁军营。同出共四件，这是其中之一。

12. 波斯波利斯釉砖〔图21〕，有三体铭文。

13. 波斯波利斯金饰，包括：12瓣玫瑰花带饰〔图22〕，1件，带小孔，原来可能是钉在某种器物上；金钉，4件，一件通体金制，三件金帽铜钉；人像戒指印，1件；其他小饰件，3件，两件作12瓣玫瑰花形，一件为四角形。

14. 埃及器物，出自内府，可能是战利品。

15. 埃及式的器物，有些有铭文，包括埃及蓝和埃及雪花石膏两种。埃及蓝（Egyptian blue）是仿青金石，系用多种材料人工合成，并非真正的青金石。埃及雪花石膏（Egyptian Alabaster）是碳酸钙（$CaCO_3$），即大理石，并非真正的雪花石膏，雪花石膏是硫酸钙（$CaSO_4$）。

另外，还有一些展品，并非波斯波利斯所出，如东方研究所1948年购藏的金饰。这批金饰据说是20世纪20年代晚期出土于哈马丹的Tell Hagmatana遗址，共54件，很重要，其中28件展出于此，包括：

1. 圆框翼狮，1件〔图23〕。这件很有名。
2. 圆框双狮，4件。
3. 狮头饰，5件。
4. 行狮饰，5件。
5. 行虎饰，5件。
6. 羊头饰，5件。
7. 圆框国王像，1件。
8. 羊头饰项链，1件。
9. 独角兽饰，1件。

6月1日，和李忱进城，看芝加哥艺术博物馆。这个博物馆，我已来过多次。

上午，看希腊、罗马的东西。最近有个特展，拜占庭展。

下午，看中国文物，我感兴趣的东西是：

1. 金沙石人。
2. 长子鼎，扁足。
3. 师望鼎，陈仁涛旧藏。
4. 秦构件，以前在库房看过。
5. 金村铜器。
6. 彩绘承虡陶翼兽，以前在库房看过，与西安所出同。

回家整理内务，把衣被洗了，把厨房收拾了。

〔图 20〕
**牙瓦铭文**
芝加哥大学东方研究所
李零 摄

〔图 21〕
**铭文釉砖**
芝加哥大学东方研究所
李零 摄

〔图 22〕
**波斯波利斯金饰**
芝加哥大学东方研究所
李零 摄

〔图 23〕
**芝加哥大学东方研究所 1948 年购藏的金饰**
芝加哥大学东方研究所
李零 摄

6月2日，李忱回St. Paul，跟夏德安一起去堪萨斯。

## 6月2—5日　堪萨斯

6月2日，到堪萨斯，到旅馆住下后，到一家饭馆吃饭。

6月3日，去纳尔逊-阿特金斯美术馆，会东方部主任马麟（Malin Mackenzie）。老朋友马克梦（Keith McMahon）来，大家在马麟的办公室聊天。中午，马麟请饭。下午，夏德安看Sickman档案，我看博物馆。

先看库房，有一件战国管銎斧〔图24〕，与柏林东亚艺术博物馆的一件相似；有一件鎏金龟鹤烛台，与四川简阳东溪园艺场元墓出土的一件相似。马麟在写成王方鼎，也看了看成王方鼎。

然后看展厅，这个博物馆的东西极为丰富，极为精美，特别是中国藏品。我最感兴趣的展品：

1. 我和苏芳淑写过文章的晋国铜人。
2. 洛阳金村的器物。
3. 虎纹带扣〔图25〕，一对。虎纹为平行纹。
4. 带"白虎""辟邪"铭文的汉镜。
5. 东汉辟邪，一对，生殖器有别，雄者一角，雌者双角，两者都踩小狮子。
6. 镶蜻蜓眼的饰件〔图26〕。
7. 辽三彩罗汉像〔图27〕，出易县八佛洼，除这件，一件在波士顿美术馆，一件在克利夫兰美术馆，两件在大都会博物馆，一件在宾夕法尼亚大

〔图24〕
**管銎斧**
纳尔逊-阿特金斯博物馆
李零 摄

〔图25〕
虎纹带扣
纳尔逊-阿特金斯博物馆
李零 摄

〔图26〕
镶嵌蜻蜓眼的金饰件
纳尔逊-阿特金斯博物馆
李零 摄

〔图27〕
辽代三彩罗汉
纳尔逊-阿特金斯博物馆
李零 摄

学考古人类学博物馆,一件在安大略博物馆,一件在不列颠博物馆,一件在吉美博物馆,一件在艾米塔什博物馆,一件在日本,为松方幸次郎收藏。

8. 辽代南海观音木雕。

9. 广胜寺明代壁画。

6月4日,继续看博物馆。

中国展品:最后一部分是佛教石刻,出自云冈、天龙山、响堂山和龙门等石窟,如《帝后礼佛图》。

近东展品:埃及的东西有一点儿,不太多。两河流域,有一件乌鲁克双狮器座,一件亚述石刻。伊朗的东西,有Tepe Sialk出土的两件彩陶和波斯波利斯出土的两件石刻:一件是双牛柱头〔图28〕,黑石,仅存其半;一件是台阶石雕〔图29〕,作手捧食盒的太监。

6月5日,马克回芝加哥,夏德安也返回芝加哥,我去费城。

〔图28〕
公牛柱头
纳尔逊–阿特金斯博物馆
李零 摄

〔图29〕
仆人像
纳尔逊–阿特金斯美术馆
李零 摄

## 6月5—8日　费城

6月5日，到费城，亚当（Adam Smith，罗泰的学生）来接。

6月6日，亚当陪我参观宾州大学考古·人类学博物馆。
看中国文物，我最感兴趣的展品是：
1．陈璋方壶。
2．东汉辟邪〔图30〕，一对，缺四肢与尾，从后面看，雄者一角，雌者双角，生殖器明显不同，最有代表性。"安能辨我是雄雌"，主要看这两条。
3．昭陵六骏的飒露紫、拳毛𬳿。
4．易县三彩罗汉像。
5．广胜寺明代壁画。
6．清代景泰蓝门狮。

| 30-1 | 30-2 |
| --- | --- |
| 30-3 | 30-4 |

〔图30-1〕
东汉雄辟邪
宾州大学考古－人类学博物馆
李零 摄

〔图30-2〕
东汉雄辟邪
宾州大学考古－人类学博物馆
李零 摄

〔图30-3〕
东汉雌辟邪
宾州大学考古－人类学博物馆
李零 摄

〔图30-4〕
东汉雌辟邪
宾州大学考古－人类学博物馆
李零 摄

6月7日，继续看宾州大学考古·人类学博物馆。

上午，看乌尔王陵的东西。

下午，看希腊、罗马和埃及的东西，我最感兴趣的展品：

1．Vulci（在意大利）翼狮，残，公元前6世纪物，柏林老博物馆有Vulci翼狮残件二。

2．狗化狮石刻，胸脯上有埃及26王朝尼科一世（Necho I，公元前672—前664年在位）时的题刻。

## 6月8—10日　芝加哥

6月8日，回芝加哥。

6月9日，跟夏德安、马克聊天，先在夏德安的办公室聊，后回公寓聊。

6月10日，回北京。

第十八章

# 法国日记

2014年6月，到巴黎开会。两个会，一个会是"2014年中法文化高峰论坛"（庆祝中法建交五十周年），由中华人民共和国文化部、中国社会科学院欧洲研究所、凯·布朗利博物馆和北京当代艺术基金会主办；一个会是"纪念法兰西学院雷慕沙汉满语讲座设立二百周年学术研讨会"，由法兰西学院和法国铭文、纯文学学院主办。本来是开第二个会，北京当代艺术基金会的人不断发电邮，打电话，希望早走几天，也参加一下他们的会。我不爱开会，借便开会，看博物馆，倒是兴趣所在。苏萨的东西在卢浮宫，我最感兴趣。连来带去九天，实际只有一周的时间，七天里六次看卢浮宫，还是满有收获。

〔左页图〕
卢浮宫
李零 摄

# 6月5—7日　参加第一个会

6月5日
到巴黎，住埃菲尔铁塔附近的一家酒店：Novotel Paris Tour Eiffel（四星级），晚饭在一家法国餐馆。

6月6日
上午，上会。

下午，看卢浮宫。早先我在法国高等实践研究院（École pratique des hautes études）讲过学（2001年），没事就看博物馆。卢浮宫，不知去过多少回，全是走马观花。什么都看，什么都没仔细看。这次，主要看近东，特别是苏萨的东西。

先看亚述石刻。

卢浮宫的亚述石刻跟不列颠博物馆的亚述石刻不同。不列颠博物馆的亚述石刻出自尼姆鲁德（在摩苏尔东南25公里）和尼尼微（在摩苏尔城北的Nineveh Hill of Kuyunjik），卢浮宫的亚述石刻出自豪尔萨巴德（Khorsabad）。豪尔萨巴德在摩苏尔东北15公里，遗址在豪尔萨巴德东，旧称杜尔·沙鲁金（Dur-Sharrukin），意思是萨尔贡二世的城堡。这批石刻主要是两批东西，一批是1843—1844年博塔（P.-É.Botta）发掘所得，一批是1852—1854年普拉斯（Vctor Place）发掘所得。

1. 拉马苏，正中一对，夹门立，面朝室内〔图1〕；室内，贴墙立，还有另一种。类似石刻，不列颠博物馆有一对，狮爪；帕加马博物馆有一对，牛蹄；大都会博物馆有一对，一件狮爪，一件牛蹄；芝加哥大学东方研究

[图1]
亚述门兽:拉马苏
卢浮宫
李零 摄

所有一件,牛蹄。牛蹄者是标准的拉马苏,狮爪者类似斯芬克斯。波斯波利斯万国门的门兽是模仿这类石刻。

2. 男人怀抱幼狮像〔图2〕,波斯波利斯百柱厅的门道浮雕有类似形象。

3. 画像石,有船运黎巴嫩雪松和米底进贡车马的画面。波斯帝国也从黎巴嫩进雪松和从米底进车马。

看完这一部分,有个走廊,展出文物主要出自土耳其和叙利亚邻近的地区。

1. 石狮,Sam'al 遗址出土。遗址在土耳其加济安泰普省的 Zincirli Höyük,年代:公元前9世纪。

2. 石牛,Arslan Tash 遗址(即古 Hadatu)出土。遗址在叙利亚阿勒颇省艾因阿拉伯附近,幼发拉底河以东。年代:Teglat-phalasar III 时(前744—前727年在位)。

3. 石碑,Til Barsip 遗址出土。遗址在叙利亚阿勒颇省的 Tell Ahmar。年代:约公元前900年。

4. 壁画,Til Barsip 遗址出土。年代:公元前8—前7世纪。

上述遗址,旧为赫梯附庸,赫梯衰落后,为亚述附庸。

6月7日

上午,凤仪诚(Olivier Venture,我以前的学生)陪我看卢浮宫,继续看与亚述有关的文物。

1. 巴拉瓦特(Balawat)门饰〔图3〕,青铜带状饰,原来钉在木门上。图像:表现亚述王萨尔曼纳萨尔三世(Salmanessar III)征叙利亚、腓尼基。时

〔图2〕
亚述浮雕：
男人抱幼狮像
卢浮宫
李零 摄

〔图3〕
巴拉瓦特门饰
卢浮宫
李零 摄

| 4-1 | 4-2 |
|---|---|
| 5 | 6 |

[图4-1]
象牙饰件：牛，舐犊情深
卢浮宫
李零 摄

[图4-2]
象牙饰件：鹿，低头饮水
卢浮宫
李零 摄

[图5]
红色石猴
卢浮宫
李零 摄

[图6]
铭文管銎斧
卢浮宫
李零 摄

代：公元前853—前824年。巴拉瓦特在摩苏尔东南27公里。巴拉瓦特门饰有四套，一套在不列颠博物馆，一套在巴尔的摩的沃尔特斯艺术博物馆（Walters Art Museum），一套在伊斯坦布尔考古博物馆，一套在摩苏尔博物馆。卢浮宫和芝加哥大学东方研究所也有残片。

2. 哈达图象牙饰品〔图4〕，其中三件表现牛，舐犊情深；一件表现鹿，低头饮水，非常生动。年代：公元前9世纪末。

接下来，重点看展厅10。展厅10是中埃兰时期的东西。

1. 红色石猴〔图5〕，用红色石灰石雕刻。说明牌不注出土地点和年代，其实是苏萨出土，中埃兰时期。

2. 铭文管銎斧〔图6〕，一件器物有三种颜色，管銎、吞口为黑色，斧刃为银白色，管銎后的爬兽为金黄色。吞口为狮口，斧刃自狮口出，有楔形铭文，记埃兰王温塔什·纳皮利沙（Untash-Napirisha，前1340—前1300年）名，爬兽似为野猪。材质：说明牌注为argent和electrum。Argent是银。Electrum有多重含义，一指银金矿（既含银，也含金），二指琥珀金（金银合金，或译电金），三指镍银（一种仿银合金，含镍、铜、锌，但不含银，常被用来铸币）。疑管銎、吞口为青铜，斧刃为银，爬兽为琥珀金。说明牌不注出土地点和器物年代，其实是苏萨出土，中埃兰时期。

3. 苏萨因舒什纳克神庙出土的砖雕墙板。这种东西，伊朗国家博物馆和柏林的帕加马博物馆也有，年代：公元前12世纪。

4. 乔加·赞比尔的门钮和彩色玻璃管。这种东西，伊朗国家博物馆和柏林的帕加马博物馆也有。年代：公元前14世纪。

中午，到一家中国餐馆吃饭。

下午，上会。14:30—15:30，轮到我发言，题目是：《沙畹——从〈泰山〉到〈投龙〉：一个没有讲完的故事》。[1] 我的报告与 Alain le Pichon 为一组，属于第七组，即最后一组，各自讲完，还要对谈一下。

## 6月8—9日　两次会议之间

6月8日

退房，小吴来接，带我到 Arago 路他给我和梅村预定的旅馆：Belambra City – Magendie。

这个旅馆，房间狭小，设备简陋，我们俩每人每天100欧元，好处是离蒲芳莎（Francoise Bottéro）家很近。

上午，到蒲芳莎家做客。蒲芳莎是亚述铭刻专家 Jean Bottéro 的女儿，小吴妈妈的好朋友。老友何莫邪（Christoph Harbsmeier）也在。他俩在翻译《说文解字》，从中文翻英文。蒲芳莎送我一本他父亲的书：*Religion in Ancient Mesopotamia*。

中午，在蒲芳莎家吃饭。

下午，小吴、吕敏（Marianne Bujard）陪我去卢浮宫，继续看展厅10。

1. 大陶狮，苏萨卫城出土，中埃兰时期。

2. 大石盆，长方形，饰羊首鱼身怪，苏萨出土，中埃兰时期。

3. 乔加·赞比尔出土的陶楼模型，中埃兰时期。

4. 琥珀金三器〔图8-1至8-3〕，一件为桶形杯，饰双头狮怪倒提羚羊；一件为觚形杯，饰人首牛怪搏杀水牛，一件为手镯，饰六个狮头。说明牌不注出土地点和年代。

5. 白银三器〔图8-4至8-6〕，一件为桶形杯，饰神树、狮怪、牛怪；一件为觚形杯，饰车马等物；一件为桶形杯，饰狮怪、羚羊、狮子。说明牌不注出土地点和年代。

接下来，看展厅11。展厅11是展新埃兰时期的东西。

1. 银圜底杯〔图9〕，有铭文。说明牌未注出土地点和年代。

---

[1] 后来刊于北京当代艺术基金会编《2014年中法文化高峰论坛》，北京：新星出版社，2016年，第148—153页。

| | 7 | |
|---|---|---|
| 8-1 | 8-2 | 8-3 |
| 8-4 | 8-5 | 8-6 |

〔图 7〕
镶嵌青金石和绿
松石的金手镯
卢浮宫
李零 摄

〔图 8-1〕
琥珀金杯之一
卢浮宫
李零 摄

〔图 8-2〕
琥珀金杯之二
卢浮宫
李零 摄

〔图 8-3〕
琥珀金手镯
卢浮宫
李零 摄

〔图 8-4〕
银杯之一
卢浮宫
李零 摄

〔图 8-5〕
银杯之二
卢浮宫
李零 摄

〔图 8-6〕
银杯之三
卢浮宫
李零 摄

〔图 9-1〕
银杯
卢浮宫
李零 摄

〔图 9-2〕
银杯铭文
卢浮宫
李零 摄

〔图 10〕
银筐罍
卢浮宫
李零 摄

2. 银筐罍〔图10〕，有铭文，苏西亚那出土，公元前7—前6世纪。

接下来，看展厅12。展厅12是展苏萨出土阿契美尼德时期的东西，特别是大流士一世宫（公元前6—前5世纪）的东西。

1. 苏萨大流士宫出土的双牛柱头，非常高大。<2>

2. 苏萨大流士宫出土的彩色釉砖墙。<3> 这种釉砖墙，明显是受巴比伦影响，拼复后，比较完整者，图案分六种：《阿胡拉·马兹达和斯芬克斯图》《狮怪图》《雄狮图》《公牛图》《禁军图》《花叶图》。《禁军图》分三种，一种五人一幅，面左立，不知是否还有面右立者；一种四人一幅，左右各两人，相向立，中间空白处有铭文，应即波斯波利斯阿帕丹台阶中间的图像所本；一种是一人一幅，或面左立，或面右立，可能是无法拼复者。有一

<2> 图像见下篇第十一章。
<3> 图像见下篇第十四章。

11 | 12

〔图11〕
鎏金银安弗拉罐鋬手：
带翼野山羊
卢浮宫
李零 摄

〔图12〕
银筐罍
卢浮宫
李零 摄

个展柜陈列着许多釉砖残块。

3. 苏萨大流士宫出土残砖，有两个展柜，一个展柜的残砖是表现弓箭手，一个展柜的残砖是表现仆人奉酒食循阶而上。

4. 苏萨大流士宫出土的石刻，只有碎块，表现太监奉酒食循阶而上。

5. 苏萨大流士宫出土的金银首饰和玛瑙首饰。

6. 苏萨卫城出土的两件大铜权，一件为卧狮形，年代：公元前6—前4世纪。一件为羊拐形，年代：大流士一世时。后者有两个鋬手，一个在顶，一个在侧，顶有铭文，为希腊文。羊拐，英文叫Osselet，世界各国，吃羊肉的地方都有这种玩意儿。这种玩意儿，满语叫Gachuha，东北人叫嘎拉哈。此物可能作于公元前550—前525年。公元前494年，大流士平定米利都叛乱后，掠至苏萨。[4]

7. 鎏金银安弗拉罐鋬手〔图11〕，作带翼野山羊，与柏林老博物馆所藏为一对。

8. 银筐罍〔图12〕。

晚上，梅村到，一起吃非洲小馆，梅村不爱吃，到外面抽烟。

6月9日

上午，跟老友魏立德（Francios Wildt）见面。老魏陪我和梅村看吉美博物馆。

[4] 图像见上篇第八章。

〔图13〕
东汉石狮
吉美博物馆
李零 摄

这个博物馆，以前看过多次，主要看商代铜器、大堡子山金器等早期的东西，晚期的器物，印象已淡薄。

有几件展品值得注意。

1．东汉石狮〔图13〕，缺四肢和尾，腹部有铭文，字迹不清，作"□□□子王□"。

2．东汉石辟邪〔图14〕，缺四肢和尾，双角，可见是雌兽。洛阳市博物馆藏王油坊村出土者与此相似，为雄兽，两者是否为一对？

3．修定寺塔砖雕〔图15〕，四片。

4．辽三彩罗汉像〔图16〕。

5．浑源少虡剑〔图17〕，也叫吉日壬午剑，1923年浑源李峪村出土，两件为法人王涅克（Leon Wannieck）旧藏，一件为于省吾旧藏。王涅克旧藏，一件归吉美博物馆，一件归弗利尔美术馆。于省吾旧藏，初归故宫博物院，后归中国历史博物馆（即今中国国家博物馆）。1991年山西原平县又出土过一件。

6．金村错金银簋〔图18〕。

中午，梅村要吃中国饭。老魏介绍，附近有个香格里拉饭店。这家饭店，富丽堂皇。梅村请客，吃粤菜。所谓粤菜，类似早茶。

下午，跟马克、吕敏约好，到大皇宫美术馆（Grand Palais）看罗马展。饭后，老魏带我和梅村步行前往，途经戴安娜王妃遇难处，沿河走，终于到达。展品来自意大利。

〔图14〕
东汉双角石辟邪
吉美博物馆
李零 摄

〔图15〕
修定寺塔砖雕
吉美博物馆
李零 摄

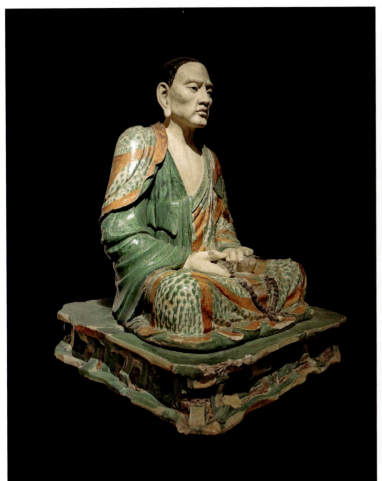

〔图16〕
辽代三彩罗汉
吉美博物馆
李零 摄

〔图17〕
吉日壬午剑
吉美博物馆
李零 摄

〔图18〕
金村错金银簋
吉美博物馆
李零 摄

〔图19〕
帕尔米拉浮雕
卢浮宫
李零 摄

看完这个展览，再去卢浮宫。

看后阿契美尼德时期的文物。

1. 帕尔米拉浮雕〔图19〕，三神并立，天神（Baalshamin）居中，月神（Aglibol）在左，日神（Malakbel）在右。年代：公元1世纪前半。帕尔米拉在叙利亚泰德穆尔，2015年被ISIS摧毁。

2. 萨珊国王青铜胸像，传出伊朗马赞德拉省Ladjvad。年代：5—7世纪。

3. 萨珊宝剑。

4. 萨珊鎏金银马头〔图20〕。

5. 萨珊鎏金银瓶〔图21〕。

6. 萨珊拉卡绿釉双耳罐〔图22〕，叙利亚拉卡出土。年代：6—8世纪。

〔图20〕
**萨珊鎏金银马头**
5—7世纪,苏萨出土
卢浮宫
李零 摄

〔图21〕
**萨珊鎏金银瓶**
5—6世纪,苏萨出土
卢浮宫
李零 摄

〔图22〕
**萨珊拉卡绿釉双耳罐**
6—8世纪,叙利亚出土
卢浮宫
李零 摄

# 6月10—13日　参加第二个会

6月10日

搬到法兰西学院预订的酒店：Hotel Saint Paul Rive Gauche。

风仪城（Olivier Venture）陪我和梅村看吉美博物馆和塞努斯基博物馆。

（一）吉美博物馆

过去看过，这次看，有几件展品值得注意：

1．商代龙形戈，残，只剩戈内，镶嵌绿松石和孔雀石。

2．汉代鎏金当卢，一件饰仙人，一件饰龙虎孔雀。[5]

3．浑源鎏金车马器，两件。

4．金村鎏金车马器，三件。

5．乐浪漆耳杯，铭文："元始三年，蜀郡西工，造乘舆髹汨画木黄耳桮（杯），容一升十六籥，素工禁、髹工给、上工钦、同（铜）耳黄涂工武、画工丰、汨工宜、清工政、造工宜造，护工卒史章、长良、丞凤、掾隆、令史宽主。"又有漆盘一。

6．洛阳出土铜马。

（二）塞努斯基博物馆

过去看过，这次看，有几件展品值得注意：

1．汉代大陶马（图23），与擂台马踏飞燕的头饰、尾饰同，注四川出土。

2．鎏金剑柄（图24），两件，注陕西出土，疑为秦器。

3．商代陶范，四件，说明牌注卢芹斋捐赠。

4．商代虎食人卣，从各个角度看了一遍。

5．战国陶废爵，与辉县所出同。

6．滇国铜器，五件，饰件三，镜一，戈一。

7．草原铜器，六件，其中鎏金狼带扣（图25），以小鹰头（草原格里芬）饰缘；虎纹带扣（图26），与纳尔逊-阿特金斯美术馆藏品同，但只有一件。

8．鎏金铜熊（图27）。

9．木凤凰（图28），造型很漂亮，注甘肃武威（？）出土。

10．汉鎏金镶嵌宝石虎纹带扣，虎纹作S形，甚精美。

11．汉彩绘鸮形壶，在同类器物中最漂亮。

6月11日

上午，在法兰西学院开会。

中午，在法兰西学院吃饭，自助餐，很丰盛，但很多是冷餐，梅村吃不惯。

---

[5]　后者与海昏侯墓所出相似。

| 23 | |
|---|---|
| 24 | 25 |

〔图 23〕
**汉代大陶马**
吉美博物馆
李零 摄

〔图 24〕
**秦鎏金剑柄**
吉美博物馆
李零 摄

〔图 25〕
**鎏金狼带扣**
吉美博物馆
李零 摄

第十八章　法国日记

〔图 26〕
**虎纹带扣**
吉美博物馆
李零 摄

〔图 27〕
**鎏金铜熊**
吉美博物馆
李零 摄

〔图 28〕
**木凤凰**
吉美博物馆
李零 摄

下午，继续看卢浮宫，李国强陪。

重看已经看过的展室，有几件展品值得注意：

1. 吉尔苏（Girsu）雪花石膏四管器，Tell Telloh 遗址出土。年代：公元前3000年。Tell Telloh 遗址即古吉尔苏。此器有点像商代的四管调色器。

2. 鸭形权，大权二，小权八，出自苏萨。年代：公元前2000年。

3. 银瘤牛，说明牌注安纳托利亚（？）出土，不注年代。

4. 小银狗，两件，1972年 Vladimir Golschmann 捐赠。说明牌不注年代。

晚饭，梅村提议，还去香格里拉酒店吃，但到了一问，今天没有中国菜。打车，满街乱转，总算找到一家。

6月12日

今天是我的生日。

上午，在法兰西学院开会。

下午，继续看卢浮宫。展厅12有几件展品值得注意：

1. 大流士苏伊士运河碑，粉红色花岗岩，残，仅存右上角。

2. 大流士一世宫出土的费昂斯护身符。

3. 绞胎釉砖。

4. 建筑构件，其中一件有雉堞。

这些都是阿契美尼德时期的东西。

6月13日

上午，在法兰西学院开会。11:30，轮到我发言，题目是《同一个中国，不同的梦想——我对法国汉学、美国中国学和所谓国学的印象》，我是从沙畹说起。[6]

下午，在法国铭文、纯文学学院开会。开会的地方，四面木板墙，墙上有名人雕像。天气闷热，空气中有一种不太好的气味。三位主持人坐在高台上，高台下，中间是院士席，用桌子围起来，其他与会者，院士席外围一圈儿，靠墙根又围一圈儿。有位老人往外走，弯腰驼背，拄着拐杖，马克说，这是谢和耐（Jacques Gernet）院士。[7] 我在纸上速写，勾画他的背影，马克说很像。主持人讲话，有人鼓掌，主持人制止，说他们的规矩是不许鼓掌。发言人有三位，第一位是法兰西学院的 Anne Cheng，第二位是哈佛大学的 Mark Elliott，第三位是张广达。前两位讲雷慕沙，张先生讲沙畹。梅村睡着了。

[6] 后来收入李零《大刀阔斧绣花针》，北京：中信出版社，2015年，第172—183页。

[7] 2018年3月3日，谢和耐院士在巴黎逝世，享年97岁。

**6月14日**

上午,马克陪我看万神殿(le Panthéon,或译先贤祠)和其周围的景点。万神殿,地上是柱廊、壁画和雕塑,地下是名人墓。街头立着申红飙的《蒙古人——站》,黑亮黑亮。梅村逛跳蚤市场,买回一个木雕马头,价钱不菲。

中午,陈智超的儿子在他开的中国餐馆请饭,马克、吕敏、杜德兰(Alain Thote)在座。

下午,去机场,回北京。

# 第十九章

# 伊朗访古记
## （上）

## 第一次去伊朗（2012年5月23—30日）

2012年5月，去过一趟伊朗。这是一条常见的旅游路线，来去匆匆，只有七天。很多想去的地方没能去，去的地方看得不够细。下面是日记摘抄。

23日，从北京出发，经乌鲁木齐，飞德黑兰，宿Espanas Hotel。

24日，起大早，飞伊斯法罕。伊斯法罕在伊朗中部，是阿拔斯大帝的首都，多萨法维王朝古迹。城南有河，曰扎因代河（Zayandeh River），河上有九桥，上午看了两座。沙赫莱斯坦桥（Shahrestan Brdg., 图1）建于塞尔柱王朝（11世纪），[1] 年代最早。哈柱桥（Pol-e khaju Brdg., 图2）建于阿拔斯二世时（1650年），在其西，桥头有石狮一对（图3）。游万克教堂（Vank Church），在一小巷内，是个亚美尼亚人的天主教堂。中午办理入住，宿阿拔斯酒店（Abbasi Hotel）。酒店古色古香，接待过不少外国政要和名人。[2] 下午参观伊玛目广场（Imam Sq., 图4）和四十柱宫（Chehelsotoon Garden, 图5）。谢赫·卢特夫劳清真寺（Sheikh Lutfolah Msq.）在广场东，伊玛目清真寺（Imam Msq.）在广场南，阿里·考普宫（Ali Qapu Palace）在广场西。晚上参观三十三孔桥（Si-o-Seh Pol Brdg., 图6）。此桥建于阿拔斯大帝时（1602年），最有名，游人如织。

25日，仍在伊斯法罕。白天参观礼拜五清真寺（Jom'eh Msq.）和一座萨法维王朝的浴室（Bath House of Alighli Agha），晚上回德黑兰，仍宿Espanas Hotel。

〔左页图〕
雷伊古城
李零 摄

〔图1〕
沙赫莱斯坦桥
王祺元 摄

[1] Shahrestan是伊朗语的"县"。

[2] 当年夏鼐访伊朗，也住这个酒店。《夏鼐日记》，王世民整理，华东师范大学出版社，2011年，卷八，第129页。

2-1
———
2-2

〔图 2-1〕
哈柱桥
王祺元 摄

〔图 2-2〕
哈柱桥
王祺元 摄

〔图 3-1〕
哈柱桥石狮之一
李零 摄

〔图 3-2〕
哈柱桥石狮之二
李零 摄

第十九章 伊朗访古记（上）

〔图4〕
伊玛目广场
王祺元 摄

〔图5〕
四十柱宫
李零 摄

〔图6〕
三十三孔桥
李零 摄

26日，在德黑兰。上午参观德黑兰大学和伊斯兰学中心〔图7〕。中心展出的东西，多半是晚期的东西，有些是外国政要赠送的礼品，如卡扎菲送的骆驼鞍子〔图8〕。下午参观伊朗国家博物馆（也叫Iran Bastan Museum），展厅全部用自然光，展柜是老式玻璃柜。馆长Daryoosh Akbarzadeh送我一本他主编的馆藏图录：*Iran and the Silk Road: According to the Treasury of National Museum of Iran*，前一半是伊斯兰时代的文物，后一半是帕提亚和萨珊波斯时期的文物，没有更早的东西。

27日，仍在德黑兰，上午参观巴列维国王的夏宫，萨德阿巴德宫（Saadabad Cultural & Historical Complex，图9），下午参观珠宝博物馆和地毯博物馆。珠宝博物馆在伊朗中央银行的地库，展品包括"光明之海"大钻石、镶满珠宝的王冠、首饰和宝座〔图10〕。傍晚参观伊朗外交部（多仿古雕刻）。萨德阿巴德宫，位于厄尔布尔士山南麓，相当北京的颐和园。

〔图7〕
伊斯兰学中心
李零 摄

〔图 8〕
卡扎菲赠送的
骆驼鞍
李零 摄

〔图 9〕
萨德阿巴德宫
李零 摄

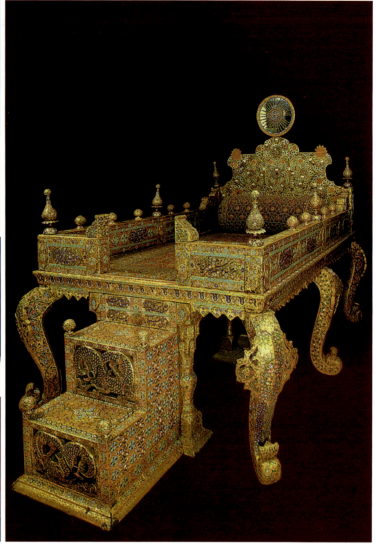

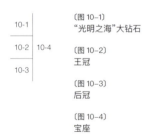

| 10-1 | | 〔图 10-1〕"光明之海"大钻石 |
|---|---|---|
| 10-2 | 10-4 | 〔图 10-2〕王冠 |
| 10-3 | | 〔图 10-3〕后冠 |
| | | 〔图 10-4〕宝座 |

‹3› 沙赫尔巴奴是萨珊末王亚兹德格德三世的女儿、伊玛目侯赛因的妻子。

‹4› 雷伊,也叫 Raga、Rhages,或译"拉加"。该城位于大平原上,除了几座小山,无险可守。

28 日,上午去雷伊,参观阿齐姆祠(Shah-Abdol-Azim Shrine,图11)、雷伊古巴扎〔图12〕、托格洛尔塔(Toghrol Tower,图13)、雷伊古城(Shahr-e Ray,图14)和沙赫尔巴奴墓(Mausoleum of Bibi Shahrbānoo,图15)。‹3› 雷伊古城以雷伊山而得名,‹4› 很多古书(如《阿维斯塔》《圣经》)都提到过它。恺加王朝以前,德黑兰是雷伊的郊区,现在雷伊反而是德黑兰的郊区。1933—1936 年,施密特率领的美国考古队在此发掘,证明这是一座公元前 4000 年就已存在的古城。他拍过航片。雷伊在里海南岸东西大通道和伊朗中部南北大通道的交会处,历代为兵家必争之地,可惜毁于第一次蒙古西征(1220 年),现在只有断壁残垣。遗址在恰希麦·阿里丘的石头山(Cheshmeh Ali Hill)上,地面散落着很多陶片。山下有清泉,是雷伊人清洗地毯的地方。恺加王朝的法特

〔图 11〕
阿齐姆圣祠
李零 摄

〔图 12〕
古巴扎大门
李零 摄

〔图 13〕
托格洛尔塔
李零 摄

| 〔图 14-1〕 | 〔图 14-2〕 |
| --- | --- |
| 14-1 | 雷伊古城 | 雷伊古城 |
| 14-2 | 李零 摄 | 王祺元 摄 |

赫·阿里沙（Fath-Ali Shah Qajar, 1797—1834年在位）命人在泉水旁的崖壁上雕刻了他的加冕像〔图16〕。下午回德黑兰，看戈莱斯坦宫（Golestan Palace,图17）和民族博物馆。[5]德黑兰是萨法维王朝塔赫马斯普一世（1524—1576年在位）所建。[6]恺加王朝和巴列维王朝皆都德黑兰，戈莱斯坦宫就围在这座城堡里。钱币博物馆，3点关门，没看成。

29日，中午飞设拉子。飞机飞得很低，群山奔逸，一览无余。一下飞机，先去帕萨尔加德，后去波斯波利斯。波斯波利斯在回来的路上。大平台上，登临四望，夕阳西下，到处都是令人震撼的古迹，流连不忍去。回设拉子，宿Chamran Grand Hotel。法尔斯省是波斯故地，周围多波斯古迹，既有阿契美尼德王朝的古迹，也有萨珊波斯时期的古迹，可惜时间太短，留下太多遗憾。晚饭后，游古兰经门（Quran Gate）和哈菲兹墓。

30日，仍在设拉子。设拉子是赞德王朝的首都。城中古迹多与它的创始人卡里姆汗有关，主要是18世纪的东西。卡里姆汗是库尔德人，自称瓦基尔，不称沙，意思是"人民代表"（vakil-ai-raaya）。上午看法尔斯博物馆、卡里姆汗堡（Arg-e Krimkhan）和瓦基尔清真寺（Vakil Msq.）。下午返德黑兰，晚上乘飞机，原路回北京。

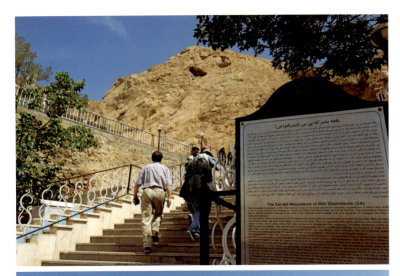

〔图 15〕
沙赫尔巴奴墓
王祺元 摄

〔图 16〕
法特赫-阿里沙加冕像
李零 摄

〔图 17〕
戈莱斯坦宫
李零 摄

<5> Golestan 的意思是"花园"。

<6> 德黑兰，北依厄尔布尔士山，意思是"山下"。

## 第二次去伊朗（2017年1月7—15日）

行前在家做功课，把手头的书和照片翻了一遍，在小U盘里存了一点备查的资料。黄莹（林梅村的学生）为大家跑手续，非常辛苦。12月15日，她寄来一个日程表，把考察分为两段。1月1日，林梅村和他的四个学生（黄莹、李晴、马丽亚和达吾力江·叶尔哈力克）先行，约好8日在设拉子与我、刘翔（林梅村安排陪我的学生）和任超（摄影家）会合。下面是我的日记。

1月7日　雾霾

11:30，刘翔约车来接，路上飘雪花。到机场，时间还早，办登机，不托运，准备到里面休息。过安检时被告知，去德黑兰可走另一通道，进去只有矿泉水，没必要早进。出来吃馄饨，消磨时光。再过安检，任超到。

下午2:40的飞机，乘南航CZ6025到乌鲁木齐，地面有雪。换乘的飞机迟迟未来，吃羊肉饺子，消磨时光。任超给梅村买方便面（他吃不惯伊朗餐，离不开方便面）。

再登机，睡着。一觉醒来，已到德黑兰，当地时间，午夜24:00。过关，下楼，任超取行李。出站，未见接站人。刘翔只有黄莹发来的接站人照片，无法打电话。他俩来回找，起码半小时，此人才出现。打出租，车很小，四人同车。

进城，宿Parsian Kowsar Hotel，四星级，房子老一点，很舒适。房间内有一份材料，列有很多叫Parsian什么的酒店。看来，这是一家连锁店，各地都有。

时间不早，洗澡，睡觉。

1月8日　晴

7:15，吃早饭，约好8:00去机场，在大厅等昨天接站的那一位。他来结账，我们才能退房取护照。

8:30，此人才来，让人担心。赶紧坐出租，穿小巷，直奔机场。幸好机场不太远。

乘马汉航空公司（Mahan Air）的飞机去设拉子。飞临设拉子上空，但见山脉褶皱，一道接一道。任超用手机拍地貌，先拍疑似三崗山的山〔图18〕，后拍湖，湖面呈棕红色。接站人是我们的男向导。

〔图18〕
三崮山
任超 摄

宿Chamran Grand Hotel，五星级，以前住过这个店。入住，先煮水喝水灌保温瓶，然后带水下楼。电梯按键在门外，不记得以前如此。乱摁，下到一楼，再走一层，在大厅会合。

与梅村在饭馆会面。他的四个学生和女向导到。我们的两位向导，男曰Hamed，亚兹德人，黑发，肤色偏黑，据说是大学老师；女曰Vida，洛雷斯坦人，黄发，肤色白皙，据说是研究生。所有人加起来，一共九位，一辆面包车，正好。

商议下午的活动，本来安排在市区活动，有人说去哈菲兹墓，任超建议去纳克什·鲁斯塔姆（Naqsh-e Rostam）。向导说，设拉子到纳克什·鲁斯塔姆，车程50公里，来得及。

出城，走65号公路，东北行，穿马夫达什特平原（Marvdasht Plain），先到纳克什·拉贾卜（Naqsh-e Rajab），后到纳克什·鲁斯塔姆。

纳克什·拉贾卜在善心山（Kūh-e Rahmat，旧称Kūh-e Mehr）西北角，纳克什·鲁斯塔姆在侯赛因山（Husain Kūh）西南角，两个景点，相距不远，中间是Pulva河谷。

拉贾卜岩画，三面刻，共四幅：

1. 面对景区入口，正面是阿尔达希尔一世（Ardashir I, 224—240年在位）《授命图》（由阿胡拉·马兹达授命登基）。紧挨此图，左边的半身像是祆教大祭司卡提尔（Kartir）。他是在伊朗取缔摩尼教、基督教和佛教的人。两侧铭文，作于巴赫拉姆二世（Bahram II, 274—293年在位）时。

2. 左侧是沙普尔一世《庆功图》（纪念244年萨珊战胜罗马）。

3. 右侧是沙普尔一世（Shapur I, 240—270年在位）《授命图》。

纳克什·鲁斯塔姆，意思是鲁斯塔姆岩画。鲁斯塔姆是《列王纪》中的英雄。门口有两只白骆驼，身披鞍鞯。拍骆驼，相机突然黑屏，另一相机没带。任超说，相机最怕细沙。我想，问题可能出在肃北沙漠，那是2014年的事。

游客参观的主要景点：

1. 四座王陵，在岩壁上方，作十字形，从右往左，依次可以看到薛西斯一世陵、大流士一世陵、阿尔塔薛西斯一世陵、大流士二世陵。

2. 十幅岩画，在岩壁下方，离地面近，主要是萨珊时期的作品。年代范围，包括阿尔达希尔一世、沙普尔一世、以及巴赫拉姆二世、纳塞赫王（Narsah, 293—302年在位）、霍尔木兹二世（Hormozd II, 302—309年在位）和沙普尔二世（Shapur II, 309—379年在位），中间缺霍尔木兹一世（Hormozd I, 270—271年在位）和巴赫拉姆一世（Bahram I, 271—274年在位）。内容涉及授命、克敌、庆功等。鲁斯塔姆岩画，就是指这十幅岩画。

3．一座方塔，在王陵对面，原来只有上半截在地面，发掘后才露出下半截。

其他景点，关注者少：

1．方塔前面有个坡，施密特的老照片，标 Towers of Sassanian Fortification，指这个坡上有障塞类设施，现在什么也看不到。坡下有一串坎儿井，一直绕到薛西斯一世陵东侧，现在还清晰可见。

2．王陵西侧，岩壁罅隙，夹角处有一水井，施密特的报告有线图，井口呈五边形，现在围在围绳内，为荒草所掩，看不出器形。

3．从水槽向西走，岩顶有一根石柱，施密特的老照片，标 Islamic (？)，怀疑是伊斯兰时期的石柱。

4．最后两幅岩画，左起第二幅是巴赫拉姆二世的岩画，此图覆刻在新埃兰时期的岩画上，右侧人像是留下的埃兰岩画。

问 Vida，两座"火坛"在何处，答曰在景区西侧。走到头，有围栏，过不去。

出景区，有游客与 Vida 搭讪，来自慕尼黑。Vida 跟他说，她丈夫是德国人。

口渴，景区外有商店，喝鲜榨橙汁，甚甘美。

开车，看两座"火坛"。坛在山脚下，下宽上窄，顶开方口，不如想象高。

远处有三座山，山上起崮，形若城堡。山名 Sih Gumbadan，意思是 three domes，即三个有穹顶的山。所谓穹顶即山东人说的崮。

折而北，山上有很多壁龛，多晚期题刻，石罅有火烧痕迹二。

天黑，返设拉子。任超的主意好，今天很值。

19:30 晚饭，在地下 Traditional Restaurant。

饭桌上，我拿小U盘，里面有我准备的地图和照片，拷给黄莹，跟她商量下一步的活动安排。黄莹跟向导商定的日程表，设拉子段包括五个地点：波斯波利斯、纳克什·鲁斯塔姆、居鲁士陵、菲鲁扎巴德和纳克什·拉贾卜。现在进一步确认，我加了五个地点：安善遗址（Tall-e Malyan）、塔克特·鲁斯塔姆（Takht-e Rostam，疑为冈比西斯二世陵）、未完成的大流士三世陵（Unfinished Tomb）、伊斯塔克尔城（Istakhr，或译伊斯塔赫尔）和比沙普尔城（Bishapur，或译毕沙普尔），并把帕萨尔加德进一步细化，除居鲁士陵所在景区的七个地点，外加大平台以西的两个石坛。Vida 在手机地图上查，除塔克特·鲁斯塔姆，都已查到。

【补记】

伊朗上网、打电话都比较麻烦。回北京，查谷歌卫星地图，纳克什·拉贾卜在设拉子东北，直线距离约51公里，车程约65.7公里。纳克什·鲁斯塔姆在纳克什·拉贾卜西北，道路笔直，车程约2.7公里。设拉子在纳克什·鲁斯塔姆西南，直线距离约53公里，车程约68.3公里。从卫星地图看，飞机上看见的红湖叫马哈尔卢盐沼。

Marvdasht，Marv是一种植物，Dasht是平原。

Naqsh-e Rajab，意思是拉贾卜岩画。这个景点，据说得名于当地的一间茶室，茶室主人名叫Rajab。[7]

纳克什·鲁斯塔姆的方塔，俗称Ka'ba-ye Zartosht或Ka'ba-ye Zartusht，意思是"琐罗亚斯德的天房（卡尔白）"。此塔年代属于阿契美尼德时期，但方塔下部（在发掘后留下的方坑内）有沙普尔一世和卡提尔加刻的铭文，自名Bon Khaneh，意思是"主屋"。关于方塔的性质，旧有三说，一为火祠说，二为陵墓说，三为宝库说。沙赫尔巴茨（A. Shapur Shahrbazi）主第二说。他推测，此塔是斯美尔迪斯（即巴尔迪亚）墓。[8]此说未必可靠。

纳克什·鲁斯塔姆西的两座"火坛"，或说纳骨器。沙赫尔巴茨认为是公元210年左右的东西，该处或即帕帕克（Papak，前？—前222年）为阿尔达希尔一世和沙普尔一世举行加冕仪式的地方。[9]

1月9日　晴

7:00吃早饭，在三楼，很丰盛。粥有两种，一种是菜粥，一种是设拉子甜粥，我爱甜粥。

8:00出发，目标是帕萨尔加德。

先去安善遗址〔图19、20〕，一路打听，遗址在Beyza村以北约4公里，公路两旁有一片开阔地，即Tall-e Malyan。举目四望，远山环绕。遗址是1971年发现，宾夕法尼亚大学考古队发掘。

安善是埃兰、米底时期的古城，年代可以追溯到很早。早期波斯王亦称安善王。

大家在地里捡陶片，有彩陶、红陶、灰陶和蓝色釉陶。其中带黑色网格纹的一种可以早到公元前2000年。蓝色釉陶属伊斯兰时期。梅村关心的是玻璃。

任超架超高三脚架拍摄。Hamed找来当地文保员，据说当地发现过阿契美尼德时期的遗址，出土铭文证明，安善就在此地。

前面的村子，路旁是葡萄园，我问村名，Vida说即Malyan。看来，遗

[7]《Lonely Planet：伊朗》（中文第一版），闵楠等译，北京：中国地图出版社，2014年，第207页。

[8] A. S. Shahrbazi, The Authoritative Guide to Naqsh-e Rostam, pp.40-63.

[9] 同上书，pp.154-161。

〔图19〕
安善遗址

〔图20〕
安善遗址
任超 摄

第十九章 伊朗访古记（上） 543

址在 Beyza 和 Malyan 之间。

下一步是找塔克特·鲁斯塔姆。Takht-e Rostam，意思是鲁斯塔姆的宝座。我在书上见过照片，形制与居鲁士陵的基座相似。

北行，在 Bānesh 休息。然后，往东走，经过三岗山。

Hamed 一路打听，问司机，问村民，谁都不知道 Takht-e Rostam 在哪里。我听他问的地名是 Takht-e Gohar。看来 Takht-e Gohar 是 Takht-e Rostam 的另一种叫法。

车子开到纳克什·鲁斯塔姆，附近有个大村，Zangi Abad。一条路，笔直笔直，穿村而过。Hamed 到村里打听，据说有个遗址，在路的右手。司机把车开到一个小房子前，旁边有块地，地势比周围高，田中散落着很多石块，土色较周围深。Hamed 说，他打听过，这一带只有这个地点受国家保护，不许动土。但这个遗址显然不是我在书上看到的大石台。

我们都以为没有希望，但 Hamed 不肯放弃。车往回开，开到纳克什·鲁斯塔姆，他又进景区打听。

〔图 21〕
塔克特·鲁斯塔姆和邻近的宫殿遗址
任超 摄

〔图22〕
塔克特·鲁斯塔姆
任超 摄

重新回到路上，我跟Vida说，Takht-e Rostam应该在Pulva河旁。车子开到纳克什·拉贾卜门口。Hamed让司机开进对面的田地，我们终于在Pulva河旁看见四块大石头，左前不远，果然有个大石台〔图21、22〕。石台周围有几块大石头。

终于找到了。

大家爬上石台。石台只有两层，用整齐的长方形巨石堆砌，上下两层往往错缝，错缝处留下半圆形榫槽，与居鲁士陵相似。爬上顶部看，外缘一圈是用双燕尾榫固定，遍布各种晚期题刻，包括九子棋（Nine Men's Morris）的棋局，中间的石块不太整齐。我问Vida，这种棋，伊朗叫什么，她说不知道，但她说，伊朗人确实玩这种游戏。

任超架超高三脚架给大家拍合影。

往回走,异常兴奋,一路狂奔,一上一下,跳过一道道田埂,终于把膝盖跑坏。

路上费时太多,任超建议,放弃帕萨尔加德,改去波斯波利斯。

去波斯波利斯的路上,有个饭馆,饭馆有个池塘,池中有三鸭戏水。如厕,吃饭。

饭后,前往大平台(Terrace)。登阶,过万国门(Gate of All Lands),兵分两路,我和任超一组,梅村和学生一组。

现在的大平台与三年前不同,各景区都有围绳,无法贴近观察。大平台北侧的档案室和东北角的塔楼,被围绳围起,无法观察。

我们俩,先看西路,后看东路。

西路:

1. 万国门东南角的大水槽(Cistern),有水道自东南迤西北,接于器下。但景点说明却认为这不是水槽,而是准备破开,作角柱。帕萨尔加德的角柱是用开槽的长方石块一截一截叠放,形状不太一样,也没有如此巨大。

2. 禁军大道(Garrison Street),两旁的围墙,夹壁中空。

3. 阿帕丹(Apadana),台面被围绳围起,只能远观。

4. 阿帕丹后的宫殿,布局若九宫格:西三格,大流士宫在北、中隔一个庭院,宫殿H在南;中三格,宫殿G在北,现设监视亭,监视四周,中隔一个庭院,薛西斯宫在南;东三格,中央大厅在东北,中隔一个庭院,宫殿D在南。

有伊朗游客搭讪,问秦与波斯,历史谁更长,我说秦很短,只十来年。他说,美国越来越衰落,秦越来越强大。我才恍然大悟,原来他说的秦不是指短命的秦朝,而是指中国。

东路:

1. 中央大厅东侧,前为百柱厅,看阿帕丹东阶,遇黄莹,为黄莹指狮腿椅所在,后不见其人,连呼数声,不知何去。

2. 百柱厅,被围绳分隔成东西两块,只有中间的路可行。

3. 百柱厅后,西为宝库(Treasury,相当中国的内府),宝库东侧有《觐见图》。此图有两件,左右相反,面左者在此,面右者在伊朗国家博物馆。这两件浮雕原在阿帕丹北阶和东阶正中,分别与这两个台阶的朝臣相应。阿帕丹北阶,内服之臣在左,外服之臣在右,东阶相反。旧说图中端坐者是大流士一世,沙赫尔巴茨考证,乃薛西斯一世。薛西斯死后,发生政变,其子被杀,二图被移藏内府,换成《禁军图》。景点说明即采沙赫尔巴茨说。

4. 百柱厅和内府东侧的所谓禁军营(Camp of Garrison),看下水道开端。

5. 百柱厅后，东为薛西斯后宫，现在是博物馆（原来是施密特的考古工作站）。博物馆东廊有一件石刻值得注意。石刻为残件，只有左手和臀部。

6. 大平台南侧，低下去一块，旧说也是后宫所在。博物馆往南走，有一门房，把着一道斜坡，可下大平台，东有祷告室和厕所。从厕所往下走，绕过垃圾堆，有一山洼，是个采石场。返回台上，往南望，可见一平台状物从南面山脚的西端露出一点点。与任超分手。任超上山拍两座陵墓和墓前大水槽，我去博物馆。

7. 博物馆，系用薛西斯后宫改造，两翼展文物，中间展石刻。从北面侧门入，Hamed 和 Vida 候，为我买门票，梅村他们先进，已经在里面。馆中文物多为施密特报告第二卷中的东西，也包括后来的发现。正门在北，前面是小卖部。

8. 经百柱厅，过未完成的阙门，返回万国门，下大平台。

台前大道，北边是旅馆、商店、停车场，南边是公厕。公厕以南是帐篷城。帐篷城是1971年巴列维举办伊朗君主制2500年庆典的遗迹，现在只剩帐篷架（平面布局呈五角形）。

在帐篷城旁的公厕方便一下，然后到对面的商店买书喝饮料。购书五册，向学生推荐沙赫尔巴茨的 *The Authoritative Guide to Persepolis*，大家各买一本。

回程走另一条路，从波斯波利斯直奔设拉子。

回到宾馆，门口有一白胡子老头像，画面上有烛光。Vida 说，拉夫桑贾尼逝世，明天所有卖门票的景区一律关门，停止一切娱乐，只有菲鲁扎巴德可看。

19:40 去24层吃意大利饭。有两位房客被电梯搞糊涂，以为进去才按升降钮，竟然被关在里面，始终出不来（这种设计太不人性）。《华夏地理》过去的办公地点与此相同，任超很熟悉，帮助他们下楼。

这个餐厅，以前可以在阳台看景，冬天，阳台被封。

---

【补记】

波斯波利斯一带，有两山一路一平原。两山是侯赛因山（Kūh-e Husain）和善心山（Kūh-e Rahmat）。一路是设拉子到伊斯法罕的路（今为65号公路），正好穿过两山。一平原是马夫达什特平原，正好在设拉子和两山之间。

侯赛因山，又名哈吉阿巴德山（Kūh-e Hajiabad）。此山有两个侧面，西南面，旁有村，叫 Husain Abad；东南面，旁有村，叫 Haji Abad。一山二名，各指一侧。

善心山是波斯波利斯所在。波斯波利斯是希腊古典作家的叫法，伊斯兰时期，当地人叫Takht-e Jamshid，意思是贾姆希德宝座。贾姆希德是《阿维斯塔》中的雅利安先王。大平台西南有村，正叫Takht-e Jamshid。此村不知是否还在。波斯波利斯台前大道旁的旅游中心即以此命名，是个住店的地方。

我们的前半程是在65号公路以西。兜大圈，分三段走。第一段，沿65号公路走，半路左转，西北行，经Shahriar、Lapouyee、Sheykh Ohoud、Jari Abad、Tange Khiareh、Berkeh六村，到Beyza村。Beyza村在设拉子西北，直线距离约47公里，车程约74.5公里。第二段，从Beyza往北走，经Doshman Ziari村，到Banesh村休息。Beyza到Banesh，直线距离约18公里，车程约24公里。第三段，从Banesh村，东行，穿三岗山北，到纳克什·鲁斯塔姆，然后到Zangi Abad村问路和看遗址。Banesh村到纳克什·鲁斯塔姆，直线距离约45公里，车程约59.6公里。Zangi Abad村在纳克什·鲁斯塔姆西南，很近，只有1公里。

我们的后半程是在65号公路以东，沿善心山西侧走。塔克特·鲁斯塔姆在纳克什·拉贾卜西，很近，只有500米。Gowhar，意思是宝石，Takht-e Gowhar即宝石宝座。波斯波利斯在纳克什·拉贾卜南，直线距离约3.5公里，车程约9.4公里。返程，从波斯波利斯到设拉子，直线距离约49公里，车程约61.7公里。

安善介于埃兰和波斯之间，是连接苏萨和伊斯塔克尔的枢纽。

我们去过的饭馆，查卫星地图，叫Laneh Tavoos Tourist Restaurant，位置在纳克什·拉贾卜南约400米。

大平台下的山洼是个采石场。

查施密特遗址图，有几个地点没看：

1. Hajjiabad Inscription，萨珊铭文，在Haji Abad村北的山洞中。

2. Cistern，水井或水槽，在纳克什·拉贾卜南，善心山西侧，山脚拐弯处。

3. Water Conduit，水渠，在Cistern南，图中作一串小点，疑指坎儿井。

4. Persepolis Spring Cemetery，后阿契美尼德时期的墓地，在上述水渠南。

5. Achaem Doorway，阿契美尼德时期的宫门（属于再利用），在上述墓地南。见施密特报告，卷一，第51页，E-G。

6. Fratadara Temple，后阿契美尼德时期的建筑，赫茨菲尔德发掘，在大平台下那个叫Apadana的旅馆北面，遗址平面在卫星地图上仍清晰可见。Fratadara的意思是守燎人，与祆教有关。见施密特报告，卷一，50页和51页A-D。

7. Tall-i Bukūn，史前遗址，在大平台以南。

1月10日　晴

7:00吃早饭，8:30出发，走65号公路，南下菲鲁扎巴德。向导说，车

〔图23〕
处女堡
任超 摄

程有150公里。

菲鲁扎巴德是阿尔达希尔一世的首都，路标作Firooz Abad，古城叫古尔城（Gor），在今城西。

路上有若干景点：

1. 萨珊石桥，未下车。任超睡着，没看到。

2. 处女堡（Ghale Dokhtar，图23）。城堡建在山上，居高临下，扼守道路转弯处的山口。山下是河，65号公路贴着河道左边走。膝盖疼，无法爬山。我和梅村留在山下，其他人上山，司机洗车。我用望远镜看山顶建筑，与梅村聊天。

3. 阿尔达希尔一世《授命图》〔图24〕，离阿尔达希尔堡很近，隔条河，在对岸半山腰上，图的右侧不远有铭文。目前，河床干涸，正好可以到跟前看。河道中有一断桥〔图25〕，密布半圆形榫槽。

4. 阿尔达希尔一世《克敌图》〔图26〕，表现阿尔达希尔一世杀帕提亚国王阿尔达班五世，离阿尔达希尔一世《授命图》不远。车穿隧道出。大家翻过河道上的闸门，图在对岸山崖近顶处〔图27〕。我和梅村在山下，其他人上山。我用望远镜在山下看。

第十九章　伊朗访古记（上）　　549

〔图 24-1〕
阿尔达希尔一世《授命图》
任超 摄

〔图 24-2〕
阿尔达希尔一世《授命图》铭文
任超 摄

〔图 25〕
断桥
任超 摄

〔图 26-1〕
阿尔达希尔一世《克敌图》
任超 摄

〔图 26-2〕
阿尔达希尔一世
《克敌图》局部
任超 摄

〔图 27〕
阿尔达希尔一世
《克敌图》所在的山崖
任超 摄

〔图28〕
阿尔达希尔宫
任超 摄

5. 阿尔达希尔宫〔图28〕，在古尔城北，断壁残垣，前面有个大伊万。拉夫桑贾尼祭日，无人卖票，大家只能隔着围栏拍照。旁边有块空地，有人在摆摊，卖各种土特产，摊主是卡什凯人（Qashqai）。卡什凯人主要集中在法尔斯省。

中午，在附近一个农家院吃饭，院子里有个帐房式的建筑，中间吃饭，周围是客房，可以住宿。院子里，有人在帐篷里抽水烟。

饭后，开车去古尔城，绕一大圈，从西门缺口入。

此城有城墙、壕堑，从卫星照片看，形如满月，滚圆滚圆。城有四门，北门叫霍尔木兹门，南门叫阿尔达希尔门，东门叫密特拉门，西门叫瓦赫拉姆门。

登墙，用望远镜四下张望，可见四门。步行，往方塔走〔图29〕。方塔在圆心，据说是祆教建筑。祆庙在其东面的小丘上。登上小丘，可见四堆方石，中间有个泉眼遗迹。天象台在方塔北面的土坡背后。附近有一发掘过的房址，用铁棚覆盖。

古城东侧有大山，山下是现代的菲鲁扎巴德城。

往北门走，有一小狗随行。梅村一路捡陶片和玻璃片，发现一大块烧结的玻璃块。

出北门，向导租一皮卡，让他把我们送到西门停车处。皮卡司机是当地人。他把车上的杂物往路边一扔，招呼大家上车。我坐他旁边，其他人站车斗内。车至西门，看到我们的面包车。下车，任超送中伊友谊纪念章给司机。

暮色苍茫，往回赶，一路酣睡。中途，任超下车，补拍萨珊石桥。

回宾馆，唇焦口燥，嘴上起泡，非常疲倦。请任超把相机中的照片倒到U盘。

20:00吃晚饭，在1楼快餐店，点汉堡包，奇大，面包和牛肉又干又硬，很难吃，比萨也很一般。

饭后回房，倒头便睡。

〔图29〕
古尔城中心的方塔
李零 摄

【补记】

查卫星地图，古尔城在设拉子南，直线距离约82公里，车程约112公里。

萨珊石桥，从卫星地图看，在卡瓦尔县（Kavar）以南，65号公路以西，位于Qare Aghaj河（横穿65号公路）上。设拉子到卡瓦尔县，车程约49.8公里。石桥在县南环岛前约600米。卡瓦尔县到阿尔达希尔堡，车程约49.7公里。

阿尔达希尔堡（Ghaleh Dokhtar），卫星地图作Dokhtar Castle，在Tangab Dam以南，65号公路转弯处，Dalaki河东岸。Ghaleh Dokhtar的意思是处女堡，处女指阿纳希塔。城堡有对角斜拱支撑的穹顶。

阿尔达希尔《授命图》，从卫星地图看，在Dalaki河南岸，距阿尔达希尔堡只有1公里左右。其旁铭文是伊嗣俟二世（438年—457年在位）的铭文，卫星地图作Tangab Inscription。

阿尔达希尔《克敌图》，从卫星地图看，在Dalaki河西岸，距阿尔达希尔《授命图》也只有1公里左右。

阿尔达希尔宫，卫星地图作Ardeshir Babakan Palace。此宫在阿尔达希尔堡东南、古尔城北。阿尔达希尔堡到阿尔达希尔宫，车程约4.2公里。阿尔达希尔宫到古尔城，车程约10.5公里。

古尔城四门，据《阿维斯塔》命名。霍尔木兹是善神，阿尔达希尔是萨珊王朝的开国君主，密特拉是光明之神，瓦赫拉姆是战争之神。瓦赫拉姆即巴赫拉姆。瓦赫拉姆是巴列维文的叫法，巴赫拉姆是波斯文的叫法。

古尔城，卫星地图作Shahr-e Gour。

1月11日　晴

4:00，小唐从北京打电话，吵醒。起床，洗澡，喝水，看书。我发现，前天看的那个大石台，其东150米有一发掘后回填的宫殿遗址，年代属于阿契美尼德时期，可能与大石台有关。

7:00吃早饭。我拿了晚上看的书，夹了三处，给Hamed看，让他知道今天要看的景点在哪里。它们依次是大流士三世墓、伊斯塔克尔城和帕萨尔加德各景点，最后是宝座山（Tall-e Takht）以西的坛场。

7:45出发，直奔波斯波利斯，过环岛后，绕到波斯波利斯南，有一带围栏的景区。进门后，还要走一段，才到大流士三世陵的跟前。到此方知，前天从大平台上用望远镜看到的平台状物，原来是此陵露出的顶部。

陵前大石堆砌，从缝隙入，仅可容身。陵前搭着脚手架，从两旁山坡，可以爬到脚手架上。此陵只有门楣上方和两侧的浮雕，还没有门。左侧为三卫士像，只有轮廓。正面已经完工。右侧，空白未刻。

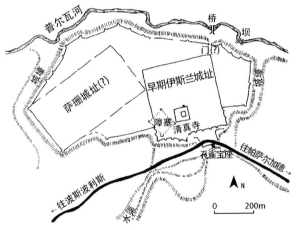

[图30-1]
伊斯塔克尔古城
任超 摄

[图30-2]
伊斯塔克尔古城

大流士三世陵和大平台之间有一大片建筑遗址，可见阿契美尼德时期的柱础。穿过这片遗址，走出景区，前面是大平台南侧。平台南壁有大流士一世的奠基铭文（三体）。原来修建此台，上下搬运，都是走这边。

平台西壁甚高，据说有20米。其东南段有半圆形榫槽若干，成为鸽子窝。任超拍大流士三世陵，落在最后。我在后面等他，用望远镜望，可以看见他。任超说，大平台的石块拼接很考究，有防震效果。

前天买五本书，有一本是法文，去书店换英文本。店员说，此书只有法文本，没有英文本。

离开大平台，前往伊斯塔克尔城〔图30〕。

第十九章 伊朗访古记（上） 557

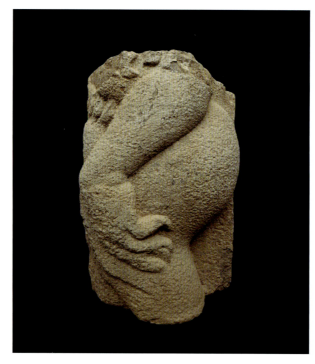

〔图31〕
妇女石像，伊斯塔克尔城出土
波斯波利斯博物馆
梁鉴 摄

路边，右边是一组建筑遗址，左边是一小丘，丘顶有一小屋，养着五六条狗，乃看守人所居。翻过小丘，正面可见阿契美尼德遗址，旁边是伊斯兰时期的老清真寺。遗址有帕萨尔加德式的角柱和带双牛柱顶石的石柱，石柱上有各种晚期题刻。

梅村满地捡陶片，看守人警告，这两个遗址外，游人止步。

出景区，往回走，掉头，上伊斯塔克尔城北的65号公路。中途下车，穿过一农舍，看Pulva河。河道无水，只有河沙和水坝。农舍主人说，水坝发掘过。

波斯波利斯博物馆有一女性雕像，就是出土于伊斯塔克尔城〔图31〕。

设拉子到波斯波利斯，车程据说有60公里，前面还有70公里才能赶到帕萨尔加德。路很长，快到帕萨尔加德，在路边的饭馆吃饭，时已正午。

先看居鲁士陵，墓门朝西，背对大门。大门朝东开。

此陵，旧称Mashhad-e Madar-e Soleyman（苏莱曼之母陵）。早期绘画，此墓有回廊式建筑，墓在回廊中。看老照片，回廊倒塌，短柱横卧在陵墓四周。现在只剩墓，孤零零戳在旷野。这次看，已经用玻璃围墙围起。

任超架超高三脚架，给大家拍合影。

往右手走，可见蒙古时期的穆札法尔驿站（Mazaffarid corevanserai）。驿站是用阿契美尼德时期的方形巨石构建。我怀疑，驿站原址可能是阿契美尼德时期的宫室，情况类似塔克特·鲁斯塔姆，大石台旁亦有宫室遗址。

上车，开到大流士宫。天上浓云密布，阳光时隐时现。遗址有围绳，不得入，据说有监控。

下车，先看宫殿P。宫殿P是大流士寝宫。寝宫角柱有大流士铭文。柱础两色，黑石在下，白石在上，白石立柱处保留糙面。柱为短柱，上端有孔，可接木柱。门道石刻，从照片看，二人皆半身，上有横檐，我一直奇怪。现在看，浮雕只有残片，嵌于水泥中，做成两个方台，石刻本身没有横檐。寝宫四周有水渠，七米一个小方池。所谓花园，只是一片荒地。

从宫殿P往右转，步行到宫殿S。宫殿S即大流士的阿帕丹。中间的大柱是用四截短柱拼接，从下到上，长度递减，颜色也不同。门道石刻，前为鱼服人，后为站立的公牛，也只有半身，做法同宫殿P。鱼服人即亚述的阿普卡卢（Apkallu）。

从宫殿S往右转，步行到门阙，有居鲁士像。门阙相当波斯波利斯的万国门。

回到宫殿P，上车，寒风骤起，把厚衣服穿上，仍觉得很冷。任超借我一顶帽子。

往东北方向走，可见方塔。方塔形制与纳克什·鲁斯塔姆同，只剩正面的残墙，背面用铁架支撑。此塔，旧称Zendan-e Soleyman（苏莱曼的监狱），性质不明，或以为火坛，不一定可靠。下车转圈看了一遍，残墙多晚期题刻。

开车去宝座山，山上有个大平台，旧称Takht-e Soleyman（苏莱曼的宝座）。梅村在车里抽烟，不上山。

任超扶我上山。登上大平台，一览无余。用望远镜往西看，此山西边，景区外有几座小山，遮住视野，看不见石坛。

景区内的活动全部结束。

开车往回返，停景区门口，如厕。入礼品店，购沙赫尔巴茨的 The Authoritative Guide to Naqsh-e Rostam（此书是2015年3月第一版，属于遗稿）和明信片一套。

开车，从景区西侧，穿过一个较大的村子，往东南方向走，左拐，有一条路，路旁有个院子，就是石坛所在。梅村在车里抽烟，没下车。

景区有围栏，大门在左，看门人离去，Hamed摘开门上的挂钩，原来门是虚掩的，并未上锁。

院内，前有小丘，遍地都是黑色碎石。二坛在景区东北。左面的方坛上盖方板，右边的方坛前有台阶。过去见过的照片都是从右侧拍，看不见左侧的空洞，现在看得很清楚，石坛中空，无底，侧面开口。任超爬上坛顶，发现坛顶遍布小坑。

夕阳西下，光线非常好。返回的路上，任超为年轻人拍跳跃照，我跳不起来。

上路，经过伊斯塔克尔城附近的山口，满月生辉，高悬山顶。

快到设拉子，停车，在加油站买零食。Vida问我吃什么，我说晚饭再说。

19:00，回宾馆，困极。

19:30，晚饭，在地下Traditional Restaurant。Hamed和Vida送礼物（估计购自今天去过的那个礼品店），一件缩小的《觐见图》，合影留念。有一伙大高个进来吃饭，原来是大不里士篮球队来访。刘翔、Vida与一位球员合影。

---

【补记】

查卫星地图，伊斯塔克尔城在波斯波利斯东北，直线距离约5公里，车程约9.5公里。帕萨尔加德在伊斯塔克尔城东北，直线距离约34公里，车程约75.9公里。设拉子在帕萨尔加德西南，直线距离约87公里，车程137公里。

波斯波利斯博物馆东廊的残石，只剩左手和臀部，即出自伊斯塔克尔城。

伊斯塔克尔城在善心山和侯赛因山之间，扼守前往帕萨尔加德的大道。景区门口、公路南面，有一建筑遗址，名叫Takht Tavous，意思是孔雀宝座。城北Pulva河上的水坝，其实是断桥，水坝还在它的东面。此城年代可以早到公元前2000年，非常古老，使用时间也很长，伊斯兰时代仍在使用。有些学者认为，波斯波利斯只是波斯国王举行仪式的地方，住在伊斯塔克尔城。

最后去的村子，从卫星地图看，叫Arbolvadi。石坛所在的景区位于村子东南，大体为东西向而略偏西北。东面傍河，河东丘陵即大平台上所见，遮住视线者。石坛前小丘，从卫星地图看，有两个大小相套的长方形框线，前后左右并有台阶式痕迹，显然是个长方形的建筑遗址。

帕萨尔加德景区外，从卫星地图看，有帕萨尔加德博物馆，遗漏未看。

冈比西斯陵旁边的宫殿遗址在哪里？今从卫星地图看，应即其东150米左右的一小块田地。这块田地，颜色比旁边的田地深，上面的三个白色颗粒状物，正是下车后最先看到的四块大石头（两块在一起，两块分开）。原来这块田地就是宫殿遗址。

塔克特·鲁斯塔姆，赫茨菲尔德做过发掘，没出报告。这处遗址，赫茨菲尔德推测是冈比西斯二世陵。冈比西斯征埃及，死于班师途中，不久发生政变。施密特认为，这个台基跟纳克什·鲁斯塔姆的方塔下部相似。受此启发，沙赫尔巴茨把帕萨尔加德的方塔当作冈比西斯陵，把纳克什·鲁斯塔姆的方塔当作斯美尔迪斯陵。波斯王陵分三种，帕萨尔加德的居鲁士陵为塔庙式，立于旷野，旁边有阿契美尼德时期的宫室遗址（后被改造成晚期驿站），为第一种，年代最早；纳克什·鲁斯塔姆四陵是十字形崖墓，为第二种，年代其次；波斯波利斯三陵为凸字形崖墓，为第三种，年代最晚。冈比西斯，年代仅次于居鲁士。塔克特·鲁斯塔姆，从台基形制看，明显不属于第二类或第三类，形制反而与居鲁士陵的基座最接近，我觉得，从墓葬形制和年代序列看，赫茨菲尔德的推测似更合理。方塔性质不明，未必是陵墓。

12日　晴

7:00吃饭，8:00退房，去卡泽伦县的比沙普尔城。向导说，车程有151公里。

走6号公路，路上在一个大镇休息。然后从6号公路拐到另一条路上。路上经过一恺加浮雕。

梅村在车上说，昨天晚上他给大家整了一份资料（从维基百科下载的资料），萨珊岩画都在悬崖峭壁，李零肯定上不去，他一定要上去看看。

到比沙普尔城〔图32〕。城当山口。两山夹着一道峡谷（Tang-e Showgan gorge），中间有条大河，Bishapur River。右边的山，山势奇特，山上有城堡。

门口有景点介绍，买门票入。

〔图32〕
比沙普尔城
任超　摄

城是方城,建筑多用不规则的石块砌筑,外敷stucco(一种拉毛的灰浆),墙皮早已消失,显得杂乱无章,只有阿纳希塔庙〔图33〕是用整齐的大石块砌筑(这种石块,含有杂质,杂质作小圆圈状),显得比较壮观。阿纳希塔庙,缺顶,西墙墙顶有两个公牛残石,据说原来有火坛。同样的公牛残石见于另一院落。

用望远镜向南望,可见两石柱。看石柱〔图34〕。远处还有很多景点,时间不够,大家往回返。

〔图33〕
阿纳希塔庙
任超 摄

〔图34〕
石柱
任超 摄

〔图35〕
沙普尔一世《庆功图》
任超 摄

　　买门票，看博物馆。展室不大，陈有印章、钱币、陶器、玻璃器、马赛克、石刻和各种建筑构件，年代多属萨珊时期和伊斯兰时期。其中有一件带流的三足青铜大鼎和一件精美的青铜斧，值得注意。梅村最感兴趣的是一大块烧结的玻璃板。

　　博物馆东墙外有很多石刻，包括一件阿纳希塔庙的公牛残石、一批萨珊和伊斯兰时期的石刻，还有两件水槽和两件石狮。Hamed说，板凳狮流行于恺加时期。

　　回来的路上，任超说有一处石墙带半圆形榫槽，过去看了看，该处建筑是罗马俘虏所建。

　　出景区，往西开，吃午饭。

　　饭后，看萨珊岩画。岩画在峡谷两侧。左侧四幅，在封闭景区内，买门票才能进。景区名，售票处作Rock Relif of Tang-e Chogan。这四幅岩画，第一幅是沙普尔一世《庆功图》（上下分五层，图35），第二幅是沙普尔一世《朝觐图》[图36]，第三幅是沙普尔一世《授命图》[图37]，第四幅是沙普尔二世《平叛图》（上下分两层，图38）。出景区，回到大路，沿峡谷右侧走，路边还有两幅，第一幅是沙普尔一世《授命图》[图39]，第二幅是沙普尔一世《庆功图》（上下分两层，图40）。

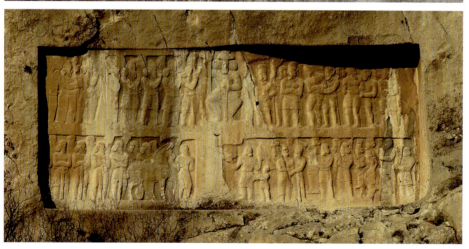

〔图 36〕
沙普尔一世《朝觐图》
任超 摄

〔图 37〕
沙普尔一世《授命图》
任超 摄

〔图 38〕
沙普尔二世《平叛图》
任超 摄

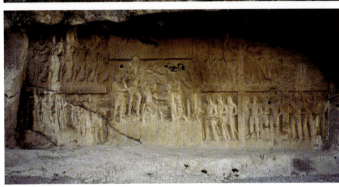

最后一个节目是看沙普尔一世像〔图41〕。

约行五六公里，过桥，把车停在山下的一个院落中。众人上山，很快消失，我和梅村还有司机待在院子里。

我用望远镜看山上，上看下看，左看右看，一个人影都看不见，近顶处有个山洞，好像咧开的嘴唇。

院中有个老汉在雕棺盖。他是个石匠，请我们喝茶，看他的作品。他的作品多半都是仿阿契美尼德时期的石刻。他自豪地说，山坡上立的大石，上面的雕刻就出自其手。

石匠继续干活。梅村跟司机聊天。天色渐晚，司机打电话，说他们快下来了。我在洞口看见一个白点儿，可能是哪个女生的头巾。

天黑，他们终于下来了，备述艰辛，都说太险太累。梅村说的悬崖峭壁，其实只有这一处，岩画都在低平处。

车上，困极，酣然入睡。快到设拉子，下车吃饭。饭馆有很多包间。天很冷，我们挤在一间带玻璃拉门的小屋里，席地而坐，点煤炉，吃晚饭。Vida和马丽亚抽水烟，吞云吐雾。

到机场，时间还很富余，与司机告别。

〔图39〕
沙普尔一世《授命图》
任超 摄

〔图40〕
沙普尔一世《庆功图》
任超 摄

〔图41〕
沙普尔一世像
任超 摄

【补记】

查卫星地图，比沙普尔城在设拉子西，直线距离约100公里，车程约143公里。这段路分两截，设拉子到我们休息的地方，即Dasht-e Arzhan，车程约71.2公里，只是一半；另一半是出这个镇，前行约3公里，换另一条没标号的公路，经卡泽伦去比沙普尔城。该城在卡泽伦县以北，直线距离约18公里，车程约21.6公里。

比沙普尔，意思是Lord Shapur。查卫星地图，比沙普尔城以东，谷口有村，叫Tang-e Chowgan Kashkuli（维基百科作Tang-e Chowgan-e Olya-ye Kashkuli），沙普尔石像所在的山洞叫Shahpour Sasani Cave。沙普尔一世像高6.7米。


13日　晴

本来12日22:40的飞机，次日1点多才到。看机场礼品店，发现一本跟法尔斯省有关的图录，要价30美元，书有点旧，但书中有一张照片，我有兴趣。他们找了半天，存货只有一本，犹豫再三，还是决定买。刘翔帮我砍价，砍到25美元。过安检，任超的三脚架不能上飞机，只好请Hamed出去，替他办托运。

飞机很新，是新买的空客。登机后，与黄莹聊天，忽然睡着。

一觉睡到德黑兰，仍宿Parsian Kowsar Hotel，约9:00吃饭，10:00出发。

上午，先看礼萨·阿巴斯博物馆（Reza Abassi Museum）。博物馆分四层，四层是早期陶器，阿契美尼德、帕提亚和萨珊时期的青铜器和金银器。三层是伊斯兰文物。二层是细密画和书籍、手稿，包括8、9世纪的《可兰经》抄本。一层是现代艺术。看完，大家在附近买糖果。

中午，在一家意大利餐馆吃饭。我点蘑菇汤和烤虾。

饭后，大家都以为下一步是参观伊朗国家博物馆。我在车上睡着了，醒来一看，怎么不像呀。原来，我们是在城北的萨德阿巴德宫（Saadabad Palace）。Vida说，这儿有很多博物馆。大家说，我们要看的不是现代博物馆。

德黑兰有两个皇宫，戈莱斯坦宫（Golestan Palace）相当我们的故宫，萨德阿巴德宫相当我们的颐和园，我以前看过。大家说，咱们去看珍宝博物馆吧，Vida说来不及。任超建议去古董街的Mose Baba，一家犹太人开的古董店。古董店在德黑兰会议旧址附近。德黑兰会议旧址当然很重要，任超以为买门票就可以参观。

找到Mose Baba，感觉像潘家园。

德黑兰会议旧址，过去是英国大使馆，现在也是。高墙架着铁丝网，门口设警卫，到处写着禁止照相，根本不让参观。我和任超围着它转了一圈。

回到Mose Baba，在街角留影，背景是德黑兰会议旧址。Mose Baba的老板在门外打招呼，说你们的朋友在店里，进店一看，谁也不在。老板说，你们的朋友刚买了这个盘子，完全是手工。不买。

出古董店，李晴她们在斜对面另一家古董店的门口招手。梅村买了一个铜盘。进店，店主向我兜售琥珀和蜜蜡，一看就是假的。不买。

我问厕所。Hamed带我们到隔壁，厕所在四楼，膝盖疼，任超搀我上楼。

下一步是上Vida朋友的店买地毯。马丽亚买一块大毯，达吾和李晴各买一块小毯。马丽亚是维吾尔族，达吾是哈萨克族，地毯很重要。大毯砍价15%，小毯砍价20%，仍然很贵。

18:00，返宾馆。19:00，吃晚饭。

到中华餐厅吃中餐，以前来过。菜肴不错，梅村大悦。

21:00，睡觉。

14日　晴

8:00吃早饭，9:00退房，去伊朗国家博物馆（National Museum of Iran）。

此馆建于1933年，初名Bastan Museum，意思是波斯博物馆。现在分两个馆，前伊斯兰馆，整个建筑是萨珊风格，展柜老旧，四面透光，照相效果差，展品多年不变。伊斯兰馆是新修，建筑、展柜、展品，非常现代。看来，伊朗更重视伊斯兰馆。

先看前伊斯兰馆。楼上是史前，没顾上看。楼下是青铜时代和铁器时代。

任超陪我，倒着看一遍，正着看一遍，选重点文物，仔细拍。我只拍了帕提亚以前的部分，后面的部分，相机没电。说明牌，我都拍了。重点文物，请任超拍。

到伊斯兰馆，梅村正在外面抽烟。他陪我进馆，楼上楼下，粗看一遍，东西很漂亮。

看完，在礼品店买The Bisitun Inscriptions (Old Persian Tests)一册（伊朗的拉丁拼写比较混乱）、光碟二盒、明信片一套，以及瓷盘、搪瓷盘、冰箱贴等物。

中午，在博物馆南面的城市公园（Shahr Park）吃午饭。园中有和平鸽雕塑、和平博物馆和各种禽鸟。我点的茄子很难吃。

任超、达吾不吃饭，专心在伊斯兰馆拍摄。

下午，在德黑兰大学附近逛书店，买书。图录有英文本、德文本，但考古报告多为波斯文。Vida说，她要买一本拉夫桑贾尼的日记。

去机场，过霍梅尼陵，有金顶和四个宣礼塔。

在机场BBQ吃晚饭，点炸鱼，迟迟不上，等我吃完炸虾，炸鱼才送上来。

告别，我跟Hamed说，感谢他的帮助，特别是他不肯放弃，帮我找到塔克特·鲁斯塔姆。他说，他是亚兹德人，欢迎我到他家乡去。Vida拥别，说这次旅行非常棒，不断向大家挥手。

乘CZ6206返，一路睡觉，到乌鲁木齐。换飞机，继续睡。

15日　晴

下午到北京，取行李，与刘翔打车，回蓝旗营。

皮肤奇痒，看来吃虾过敏。这不是第一次。

伊朗一周行，主要跑设拉子附近。

波斯最早的遗址，安善，我们看了。

阿契美尼德时期的三个必到之处：帕萨尔加德、波斯波利斯和纳克什·鲁斯塔姆，细节很多，重新补课，基本看全。

波斯十三王，九王有陵，帕萨尔加德一个，塔克特·鲁斯塔姆一个，纳克什·鲁斯塔姆四个，波斯波利斯三个，一个没漏。

萨珊三都：伊斯塔克尔、菲鲁扎巴德和比沙普尔，重要建筑和岩画也都看了。

法尔斯一课，基本圆满。

---

【待访】

设拉子附近未看的地点，除1月9日补记提到的地点，还有个萨珊时期的建筑：Sarvestan Palace，在设拉子东南。从设拉子到这一遗址，车程约96.6公里，路上会看到马哈尔卢盐沼。

第二十章

# 伊朗访古记

（下）

# 第三次去伊朗（2018年1月10—21日）

〔左页图〕
伊萨克万德崖墓
任超 摄

这次考察，一行八人，我、张木生、林梅村、王睿、梁鉴、任超，以及林梅村的学生达吾力江·叶尔哈力克和郝春阳。这八个人，除王睿、小郝没去过伊朗，其他人都去过。

前两次跑伊朗，都是跑中路，这次是西路加中路。谁都没跑过西路。

西路，从德黑兰飞阿瓦士，一路开车北上，游舒什、舒什塔尔、哈夫特丘、乔加·赞比尔、克尔曼沙阿、比索通、萨拉布、坎加瓦尔、哈马丹，返德黑兰。

中路，从德黑兰飞设拉子，重游波斯波利斯、帕萨尔加德、纳克什·鲁斯塔姆，再返德黑兰。

行前，小达负责办手续。他把我拟定的路线和沿途的考察地点转给Hamed、Vida。最初安排，时间比较长。后来重新规划，压缩了一下：1月11—19日，所有人一起活动，返回德黑兰，最后两天分开走。1月20日，Hamed陪我、张木生、王睿、任超、梁鉴在德黑兰看伊朗国家博物馆，21日回北京。1月20—21日，Vida陪梅村和他的学生去大不里士看阿德比尔神庙（Temple of Ardabil）收藏的中国瓷器，22日回北京。

我们在伊朗，除20日在德黑兰下了一阵儿小雨，一直是晴天。早回北京，是要到长沙开会（1月25—29日）。我在长沙那几天，真也奇了怪了，除了北京，哪儿都下大雪，长沙也下了雪。我在长沙看电视，1月27—28日，德黑兰那边暴风雪，雪最深达80厘米，平均20厘米，机场关闭，旅客滞留。据说这是伊朗近五十年未有之暴风雪，伊朗30省有20个省在下雪。我们选的时间真不错，如果再晚几天，可就麻烦了。

## 1月10日 晴

11:00，小达和春阳约了车，到蓝旗营接梅村和我。
到机场，与木生、王睿、梁鉴、任超会合，一起喝咖啡。
登机，乌鲁木齐中转，过安检。小达单独被叫走，要求提供邀请信。
乌鲁木齐的地面温度是零下16°C，很冷。接唐晓峰、曹玮短信，高明老师去世，赶紧打电话，嘱曹玮代送花圈。

喝茶，吃羊肉水饺。

再登机，与王睿聊天。王睿建议给木生和我升舱，后来发现，舱内有不少空位。木生和梅村到后排各占一排大睡，王睿挪到后排，让我也独占一排睡大觉。

一觉睡到德黑兰，Hamed、Vida来接，大家在机场换了点零花钱。

深夜，再次路过霍梅尼陵。

宿费尔多西国际大酒店（Ferdowsi International Grand Hotel），四星级，大门上方有费尔多西雕像，旁边有糖果店。

大堂多复古装饰，沙发旁的浮雕墙，把亚述的图像与波斯的图像糅一块儿。电梯里的墙面也以波斯波利斯的浮雕图案为装饰。

房间很舒适，居然有电水壶，冰箱里还有免费的水果和点心。

## 1月11日　晴

早起，洗澡，喝茶。6:40吃早饭。7:15出发，路过费尔多西像。

小任在乌鲁木齐受寒，咳嗽不止。临走，我的感冒刚好，为了防止再感冒，我从校医院开了两盒药，拿了一盒塞箱子里，现在派上用场，赶紧送任超。

乘Taban Airline的飞机直飞阿瓦士。下飞机，有车来接，前往舒什。阿瓦士到舒什，车程约121公里。

胡齐斯坦省（Khuzestan Province），Khuzestan的意思是苏萨人的土地。苏萨，古波斯语叫Husa，中古波斯语叫Khuzi。阿瓦士（Ahvaz）也跟苏萨有关。Ahvaz是阿拉伯语，本作Suqal-Ahvaz，意思是苏萨人的市场，后来只留后一半，简称Ahvaz。

西行，穿卡伦河（Karun River），沿48号公路，一路北上。卡尔黑河（Karkheh）应该在它左边，看不到。周围一马平川，路边的树，两种最多，不知其名。一种类似我国西北的旱柳，一种像盆栽文竹的放大版。此外，还有棕榈树、椰枣树和一丛丛芦苇。远处，油气井在喷火。

行前，Vida告诉小达，定好的行程，不要大改动。计划未列但以理墓和阿尔塔薛西斯二世宫，只说看苏萨的重要景点。我提醒Vida，不要忘记这两个地点，她说不会。

我们的日程安排是，先去舒什，后去哈夫特丘，住舒什塔尔。

（一）苏萨（Susa）

Susa是古国苏西亚那（Susiana）的中心，今称舒什（Shush）。这个词出自该城保护神Inshushinak，《圣经》叫书珊（shushān）。

[图1] 但以理墓
李零 摄

[图2] 苏萨博物馆
李零 摄

舒什像个小镇，街道狭窄，店铺林立。下车，先看但以理墓[图1]。但以理是犹太教的四大先知之一。

墓在街边，与普通清真寺无异。一进大门，就有一群孩子围过来，大呼"中国人，中国人"，要求与我们合影。Vida、王睿、小郝披白色chador。

对面，有座白色尖塔。塔下是但以理墓，按规定，男女分开，脱鞋入。内有匍匐跪拜的人和扶着方屋状围栏（Sarih）祷告的人，口中念念有词。透过围栏的方孔朝里望，可见墓碑横陈。穿过朝拜者，往前走，后墙有个木门，木门紧锁，带玻璃窗。透过窗子往外瞧，可见沙乌尔河（Shaur River）。

看完但以理墓，开车到城外吃午饭，然后返回城里，看苏萨遗址。

苏萨遗址是2015年联合国教科文组织批准的世界文化遗产。遗址在市区以东，是个高出地面、凹凸不平的土丘群，在街上一眼就能看到。

进门，有个遗址示意图，图上标着九个景点：

1. Archaeology Museum，即苏萨遗址的考古博物馆[图2]，一进大门，对面就是，其位置正好夹在大流士宫和卫城之间，背后是摩根堡。

2. Apadana Palace，即大流士宫。大流士宫包括两部分，Apadana（波斯语，意思是朝堂）在北，寝宫在南。

3. Eastern Gate，即大流士宫的阙门，在大流士宫寝宫的东面。

4. Hadish，也是一组建筑，位于皇城区通往大流士宫的入口。这个词出自该建筑出土的薛西斯一世铭文，意思是宫殿或亭子。

5. Grand Trench（Ville Royal A, Layer XV），即吉尔什曼发掘皇城区A区的一条大探沟，包括第1层至第15层。

6. Castel（Archaeological Camp），即法国考古队的工作站，也叫摩根堡（Chteau de Morgan）。城堡位于卫城北端的高丘上。

7. Morgan Témoin，即摩根发掘卫城遗址留下的关键柱，在摩根堡以南。Témoin是法语，意思是证据。

第二十章　伊朗访古记（下）

8. Shaur Palace（Artaxerxes I），即阿尔塔薛西斯二世的宫殿。Artaxerxes I 乃 Artaxerxes II 之误。此宫在沙乌尔河以西。

9. Tomb of Daniel，即但以理墓，在沙乌尔河东岸。

这九个景点，1—7 被围在景区内，8 在沙乌尔河西，9 即但以理墓。它分三区，宫殿区在北，用大字标 Apadana；皇城区在东南，用大字标 Ville Royal；卫城区在西南，用大字标 Acropole。

先看博物馆。博物馆门前有个小院，小院有两条小路，一条从遗址大门到展厅，一条从展厅到大流士宫。路边陈放石刻，各个时期都有，其中有件带三体铭文的钟形柱础是阿尔塔薛西斯二世时的东西，或许出自景点 8。展室门口台阶下，院子正中有巨大的钟形柱础，则可能出自大流士宫。台阶右侧有帕提亚男子像（浮雕），左侧有恺加"板凳狮"。

展厅不太大，文物不太多，但各个时期都有，主要是舒什和舒什周边的东西。

中间的展厅，正对门口，是公牛柱头的残件，罩在玻璃柜中，很大，出自大流士宫。两旁，一个角落是方形柱础残石，带三体铭文，出自大流士宫；一个角落是钟形柱础残石，也带三体铭文，可能与院子里的那件一样，也属阿尔塔薛西斯二世时。

左边的展厅，年代比较早。展品包括洛雷斯坦出土的兵器和车马器（旧称卢里斯坦青铜器），苏萨出土的铭文砖，阿尔赞（Arjan）出土的鸭形权，哈夫特丘出土的女子头像（图3）和楔形文字泥版，乔加·赞比尔和苏萨出土的门钮（doorknob）。这种门钮，方板中间带圆钮，有铭文。说明牌作 wall nail。

右边的展厅，年代比较晚。大流士宫的釉砖画，我看是复制品。Vida 说，弹丸和铜箭头是亚历山大攻苏萨的遗物。其他展品，主要是帕提亚和伊斯兰时期的东西。帕提亚时期的东西，有些是苏萨出土，有些是马斯吉德·苏莱曼出土。

然后看大流士宫（图4）。遗址在高平之地，非常空旷。遗址中有几个棚子，是用来保护遗址出土的双牛柱头和其他残石。

Apadana 在北。看说明牌，它有 72 柱，36 柱（6×6）在中间的大厅，宝座在第五、第六排柱子间的正中，前边和左右各有一个柱廊，每个柱廊各 12 柱（6×2）。大厅 36 柱，形制同，通高 23.25 米，柱头 8 米，柱身 13.5 米，柱础 1.75 米。柱头分上中下三段：上段为双牛相背，用承屋顶；中段为方柱形，前后饰直纹，左右为四个常青藤涡卷（Ivies）；下段为 16 瓣莲花（lotuses）加棕榈树叶（palm leaves）。柱身分三段拼接。柱础，下为黑色的方形柱础，两层，上为圆形的钟形柱础。这种柱式糅合了埃及和爱奥尼亚等地的风格，加以波斯化。这种柱子，卢浮宫那件最好。

3
—
4

〔图 3〕
哈夫特丘出土的妇女头像
苏萨博物馆
任超 摄

〔图 4〕
大流士宫
李零 摄

寝宫在南,看说明牌,王住的地方出过两件奠基石版,带三体铭文。内臣住的地方在它左右,后妃住的地方在它背后,它的北面和东面是庭院,有禁军守卫。

然后看大流士宫的阙门。说明牌称之为 Monumental Gate,阙门四柱,有东西二门。看上去,西门是通寝宫的门,东门是通皇城区的门。

然后看 Hadish 宫。波斯波利斯的薛西斯宫,出土铭文叫 Hadish Palace。说明牌说,这组建筑,南北二门,各有两个门柱,左右对称各四室,有个角柱有薛西斯一世铭文,说此宫是大流士一世所建。

然后看吉尔什曼大探沟。说明牌称之为 Trench of imperial city（fifteenth city）。吉尔什曼花了21个季度,把这个占地1公顷多的遗址,从埃兰时期到伊斯兰时期,一共分了15层。摩根堡的说明牌把它叫 Royal City。Ville Royale 是法语,意思是皇城,大概相当离宫别馆。

然后往摩根堡走,路上有个泥砖作坊,是为修复遗址而设。其制作工具也是用木板拼装的模子,原料也是泥土和草料,与我们的土坯差不多。草丛中有狐狸出没,还有两条狗。

然后看摩根堡以南的那个关键柱,样子像段夯土墙。

然后看摩根堡,位置在卫城北端地势最高处。说明牌称之为 Archaeological fortress of Susa（L'Chateao）,并说,1834年,迪厄拉富尔来此考古,最初住帐篷。1897年,摩根代替迪厄拉富尔主持苏萨发掘,始以遗址各处所出泥砖建此城堡。泥砖,横跨各个时期,既有埃兰时期的楔形铭文砖,也有萨珊时期的蓝釉砖。

最后,开车过沙乌尔河,看阿尔塔薛西斯二世的宫殿。大门紧锁,不对外开放。从门缝拍摄,与大流士宫相比,院内的柱础似乎比较小。门左有说明牌,谓遗址长230米,宽150米,柱厅有64柱,面积为34.6米×37.5米。

再次穿过沙乌尔河,离开苏萨,前往哈夫特丘,回首可见 Vell Royale 的背后。

（二）哈夫特丘（Haft Tappeh）

从舒什城的东南角,沿37号公路往回走,半路左拐,到哈夫特丘〔图5〕,车程约15公里。车到已近黄昏。Haft Tappeh,意思是七丘。

先看路边的墓葬。说明牌称之为 Burial Complex,这是一大一小两座砖室墓。

然后看南边的两个遗址群,说明牌称之为 Terrace Complex 1 和 Terrace Complex 2,即哈夫特丘的两个大平台。它说,遗址是埃兰重镇,年代约在公元前15—前14世纪,相当中埃兰早期,当时是个城,叫 Kabnak。这座城,1965年发现,1978年发掘,近年在城北发现城墙,在城南发现贮藏泥版文书的建筑。2012年,在城墙附近的街道上发现几百具人骨,年代相当公

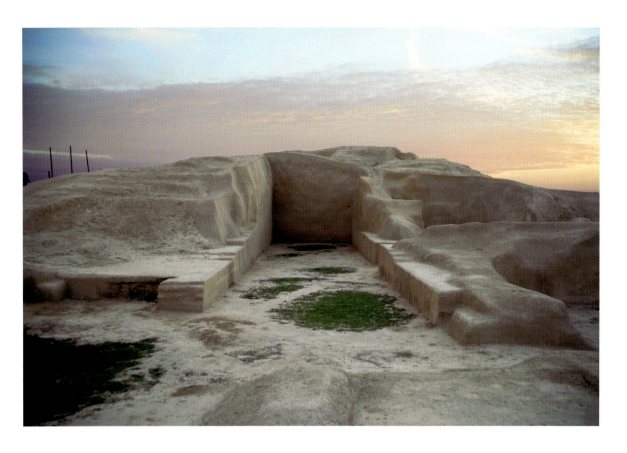

〔图5〕
哈夫特丘
任超 摄

元前14世纪，这是该城废弃的年代。

　　太阳落山，Hamed与博物馆联系，特许大家参观遗址东南的博物馆。这个博物馆叫Museum of Chogha Zanbil and Hafttappeh，与乔加·赞比尔属于同一个研究中心，其中既有乔加·赞比尔的东西，也有哈夫特丘的东西。其中最重要的文物是吉尔什曼发掘，乔加·赞比尔出土的格里芬泥塑〔图6〕。泥塑是用残片复原，可惜残片太少。哈夫特丘出土过一件埃兰时期的铜牌，也很重要。铜牌正中是个站在狮背上的男神，左手持弓，右手持斧，左边是个作祈祷状的女神，右边是个蹲坐的裸女，原件保存在伊朗国家博物馆，这里是个带有示意性质的复制件，做得很大。釉陶门钉，这里的说明牌作Glazed wall knob。

　　离开哈夫特丘，天已大黑。走小路，前往舒什塔尔，车程约59.9公里。路上睡着，什么也没看见。再一睁眼，已到舒什塔尔。

　　舒什塔尔像个小镇，灯火通明，店铺林立。Vida说，先去旅馆check in，8:45吃饭。伊朗人吃饭比较晚，但大家饿了，要求先吃饭，再去旅馆。晚上很冷，穿厚衣服。

　　饭后，看工艺品，坛坛罐罐，转一圈，什么都没买。

[图 6-1]
**陶格里芬**
乔加·赞比尔出土
哈夫特丘博物馆
梁鉴 摄

[图 6-2]
**陶格里芬**
乔加·赞比尔出土
哈夫特丘博物馆
梁鉴 摄

车子开进一个胡同。我们住的地方类似中国的民宿或农家乐,叫 Shushtar Hotel。三面是波斯风格的二层楼,中间是个庭院。我住一层,屋里有点冷,盖两层毯子,凑合。怕皮肤瘙痒,不敢洗澡。

1月12日 晴

舒什塔尔(Shushtar)是萨珊王朝的夏都,以水利设施著称。Shushtar,意思是比舒什更大更美,前身是埃兰古城,叫阿达姆东(Adamdun)。

7:00吃早饭,有两种粥,味道不错。

餐厅，三面墙，一面朝庭院开放。沿墙的玻璃柜，放着主人收藏的出土陶片和砖瓦，其中有埃兰铭文砖。

9:00出发，先看舒什塔尔的古迹，再去乔加·赞比尔。

（一）舒什塔尔水利系统（Shushtar Historical Hydraulic System）

先看瀑布和水磨（Waterfalls and Watermills，图7）。出旅馆不远，桥下就是，风景很美。

然后看萨拉塞尔堡（Salasel Fortress，图8）。这座城堡，据说萨珊时期就有，但现在的建筑是恺加时期的。城堡有城池、宫室、军营、马厩等设施。最有意思的是，它有个夏天避暑的地下室，深10—20米，叫Shouvadun，还有个带闸门的地下暗渠，叫Dariun。据说，阿拉伯人入侵，就是由波斯内奸引路，从暗渠攻入。

然后看恺撒桥（Pol-e Kaisar），恺撒桥也叫恺撒坝（Band-e Kaisar，图9）。这座桥是沙普尔一世用罗马战俘修建。

然后乘船，在卡伦河上兜一圈。

这批古迹，合在一起，以舒什塔尔水利系统的名义，申报世界文化遗产。2009年被联合国教科文组织批准。

（二）乔加·赞比尔（Chogha Zanbil）

中午，前往乔加·赞比尔﹝图10﹞。路上，在一家阿拉伯人开办的农家乐吃饭，席地而坐，吃烤鸡、烤鱼和白菜蘸酸奶。

舒什塔尔到乔加·赞比尔，车程约44.4公里。沿途有一条铁轨，四周多甘蔗田。从地图看，昨天晚上其实已路过乔加·赞比尔的北面。今天往回走，走到半路向南拐，路边有很多土丘，穿过这些土丘，就看到它了。

Chogha Zanbil是巴赫蒂亚里语，Chogha是土丘，Zanbil是篮子，合在一起，意思是像个倒扣篮子的土丘。这个遗址也属于中埃兰时期，但年代比哈夫特丘晚。它是埃兰王温塔什·纳皮利萨（Untash Napirisha，前1275—前1240年在位）修建的一座城，也叫温塔什城（Dur Untash）。公元前646年，此城毁于亚述入侵，相当亚述巴尼拔（Aššurbanipal，前685—前627年在位）时。

乔加·赞比尔和哈夫特丘是1979年由联合国教科文组织批准的世界文化遗产，伊朗申遗成功，这是第一例。

车入第一道城圈，停车场和售票处在第二道城圈的东南墙外。

先看用芦苇束搭建的房屋（模拟当时的房屋），然后进城看。

古城以四四方方五层内缩的塔庙为中心，塔庙四隅分别指向东南西北四方，正门开在东南，后门开在西北，左门开在西南，右门开在东北。

塔庙外有城圈，内外三层。内圈，除西南墙直，其他三面呈圆弧形，墙开五门，东南墙开二门，其他三面各开一门。中圈，作长方形，墙开三

〔图7〕
舒什塔尔:瀑布和水磨
李零 摄

〔图8〕
舒什塔尔:萨拉塞尔堡
任超 摄

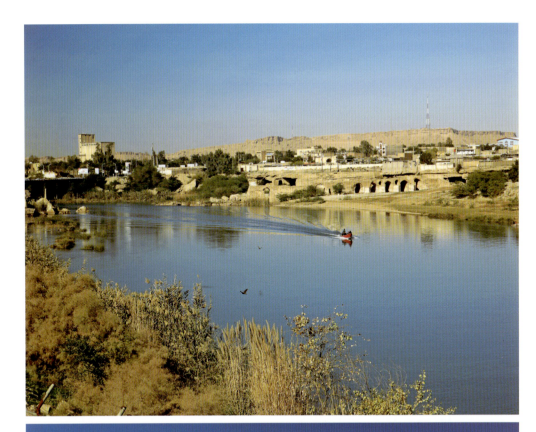

〔图9〕
舒什塔尔：恺撒桥
梁鉴 摄

〔图10〕
乔加·赞比尔西北隅
梁鉴 摄

第二十章 伊朗访古记（下） 581

门,西南、东北和东南各开一门。外圈,西北、西南墙直,东南墙为圆弧形,东北墙依山势而建,并不封口,唯东南墙有门。

塔庙是用日晒砖和焙烧砖修建。很多砖上有铭文。建筑间的甬道,往往是斜的,也用这种砖。我们在德黑兰和世界各大博物馆看到的门钮(door knob)和费昂斯管等遗物,都出自这一遗址。

从中圈东南墙右侧的门入,先看东北角的四组神庙,后看东南角的一组房屋。然后从内圈东南墙左侧的门入。此门外有一小庙。

首先,看塔庙正面。塔庙正门〔图11〕,台阶下有两排墩子,每排七个,推测是放祭物。右边有个方台,左边空着,据说一边放陶塑公牛,一边放陶塑格里芬。格里芬在哈夫特丘博物馆,公牛在伊朗国家博物馆〔图12〕,身上有铭文,以前拍过。

其次,看塔庙左侧。塔庙左门,前面有圆形祭坛。在祭坛前合影。然后转到第一道城圈的西北角。远远望去,有两个男人骑摩托,沿第三道城圈外面的路,赶着一群骆驼走,都是单峰骆驼。Vida说,前面有水渠和过滤池。大家跟着她往外走,地上多碎砖、碎石,穿过第二层城圈,在第三道城圈上看到水渠和过滤池。据说,此城地势很高,比离它最近的迪兹河(Dez River)高50米,无法就近取水。埃兰王温塔什·纳皮利萨命人开凿运河,从苏萨引卡尔黑河的河水于此。因为地处下游,乃在最后一道城墙上设过滤池。

其次,看塔庙背后。塔庙背后有四组神庙一横排。塔庙后门,前面也有圆形祭坛。

最后,看塔庙右侧。塔庙右门,前面也有圆形祭坛。

全部转完,出景区,大家坐下喝咖啡。

最后一个节目是看景区东侧的外墙东门和墙内的宫殿、墓葬和神庙。

回到停车处,天色不早,往回赶。

在城里吃饭,大家吃不动,只吃汤、馕、茶。

王睿劝我换房间。Hamed拿来一个电暖,让我试一下。电暖太热,被我关掉。他再来问我,我说,没必要换房间。

## 1月13日　晴

7:00吃早餐,有伊朗式西红柿炒鸡蛋,搅得很碎。

今天去克尔曼沙阿,路很长,有411公里远。

沿39号公路走,先看萨珊遗址。遗址在迪兹富勒南。先到一座清真寺,寺院围起的范围,据说原来是个萨珊城,尚未发掘。该城由

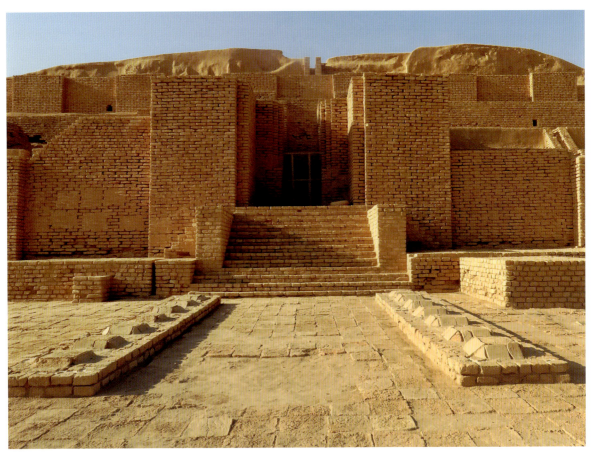

〔图 11〕
乔加·赞比尔西南门
李零 摄

〔图 12〕
陶公牛,乔加·赞比尔出土
伊朗国家博物馆
李零 摄

第二十章　伊朗访古记（下） 583

7000罗马战俘修建，沙普尔一世在此兴建医院、学校，命人把波斯的医学文献翻译成希腊文。我们开车接上当地的考古工作者，去附近的另一个遗址〔图13〕。

遗址范围很大，据这位先生介绍，与城有关。眼前的探方是个居住遗址，由芝加哥大学的考古学家和伊朗考古学家联合发掘，房屋有地下室，尚未揭露，出土物有丝织品，有些在大都会博物馆。他说，这一带的灌溉农业自古就很发达，当地盛产甘蔗、大蒜、胡萝卜、小麦。田畴平衍，可见远山，山在北面和东面。看完遗址，把这位先生送回去，继续赶路。

还是沿39号公路走，过迪兹富勒。迪兹富勒是迪兹河（Dez River）流过的地方。迪兹河从北往南流，河上有两座坝、五座桥，其中一座是萨珊古桥。Dezful，本作 Dezpul，Dez 的意思是要塞、城堡，pul 即 pol，意思是桥，合起来的意思是进城堡的桥。

继续赶路，过安迪梅什克，换37号公路，进入山区。中午，在一加油站方便，然后在前面的小镇吃饭。饭馆墙上有洛雷斯坦金来通、银来通的照片，方悟已在洛雷斯坦省，

继续赶路，路的右边出现洛雷斯坦金来通、银来通的复原雕塑，往前没几步，路的左边是卡尔黑河，河上有座萨珊古桥，叫 Pol Dokhat（处女桥，图14）。大家到河边拍照。Pol Dokhat 既是桥名，也是地名。刚才的小镇就属于 Pol Dokhat。

继续赶路，在一开阔地，停车小憩，喝咖啡。

再次上路，半路被警车拦停。Vida 叮嘱大家，千万别下车。司机前往交涉，问题在超速，警察要罚款。此处山势奇绝〔图15〕，大家纷纷拍照。

继续赶路，过 Vareh Zard，换19号公路，过哈鲁纳巴德，换48号公路，临进克尔曼沙阿，又换21号公路。一路灯火通明，又见繁华。车到城北，来到一座旅馆前，旅馆作城堡状，一边写着 Hotel，一边写着 Jamshid。贾姆希德饭店，就是今晚所宿。

饭店四星级，房间里什么都有，空调很热，关掉。小桌上有一份克尔曼沙阿省景点分布图和一本克尔曼沙阿省景点的图册。翻景点图册，此地有崖墓，引起我的注意。

在地下一层吃饭，饭厅很大，装饰很豪华。我跟 Vida 说，最好把图册中的崖墓加入这两天的活动安排。她说，此墓在比索通东南，很少有人去，路不太好走，比较费时间。

夜里，听到飞机声。这里离飞机场很近。

〔图13〕
迪兹富勒南的萨珊遗址
梁鉴 摄

〔图14〕
洛雷斯坦的处女桥
梁鉴 摄

〔图15〕
洛雷斯坦的山
梁鉴 摄

〔图16〕
塔克·布斯坦
梁鉴 摄

**1月14日　晴**

8:00吃早饭，约木生下楼。早餐在一楼，太早，除了我们，几乎没人。自助餐，有伊朗式西红柿炒鸡蛋。

9:00，步行去塔克·布斯坦（Taq-e Bostan，图16），想不到，就在旅馆背后，非常近。

Taq-e Bostan，意思是花园拱门或石头拱门。景区内，一山一湖，山在北，湖在南，风景很美。山下有石窟二。石窟，一大一小，皆有拱门。大窟在左，小窟在右。大窟左侧有一块凿好未刻的浮雕，小窟右侧有一块刻好的浮雕。石窟前面，本来没有水，游客可以进洞参观，现在横着一道水，把游客隔在外面。

大窟，建于阿尔达希尔二世（Ardashir II，379—383年在位）时。窟顶有雉堞装饰，外墙有浮雕装饰。拱门以绶带为框，上方正中有月亮和绶带，两旁各有一胜利女神，左右对称。女神一手捧圆盒，一手执圆环；墙角饰生命树，亦左右对称。拱门内，三面都有浮雕。后墙浮雕为阿尔达希尔二世《授命图》。阿尔达希尔二世站在中间，右侧为阿胡拉·马兹达，左侧为阿纳希塔，脚下各踩一方台。阿胡拉·马兹达右手执环，递给阿尔达希尔二世。

阿尔达希尔二世右手接环，左手仗剑。阿纳希塔右手执环，左手执壶盥地。图中的圆环皆有绶带，乃权力之象征。这幅图的下方，两边有立柱，中间为一骑马武士，右手执矛，左手持盾，全身甲胄，只露眼睛，胯下战马亦披甲。武士身后，右上角有一块预留的方形空白，未刻字。拱门内，左右两侧是《狩猎图》，左边是猎野猪，右边是猎鹿。《狩猎图》的年代是哪一王，学者有三说，一说为卑路斯一世（Piroz I, 459—484年在位），一说为库思老二世（Khusrow II, 590—628年在位），[1] 一说为阿尔达希尔三世（Ardashir III, 628—630年在位），年代皆晚于阿尔达希尔二世。《狩猎图》左图的上方还有一幅恺加时期的浮雕，年代更晚。

小窟，建于沙普尔三世（Shapur III, 383—388年在位）时，后墙分上下两段。上段，左为沙普尔三世，右为沙普尔二世（Shapur II, 309—379年在位）。两人皆头戴王冠仗剑立。下段空白。沙普尔三世的左上角和沙普尔二世的右上角各有一篇萨珊铭文。

小窟右侧的浮雕，亦建于阿尔达希尔二世时。这一浮雕也是表现阿尔达希尔二世的授命登基。阿尔达希尔二世站在中间，右侧为阿胡拉·马兹达，左侧为阿纳希塔，与大窟同。不同点是阿尔达希尔二世和阿胡拉·马兹达脚下踩着一个人，阿纳希塔有大胡子，作男相，手中执袄教法器barsom（成束的草木小棍），脚踩莲花宝座，有背光。阿尔达希尔二世和阿胡拉·马兹达脚下的人是谁？一说是罗马皇帝朱利安（Julian, 331—363年在位），一说是贵霜王。

浮雕右，原有建筑，现已不存在。山的右侧有石磴，Vida特意指给我看，说是当年士兵巡山所遗。

门口有古树，在书亭买书一册。

返旅馆，上车，走48号公路，去比索通（Bisotun）。

先看甘吉·达列赫（Tapeh Ganj Dareh，图17）。遗址在一条小路边，路边有牌子。牌子上说，这个遗址是伊朗最早的农业定居点之一，当时的居民已经驯养山羊，年代为公元前9000—前8000年。20世纪60年代到70年代，加拿大考古学家曾在此发掘，近年伊朗、丹麦在此联合考察，2001年定为国家遗产。

然后，从小路返大路，走35号公路，去哈尔辛（Harsin）。哈尔辛东北有个小村，村子东北有座小山，远远望去，可见崖墓（图18）。四周沟壑纵横，只有砾石铺成的小路，磨得轮胎沙沙响，司机说太危险，走了一段停下来。大家还在犹豫，我决定徒步前往。路往前走，似向右转，不敢往前走，离开小路朝左走，抄近道，希望能找到上山的路。解衣，缠腰上，呼哧呼哧大喘气，只有小达跟上来。翻过一道道梁，前面居然有路。顺路走，左转，终于爬到崖墓前。崖墓有三个墓穴，中间的墓，墓穴上方有剪影式

[1] 库思老，或译霍斯劳。

| 17-1 | 17-2 |
|---|---|
| 18-1 | 18-2 |

〔图 17-1〕
甘吉·达列赫
梁鉴 摄

〔图 17-2〕
甘吉·达列赫
梁鉴 摄

〔图 18-1〕
伊沙克万德崖墓
李零 摄

〔图 18-2〕
伊沙克万德崖墓
李零 摄

浮雕。画面上有个双手向上做祈祷状的人。他前面有两个"火坛","火坛"旁有个小人,作双手托举状。坐在崖墓前的石头上休息,环顾四下,远处是雪山,近处是丘陵,阳光下,五彩斑斓〔图19〕。山下的路,往左走,原来竟是分为两岔,上山的路是往左拐。我们的车只有一点点大,正在往回开。

后来,梁鉴、任超跟上来,Vida 也来了。Hamed 到村里找人,找了一辆小皮卡,把剩下的人运到山崖边。大家都上山拍照,只有梅村,不肯爬山,宁肯坐在路边抽烟。开车上来的两个村民,也许是父子,与我合影留念。

Vida 说,这是座米底崖墓,名叫伊沙克万德崖墓(Eshaqvand rock tombs)。第一眼看到它,马上想起的就是纳克什·鲁斯塔姆的《授命图》。哎呀我的妈!这不是它的祖型吗?此行不虚,值,太值!虽然膝盖有点疼。

坐皮卡,往回走,换上我们的大车,回比索通。路上又有一个崖墓〔图20〕,不算太高,小达蹭蹭蹭爬上去,替我爬到墓口照相。

〔图19〕
伊沙克万德山下
任超 摄

第二十章 伊朗访古记（下）

〔图20〕
另一座崖墓
任超 摄

克尔曼沙阿到哈尔辛，车程为58.2公里。

在比索通吃午饭。饭后看景区。

Bisotun，古波斯语作Bagastana，意思是神住的地方，类似巴格达（Baghdad），Baghdad的意思是神赐予的地方。这个词有好几种拼法，早先作Bistun、Bisutun、Behistun。比索通山是座"神山"，山下有清泉一泓，自古是南北大通道（波斯御道）和东西大通道（丝绸之路）的交会处，旅客多驻足于此。

山很高，海拔2794米，地面高度也很可观。贝希斯敦铭文，登山通道关闭。腿疼，只在低处看景点。

梁鉴、任超他们，爬上爬下，往里走。我和木生、梅村下山，往回走。

山下有书亭，卖一本小册子，书名Bisotun，要价5美元，身上没带钱。Vida、郝春阳回来，前往砍价，买了几本，给我一本。

困极，一路睡，直到宾馆。背包丢在车上。

在地下餐厅吃饭，与Vida商量明天的活动。Vida说，市里有个博物馆，去哈马丹的路上有个崖墓，只能舍一个。我说，那就舍崖墓吧。我想，克尔曼沙阿博物馆说不定有什么重要东西。

饭后,梁鉴、任超到塔克·布斯坦拍夜景。

克尔曼沙阿(Kirmanshah),既是省名,也是市名。这个地名是什么意思,我从网上查了一下。

1979年以前,克尔曼沙阿的旧名是巴赫塔兰(Bakhtaran)。Bakhtaran即萨珊王朝的Bahram IV(388—399年在位)。Bahram亦作Bakhtaran,另一种拼法是B音换V音,作Vahram或Varahran。Bahram IV即位前曾任克尔曼总督,故称Kirmanshah。[2]

克尔曼沙阿省,北面是库尔德斯坦省,东面是哈马丹省,南面是伊拉姆省,东南是洛雷斯坦省。古道从克尔曼沙阿市西行,经萨尔波勒扎哈卜(Sarpol-e Zahab)和席林堡(Qasr-e Shirin),翻过山就是伊拉克。山这边叫扎格罗斯门,山那边叫亚细亚门。

萨尔波勒扎哈卜,即古城Hulwan,亦称Sirwan,[3] 库尔德斯坦山区的锡尔万河(Sirvan River),就是以它命名。当地有著名的Lullubian石刻。锡尔万河流到伊拉克那边,叫迪亚拉河(Diyala River),最后注入底格里斯河。

席林堡是以库思老二世的王后席琳而命名,历史上非常有名。居鲁士伐巴比伦是从此山口出,阿拉伯入侵伊朗高原是从此山口入,蒙古人打巴格达也是走这里。1639年奥斯曼与波斯划界的《席林堡条约》(Treaty of Qasr-e Shirin,也叫Treaty of Zuhab)就是在此签订。两伊战争还在这里打,古城遭到彻底破坏。

1月15日 晴

3:00,早醒,起来记日记,看昨天买的小册子,收拾行李。

小册子提到的景点很多,很多没看。

1.猎人洞(Shekarchian Cave)

旧石器遗址(10万年—4万年前),没看。

2.米底庙和米底要塞(Meddian Temple and Fortreess)

在贝希斯敦铭文下,没看。

3.赫拉克勒斯像(Herakles Statue,图21)

塞琉古时期的雕刻,在山下,离地面很近。赫拉克里斯,裸体,斜倚在山石上,身下铺着狮子皮,背后有弓和箭箙,并刻希腊铭文。昨天看到。

4.米特里达梯二世浮雕(Relief of Mithridates II,图22)

米特里达梯二世(Mithridates II,前121—前91年在位)是帕提亚王。浮雕表现米特里达梯二世接见四位大臣。浮雕上方有希腊铭文,提到这些人的名字。这一浮雕被晚期浮雕和铭文打破。一种是帕提亚王戈塔尔泽斯二世

[2] Vasilii Vladimirovich Barthold, *An Historical Geography of Iran*, trans. by Svat Soucek, Princeton and New Jersey: Princeton University Press, 1984, p. 197.

[3] 2017年11月12日,两伊边境大地震(7.8级),伊朗这边,此镇受灾最严重。

〔图 21〕
赫拉克勒斯像
任超 摄

〔图 22〕
米特里达梯二世浮雕
任超 摄

（Gotarzes II，40—51年在位）时的浮雕，残存图像在旧刻右半，有天使一，骑马武士二。一种是萨法维王朝Suleiman I的大臣Sheikh Ali Khan Zangeneh的铭文，在旧刻左半，内容是讲地产划分。昨天看到。

5. 贝希斯敦铭文（Behistun Inscriptions，图23）

登崖扶梯关闭，看不成。或说离地100米，或说离地60米。100米，大概是从泉水所在的地面算起，如果从登崖扶梯所在的地面算起，大概只有60米。

6. 帕提亚庙和帕提亚城（Parthian Temple and City）

庙在贝希斯敦铭文的北边，城在猎人洞的东边，没看。

7. 巴拉什石刻（Balash Stone）

在景区入口处不远的山坡上，没上去看，任超拍了〔图24〕。石刻三面，每面各刻一人像。正面人像，旁边有火坛，坛上有铭文，可以证明此人为巴拉什。Balash，中古与Valgash同。帕提亚王朝晚期有六王叫Valgash，年代范围早到51年，晚到228年。

23-1 | 23-2

〔图23-1〕
贝希斯敦石刻
任超 摄

〔图23-2〕
贝希斯敦石刻
任超 摄

〔图 24〕
巴拉什石刻
帕提亚时期
任超 摄

9. 法哈德刻铭（Farhad Tarash Inscription）

这是当地人的俗称，其实是个山脚采石场的裸露岩壁〔图25〕，岩壁长180米，高30米，在贝希斯敦铭文下的南面，只是开车经过，没到跟前看。法哈德（Farhad）是伊朗爱情故事中的著名人物，传说曾在此开山修路，库思老二世说，只要把路修好，就让他娶席琳公主（Princess Shirin）。等路修好，库思老二世却说席琳公主已死，法哈德殉情自杀。

10. 其他

库思老宫（Khosrow bridge）、库思老桥（Khosrow bridge）、萨法维驿站（Safavide caravansary）、萨法维桥（Safavide bridge）、伊儿汗国驿站（Illkhanid caravanseray）。任超拍了库思老宫〔图26〕和萨法维驿站〔图27〕。

7:30吃早餐，9:00退房，前往哈马丹。

先看博物馆。博物馆在一胡同内，原来是恺加王朝的一个官邸。左边的展室展览旧石器时代的出土文物，有个猎人洞尼安德特人复原像。中间是个水池。对面的展室是展伊斯兰文献，并有恺加王朝的老照片。正面的房屋比较大，都是伊斯兰文物，并悬侯赛因·伊本·阿里像。

从胡同出，上车，出城，走48号公路。克尔曼沙阿到哈马丹，车程184公里。

先到萨拉布阿巴德（Sarab Abad）。Vida说，原来打算放弃的崖墓就在前面，还是可以看一下。

崖墓在一个风景不错的公园里，流水潺潺，树很多。昨天看的那本小

〔图25〕
法哈德刻铭
梁鉴 摄

〔图26〕
库斯老宫
梁鉴 摄

〔图27〕
萨法维驿站
梁鉴 摄

册子上说，Sarab 的意思是水的上游。从旧石器时代到现在，一直是适宜居住的地方，乃东西古道上的 Natural Monument。这里不缺水。小溪，水很清，但有很多蚊子在水面上。两座崖墓（图28），皆属帕提亚时期。一座在景区左，门口有双柱（一柱已毁），门内有阶梯，通往地下室，Vida 给我看手机中的平面图。另一座在景区右，比较小，什么装饰都没有。

然后去坎加瓦尔（Kangavar），看阿纳希塔庙（Anahita Temple，图29）。庙建在高地上，是个乱石堆砌的废墟。丘顶有柱廊环绕的水池，台下有柱廊盖顶石、圆柱和底座，还有台阶，石块与石块间用燕尾钳固定。庙的左侧有伊斯兰建筑。Vida 说，遗址尚未发掘，你们学校来挖吧。

在庙对面吃午饭。饭后，继续赶路。剩下的路还有一半。伊朗人喜欢做买卖，但卖的全是农副产品，路边有用皮卡支摊卖水果者。

进哈马丹，塞车。路边隔离带，几棵小树隔一块大石头，涂不同颜色。

先看哈马丹石狮（Shir-e-Sangi，图30）。石狮在石狮广场的中央，只有身首，没有四肢，身躯侧面有两个小洞。石台侧面有文字介绍，这件作品是前324年，亚历山大为悼念他的密友赫费斯提翁（Hephaestion）而立。石狮原在哈马丹城的 Bab-ol-Asad 门旁，据说能驱邪避凶，有神力。319年，Deylamites 人，齐亚尔王朝（Ziyarids Dynasty）的马尔达维季（Mardavij，930—935年在位）攻占该城，摧毁了它。1932年，石狮注册为国保单位。2009年，哈马丹市的有关部门修复了它，并把它放在石台上。

然后看阿维森纳陵（Avicinna Mausoleum，图31）和阿维森纳博物馆（Avicinna Museum）。博物馆在下，尖塔在上。先看尖塔，后看博物馆。展室内有他的头骨和墓碑。

在街头小店喝饮料，然后开车去甘吉·纳迈赫（Ganjnameh，图32）。

甘吉·纳迈赫在哈马丹市东南郊的一个小山沟里。进门往前走，山谷左侧，上台阶，有个小平台。左边是说明和译文，右边是铭文。铭文刻在一块大石头上，大流士一世的三体铭文在左，薛西斯一世的三体铭文在右。Ganjnameh 是当地俗称，意思是寻宝秘笈。波斯铭刻的破译是从这两篇铭文开始，确实是个"寻宝秘笈"。瀑布在山谷正中，往瀑布走，左边山上有块石头，上面有预留未刻的铭文框，右边有块石头，上有刻画符号（作两个方框）。天已不早，景区中仍有不少人，山上有雪，地上有冰，大家都说好冷好冷呀。这里的山叫阿尔万德山（Alwand Mt.），故铭文也叫 Alwand Inscription。

看完甘吉·纳迈赫，开车约10分钟，到达旅馆。旅馆叫 Hamadan Parsian Hotel（也叫 Hamadan Azadi Hotel），四星级，条件很好。到此才明白，为什么先在城里兜一大圈，然后再看甘吉·纳迈赫。导游安排的旅馆都在遗址

28-1
――
28-2

〔图28-1〕
帕提亚崖墓之一
梁鉴 摄

〔图28-2〕
帕提亚崖墓之二
梁鉴 摄

第二十章　伊朗访古记（下）

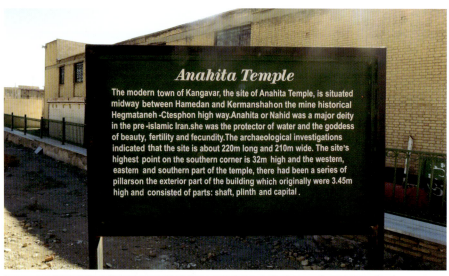

〔图 29-1〕
阿纳希塔庙
李零 摄

〔图 29-2〕
阿纳希塔庙
李零 摄

〔图 29-3〕
阿纳希塔庙
任超 摄

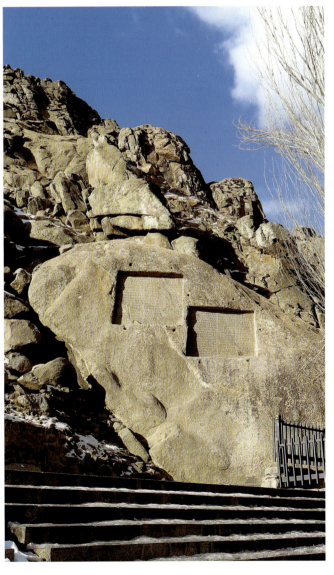

〔图 30〕
哈马丹石狮
梁鉴 摄

〔图 31〕
阿维森纳陵
李零 摄

〔图 32〕
甘吉·纳迈赫
李零 摄

附近。

阿尔万德山是哈马丹市周边很多山峰的总称,尤以哈马丹市的南边和西边最高。其主峰在哈马丹市和它南面的图伊萨尔坎(Tuyserkan)之间,海拔3579米。阿尔万德河(Alwand River)就是从这些山谷中流出。

从哈马丹去克尔曼沙阿,要从阿尔万德山的山谷里走。我们来时走的路,是从阿萨达巴德(Asad Abad)过,属于北道,南道从甘吉·纳迈赫到Shahrestaneh分道,一条往西走,一条南下图伊萨尔坎,再往西走。三条道都要会合到坎加瓦尔。

1月16日　晴

7:30吃早餐,梁鉴、任超说,昨天去甘吉·纳迈赫,天有点晚,光线不好,想趁早晨阳光好,再到甘吉·纳迈赫拍照。我说我也去。我们把行李交给小达,请他一起退房。

9:00,Hamed叫了辆出租,说10:00来接,有问题可以打电话。

昨天没注意,旅馆对面是个游乐场。上车,沿昨天的路(Ganjnameh Rd.)走,很快就到了。园中空空荡荡,只有瀑布处有一人,似是园中的职工。

光线绝佳,天也不那么冷。梁鉴、任超支起三脚架,反复拍铭文,拍完铭文拍瀑布。下台阶时,有一对中年夫妇往上走,跟我搭讪。

10:00出园,车还没到,我们四处转悠,拍周围环境。不久,车到了。

进城,看哈格马塔纳遗址(Hagmataneh,图33)。1931年,遗址注册为国保单位。

哈格马塔纳,今名哈马丹。埃克巴坦纳是希腊人的叫法。

哈马丹是个车轮状的城市,中心是霍梅尼广场,内城六道辐射,有一条环路,外城也有一条环路。遗址大部分在内城东北隅Ecbatana St.和Shohad St.之间,西北部溢出内城,在埃克巴坦纳广场以北、埃克巴坦纳大街两旁。本来从遗址中间穿过的Ecbatana St.被迫绕行。

先看博物馆(Hamadan Archaeological Museum),金银器、青铜器、陶器,都是遗址所出。买书。

博物馆的后院放着很多石刻,主要是遗址所出的柱础,下面是黑色的石头,上面是灰白的石头。

再看亚美尼亚教堂(Stephen Gregori Church)。

最后看三个考古遗址。一个是南部遗址(居住遗址),一个是中央遗址(作坊遗址),一个是埃克巴坦纳广场遗址。

远望阿尔万德山,山顶积雪,很美丽。

〔图 33〕
埃克巴坦纳遗址
任超 摄

埃克巴坦纳是米底古都。Vida是洛雷斯坦人，老家在哈马丹南部的马拉耶尔（Malayer）。我问她，你觉得自己是米底人的后裔吗？她说是。

去德黑兰的路很长。Vida催大家上车。

任超说，以斯帖墓和末底改墓在哈马丹，未看。从地图看，Tomb of Esther and Merdechai 就在霍梅尼广场西侧一二百米内。

下一个节目是看伊朗著名岩洞，Ali Sadr Cave，在那里吃午饭。岩洞在哈马丹西北，车程73.4公里。吃完饭，大家都说，赶路要紧，岩洞可以不看。

47号公路，换48号公路，换6号公路，换5号公路，返德黑兰，车程343公里。

天黑到机场，20:15的飞机，19:45登机，只有20分钟吃晚饭，我什么都不想吃，只吃了个香蕉。梁鉴、任超要托运摄影器材，先去办托运。

马汉航空公司（Mahan Air）的飞机，四个发动机。一路睡到设拉子。换汽车，直奔波斯波利斯，24:00到Apadanna Hotel。这家旅馆，院子很漂亮，但房间老旧，只有肥皂、洗发液、牙刷，没有漱口杯，但好处是在波斯波利斯大平台下。

第二十章　伊朗访古记（下）

1月17日　晴

　　早起，使劲喝水。7:00，在院里遛弯，转到旅馆后院。出后门，有一块空地，左手是个停车场，右手是大平台下的道路，前面有围栏，挡住去路，不知Faratadara Temple在哪里。

　　7:30才有早饭，我第一个到。早餐很简单，只有很少几种。买石雕工艺品。

　　8:30登大平台，两副三脚架，只允许带一副上，另一副留在门口。

　　先看西路，后看东路。憋尿，到大平台东南角上厕所。为了节约时间，大家一致决定以茶点代饭。吃完茶点，从后门出，下台看大流士奠基铭文，准备穿台下遗址，看大流士三世墓，被大喇叭召回，想不到台下遗址已成禁地，出来才发现，有一块牌子，确实写着发掘重地禁止入内云。

　　返回台上，看博物馆，看内府，看禁军营，看水井，看阿尔塔薛西斯一世墓。梁鉴、梅村往回返。其他人去阿尔塔薛西斯三世墓。我登大看台，看档案室遗址（以前未看）。

　　博物馆内的两套门道石刻，一套，狮怪的后脚作狮爪；另一套，狮怪的后脚作鹰爪。

　　返回万国门，又把大水槽里里外外看了一遍。水槽内很浅，而且不平。

　　等大家都回来，一起下台，到书店买书。只有任超留在台上继续拍。

　　回宾馆，Hamed给每个房间送水果。留下苹果，不要橙子。伊朗的橙子特别酸。

　　等任超回来，一起去找Faratadara Temple。发现北面的栅栏，外面有条路，路的另一边也用栅栏围起，里面有个石门，正是Faratadara Temple。我们这边的栅栏，横在面前，一直延伸到山脚，根本过不去。任超用他的小无人机飞，很不理想，只好把相机举过栅栏，照了三张。

　　晚饭吃鱼，听说Hamed流感，不舒服，我让任超把我的药分点给他。

　　饭后，与王睿、任超、小郝散步，看波斯波利斯的星空，任超拍摄夜色中的波斯波利斯。

1月18日　晴

　　早6:00起，吃苹果，洗澡，烧水，喝茶。这家旅馆人手少，没人打扫房间。我在洗手间的墙角看到许多小蚂蚁，床单上有大蚂蚁。盖因旅馆只有一层，太接地气之故也。

　　7:30吃早饭，9:00出发。我问Hamed好点不。

先看大流士三世墓，Hamed打电话联系，花不少时间，最后来个人，说是陪我们，其实是监督我们。脚手架依然，只是横铺的板子少了一点儿。爬上墓顶，拍大平台南的遗址。

然后开车去Faratadara Temple。仍然是隔着栅栏拍照，只是近了点儿。

然后顺山坡开，有一片比较开阔，乱石中有小洞窟和火烧痕迹，Hamed说，我找的Gateway，原来在这里。

然后看纳克什·拉贾布（Naqsh-e Rajab）。

然后看冈比西斯陵和陵旁的宫殿遗址。宫殿遗址用铁桩标保护范围。

然后去帕萨尔加德。

又到Pasargad Restaurant吃午饭。饭后，向右拐，往景区开，找博物馆，谁都不知道，说恐怕还没盖好，但地图上确实有这么一块，难道是个工地？

进景区，先看居鲁士陵，然后看穆札法尔驿站，然后坐电瓶车去未完工的大平台，然后步行往回走，先看方塔，再看宫殿P、花园、凉亭、桥，再看宫殿S和门阙。

这次看方塔，方塔周围的发掘地点皆用碎石覆盖，并用围绳围起。宫殿P，则把碎石垒成方堆，把成形的建筑构件放在木制的地板上。宫殿S，并把从居鲁士陵搬来的石柱等建筑构件单独搁一块儿，也放在木制的地板上。

大家拍居鲁士像，一直等日光最佳时刻。拍完居鲁士像，坐电瓶车往回返。

出景区，上厕所。门口的商店依旧，只是不再卖书，什么书都没有。

最后一个节目是圣区。夕阳西下，小路依旧，路旁遍布骆驼刺，简直是重温旧梦。走到跟前，栅栏门紧锁，也和以前一样。我试图把锁上缠着的铁丝解开，但愿像上次一样，可以把门打开，但很明显，锁是真的打不开。我们正打算放弃，看门人骑着电动单车来了，驮着他的儿子和女儿。两个孩子，脚上穿着凉鞋，衣服很单薄。这个男人早就看见我撬锁，一点不生气，居然把门打开，陪我们参观，让大家喜出望外。

临走，任超送给小姑娘一只小熊猫玩具，Vida给看门人一点钱，表示感谢，并让他的两个孩子搭我们的车回村。

天黑回到旅馆。

1月19日　晴

早起，到外面散步，想拍帐篷城，不得其门而入。

10:00出发，停车场，人很多，车很多，妇女们穿着五颜六色的民族服装。Vida说，从服装看，是卡什凯人。今天星期五，沿路所见，山坡上下，到处都是开车出来野餐的人。

今天的任务是寻找哈吉阿巴德铭文（Hajiabad Inscription）和看纳克什·鲁斯塔姆。哈吉阿巴德铭文，我是从施密特的书上看到，谁也没去过。

小任说，Hamed和Vida都喝了我的药。

车到哈吉阿巴德村，路边有个老汉，坐在一把椅子上。梅村说，你看他的罗圈腿，此人肯定是两伊战争的老兵，而且是骑兵。Hamed跟"老兵"打听，聚来一伙人。他们叫来一辆皮卡，带大家去村北的山洞看铭文〔图34〕。

山势雄奇，有个大山洞。洞壁上凿出六个方框，上面一块大，下面五块小，只有右下两块有铭文〔图35〕。Vida说，他查过资料，铭文属于沙普尔一世，大意是说，我是阿胡拉·马兹达之子，弓马娴熟，来此打猎云云。

出洞，合影，遇从事登山运动者，中有老者一人，其他皆青壮年。Vida跟他们聊，然后告诉我们，此地是个靶场。

回宾馆，不从山边走，而是从斜路，去环岛，经过环岛，奔Mahdieh镇。车子在镇上来回好几趟，就为喝饮料，买水果。大家说，不喝了，赶紧回家。

回到宾馆，吃饭还早，出去遛弯，碰到王睿、小郝。小郝去书店换书（有一本是印坏的盗印本），我和王睿去帐篷城，有个门开着，游人随便进。帐篷只剩支架，地面是水泥。

午饭后，退房，去纳克什·鲁斯塔姆。

薛西斯一世陵，搭着脚手架。游人比以前多得多，大概是节日之故。门口的小卖部和书店已拆，骆驼也没了。

重看细节。薛西斯一世陵右侧，有一道笔直的斜缝，乃山体滑落之遗痕。大水槽的上方有一块预留未刻的方框。

出景区，再次看"火坛"。大家上山，我也爬了上去。山上有开凿山石处，留下很多笔直的石槽。有些小山头还有圆形石槽，据说夜间点火，给过往的行旅指路。山上多碎石，脚下打滑，出溜了一段。下山，Hamed和司机，帮我掸身上的土，用水给我冲手。梅村在车内抽烟。

往北走，看以前看过的壁龛，景区已被围起，到处是野餐的人。

去设拉子，在路边茶歇，我喝自己的水。

奔机场，买藏红花，喝鲜榨果汁。

过安检，进候机室，与Vida告别。

Hamed跟我们去德黑兰。我们又回到原来住的旅馆。我问Hamed，家远不远？他说不远。办好入住，他回家。

34-1

34-2

〔图 34-1〕
哈吉阿巴德洞
李零 摄

〔图 34-2〕
哈吉阿巴德洞
李零 摄

第二十章　伊朗访古记（下）　　605

﹝图 35-1﹞
哈吉阿巴德铭文
李零 摄

﹝图 35-2﹞
哈吉阿巴德铭文
梁鉴 摄

1月20日　上午晴，下午有小雨，只下了一点。

早饭，就我一人，早早下来，所有人都在补觉。

10:00退房，存行李。

出旅馆门，门内比门外高一块，总是踩空，吓一跳。Hamed带大家往西走。他的感冒还没全好，总是拿围巾捂着嘴。穿过Mashq Square Complex，旁边就是国家博物馆。第一次到伊朗，我们就参观过这个地方，原来是巴列维王朝的外交部。

Mashq Square Complex是两个大院，很多建筑，都学波斯波利斯的柱子和浮雕。据说明牌介绍，这里曾是恺加王朝的卫成区，后来随城市改造，引进西方的建筑风格，与古代风格糅一块儿，属于新古典建筑的代表作，现在是国保单位。

穿过右边的大院，从南门出，往右一拐，就是国家博物馆。

古代馆重新装修，展柜全部换成白色的新柜子，展品也有一些调整。

看完古代馆，到小卖部买书买礼品。

然后，Hamed带木生、王睿吃午饭，我到楼上看史前文物，梁鉴和任超去伊斯兰馆。

伊斯兰馆，门口立着个亚美尼亚－伊朗展的广告牌，题目是Armenia and Iran: Memory of the Land，展出时间是2017年10月18日—2018年1月17日，刚好错过，很可惜。大楼上悬挂着韩国－伊朗展的广告幡，题目是Silla and Persia, a Common Memory，展出时间是2017年11月5日—12月15日，也错过了。

看完楼上，Hamed接我去饭馆，路上有群小孩在背后大喊"中国人，中国人"。

17:00回宾馆取行李，去机场。22:45的飞机，时间太早。大家与Hamed告别，泡在机场里，喝饮料，聊天。

有两个中国人过来搭讪，自我介绍是舟山人。我问，二位来伊朗干什么？他们说，打鱼呀。我问：什么鱼？他们说，带鱼，家乡的带鱼早已打光，伊朗人不吃带鱼，我们来波斯湾撒网，把他们的带鱼全都打光了。

到乌鲁木齐转机，颇费周折，进来出去，出去进来，掏出来装进去，装进去掏出来，安检凡五次，不胜其烦，木生发脾气，时间全花在安检上了。

1月21日　晴

终于回到北京，满载而归，不是带鱼，而是难忘的回忆。想看的几乎全都看到了，意外的惊喜也有好几处。

# 附录一　说比较研究

## 一　与其拿罗马帝国比，不如拿波斯帝国比

历史研究，比较很重要。

2007年4月—2008年9月，法国远东学院北京站举办过一个系列讲座，主题是"古罗马与秦汉中国——风马牛不相及乎"，每次活动定一个具体问题，请中法两国的学者进行对话，中国学者谈秦汉，法国学者谈罗马。这些讨论后来收进《法国汉学》第十四辑。[1] 有几次讨论，我是评议人。受法国远东学院北京站委托，我把我的评论凑一块儿，经过改写，当该书代序。我说，我们是代表古人在这里对话，这是一场"时空遥隔的对话"，讨论是开放的，结论可能是相及，也可能是不相及。[2]

2009年7月30日—10月7日，中国国家文物局和意大利文化遗产与艺术活动部在北京世纪坛举办过一个"秦汉—罗马展"，[3] 凑巧呼应了上述讨论。两边的文物在北京见面，比较更直观。欧亚大陆，中国在东，罗马在西，时间差不多，有四百多年重合，两边的东西有什么相同，有什么不同，确实应该比一比。一样很重要，不一样也很重要。我看过展览，印象是差别很大，彼此是否有交流，不太明显。有一位参与展览筹备工作的中国学者跟我说，他想展示的恰好就是不一样。[4]

罗马对欧洲意味着什么？我用三句话概括，"罗马是古典欧洲的巅峰，中世纪基督教世界的源头，近代欧洲统一之梦的寄托"[5]。文艺复兴，欧洲人认祖归宗，把希腊当源头，这是从罗马继续往前追。其实，希腊是罗马的源头，不是欧洲的源头。罗马才是欧洲的源头。文艺复兴从意大利开始，就是为了接续香火。

欧洲，特点是小国林立，文化多元，自治传统强，除了信基督教，什么都不统一。唯一统一过一段，只有罗马帝国。罗马帝国之前，希腊城邦

---

[1]《法国汉学》丛书编辑委员会《法国汉学》第十四辑：《古罗马和秦汉中国——风马牛不相及乎》，北京：中华书局，2009年。

[2] 李零《古罗马和秦汉中国——一场时空遥隔的对话》（代序），《法国汉学》第十四辑，第1—8页。

[3] 中国国家文物局、意大利文化遗产与艺术活动部编《秦汉—罗马文明展》，北京：文物出版社，2009年。

[4]《法国汉学》第十四辑把展览题词印在书前，也说两者"在人种、语言、宗教信仰、社会制度、文化传统等方面的差异极大，但是，都在政治管理体制、文字的规范、建筑体系、以礼教或宗教为基础的行为世界的构成等方面，对东西方文明产生过极其深远的影响"。

[5] 李零《古罗马和秦汉中国——风马牛不相及乎》代序，第1页。

是蕞尔小邦，成天窝里斗，谈不上大一统；马其顿帝国只是昙花一现（前后只有七年），亚历山大一死，马上土崩瓦解。罗马之后更没有大一统。欧洲人要拿他们的历史跟中国比，只能拿罗马比。比如马克（Marc Kalinowski）教授和吕敏（Marianne Bujard）教授总结的12条，就对理解彼此很有启发。[6] 这么比，我理解。但最近我有个想法，很强烈，咱们与其拿罗马帝国跟秦汉帝国比，还不如拿波斯帝国跟秦汉帝国比。

## 二　波斯帝国

波斯帝国（阿契美尼德王朝）是欧亚大陆西部的头一个世界性大帝国。在它之前，有几个国家，如埃及、亚述、巴比伦、赫梯，也都当过地区性大国。这些大国，西方统统叫"帝国"（empire）。但"帝国"和"帝国"不一样。波斯帝国囊括和兼并了中近东所有地区性大国，是这一地区所有帝国的集大成者。

西方人讲国家，现代国家（nation）之前，有许多不同叫法。聚落考古，部落长老管辖下，一村就是一国。这种似国非国的东西，美国人类学家塞维斯（Elman R. Service）发明一个词，叫 Chiefdom（酋邦）。[7] Chiefdom 最原始。比它高级一点，希腊人，海上殖民，把渔村建成小城，一城一国，叫 polis（城邦），也是蕞尔小邦。State，规模大一点，用我们的眼光看，也只是州郡规模。即使立个王，叫 kingdom（王国），也比较小。他们的王，不一定是周天子那样的王。周天子是天下共主，其实是 emperor（帝）。

西人所谓 Empire，往往是松散的联合体。他们特别喜欢讲联合，喜欢把许多小国 united 一下，拼在一起，大一统下保持小独立。外交，要拼凑同盟。打仗，要拼凑联军。比如现在的美国和英国，就都是联合体。美国是"美利坚合众国"（United States），英国是"不列颠联合王国"（United Kingdoms）。"二战"后，所谓联合国，也是 United Nations。就连马克思都讲"全世界无产者联合起来"，把共产主义叫"自由人的联合体"。这是他们的历史传统。

希腊，亚历山大之前，根本没有大帝国。所谓"帝国"只是个盟主。比如公元前454年，雅典称雄，西人也叫 empire。[8] 这样的盟主，按咱们的说法，顶多是个"霸"，充其量只是地区性霸权，跟秦汉帝国根本没法比。[9]

秦汉帝国，在东亚地区是世界性的大帝国。

波斯帝国有三大特点，可以同它相比。

第一是大。它的疆域，西起爱琴海，东至印度河，北起阿姆河流域，

[6] 马克、吕敏《文明的邂逅：秦汉与罗马帝国之比较研究（导论）》，《法国汉学》第十四辑，第9—32页。

[7] Elman R. Service, *Origins of the State and Civilization: Process of Cultural Evolution*, New York: W. W. Norton & Company, 1975.

[8] 奥姆斯特德《波斯帝国史》，第376—377页。

[9] 汉学家只把秦汉以来的王朝叫 empire。"帝国"是日译外来语。秦汉是以皇帝为国家元首。秦汉以前只有"王""霸"，没有"皇帝"。霸，字本作"伯"，意思是老大。

南至波斯湾，横跨三洲五海，[10] 面积为500万–600万平方公里。它不仅囊括了中近东的所有国家，也囊括了丝绸之路南段的大部分国家。

第二是统一。波斯崛起于伊朗高原，本来是个以草原游牧文化为背景的国家，但它灭四大帝国（米底、迦勒底、吕底亚和埃及），建二十八行省，却把农耕、游牧、航海众多文化背景不同的国族纳入同一片国土。它以统一的文字抄写官方文书，以统一的驿道连接它的五大首都和各个行省，向四面八方传递这些文书，统一法律，统一度量衡，统一货币，统一宗教，与秦汉帝国相似，也是"车书一统"的大地域国家。

第三是与中国关系很密切。中国和波斯，自古往来，史不绝书。不仅金银珠宝、瓷器丝绸，贵重商品，互通有无，动植物也有很多交换。比如狮子初入中国，就是从伊朗进口。波斯是著名的宗教集散地。中国的外来宗教，佛教、火祆教、摩尼教、基督教、伊斯兰教、犹太教，几乎都是从波斯传入，或以波斯为中介。波斯语不仅是伊朗地区的语言，也是丝绸之路上的国际语言。历史上的中西交通，一向以伊朗和印度为远端，两河流域已经有点远，希腊就更远，罗马还在希腊以西，即使中国和罗马有来往，也绕不过伊朗。

## 三　对表

比较，最简单的办法是看不同国家、不同地区，在同一时间下发生了什么，就像旅馆大堂，总台背后，墙上挂好多钟，不管走到哪里，都可以按同一时间对表。

统一时间表是个非常现代的概念，一个支撑世界历史的概念。我们只要打开电视机，马上就会感受到"天涯共此时"。比如美军入侵伊拉克、萨达姆被绞死、卡扎菲被虐杀、本·拉登被击毙，就是有目共睹，无数双眼睛同时看。

古代没有电视机，但统一时间表的概念，即使在古代，也不是完全没有。

春秋战国，天下四分五裂，空间是分裂的，时间也是分裂的。孟子说，晋有《乘》，楚有《梼杌》，鲁有《春秋》（《孟子·离娄下》）。当时的各国都是各写各的历史，互相参照的纪事有一点，但没有统一的历史。[11]

秦汉统一天下，才有可能编统一的历史。如司马迁的《史记》就是以《秦纪》为主，把各国史料凑一块儿，编《十二诸侯年表》和《六国年表》。这种年表是干什么用？就是为了给历史"对表"。

[10] "三洲"是亚洲、非洲、欧洲。"五海"是阿拉伯海、红海、地中海、黑海、里海。

[11] 《左传》《国语》都是抄撮各种史料。

## 四　摇车里的爷爷，拄拐的孙孙

《红楼梦》第二十四回有句话，叫"摇车里的爷爷，拄拐的孙孙"。这话很有哲理，可以反映"先进"和"后进"的语义悖论：先进者可能代表落后，后进者可能代表先进。迈辈儿的事常有。

中国人，凡是在农村生活过的都知道，人与人相见都是以辈分相称。岁数小，不等于辈分小；岁数大，也不等于辈分大。贾芸比宝玉岁数大，但辈分小，见了宝玉得叫叔叔，这话是贾芸拍马屁，故意说给宝玉听。它的意思是，你别看躺在摇篮里（或坐在婴儿车里）的小孩岁数小，可没准他是爷爷辈的；你别看弯腰驼背拄拐棍的老头岁数大，可没准他是孙子辈的。

以前，黑格尔讲历史，就碰到过这类问题。他明明知道，埃及、巴比伦、波斯，还有中国和印度，历史很悠久，但他说，非洲是正题，亚洲是反题，欧洲是合题，东方古国资格虽老，却是"早熟的婴儿"，相反，希腊、罗马才算"正常的婴儿"，历史的归宿是欧洲。

这种说法不但对马克思有影响，对现在也有影响。比如顾准先生，熟读马列，他讲国家形态，大一统的波斯帝国是低级形态，小国寡民的雅典城邦反而是高级形态，就属这一类。

中国史学界有所谓"早熟""停滞"和"萌芽"说，"早熟"也好，"停滞"也好，"萌芽"也好，所有时间错位，都是拿现代欧洲做统一标尺，一把尺子量天下。早了不行，晚了不是。这种比较方法，其实很有问题。

## 五　龟兔赛跑

百米短跑，掐表很重要。冲刺时刻，只有视频慢放，才能看清楚。

历史学，时间当然是要素。但现代以前，什么都看时间表，其实很有问题。当时，山海遥隔，不一定有传播。有传播，也有时间差，一差不定多少年。有些传播是直接传播，有些传播是接力传播，传播路线不止一条，年代早的不一定早，年代晚的不一定晚。地理大发现时，五大洲差别很大，哪怕现在，差别也很大。国与国，没法比。人与人，也没法比。有人说，穷人没有历史，有，速度也很慢，令人有一日三秋之叹。

历史是马拉松。现在，欧美跑在前面，把所有文明古国全都甩在后面，好像差距大得不得了。其实，这只是一眨眼的工夫，撑死了也就500年。研究地质，万年只是最小的计算单位。研究考古，旧石器时代有300万年，新石器时代有1万年，有史时期有6000年。现在这点事，无论跟哪段比，都很短很短。人类文明史，前面一大段，很长，好像马拉松，领跑的根本不是欧洲。龟兔赛跑，欧洲是龟，兔子睡着了，让龟跑到了前面。

赛跑，有快有慢，根本没有同步性，十个手指头还不一般齐呢。要比，只能一节一节分开比，前后比，左右比。统一时间表，除了"掐表"，没有太大意义。

## 六　希腊化时代

波斯帝国的历史只有220年，后面还有很长的延续，伊斯兰化以前的历史，塞琉古加帕提亚加萨珊波斯，将近1000年。它东边连着中国史和中亚史，西边连着希腊史和罗马史（包括拜占庭史）。如果要讲统一时间表，秦汉只能跟帕提亚比。

最近，倪克鲁（Lukas Nickel）有篇文章，认为秦俑坑出土的人像雕塑可能受亚历山大东征和希腊化影响。[12] 事情真是这样吗？恐怕值得讨论。

希腊化时代（Hellenistic Age），是德国历史学家德罗伊森（Johann Gustav Droysen, 1808—1884）的发明。他是亚历山大的崇拜者。这一概念通常指公元前323—前30年。它要强调的是希腊对世界历史的影响。

公元前323年是亚历山大的卒年。亚历山大死后，马其顿帝国一分为三，托勒密王朝（前305—前30年）占埃及，塞琉古王朝（前312—前64年）占波斯（小亚细亚东部、两河流域和伊朗高原），安提柯王朝（前306—前168年）占马其顿。公元前30年是这些王国全部灭亡的年代。它要强调的是希腊对世界历史的影响。

有人说，希腊化是古代的"全球化"，未免夸大。

第一，希腊化早于亚历山大。希腊不是一个统一的国家，而是上千个殖民城邦。希腊文明是以克里特、迈锡尼为源头，向四外扩散。东边是小亚细亚半岛，南边是北非沿岸，西边是亚平宁半岛，北边是马其顿、色雷斯，影响主要在地中海东部，特别是爱琴海沿岸。这四部分，小亚细亚半岛西岸的爱奥尼亚等国是希腊世界最文明也最富裕的地区，它们是波斯帝国的行省。观波斯波利斯阿帕丹的台阶浮雕，你可以看得很清楚，当时的希腊化，其实是波斯化的一部分。

第二，希腊化的影响主要在沿海，而非内陆。它对罗马影响大，对埃及影响大，对小亚细亚半岛西部影响大，但对波斯帝国的核心区，影响不怎么大。亚历山大征波斯，只是军事上的成功，他也好，他的部将也好，都很难消化这个庞大帝国。在行政管理上，它几乎原封不动地接收波斯制度。波斯人一直保存着自己的宗教信仰、语言文字和风俗习惯。正像俗话所说，征服者经常是被征服者。亚历山大死后，只有76年，帕提亚就崛起

[12] Lukas Nickel, "Tonkrieger auf der Seidenstrasse? Die Plastiken des Ersten Kaisers von China und die hellenstische Skulptur Zentralasiens," *Zurich Studies in the History of Art/Geoges Bloch Annual*, Vol. 13-14, 2006/07, pp.124-149. 中文译文：倪克鲁《亚洲视野中的秦兵马俑》，收入巫鸿、郑岩主编《古代墓葬美术研究》第一辑，北京：文物出版社，2011年，第23—40页。

于伊朗高原。塞琉古的势力不断西退，最后局限于叙利亚一带。波斯还是波斯。

第三，希腊和波斯的斗争是个"螳螂捕蝉，黄雀在后"的故事。希腊化王国，在空间上是夹处于罗马和帕提亚之间，在时间上是个过渡期，前面是波斯时代，后面是罗马时代。这一时期是分裂时期，各国兴灭，没有统一时间。安提柯王朝亡于公元前168年，最早。托勒密王朝亡于公元前30年，最晚。公元前247年，帕提亚从伊朗高原的西北崛起，不断从希腊人手里收复波斯帝国的失地，先与塞琉古王朝争雄，后与罗马争雄。罗马是希腊的继承人，帕提亚是波斯的继承人，真正的斗争是在罗马和帕提亚之间。

第四，希腊化王国，除上面提到的三大王国，还有小亚细亚半岛西部的帕加马（前281—前133年），黑海东南的本都（前4世纪末—前62年），以及帕提亚以西的大夏（前3世纪下半叶—前122年）。人们经常拿犍陀罗艺术当希腊化的标本。希腊艺术擅长表现人体和衣褶，希腊化时期，对埃及和印度有影响。佛教有立像传统，这种影响很突出。但帕提亚崛起，切断了塞琉古与这一地区的联系，这种艺术只是地区性的孤例。佛教艺术从大夏传入中国，不是直接传播，而是间接传播。

我想，从总体上看，秦汉帝国并不属于希腊化的范围。中国的"西化"，更为长期，更为主要，恐怕还是跟伊朗有关。

# 附录二  几本与现代伊朗史有关的书

好大喜功，集为怨府，盛极而衰，喜极而泣，这样的故事，历史上太多了。

1. [法国] 热拉德·德·维利埃等《巴列维传》，张许苹、潘庆舲译，北京：商务印书馆，1986年。

此书译自 Gérard de Villiers with Bernard Touchias and Annick de Villiers, *The Imperial Shah: an Informal Biography*, trans. from the French by June P. Wilson and Walter B. Michaels, Boston-Toronto: An Atlantic Monthly Press Book and Little, Brown and Company, 1976。

这是伊朗伊斯兰革命前，法国人写的巴列维传。

巴列维王朝是个波斯王朝。前面的恺加王朝是个突厥王朝。恺加王朝，有点像中国的清朝，晚期腐败无能，北方是俄国人的势力范围，南方是英国人的势力范围。

巴列维王朝只有两个王，礼萨·沙·巴列维（Reza Shah Pahlavi，1925—1941年在位）和穆罕默德·礼萨·沙·巴列维（Mohammad Reza Shah Pahlavi，1941—1979年在位）。

老巴列维（1878—1944年），出身草莽，是个袁世凯或张作霖式的人物。他是从一名俄国人训练的哥萨克骑兵旅的小兵一步步爬上来，最后投靠英国，赶走俄国顾问，推翻恺加王朝。他的偶像是土耳其的凯末尔。他想做强人，但在列强面前，强不起来，只能仰人鼻息。

第一次世界大战，伊朗遭土耳其入侵。土耳其战败后，波斯名义上获得独立，实际上沦为英国的"保护国"。1917年，十月革命爆发后,尽管列宁宣布废除一切不平等条约,但形格势禁,为了对付列强的围剿,不得不按对手的游戏规则办事,反以民族解放、民族独立作突围手段和安全屏障。1918年,英军占领伊朗全境。1920年,苏联红军追击白军,在伊朗的吉兰省登陆。伊朗共产党与库切·汗(Mirza Kuchek Khan, 1880—1921)领导的丛林游击队联合,驱逐英军,建立吉兰苏维埃社会主义共和国,是为伊朗的"红色革命"。1921年,这一革命被英国支持下的老巴列维镇压,就像1927年蒋介石在中国干的一样。

第二次世界大战。伊朗苦英苦俄久矣,对自称雅利安人之后的德国颇有好感。[1]战争爆发后,伊朗宣布中立,不肯按英、苏两国的要求,断绝与德国往来。1941年,英、苏以伊朗亲德为由,出兵占领伊朗,[2]逼迫老巴列维退位,由小巴列维继任,并把老巴列维放逐海外。英国人说送他到阿根廷,其实是送他到非洲。他先到毛里求斯,后到约翰内斯堡,1944年死在南非。

小巴列维(1919—1980),从小接受西方教育,比老巴列维更加亲西方,希望借西方之力达成伊朗的民族复兴,但结果仍如他的父亲。

战后,在苏军支持下,伊朗共产党一度成立过阿塞拜疆自治共和国和库尔德斯坦自治共和国,成为"冷战"格局下大国博弈的一个焦点。1946年,苏军撤出伊朗,小巴列维收复阿塞拜疆省和库尔德斯坦省,统一全伊朗。

1951年,伊朗首相摩萨台宣布石油国有化,驱逐英国技术人员,指望美国帮伊朗开采石油。小巴列维深感大权旁落,有被废黜的危险,也转而求助美国,美国担心伊朗共产党坐大,投靠苏联,1953年应英国军情六处要求,在美国中央情报局的策划下,发动阿贾克斯行动,把摩萨台赶下台。[3]

1963年,经过十年准备,小巴列维在伊朗发动"白色革命",实行土地改革,推动世俗化和现代化,触犯了神职人员的利益,也引发了各种社会矛盾。这一改革为1979年的"黑色革命"埋下了伏笔。

作者对小巴列维的评价,很能体现西方人一贯自以为是(以自己为是非标准)的"政治正确性"。请看全书结尾。作者说,传主靠萨瓦克统治,[4]太专制,太独裁,越搞现代化,政权越危险,因为他不相信知识分子,禁止言论自由,说不定哪天就下台。好像问题全在言论自由。

巴列维家族回顾以往,看法正好相反,认为问题坏就坏在西方的指手画脚和他们的舆论导向。

[1] 伊朗的意思是雅利安人的地方。1935年,波斯改名伊朗,即老巴列维所为。这一改名的积极意义,主要在于以伊朗人作为伊朗各族的总名,就像我们用中国人作为中国各族的总名,不再等同于汉族一样,两者都是以国为族。伊斯兰革命后的伊朗,仍然叫伊朗伊斯兰共和国。

[2] 老巴列维最得意的成就之一是修了纵贯伊朗的铁路,但"二战"中,英、苏入侵伊朗,正是为了利用这一运输线,从波斯湾向苏联运送物资。

[3] 2013年,美国如何策划这一政变的档案已经解密。下文《伊朗公主回忆录》也谈到美国如何从巴黎送她回国,捎信给小巴列维,发动这一政变的很多细节。

[4] 萨瓦克(SAVAK),小巴列维统治时期的秘密警察。SAVAK是 Sāzemān-e Ettelāʿāt va Amniyat-e Keshvar 的缩写,意思是国家情报安全署。

2. [伊朗] 穆罕默德·礼萨·沙·巴列维《我对祖国的职责》，元文祺译，北京：商务印书馆，1977年。

此书译自德黑兰图书翻译出版社1971年版（1960年初版）。

作者穆罕默德·礼萨·沙·巴列维是巴列维王朝的第二个国王，1941年登基，1979年被伊斯兰革命推翻，流亡海外，先到埃及和摩洛哥，后到巴哈马、巴拿马和墨西哥，1980年死于埃及。

此书写于"白色革命"前。

请看第一章《古代和现在的伊朗疆域》，作者讲了很多令他自豪的"伊朗第一"，如郁金香、风磨、骰子、马球、开心果（阿月浑子）、首蓿、桃子、茉莉花、水仙花、酸奶、希拉酒、太阳钟、天文台、计时表盘、盘尼西林（据说是伊本·西纳的发明），特别是伊朗的治国之术（居鲁士大帝、大流士一世和薛西斯一世等），行省和驿道，诗歌（费尔多西、萨迪和哈菲兹等）和宗教（琐罗亚斯德教、摩尼教和什叶派的伊斯兰教）。他说，"远在发现新大陆以前几百年，欧洲人把饭撒在地上用手抓食的时候，伊朗人已经用勺和刀在雅致的绘有图案的器皿里用餐了。除中国而外，伊朗文化不愧是世界上最古老而悠久的文化。即使说我国文化在某些方面比中国更胜一筹，恐怕也不算夸口"（第8页）。

伊朗现代史，王权、教权和共产主义是伊朗国内的三股势力，老百姓只能在这三股势力里转磨磨。恺加王朝时，沙俄支持恺加王，英国支持立宪派。老巴列维推翻恺加王朝，代表的是立宪君主制。所谓立宪君主制，其实是军人专政。

西方国家对这三股势力的态度向背是决定伊朗发展走向的关键。[5] 对西方国家来说，王权（或军人专政）、教权是两种可能的选项，共产主义不是选项。只要不是共产主义，什么都可利用。

3. [伊朗] 穆罕默德·礼萨·沙·巴列维《白色革命》，郭伊译，见上《巴列维传》附录。

此书是据1971年波斯文版翻译。译后记说，作者还有一本书叫《走向伟大的文明》（1970），未见。

这是小巴列维的代表作，目的是宣传他的改革理念，包括土地改革、森林和牧场的国有化，出售国营工厂的股份作为土地改革的基金，工人拥有工厂股票和分红，修改选举法，建设知识大军、卫生大

[5] 《伊朗公主回忆录》说，苏联在伊朗北部的影响主要是通过杜德党（人民党），而"英国人把毛拉们看作对抗共产主义分子的有效力量"（第44页）。

军、开发大军、公正之家,等等。

白色革命的第一条是土改,土改得罪教权,这是巴列维王朝覆亡的重要原因。

4. [伊朗] 穆罕默德·礼萨·沙·巴列维《对历史的回答——前伊朗国王巴列维回忆录》,北京:中国对外翻译出版公司,1986年。

此书译自 Mohammad Reza Shah Pahlavi, *Answer to History*, Stein & DayPub, 1980。

这是小巴列维流亡海外时写的回忆录。

小巴列维和老巴列维的共同点是反共、亲西方。他在"二战"中登基,但主要生活于"冷战"时期。"冷战"时期,选边站队,决定一切,他选择了美国。1979年,伊斯兰革命爆发,作者流亡海外,下场跟他老爹一样。

他在书中抱怨,"我在位时曾认为我与西方的联盟是建立在实力、忠诚和相互信任的基础上的,大概那种信任是用错了地方"(第1页)。

他被西方无情地抛弃了,像许多西方代理人一样(前有蒋介石、李承晚、吴庭艳,后有萨达姆、卡扎菲、穆巴拉克)。

回忆往事,他最恨摩萨台和所谓"不光彩的红黑同盟"(人民党和宗教势力结盟),[6] 也后悔选错了朋友,一厢情愿跟美国跑。

这场革命,全靠一边倒,反苏反共,投靠美国,推行西化,但事与愿违,引起的强烈反弹反而是告别美国和回归传统。

5. [伊朗] 阿什拉芙·巴列维《伊朗公主回忆录》,许博译,楠柯校,北京:新华出版社,1984年。

此书译自 Ashraf Pahlavi, *Faces in a Mirror, Memoirs from Exile*, New Jersey: Prentice-Hall, 1980。这是她流亡海外时写的回忆录。

作者阿什拉芙·巴列维(1919—2016)是小巴列维的孪生妹妹。老巴列维曾强迫妇女摘面纱,认为面纱不是《古兰经》的规定。她的女儿是在这种环境下长大,难怪成为一位积极投入政治的女权主义者。她曾参与伊朗的外交活动,包括出访苏联、美国和中国。她见过斯大林、赫鲁晓夫,见过杜鲁门、马歇尔,也见过周恩来。她对苏联印象不太好,对中国印象比较好。她说,"我曾公开赞成伊—中接近

[6] 伊朗人民党(Tudeh Party of Iran),1941年9月20日在苏联支持下成立。1979年,该党支持伊朗伊斯兰革命。1983年,被伊朗当局取缔和镇压,大部流亡欧洲。目前,该党总部设于德国柏林和英国伦敦,在伊朗国内也有地下组织。

和联合国接纳中国"（第194页）。

作者认为，在伊朗推行现代化，没有权力的高度集中不行，明智的做法，只能靠伊朗2500年的君主制，不能靠西方的民主制，否则分裂，否则赤化。

这位伊朗公主有个印象，中东政局似乎是个怪圈。西方国家总是利用中东乱局，翻手为云，覆手为雨，今天支持这个，明天支持那个，以维护它们认为最合适的世界秩序，而中东国家也总是利用这些大国的态度向背，为自身争取生存空间，希望有一天能摆脱它们的控制和摆布，因而"始则联合，继则反抗、革命，而后对它失去幻想的基调，在中东政治的格局中屡见不鲜，这种格局过去和现在都周而复始地有规律地出现"（第7页）。

回顾以往，很多事情都不可思议。伊朗在脱贫致富的"大跃进"中，不是已经很富了吗，为什么反而爆发革命？她说，"我们发表了乐观的讲话，制定了雄心勃勃的发展计划，在某种程度上给了人们太多的希望，超过了我们能兑现的程度。如果说我们未能兑现，那并不是我们不管、不关心，而是因为我们不完全理解突如其来的财富并不能使我们国家复杂的问题一下子就得到解决"。

她对西方的舆论导向也耿耿于怀。西方国家总是以家长、老师和裁判自居，他们以自身为标准，认为自己永远有资格批评"不如己者"。特别是美国的傲慢、无知和自以为是，推翻任何一个政权，都不需要太多的理由。翻脸不认人，那是再正常不过。

比如巴列维政权最招人恨的莫过萨瓦克。她说，这个组织经常受到美国媒体和国内自由派知识分子的攻击，"但实际上萨瓦克是我们和美国朋友合作的产物。萨瓦克的情报人员是中央情报局训练的，也得到了以色列秘密警察莫萨德的一些帮助。它的主要职能是帮助国王防范共产党的渗透，这是几十年来伊朗经常面临的一个大祸患。萨瓦克在第一任主任铁木尔·巴赫蒂亚尔领导下做了第一次调查，破获了打进军队中的一批共产党分子。如果没有把他们查出来，他们就可能发动军事政变，在伊朗建立左翼分子的政权"。尽管"后来萨瓦克的形象很不好，可我认为与其他国家的反谍报组织或秘密警察相比，不论是以色列的莫萨德，或是法国的外国情报和反间谍局还是英国的秘密情报局，萨瓦克并不更好，也并不更坏"（第144页）。她认为，很多西方媒体对伊朗政治的报道都充满谎言和谣言。

她见过斯大林（斯大林送她一件黑貂皮大衣），也见过赫鲁晓夫。她回忆，有一次她同赫鲁晓夫谈话，"他警告我，伊朗选择美国做朋友是不明智的，有一天我会发现他的话是对的。后来，他在和一群记者谈话时更进一步说，伊朗好比一个苹果，它一旦熟了，就会落到苏联人手里。当时伊朗报纸强烈地谴责了他的这个言论。如今君主制遇到了严重的危险，赫鲁晓夫的话不幸而言中了"（第196页）。

流亡中，她跟小巴列维在美国见面，回忆过去，有点后悔，"在不同的时期里我们曾有不同的抉择。我冥思苦想，假如我们在三十年前听了斯大林的话，假如伊朗选择了北方的邻居而不是西方的邻居做朋友，情形又会如何呢？这种结盟的代价可能十分昂贵，但今天伊朗人民也许不必生活在经济混乱又面临分裂危险的国家里。当然，这只是一种假设，一种没有答案的智力测验的难题"（第212页）。

伊朗，像"冷战"中的中东各国一样，是意识形态冲突和大国争霸的受害者。

## 6. [伊朗] 法拉赫·巴列维《忠贞不渝的爱——我与伊朗国王巴列维的生活》，姜丽、彭修彬译，北京：东方出版社，2006年。

此书译自 Farah Pahlavi, *An Enduring Love: My Life with the Shah*, New York: Hyperion Books, 2004。

作者法拉赫·巴列维（1938年生）是小巴列维的第三任妻子，1961年加冕。她也参与过伊朗的很多外交活动，包括访美、访苏、访华。阿什拉芙·巴列维访华是1970年，她是1972年。她对苏联和中国的印象与阿什拉芙·巴列维相似。1979年，伊斯兰革命爆发，她随丈夫流亡海外。1980年，小巴列维死后，定居美国。这是她在美国写的回忆录。

这位伊朗王后也是女权运动的支持者。"白色革命"后，伊朗国力提升，开始热心操办大型文艺活动，借以提升伊朗的文化影响力。1971年的伊朗建国2500年大典，巴列维王后是主要操办者。此举在西方媒体颇受批评，她在书中做了辩护。[7]

本书最后一章，也就是第十九章，是讲她丈夫死后的事。1980年，皇太子礼萨·巴列维（Reza Pahlavi, 1960年生）在埃及继大统，领导海外的流亡人士。她说，"主要抵抗组织在法国、英国和美国，但德国和土耳其也有一些"，所谓"抵抗组织"就是王朝复辟势力。1981年，里根任美国总统，她才获准移居美国。她说，她特别喜欢密特朗。

商代、西周，收留逃亡者是备受谴责的事。[8]但到春秋，重耳

[7] 这一大典引起反弹，《伊朗公主回忆录》第209页提到"他（指霍梅尼——零案）的追随者曾一度想破坏波斯波利斯古城，被村民制止了"。

[8] 《左传》昭公七年引《周文王之法》"有亡，荒阅"，引楚《仆区之法》"盗所隐器，与盗同罪"，引《书·武成》"纣为天下逋逃主，萃渊薮"，都是讲这一点。

出亡类的故事却屡见于《左传》。

现代国际政治，收留流亡者是家常便饭。列宁曾经流亡，孙中山曾经流亡，霍梅尼也曾经流亡。

西方固有保护反对派，留作后手的传统。但里根上台前，美国却拒绝巴列维入境，害怕影响人质危机的解决。

7. [伊朗] 玛赞·沙塔碧《我在伊朗长大》，马爱农、左涛译，北京：生活·读书·新知 三联书店，2006年。

中文本由香港三联书店提供，译自 Marjane Satrapi, *Persepolis*, Panthen，1994，2007年改编成一部动画电影。

作者玛赞·沙塔碧（1969年生），生于伊朗，移民法国。书名 *Persepolis* 是小巴列维举行伊朗君主制2500年大典的地方，代表伊朗，中文本翻译成《我在伊朗长大》。

我写过一本小书，叫《何枝可依》。《我在伊朗长大》就是讲伊朗人的"何枝可依"。读上面的书，政治家尚且如此，何况百姓乎？

伊朗是个文明古国，但近百年备尝屈辱，跟中国一样。三种革命，红色革命、白色革命和黑色革命，全都闹过了，该尝试的全都尝试过了。一个小女孩，从她爷爷奶奶那里听故事，什么都知道，眼前的事，她也历历在目。这种故事，让所有中东国家的人都感同身受。

这个小女孩在伊朗长大，待在伊朗，不自由，出国；出国，受歧视，回国；回国又不满意，还是出国……

人必须选择，又别无选择，总是没辙想辙。

今天，我们才对"难民"二字有了一点儿体会。过去，我们以为"难民"就是在本国不自由因而逃离本国投奔自由的人。现在我们才知道，那些故意把别人的国家打烂搞乱，迫使他们逃离家园的人，不是别人，正是这些所谓自由国家的人。先杀后救，不过是他们自导自演的同一出戏。

电影《伊拉克史诗》讲伊拉克人民的不幸遭遇，跟伊朗非常像。

世界上的文明古国，全都灾难深重。

## 作者简介

李零，北京大学人文讲席教授。他说，"何以解忧，唯有读书"，他最喜欢的头衔是"读者"和"学生"，一辈子当这个都不寒碜。

李零，阅读范围涉及诸多人文研究领域，如考古、古文字、古文献，以及方术史、思想史、军事史、艺术史和历史地理。他说，他是为兴趣而读书，这部新作是阅读、行走相结合，学习世界史的笔记。

李零在三联书店出版过八本书，《我们的经典》《我们的中国》《铄古铸今》《万变》《简帛古书与学术源流》《兰台万卷》《何枝可依》《小字白劳》。他说，他的书都是读书笔记。

Copyright © 2019 by SDX Joint Publishing Company.
All Rights Reserved.
本作品版权由生活·读书·新知三联书店所有。
未经许可，不得翻印。

---

图书在版编目（CIP）数据

波斯笔记：上下 / 李零著 . — 北京：生活·读书·
新知三联书店，2019.9（2020.8 重印）
ISBN 978-7-108-06695-4

Ⅰ．①波⋯ Ⅱ．①李⋯ Ⅲ．①波斯帝国－古代史
Ⅳ．① K124.4

中国版本图书馆 CIP 数据核字（2019）第 181885 号

| | |
|---|---|
| 责任编辑 | 曾　诚 |
| 装帧设计 | 李　猛 |
| 制　作 | 北京气和宇宙艺术设计有限公司 |
| 责任校对 | 张　睿　张国荣 |
| 责任印制 | 卢　岳 |
| 出版发行 | 生活·讀書·新知 三联书店 |
| | （北京市东城区美术馆东街 22 号　100010） |
| 网　址 | www.sdxjpc.com |
| 经　销 | 新华书店 |
| 印　刷 | 北京图文天地制版印刷有限公司 |
| 版　次 | 2019 年 9 月北京第 1 版 |
| | 2020 年 8 月北京第 4 次印刷 |
| 开　本 | 787 毫米 ×1092 毫米　1/16　印张 39 |
| 字　数 | 325 千字　图 750 幅 |
| 印　数 | 18,001-23,000 册 |
| 定　价 | 298.00 元（全套） |

印装查询 010-64002715　　邮购查询 010-84010542